社会は存在しない

セカイ系文化論

限界小説研究会［編］

南雲堂

社会は存在しない

セカイ系文化論

目次

序文――「セカイ状」化する世界に向けて

『社会は存在しない　セカイ系文化論』は、若い世代を中心とした二〇〇〇年代の文化批評（サブカルチャー評論）の文脈において、最も大きな注目を集めた問題系の一つである「セカイ系」という用語をめぐって、そのセカイ系的想像力がもたらすリアリティに最も強く共鳴した人々とほぼ同世代の若手論者たちを中心に、多様な主題のうちにそれぞれの抱える問題意識を集成して編まれた評論集である。

＊

そもそもセカイ系とは何か。セカイ系の一般的な定義については、本文中の個々の論者によっても展開されているので、屋上屋を架すような行為になるとも思えるが、本書の性格を明確にしておくためにも、最初に触れておくことにしよう。セカイ系とは、二〇〇〇年代（ゼロ年代）の前半に、コミックやアニメ、ライトノベル、美少女ゲームといったいわゆるオタク系文化の中の一群の作品に表れた独特の物語構造や主題系を示す用語としてネット上で使われ始めた言葉である。教科書的な整理に従うとすれば、それは「物語の主人公（ぼく）と、彼が思いを寄せるヒロイン（きみ）の二者関係を中心とした小さな日常性（きみとぼく）の問題と、『世界の危機』『この世の終わり』といった抽象的かつ非日常的な大問題とが、一切の具体的（社会的）な文脈（中間項）を挟むことなく素朴に直結している作品群」を意味している。

このセカイ系と呼ばれる作品群は、一方で、当初から現在のオタク系文化の物語的想像力を強く規定している、九〇年代後半に社会現象にまでなった傑作アニメ「新世紀エヴァンゲリオン」が描き出した独特の物語的感性の正統な嫡子と看做されており、また他方でそれはより俯瞰的な視点からは、左右の政治的対立から東西冷戦、完全雇用制……といった戦後日本社会を大枠で支えてきた諸々の巨大な社会的システム（セカイ系の定義に則していえば、「社会的な中間項」）が軒並み崩れ、自意識の肥大化したカスケードと、社会的流動性のいや増すグローバル資本主義と情報化の拡大が促す見通しの立たない社会不安とが日常的に共存する平成日本のポストモダン的状況を戯画的に表しているとも解釈された。

いずれにしても、当初インターネット上で流通し始めたセカイ系という言葉そのものは、戦後のオタク系サブカルチャーが長い歴史をかけて成熟させてきた高度な物語的構築性を欠落させ、いかにも九〇年代的（「エヴァ」的）な貧しい抽象性とナルシシズム（トラウマ性）に自足しているとも捉えうる上記の作品群を半ば揶揄的に表現するネガティヴな言辞だった。しかし、同時にこの言葉の孕む右のようなアクチュアリティに注目する論者やクリエイターが次第に現れ始め、セカイ系とその作品群は、瞬く間に先端的なオタク系文化批評（サブカルチャー評論）のフロントラインに躍り出ることになる。また、この時期には、セカイ系的想像力の出自であるオタク系文化が、いわゆる空前の「萌え」ブームやコンテンツ産業への熱い期待などに後押しされ、広く社会的な注目を集めたこともあり、セカイ系はもはや皮肉を込めた俗語から時代を象徴するキーワードにまで上り詰めたといえる。現在では第一線で活躍する人文系の研究者や批評家が自然にセカイ系について語り、伝統ある純文学系新人賞をセカイ系論が受賞するまでに事態は進展した。おそらく後世の歴史家は、現在の私たちが美術史における「印象派」や現代文学における「内向の世代」を語るように、セカイ系について語るだろう。

本書は、そのようなセカイ系をめぐる諸問題について、ゼロ年代がまさに終わりを告げようとするいま、改めてその同時代的な意義と批評的な射程を捉え返そうとする試みである。これまでに生み出されたセカイ系をめぐる膨大な言説を批判的に継承しつつ、「セカイ系とは何でありえ、そして、何でありえなかったのか」をできうる限り広範かつ多様なパースペクティヴのもとに総括したつもりだ。また本書は、ほかならぬセカイ系的リアリティを最も世代的に身近に体感してきた二〇代から三〇代の若手論者たちを中心とした初めての本格的なセカイ系論集という側面も持っている。本書で展開される議論が、セカイ系をめぐる文化的言説の布置をいくらかでも更新することを願うばかりだ。

＊

とはいえ、本書の企画にまつわる意図はほかにもある。それは、二〇〇七年から若手論壇（サブカル論壇）の一部で注目を集め始め、二〇〇八年の書籍化に伴い、一躍評論界の話題をさらうこととなった若手批評家・宇野常寛氏による論著『ゼロ年代の想像力』が提示した時代認識に対する異議であ

飯田の論文は、これまでのセカイ系をめぐる言説ではほとんど主題化されることがなかった、現代の情報技術の進展やそれをめぐる社会的かつ文学的想像力（シリコンバレー精神／現代ＳＦ）との関連を初めて本格的に論じた試みである。しかも、ここでは終始オタク系文化的なイメージの枠内にのみ回収されてきたセカイ系的想像力が、同時期の堀江貴文を筆頭とする一連のドットコム企業家の動きを補助線として「六八年的」なアメリカのコンピュータ文化やヒッピー文化の想像力の遺産と鮮やかに接続されている。

続く第二章には、ライトノベルやアニメなど、従来のセカイ系論が主題化してきた馴染み深いサブカルチャー（オタク系文化）の領域から、小森健太朗と長谷川壌の二つの論文を収めている（佐藤心の論文については後述する）。小森の論文では、八〇年代以降の少年漫画の定型の変遷を踏まえて、サブカルチャーにおけるセカイ系を改めて定義し、そこから派生した対極的な作品としてライトノベル『灼眼のシャナ』とコミック「エルフェンリート」という二つの人気作が分析される。続く長谷川の論文は、ゼロ年代のライトノベルの俯瞰的な紹介とともに、そのセカイ系的要素を抽出し、その中でもとりわけ登場人物の「恋愛関係」の構造的特徴について、これまでにはない新たな視角から考察を加えている。

第三章では、オタク系文化に端を発したセカイ系をめぐる議論が、最初にその外部から注目を集めることとなった文学の領域がテーマである。セカイ系作品とも関係の深いミステリと、純文学の分野から、それぞれ小森健太朗、蔓葉信博、藤田直哉、岡和田晃による四つの文芸評論を収録した。小森の論文は、いわゆる「ファウスト」系作家の代表的存在であり、ゼロ年代文壇でも頻繁に言及されてきた舞城王太郎の最新長編『ディスコ探偵水曜日』の複雑なメタフィクション的構造をめぐって、様相論理学（可能世界論）の知見を参照しながら、セカイ系的想像力を一種の「モナドロギー」として詳細に解釈し直す野心的な試み。蔓葉の論文は、戦後日本が生んだアンチ・ミステリの傑作として知られる中井英夫の『虚無への供物』の特異な小説世界をモデルとして、そこにセカイ系的な問題意識の萌芽を指摘するとともに、言語哲学や現象学に依拠したフィクション論的な知見に基づいて、その作品空間に最も形式的な操作を施す小説ジャンルである「（本格）ミステリ」という分野の構造的特性をも鋭く抉り出している。

藤田の論文は、先の舞城同様、「ファウスト」系作家の旗手である若手作家・佐藤友哉の小説世界を採り上げている。ここ数年の「私小説化・メタフィクション化」の傾向が顕著になった時期の佐藤作品に焦点を当て、彼が一貫してこだわる「北海道」という地理的表象をキーワードに、セカイ系的想像力との関連を独特の視点から丹念に跡づけている。藤田論文では、フリーターや非正規雇用者に象徴されるいわゆる「ロスジェネ世代」の心性が小説表現に与えている効果にも議論が及んでいるが、続く岡和田の論文は、そうした現代のネオリベラリズム（グローバル資本主義）的な社会構造が現代文学にもたらす変容についていっそう主題的に考察したものだ。一般に典型的な「純文学作家」と看做される青木淳悟を論じた本論文は、セカイ系的想像力の内実を、ゼロ年代の「過剰に記号化した社会」、つまり、高度化したグローバル資本主義のフラットなエコノミーに無力に回収されるほかないものだと批判的に定義したうえで、青木の小説の孕むユニークな特徴をセカイ系的枠組みに対するロブ＝グリエらモダニズムそして実存主義を経たうえでの二〇世紀文学の達成という歴史性を継承したラディカルな抵抗の文学的実践だと敷衍している。

最後の第四章では、渡邉大輔と小林宏彰による、それぞれ現代日本映画と小劇場演劇（およびパフォーマンスアート）を主題にした二つの論文が収録されている。渡邉の論文は、ゼロ年代の日本映画の持つ独特の主題系やジャンルと、それが作り上げる表象空間がその形式においてセカイ系的想像力と密接に通底するものであったことを具体的な映画作品の紹介とともに分析している。また本論文ではそれだけでなく、そうした「セカイ系的」だと看做しうる日本映画のイメージが、同時に八〇年代以降の映画史の流れの中での重要な構造的変容の表れでもあったことを独自のアプローチで理論化している。

末尾を飾る小林論文は、ゼロ年代に台頭してきた数々の舞台芸術の成果やそれにまつわる言説を展望しつつ、現在最も熱い注目を集めつつあるパフォーマンスユニット、「快快」の舞台空間が示す興味深い特徴をセカイ系的文脈から読み解き、さらには現代演劇や身体芸術の今後の展開をも示唆している。

そして、最後に紹介したいのが、第二章の冒頭に「特別掲載」という形で収録されている、佐藤心の論文「『イリヤの空』、崇高をめぐって」である。まず、この論文掲載の経緯について補足的な説明をしておきたい。

筆者の佐藤心氏は、二〇〇〇年代初頭からオタク系文化、とりわけ美少女ゲーム評論の分野で一貫して先駆的な仕事を続けているライター・批評家である。なかんずく、先の宇野氏の著作においてその議論が批判的に検討されていることでも知られる、ゼロ年代を代表する批評家・東浩紀氏とともに、ほかならぬ「セカイ系」というタームをサブカルチャー評論の中でメジャー化させた人物といってもよいだろう。そもそもこの評論集を企画するにあたって編者たちは、セカイ系ブームの初期からその渦中で日々変動していく状況を見つめてきた人物の実存的なリアリティを含めたアクチュアルな文章を掲載したいと考えていた。当初のオタク系文化というミニマルな文脈を離れ、いまや純文学から現代詩、社会学にいたるまで多様な分野で参照され、もはやその内実が遡行しえないほどに拡散してしまったこの概念をめぐり、もう一度、その歴史的な記憶を刻印しておくことは、先の宇野氏の『ゼロ年代の想像力』をはじめとする今後のセカイ系言論／研究にとって決定的に重要な意義を持つと確信するからである。

そうした企図のもとに、今回、この佐藤氏の論文を掲載することとなった。この佐藤論文の初出は、いまからおよそ五年前、二〇〇四年の一一月に発行された同人誌「Majestic-12 vol.01」に掲載されたもので、したがって、今回は再録という形になる。おそらく、本論文は「セカイ系」を主題とした最も初期の本格的論考の一つだろう。

むろん、この論文で展開されている議論や問題意識の中にはいまではいささか古びてしまったものも少なからずあるだろう。しかし、この論文が書かれた当時から比較してはるかに膨大な言説の蓄積を持ちえている現在の私たちがそれを何らかの瑕疵と考えることは、いうまでもなく遠近法的倒錯である。むしろ、セカイ系的想像力を、フラット化した物語的想像力の風土における「超越性」の課題として捉え返そうとするこの論文のいまなお読むに値する問題意識、そして、何よりもその行間から垣間見える、ゼロ年代批評のコアにあった異様なまでの熱気や思考の躍動感にこそ率直に驚くべきだろうと思われる。いずれにせよ、本書の読者は、個々の論文の内容のみならず、現在の編者たちの論文と、五年前の佐藤論文との「あいだ」をさまざまに辿ることによって、そこから（ベンヤミン的にいえば）数々の「星座」を見ることができるだろう。その多様な「星座」の織り成しこそが、本書をより意義あるものにしていると確信している。

今回の再録を快く許諾していただいた佐藤氏には満腔の謝意を表したい。

＊

通覧していただければ分かる通り、以上の十一編の諸論文のあいだには、同様にセカイ系を主題としていても、その主張や文脈には、いくつもの大きな隔たりがあるし、場合によってはまったく無関係というに等しいものまである。しかし、そうした本書の煩雑にも見える構成は、裏返せばセカイ系という概念が現代の日本文化の全域にまるでコンピュータウイルスのように「感染」し尽くしている現状をこのうえなくパフォーマティヴに示してもいる。いってみれば、現代社会は高度に「セカイ状」化した世界なのだ。その意味でも、セカイ系が持つ批評的射程は、ゼロ年代を総括するものである以上に来るべき十年へのいまだ重要な思想的課題でもある。少なくとも、『ゼロ年代の想像力』による粗雑な図式化による批判に安易に収まるような問題ではない。

いずれにせよ、少なくとも個々の争点においては主張を異にもするだろう本書の編者たちが等しく希望する唯一の「夢」は、本書における個々の議論をきっかけとして、一人でも多くの読者の方が、セカイ系とそれを取り巻くここ十年来の批評的課題について整理する足がかりをえて、本書が提示したヴィジョンを凌駕する、次なるステージの分析枠組みを構築していかれることをおいてはない。

＊

また、本書の編者として挙げられている「限界小説研究会」という奇妙なタイトルの研究会についても一言触れておくべきかもしれない。

そもそもこの限界小説研究会は、まさにセカイ系ブームが絶頂を迎え、宇野氏が批判した東浩紀氏らによるゼロ年代的な言説空間が最もその批評的強度を高めつつあった二〇〇四年頃に細々と活動を始めた八〇年前後生まれの若手ライターや評論家を中心にした定期的な研究会である。

この研究会では主に、一方で現代思想や社会哲学、文芸批評を中心としたマッシブかつオーソドックスな言説と、他方でオタク系文化評論や情報社会論などのカジュアルでアクチュアルなトピックの双方に照準し、同時代の強いるさまざまな批評的課題に対して、時に注目の論客をゲストとして招きつつ少なからず議論や読書会の場を蓄積してきた。念のために断っておけば、この研究会に参画しているメンバーはそれぞれに個別の関心領域と問題意識を持っており、一見するとこの奇矯な名前が想像させるような何らかの共通のイデオロギーや狭隘な党派的主張を打ち出そうとしているわけでもない。参加形態もきわめて流動的だ。総じてこの研究会は、ただ、同時代に対しての先鋭な問題意識だけで、現在までゆるやかでしなやかな連帯を保っているといってよい。

ゼロ年代の終わりにさしかかっている現在では、こうしたゼロ年代論壇の成果を踏まえた二〇代や三〇代のライター・評論家（志望者）による研究会や批評系集団はもはや珍しくなくなったが、いま振り返ると編者たちの集まりは、おそらくは期せずしてその最も早い時期の一つだったのではないだろうか。そう考えると、編者たちの何人かにとっては、今回のセカイ系を主題とした評論集の刊行もいささか感慨深いものがある。

また、編者たちはこれまでプライベートな研究会活動だけに終始していたわけではない。すでに、本書に連なるような活動をいくつか行ってきてもいる。紹介の意味も込めて、その経緯をここで簡単に記しておこう。その嚆矢となったのは、まずいまから三年ほど前、二〇〇六年初頭に、インターネット上に設置した書評系サイト「限界小説書評」である。このサイトでは、まさに日々移り変わるオタク系業界／論壇での熱い動きを睨みつつ、研究会メンバーやゲストによるライトノベルや美少女ゲーム、コミックなどのオタク系コンテンツを中心とした新作のレヴュー記事を定期的に更新していた（現在は休止中）。

この限界小説書評の発展形として始められたのが、ミステリ小説専門誌「ジャーロ」（光文社）での連載時評「謎のむこう、キャラの場所」と、エンターテイメント小説誌「メフィスト」（講談社）での連載ミステリ評論「ミステリに棲む悪魔《メフィスト》――メフィスト賞という『想像力』」である。二〇〇六年の春に開始された前者は、そのタイトルに暗示されているように、毎回ミステリとライトノベルの話題作の中からそれぞれ一冊を取り上げて論じ、その両者の想像力の関係を考察するもので、いわゆる「ファウスト系」に代表されるような当時の文学状況を定点観測するような企画だった（連載は二〇〇九年春にいったん、終了した）。そして、二〇〇七年の夏に始まった後者は、同様な趣旨で、ゼロ年代文学に広範な影響をもたらしたミステリ小説の新人賞「メフィスト賞」とその受賞作家たちの仕事を第一回受賞者の森博嗣から改めて考察していくもので、少なからぬ読者の注目を集めているといってよいだろう。さらに、二〇〇八年の初頭には、こうした一連の連載活動の延長上に、外部からのゲスト執筆者も迎えて、若手ミステリ作家の作品とゼロ年代のミステリ小説の現状を論じた初めての本格的評論集『探偵小説のクリティカル・ターン』（南雲堂）を刊行した。この評論集はその後、第九回本格ミステリ大賞評論・研究部門の候補にも選出された。そして、本書刊行後の今夏からは再び「ジャーロ」誌上で、新連載「謎のリアリティ ミステリ×モバイル×サバイバル」(仮題) がスタートする予定だ。編者たちとしては、いずれの企画でも一読に値するような多くの提言を行っているつもりである。興味をお持ちになった方は、ぜひそれぞれの文献にアクセスしていただきたい。

以上のような限界小説研究会の活動は、俯瞰的に見ると総じてミステリとライトノベルの分野に傾注していたことは間違いない。しかし、これはいうまでもなく、ここ数年来のさまざまな時代的文脈からの要請に由来しており、それぞれの論文やレヴューを読んでいただければお分かりになるように、研究会の実質的な討議の場では、右の二ジャンルの文脈をはるかに越えたさまざまな問題系を取り上げていた (その一端は、「ジャーロ」の新連載企画にもいっそう反映していくだろう)。セカイ系を主題とした本書の刊行のあと、編者たちの活動がどこへ向かうのか、また、それがどのように現実に何らかの形を採るのか、はたまたまったく別の何かに発展するのか、右に少しだけ示したように、多少のあたりはつきつつも、いまの段階では未知数である。しかし、この研究会での討議や対外的活動の成果は、少なくとも来る二〇一〇年代を見据えた、それぞれの論者の今後の個々の仕事のうえに明瞭に反映していくはずだ。

＊

最後に、短く謝辞を。

編者たちの前著『探偵小説のクリティカル・ターン』に続き、今回も本書の編集作業を担当した南雲堂の星野英樹氏に深い感謝の気持ちを表したい。その執筆者の多くがいまだほとんど無名の書き手であるだけでなく、彼らが書いたハイコンテクストな原稿の数々を（少なくとも表面上は）顔色一つ変えずに受け取ってくれる編集者に恵まれたことは、いまだにメンバーの全員が奇跡に近いのではないかとすら思っている。編者たちにできることは、その奇跡に見合うだけの内容のある仕事をする以外にないだろう。したがって、感謝というよりも、もはや連帯というに近い感情を星野氏に向けてさりげなく送っておきたい。

限界小説研究会

I

社会とメディア――ネオリベラリズム・サイバースペース

セカイ系と例外状態

笠井　潔

社会など存在しません、あるのは個人と家族だけです。
（マーガレット・サッチャー）

1

一九九五年放映のＴＶアニメ「新世紀エヴァンゲリオン」を起点とし、二〇〇二年前後に完結、あるいは公開された秋山瑞人『イリヤの空、ＵＦＯの夏』、高橋しん「最終兵器彼女」、新海誠「ほしのこえ」にいたる作品群は、一般に「セカイ系」と呼ばれてきた。セカイ系作品に共通する傾向として、社会領域の消失に注目する観点もまた一般的だ。[*1] 主人公が生きる家庭や学校などの小状況（私）と、

＊1　たとえば筆者も「本格ミステリ往復書簡二〇〇二」（『探偵小説と記号的人物《キャラ／キャラクター》』所収）、「本格ミステリ往復書簡二〇〇三」（同）、「社会領域の消失と『セカイ』の構造」（『探偵小説は「セカイ」と遭遇した』所収）などで同様のことを指摘している。

グローバルな危機や破滅をめぐる大状況（世界）の無媒介的な直結は、作品世界から社会領域が削除された結果でもある。では、セカイ系作品で消失した「社会」とはなんだろうか。あるいは、「社会」の削除が意味するものとは。

私と世界の直結という点で、もっとも純粋化されたセカイ系作品は「ほしのこえ」だろう。この自主制作アニメには主人公の二人、ノボルとミカコ以外の人物は基本的に登場しない。作中では家庭や学校さえほとんど描かれることがなく、小状況は恋人同士の親密空間として閉じられている。この小状況と、ノボルと引き裂かれたミカコが戦闘ロボットの搭乗員として戦う宇宙空間（大状況）のあいだには、いかなる媒介的領域も存在しない。たしかに短篇作品では、設定や人物配置や物語を可能な限りコンパクトにする必要がある。しかし、短篇だからという理由では納得しがたいものが、「ほしのこえ」のセカイ系的な純化指向には認められる。作者の自覚的な意思が、作品空間から社会領域を徹底的に排除していると考えざるをえない。

「ほしのこえ」のセカイ系的純粋性と比較すれば、原点にあたる「新世紀エヴァンゲリオン」の場合、充分に消去されていない社会領域が残骸と化して、作品空間に無秩序に散乱している印象がある。

主人公の中学生シンジは、繰り返し襲来する巨大怪物「使徒」と戦うため、「汎用人型決戦兵器」と呼ばれる生化学的ロボットのエヴァンゲリオン（ＥＶＡ）に搭乗することを、父の碇ゲンドウに命じられる。機体とのシンクロ率が高いシンジだけが、ＥＶＡ初号機を操縦できるのだが、その理由は物語の進行につれて明らかになる。建造中の事故で母ユイの魂と肉体は、ＥＶＡに取りこまれて溶解した。ようするに、ＥＶＡ初号機とシンジは人工的な母子関係にある。またアスカと弐号機にも似たような事情がある。

幼い時期に母を失い、父に棄てられたというトラウマを抱えこんだシンジは、自分に自信をもてない気弱で内気な少年だ。また、ＥＶＡの搭乗員が必要だというだけの理由で息子を呼び戻したゲンドウに、根深い抵抗感と不信感を抱いてもいる。不健全な親子関係から生じたトラウマという点では、他の主要人物、たとえば惣流・アスカ・ラングレー、葛城ミサト、赤木リツコなどもシンジと共通する。作者の意図なのだろうが、「新世紀エヴァンゲリオン」には、親子関係をめぐる息子と娘のトラウマ体験や精神的困難の展覧会という印象がある。

前近代社会の息子は、父をロールモデルとして大人になる。しかし、近代では教養小説から精神分析理論までが繰り返し語り続けてきたように、抑圧的な父と闘い、父を象徴的に殺害することでしか息子は大人になれない。こうした近代の成長物語が、しかし「新世紀エヴァンゲリオン」では半ば以上も壊れている。シンジはゲンドウに反抗することも、真正面からの対決もなしえないまま不全感を抱えてＥＶＡに搭乗し続け、最後にはあらゆる現実を拒否して、ひきこもり的な精神状態に陥る。その名に反してゲンドウは、息子の「碇」という父の役割をはたしえない。

このような父子関係の失調は、過剰な母子関係を前提とも結果ともする。シンジがＥＶＡ初号機とシンクロ率が高いことはすでに述べたが、母ユイのクローンである綾波レイには、その正体を知らないまま、興味とも恋心ともつかない複雑な感情を抱いている。反面、あらゆる情動が凍結したようなレイも、しだいにシンジにたいしては心を開くようになる。

碇ゲンドウの表の顔は、使徒の攻撃に対処するため組織された国際機関ネルフの司令官だが、裏の顔は人類補完計画を推進する秘密結社ゼーレの幹部である。裏死海文書や黒い月、リリスやロンギヌスの槍など人類補完計画のＳＦ的・オカルト的な設定の詳細は省いてゼーレの目的を簡単にいえば、不完全な群体生物である人類を完成された単一生物に進化させることにある。ある意味で人類補完計画が目指す人類の進化とは、胎児期から幼児期にいたる母子一体性の想像的な極大化にほかならない。

大人になれない、あるいは社会人として成熟できない若者というキャラクターは、もちろん「新世紀エヴァンゲリオン」の独創ではない。一九八〇年代の日本で村上春樹が繰り返し描いてきたタイプだし、それは村上が影響された、サリンジャー『ライ麦畑でつかまえて』のホールデン・コールフィールドまで遡りうる。また、父の不在と過剰な母子密着という戦後日本の家族病理は、しばしば指摘されてきたところだ。

「最終兵器彼女」は結末で、鉄骨のような無機物に変貌したヒロインちせの胎内で安らぐ少年を描いて終わる。『イリヤの空、UFOの夏』の終幕で、イリヤは「わたしも浅羽だけ守る。わたしも、浅羽のためだけに戦って、浅羽のためだけに死ぬ」と叫んで世界最終戦争に出撃する。ヒロインの言葉は、子のためにわが身を犠牲にして悔いない母のそれを思わせるのだが、セカイ系作品のほとんどに、母子一体の幼児的ナルシシズムと多形倒錯的なエロスが濃密に漂っている。

これらの点を考慮すれば、「新世紀エヴァンゲリオン」で消去された、あるいは消去されようとしている「社会」とは、息子が父を象徴的に殺害し、大人になることで到達しなければならないとされてきた近代社会ということになる。日本のようにユダヤ・キリスト教的、あるいは儒教的な父権主義が希薄な文化圏では、社会の消失は母子融合の閉じられた小ユートピア、あるいは歯のある女陰が子を喰らう小デストピアに帰結しがちだ。

市野川容孝は『社会』で、「社会的」という言葉の意味を次の四点に整理している。第一は「自然」、第二は「個人」、第三は「国家」との対比で把握される社会だ。自然と社会、個人と社会、国家と社会などの対立概念は理解しやすいが、しばしば日本では見落とされる第四の意味が「社会」、あるいは「社会的」には含まれているとも市野川はいう。

　自然と対立する社会の起源は、人類の発生と同時だろう。長いこと人類は狩猟採集の自然経済を営んできた。この時期の社会は、外見的には猿の群と変わらない、移動する小集団として存在した。生産経済がはじまると人間は定住し、動物の群れのような小集団は規模を拡大して生産の共同体になる。しかし農耕や牧畜を営む共同体でも、全員が顔見知りでありうる程度の規模は保たれた。

　ある時点で国家が発生するが、国家と小規模な農耕共同体は外的に関係していたにすぎない。たとえば国家は治水や外敵からの防衛などのサーヴィスを提供し、共同体は貢納の義務を負うという具合に。諸共同体に君臨する王朝は幾度も交替したが、国家は共同体の頭上を通過していったにすぎない。また個人も、相互に独立した同型的・同質的な主体ではない。諸個人は共同体という粘着的な袋のなかで、魚卵のように密集し癒着していた。

　狩猟採集社会や農耕社会では、息子は父親をロールモデルとして大人になるシステムが維持されていた。近代以前では、国家に対立する独自領域としての社会、息子が父を象徴的に殺害して到達しなければならない「社会」は、いまだ形成されていない。

　長いこと人類は、たがいに可視的な環境世界の内側で生きてきた。対人関係は目に見える範囲だし、自分たちで生産した穀物などは自分たちで消費するわけだから、行為とその結果も基本的には透明だった。自然力《クラフト》とは異なる由来の知れない社会的な力《マハト》が共同体に浸透してくるのは、生産物が共同体の外で売買され、さらに自己消費のためでなく、はじめから商品として生産されるようになって以降のことだ。

いまや共同体の農民は、自分たちの畑で作られた作物が、どこのだれに消費されるのかを知りえない。他方、どこのだれが生産したのかわからない布や道具を商品として購入し、ごく自然に使うようになる。しかも商品の価格は恣意的に変動する。商品経済に巻きこまれた農民は、生存の基礎が偶然に左右されていると感じざるをえない。商品経済の浸透で伝統的な共同体は解体され、一方の極に裸の個人が大量に生まれる。他方の極には、不可視の他者が無数に存在し、その相互関係も見定めがたい複雑で混濁した世界が。しかし裸の個人は市民としての近代的主体ではないし、私を翻弄する混濁した世界もいまだ「社会」の域には達していない。

共同体の崩壊から生じた裸の個人の群れとは、ようするに群衆である。群衆は暴力をはらんでいる。ホッブズは群衆存在を狼に喩え、群衆の世界を自然状態＝戦争状態として捉えた。たしかに、群衆化は共同体の法から人間を解き放つ。伝統的な協働システムから放りだされた諸個人は、食物を争奪して殺しあいをはじめかねない。人間存在に本質的な暴力性を、共同体は犠牲祭儀として制度化していたのだが、共同体の解体は本質的暴力を無制約的なものとして氾濫させる。

ホッブズによれば、相互絶滅の恐怖から逃れるため諸個人は契約を締結し、国家《コモン・ウエルス》の主権を承認した。絶対主義的な国家主権が市民革命で国民主権＝国民国家主権に置き換えられても、基本的なしくみは変わらない。このようにして社会契約の主体である近代的な個人が、そして契約体としての社会《ソサエティ》が誕生した。形成された市民社会は、それ以前の伝統的共同体を分解し変型し、末端に共同体《コミュニティ》として従属的に組みこんでいく。家族を含めた可視的なコミュニティの一員であると同時に、契約体としてのソサエティの一員でもあるという二重の生を、近代人は生きることになる。

『共同幻想論』で吉本隆明は、対幻想（家族）と共同幻想（共同体）は「逆立」すると指摘した。この場合の共同体は、契約体としての「社会」を意味するのではないか。父を象徴的に殺害しなければ、息子は社会に到達することができない。ようするに家族と社会は逆立関係に置かれている。吉本は近代的な家族―社会の関係を近代以前の家族―共同体の関係に投影して、『共同幻想論』の論理を組み立てたようにも見える。

息子が父に反抗し、父と闘わなければならないのは、「社会」の構成員としては父も息子も対等の同型的・同質的な主体だからだ。家族内で父と息子は、一方的な権威―服従関係にある。この関係を拒否し、父を象徴的に殺害しない限り、息子は父と対等の存在として社会の構成員になることができない。

では、娘の場合はどうだろう。充分に成熟していない近代社会では、女性は二級市民である。参政権の獲得で女性の政治的解放がはたされて以降も、社会的な性差別はシステムとして温存された。性差別システムが解体され社会的解放が進むにつれ、女性もまた市民社会の構成員として、男性と同型的・同質的な主体になることが要求される。

未成熟な近代社会で娘は、前近代社会の息子が父をロールモデルとして「父＝男の大人」になるように、母をモデルに「母＝女の大人」となる。しかし女性の政治的・社会的解放が進行すると、娘もまた「息子」化せざるをえない。社会契約主体としての市民＝大人になるには、兄や弟と同じように父と闘争する必要があるからだ。しかも息子と違って娘は、モデルとしての母をも同時に拒否しなければならない。

成熟した近代社会に置かれた娘の運命もまた、「新世紀エヴァンゲリオン」では描かれている。少年（男）を対等のライヴァルと見なし、それとの競争に負けない少女（女）であろうとする「息子」

化した娘のアスカは、伝統的な母娘関係に歪んだ形で固着し、そして自殺した母を拒まなければならないと感じている。

父との闘争を回避し、最後には現実拒否のひきこもり状態に陥るシンジの前に、社会は不可解な陰謀の錯綜した体系としてあらわれる。人類を単一生物に進化させるという秘められた目的のため、太古からゼーレは歴史を操作してきた。またゼーレ内でも主流派とゲンドウの一派は、人類補完計画の路線をめぐる対立から暗闘を繰りひろげている。

自立的な判断能力のある主体と主体が相互利益のために合理的に運営する、社会契約論的な社会像が失調するとき、またしても社会は暴力的な混濁した空間に回帰するだろう。由来もしれない、不可解きわまりない環境に巻きこまれた者は、なんとかして環境を合理的に把握したいと願う。非合理な世界を無理にも合理化しようと努める場合、しばしば人は事象と事象の因果連関を妄想的に捏造し、陰謀論的思考に呑みこまれていく。

商品経済の浸透で貧富の差が生じた共同体は、急激に富みはじめた家を陰謀論的に了解し、犬神憑きなどの民間信仰を紡ぎだした。市場にアクセスできる機会や能力の相違が貧富の差をもたらしたのだが、それを共同体は犬神の呪力によるものとし、財貨を蓄積した家を差別するようになる。

「新世紀エヴァンゲリオン」の放映と同年に起きた地下鉄サリン事件だが、オウム真理教の陰謀論的思考は指摘するまでもないし、二〇〇〇年代に入るとネット上にはネタ（面白いから）とベタ（事実だから）を問わず、陰謀論的想像力が過剰なまでに溢れるようになる。

セカイ系が抹消した「社会」とは、ようするに社会契約論的な近代社会である。「新世紀エヴァンゲリオン」によれば、父の象徴的な殺害による同型的・同質的主体の世代的再生産の失調が、その根拠にはある。セカイ系作品では、世界を破滅させる「敵」の正体はしばしば謎に包まれ、その正体は最後まで明かされることがない。こうした設定もまた、社会領域が暴力的な混濁状態に回帰した事態の反映に違いない。理解できない暴力的な混濁は、陰謀論的想像力をいたるところに瀰漫させる。

私の不幸や不遇や非本来性の感覚は、なんらかの人格的実体による「悪意」もしくは「攻撃」の結果だという陰謀論的思考は、ほとんどのセカイ系作品に多かれ少なかれ見られる。『イリヤの空、ＵＦＯの夏』では、正体不明の敵に対処する国家的な陰謀に巻きこまれた犠牲者がイリヤだし、抵抗できない国家意思で「最終兵器」に仕立てあげられたヒロインが描かれる点は「最終兵器彼女」の場合も変わらない。

いずれも少年と少女を引き裂く不幸の原因は、国家＝大人の「陰謀」である。完成されたセカイ系作品「ほしのこえ」では、社会領域と相即的に陰謀論的想像力も消去されていた。しかし新海誠の劇場用長篇アニメ「雲のむこう、約束の場所」では、昏睡状態のサユリが国家の非情な意思で生体実験に利用されるという設定に、陰謀論的想像力の復活を見ることができる。

『ゼロ年代の想像力』の宇野常寛は、ＴＶアニメ「新世紀エヴァンゲリオン」以降のセカイ系作品を、次のように批判した。

> この『エヴァ』の思想を一言で表現するなら、「世の中が正しい道を示してくれないのなら、何もしないで引きこもる」ということになる。もちろん、これは矮小なナルシシズムの発露に違いないが、同時に何が正しいことか誰にもわからず、何かを選択して対象にコミットすれば必然的に誤り、他人を傷つけ自分も傷ついてしまう九五年以降のポストモダン状況下における「〜しない、と

いうモラル」の結晶であるともいえる。

宇野によれば「行為（〜する）ではなく設定（〜である）でアイデンティティを保つ登場人物＝キャラクターの承認をめぐる物語、より具体的には登場人物の精神的外傷を根拠にした実存の承認をめぐる物語——これが九〇年代後半の『引きこもり／心理主義』的想像力である」。しかも、セカイ系的な九〇年代後半の想像力は失効し、小泉改革の二〇〇〇年代前半には「『引きこもっていたら殺されてしまうので、自分の力で生き残る』という、ある種の『決断主義』的な傾向」の作品が、『バトル・ロワイアル』から「DEATH　NOTE」まで、小説やアニメ、コミックやTVドラマの世界で前景化してきたという。

宇野常寛のセカイ系批判には、無視できない錯誤が二点ある。社会領域の消失がセカイ系を定義する以上、それを「九〇年代後半の『引きこもり／心理主義』的想像力」と等置するわけにはいかない。また「ある種の『決断主義』的な傾向」の作品が、社会領域の崩壊という二一世紀的な必然性をまぬがれているともいえない。

以上を第一とすれば、「ある種の『決断主義』的な傾向」の作品が、決断主義の域に達していない点が第二である。第二の錯誤が生じてしまうのは、「実存」や「承認」、ひいては「決断」など論の中心に位置するタームを、歴史的な先行事例と照合することなく安直に振り廻した結果だ。

二〇世紀的な文脈でヘーゲルの「承認」論が再発見されたのは、アレクサンドル・コジェーヴのパリ講義からだし、『存在と無』第三部第一章を参照すれば明らかであるように、初期サルトルの「実存」もコジェーヴ講義に触発されている。また「決断」は、一九二〇年代にカール・シュミットが、その政治理論の中核として提起した概念だ。

宇野が一九九五年以降、「新世紀エヴァンゲリオン」以降に新たに生じたとする実存、承認、決断などをめぐる問題系は、全体として二〇年代、三〇年代のそれの反復である。むろん単純な繰り返しではなく、正確には螺旋状の回帰であるとしても。

これは、かならずしも宇野一人の問題ではない。宇野が論を立てる上で参照した直接の先行者、肯定的には宮台真司、否定的には東浩紀などもまた、ポストモダニズム（八〇年代）が大戦間モダニズム（二〇年代）の反復である事実に、さほど自覚的とはいえないからだ。大澤真幸のいわゆる「アイロニカルな没入」も、大戦間の青年を惹きつけた行動的ニヒリズムの再来である。「あえて」の思想や「アイロニカルな没入」を論じるとき、どうして宮台や大澤は、三〇年代の否定神学的問題系との照合作業を回避してしまうのか。おそらく、そこにはポストモダニズム世代の無意識的な抵抗が介在しているのだろう。

宇野常寛は「新世紀エヴァンゲリオン」の思想を、「九五年以降のポストモダン状況下における『〜しない、というモラル』の結晶」と特徴づけた。しかし、このような把握は部分的かつ一面的である。「新世紀エヴァンゲリオン」を原点とするセカイ系作品は、社会契約論的な社会像の失調を正確に反映していた。宇野が語る「九五年以降のポストモダン状況」なるものは、例外状態の社会化という観点から再検証されなければならない。

2

ホッブズの社会契約論はロックとルソーを経由して、法の支配を原則とする立憲国家の構想にいたる。アメリカ革命やフランス革命で達成された立憲国家でも、クーデタや大災害、内乱や戦争など法体制が地方的あるいは全国的に麻痺、解体状態に陥る場合がある。これを、カール・シュミットは「例外状態」と定義した。

例外状態とは憲法秩序と法的支配の崩壊である。法的支配の前提に社会契約論的な「社会」があるとすれば、例外状態の出現は同時に社会の一時的消失を意味するだろう。シュミット政治理論の中核に据えられた例外状態とは、ようするに社会消失状態にほかならない。

第二次大戦前の日本では、一九〇五年の日比谷焼打ち事件、二三年の関東大震災、三六年の二・二六事件に際して、緊急勅令による「行政戒厳」が発令された。明治憲法体制の戒厳令には、戦時下の臨戦地域や合囲地域（敵軍に包囲された地域）などを対象に、法の部分的あるいは全面的な停止、軍による行政権や司法権の掌握などの規定があるにすぎず、この要件を満たさない二・二六事件などの場合は、戒厳令に準じる行政措置がとられた。

例外状態 Ausnahmezustand は、緊急事態・非常事態 state of emergency と英訳される。法体制が麻痺、解体状態に陥る緊急事態には、国家が緊急権を発動して秩序の回復をはからなければならない。国家緊急権を正当化する条項は、明治憲法の非常大権やワイマール憲法の大統領独裁権など、あらかじめ憲法に記載されている場合が多い。戒厳令や行政戒厳は国家緊急権の具体例である。法による支配を原則とする立憲国家は、ときとして、法の停止を意味する国家緊急権を発動せざるをえない。法治国家は、このような逆説を必然的にはらんでいる。

シュミットが例外状態を論じた背景には、第一次大戦中のドイツで形成された総力戦体制がある。

総力戦体制は国民一人一人の精神と身体を微細なレヴェルまで、戦争遂行に不可欠の資源として徹底的に計算し、管理し、動員しようと努めた。これは立憲国家や法による支配とは根本的に異質な発想で、国民を人口として把握し、「繁殖や誕生、死亡率、健康の水準、寿命、長寿」（ミシェル・フーコー『知への意志』）に配慮する生権力の極限化として生じている。フーコーによれば、「生きさせるか、死の中に廃棄する権力」が生権力である。総力戦体制は銃後の国民を戦争遂行のために否応なく「生きさせ」、兵士を大量死の運命が待ちかまえる前線の塹壕に「廃棄」した。

近代的な立憲国家の理想を純粋化したワイマール共和国は、そもそも大戦後ドイツのレーテ革命と、革命を鎮圧した反革命暴力という例外状態から生じ、ナチス革命という第二の例外状態に呑みこまれて消滅した。またドイツの東方には、例外状態を構造化したボリシェヴィキ国家が存在してもいた。そして歴史は世界的な規模で、第二次大戦という巨大な例外状態に雪崩れこんでいく。

社会契約論による立憲国家と法による支配は、すでに二〇世紀前半の時点で根本的な危機に見舞われていた。契約主体としての相互承認システムは崩壊し、一九世紀的な市民は二〇世紀的な群衆＝実存に変貌し、社会契約論と自由放任論に代表される「大きな物語」の崩壊が「あえて」する決断、無根拠な決断を主導的な時代思潮に押しあげていく。宇野常寛や宇野が参照した東浩紀の論では不明確だが、大きな物語の崩壊は一九八〇年代以降のポストモダン状況に先立ち、すでに第一次大戦後の時代に生じていた。

一九二〇年代ドイツを代表する決断主義の巨人はハイデガー、シュミット、ユンガーだし、ヴェイユ、バタイユ、ブランショ、サルトル、ラカンなど三〇年代フランスの否定神学的思考にも、程度の大小はあれ決断主義が影を落としている。

ナチズムのドイツとボリシェヴィズムのロシアは、第一次大戦の総力戦体制を極限化した「例外国家」、例外状態を構造化した国家である。それは例外状態を強制＝絶滅収容所として組織化し、国家体制の核心に組みこんだ事実からも明白だろう。収容所は、違法者を拘禁する監獄とは原理的に異なる権力装置だ。一九世紀的な法治国家では、法に反した「行為」が処罰の対象となる。しかし二〇世紀的な例外国家では、ユダヤ人や反革命分子のような「存在」それ自体が排除され、拘禁され、抹殺される。

「行為（〜する）ではなく設定（〜である）でアイデンティティを保つ登場人物＝キャラクター」を、宇野常寛はセカイ系の特徴としてあげていたが、それは強制＝絶滅収容所の原理にほかならない。収容所で大量虐殺されたユダヤ人は、「行為（〜する）ではなく設定（〜である）」によって絶滅対象というアイデンティティを強制され、完璧な非承認の地獄に放りだされたのだ。「行為」は一九世紀の法的支配に、「設定」としての存在は二〇世紀的な例外状態に対応する。

この点からいえば、セカイ系的なキャラクターはジョルジョ・アガンベンのいわゆる「剝き出しの生」に通じている。それはまた、物語に依存しない「キャラ」一般にもいえるかもしれない。ナチ収容所の「ムーゼルマン」は、あるゆる物語化の可能性を剝奪された「剝き出しの生」だった。だからこそ、収容所体験を「語る」ことは可能なのかという問題が論じられもした。

第二次大戦後に西側先進諸国は、大戦中の総力戦体制を「平和」的形態で継続し、未曾有の「ゆたかな社会」（ガルブレイス）を築きあげる。また、アメリカを盟主とする西側先進諸国では一九世紀的な憲法体制が回復され、大過なく維持されてきたように見える。アルジェリア戦争で内乱状態に陥った一九六〇年前後のフランスを例外として、日本を含む西側先進諸国が例外状態に直面したことはない。パリのバリケード戦と労働者の全国ゼネストのため、六八年五月には例外状態に片足をかけたフランスを含め、六〇年代後半の大衆ラディカリズムの爆発にも、西側先進諸国は国家緊急権を発動することなく法の範囲内で対処しえた。

ナチス国家やボリシェヴィキ国家と対抗するためにも、第二次大戦後の西側諸国は自由と民主主義の旗を掲げ続けた。かつて人類が経験したことのない「ゆたかな社会」は、憲法体制に挑戦するような反乱やクーデタの危険性を、事前に封じこめることに成功した。

市野川容孝はドイツ基本法から「ドイツ連邦共和国は、民主的、かつ社会的《ゾツィアル》な連邦国家である」、フランス憲法から「フランスは、不可分の、世俗的、民主的、かつ社会的《ソシアル》な共和国である」を引用し、「今の日本の社会学者で、この『社会的な国家』が何を意味するのかを即答できる人は、そう多くないはず」だと皮肉にいう。

> 答えを先に言おう。ドイツやフランスの「社会的な国家」にほぼ相当する日本語は、「福祉国家」である。（略）日本ではもっぱら「福祉国家」という表現だけがなされ、これを「社会的な国家」と表現することが皆無に等しいのは、なぜなのか。

市野川が注目した「社会的国家」には、無視できない二面性がある。市民革命が目標として掲げた「自由」と「平等」は、職業や居住の自由もない封建的制約と身分的特権を「敵」とする限りでは無矛盾的、相互補完的だった。しかし市民革命が達成されて以降、自由と平等は理念的に対立しはじめる。自由な競争は富と貧困の社会的対立を激成し、平等の原理は損なわれ、第三身分として一括されていた市民革命の主体も資本家階級と労働者階級に分裂していく。

「ヘーゲル法哲学批判序説」のマルクスは、市民革命による政治的解放は、社会的な解放を意味しないと語った。自由と平等の法的な保障は、実質として社会的な不自由と不平等をもたらし続けていると。「社会的国家」の理念は、このような批判から生じている。政治的な自由と平等を、社会的に実質化するものとしての社会的国家とは、簡単にいえば国家による再分配システムだろう。

平等の原理による再分配や社会政策、福祉政策の実施は民衆の要求であると同時に、例外国家による生権力の二〇世紀後半的な展開でもあった。諸個人を微細な権力の網目に縫いこんでいくことは、一方で管理と監視、他方では再分配と福祉の高度化に帰結する。第二次大戦後に西側先進諸国は、総力戦体制を「平和」的形態で継続し、また人類の存亡を賭金とした米ソの核脅迫＝冷戦の国内体制として「ゆたかな社会」を築きあげた。

例外状態を構造化した国家、例外国家には二つのパターンがある。第一がナチス国家、ボリシェヴィキ国家に代表される収容所型の例外国家だとすれば、第二はニューディールのアメリカを原型とし、第二次大戦後に西側先進諸国で実現された「ゆたかな社会」型の例外国家である。二〇世紀後半の米ソ冷戦は、収容所型例外国家と「ゆたかな社会」型例外国家の覇権をめぐる闘争だった。

もしも選択可能であれば、民衆の大多数は収容所国家でなく福祉国家を選ぶだろう。一九八九年、東欧社会主義政権の連続倒壊によって米ソ冷戦は終結する。二年後には、半世紀におよんでアメリカと世界の覇権を争奪したソ連も崩壊した。こうして歴史は二一世紀に移行する。

一九八〇年代からイギリスとアメリカでは、オイルショック以降の構造不況と財政危機の圧力から、「ゆたかな社会」の根本的な再編成が模索されはじめる。社会主義の崩壊が、ネオリベラリズム的改革を決定的に加速した。「社会など存在しません、あるのは個人と家族だけです」という「名言」に着目すれば、皮肉なことにマーガレット・サッチャーこそセカイ系の元祖ともいえる。セカイ系的な闘わない、闘えないひきこもり少年を、「鉄の女」サッチャーは侮蔑するだろうが。

ネオリベラリズム的改革で消去される「社会」は、むろん社会契約論的な社会だけではない。それは「社会的国家」としての社会、二〇世紀後半の福祉社会でもある。社会主義の崩壊以降に露出してきた格差／貧困の二一世紀社会は、二〇世紀後半に実現された「ゆたかな社会」の自己否定のようにも見える。しかし例外状態を構造化している点で、両者はシステム的に連続している。

達成された完全雇用と完備された社会福祉が、「ゆたかな社会」では法的な外在性を超えて諸個人の生と死を微細に把捉していた。そしてポスト「ゆたかな社会」は、監視／管理の完備されたネットワークが新たに諸個人を捉えつくそうとする。

前者では、国家が例外状態を構造化していた。しかし後者では、例外状態の社会化が急速に進行する。二〇世紀を例外国家の時代とすれば、二一世紀は「例外社会」の時代になるだろう。

セカイ系作品で消去された「社会」とは、社会契約論的な社会であるばかりか、二〇世紀後半の福祉社会、「ゆたかな社会」でもある。アメリカやEU諸国では、第二次大戦後の高度経済成長が一九七〇年代前半に終熄し、不況とインフレと失業に悩まされるようになる。八〇年代まで繁栄を持続した日本も、九〇年代には未曾有の大不況に襲われた。

バブル崩壊後の数年間は、到来した不況も短期的な景気循環の一局面にすぎないという理解が一般的だった。護送船団方式や終身雇用制や年功序列賃金など、「平和」的な形態で第二次大戦後も持続された総力戦体制、日本型経済システムが構造不況の原因ではないかと語られはじめた一九九五年には、阪神大震災と地下鉄サリン事件が全国を揺るがせる。

日本でネオリベラリズム的改革が本格化するのは、二〇〇二年に誕生した小泉政権下のことだ。そして小泉政権が終わる〇六年には、日本社会の格差化／貧困化が誰にも無視できない露骨な現実となる。小泉政権下の五年間で、日本もまた「ゆたかな社会」型の例外国家から二一世紀的な例外社会への移行を完了した。

セカイ系が頂点を迎えたのは、小泉改革がはじまろうとしている頃のことだ。ネオリベラリズム的改革が進行するにつれ、しだいに「新世紀エヴァンゲリオン」的なセカイ系作品の影響力は低下していく。その背景を、宇野常寛は次のように特徴づけた。


アメリカの同時多発テロ、あるいは同年よりはじまった小泉純一郎首相によるネオリベラリズム的な「構造改革」は、「たとえ無根拠でも中心的な価値観を選び取る」「相手を傷つけることになっても対象にコミットする」といった「決断主義」の潮流を大きく後押しした。理由はひとつ。「そうしなければ、生き残れない」からだ。


宇野が想定する「『万人が決断主義者となって争う』動員ゲーム＝バトルロワイヤル状況」とは、「マクロには原理主義者によるテロリズムの連鎖であり、ミクロには『ケータイ小説』に涙する女子高生と『美少女（ポルノ）ゲーム』に耽溺するオタク少年が互いに軽蔑しあう学校教室の空間である」。

9・11にはじまる「原理主義者によるテロリズムの連鎖」と、〇〇年代日本のカースト化された教室やネット上での「抗争」を、「『万人が決断主義者となって争う』動員ゲーム＝バトルロワイヤル状況」として無造作に同一視できる想像力の貧困は、例外状態の意味するところを理解しえていない結果である。

〇〇年代のイスラム革命運動に匹敵する千年王国主義的暴力が、日本を含めた先進諸国に波及するのは二〇一〇年代のことだろう。その予兆を九〇年代後半以降に見ようとするなら、宅間守から加藤智大にいたる無差別殺傷事件に注目しなければならない。カースト化された教室でのサバイバル競争やネット炎上など、これらの事件と比較すれば瑣末な事例にすぎない。

いわば宅間とは歩く例外状態、あるいは「人間の形をした例外状態」である。理由はどうであれ宅間守は社会契約を破棄し、契約体としての社会から離脱した。ホッブズの論理からしても、契約外の個人と社会は自然状態＝戦争状態に突入する。たった一人で社会と戦争状態に入った宅間は、「敵」のもっとも弱い部分を狙って、自滅覚悟の先制攻撃をかけるしかない。このようにして、小学生を対象とした無差別殺傷事件は惹き起こされた。

社会契約を破棄し、社会にパルチザン戦争をしかけた宅間にたいし、社会の側が法的な処罰を加えることは欺瞞的である。アガンベンのいわゆるホモ・サケルとして、社会は宅間を処遇するしかない。殺人事件の被告にも保障された法的権利を剝奪し、絶対化された「敵」として宅間を抹殺すること。再審を拒否し、一刻も早い処刑を求めた事実からも窺えるように、敵軍の殲滅を目的化した絶対戦争の兵士として処遇されることを、宅間もまた望んでいた。

宅間のような大量殺人者の存在は、社会契約論という大きな物語の無底性を直截に暴露する。シュミットが例外状態を論じたのは、まさに大戦間の時代、宅間のように社会契約から離脱しかねない群衆が街路に溢れていたからだ。群衆とは、また実存でもある。ハイデガーの現存在もサルトルの対自存在も、孤独のうちに神と対面するキルケゴール的実存を先行者としているが、両者は決して同一ではない。社会契約論や自由放任論という大きな物語の崩壊から生じた、大戦間のドイツやフランスの群衆存在を、ハイデガーやサルトルは「実存」として捉え直した。

実存としての群衆の倫理が、いわば無根拠な決断である。社会契約の自己解除を宅間は決断し、加藤智大もまた決断したのだろう。大戦間の決断主義的思考が問題にしたのは、このような「決断」にほかならない。教室でのサバイバル競争やネット炎上を参照例として決断主義を語るのは、とほうもない勘違いといわざるをえない。

むろん、両者が完全に無関係とはいえないだろう。ネット上に自虐的な書きこみを続けていた加藤が、無差別殺人者に変身したのだから。としても、両者には決定的な断絶がある。無根拠な決断だけが、この断絶を超える。われわれの社会は一九九五年以降、社会契約を破棄して歩く例外状態と化した「例外人」を、少数とはいえ断続的に生みだし続けてきた。宅間から加藤にいたる無差別殺人者たちは、二〇一〇年代という群衆化の時代を予兆している。

「世の中が正しい道を示してくれないのなら、何もしないで引きこもる」ところに、宇野常寛は「『エヴァ』の思想」を見た。しかし「新世紀エヴァンゲリオン」などのセカイ系作品ではなく、宇野がそれを喩えるために召喚した「引きこもり」それ自体が、バブル崩壊から小泉改革を経過して格差化／貧困化の露出にいたる、九〇年代前半から〇〇年代の後半までの過渡期の産物だった。二〇世紀後半の「ゆたかな社会」型例外国家から、二一世紀型の例外社会への過渡期である。

過渡期の前半（九〇年代後半）を宇野はセカイ系の時代と、後半（〇〇年代前半）を決断主義の時代と規定する。しかし大戦間の「決断」思想を前提とするなら、いまだ決断主義の時代は到来していない。

宇野によれば、〇〇年代の決断主義系作品群の嚆矢は高見広春『バトル・ロワイアル』だが、この作品は全体としてセカイ系のパラダイムに内属している。国家の陰謀によって、教室の一員という社会的アイデンティティを剝奪された生徒たちは、一瞬にして群衆化し、「万人にたいして万人が狼である」（ホッブズ）自然状態＝戦争状態に突入し、孤島ではバトル・ロワイアルが展開される。

陰謀による社会領域の剝奪と消失、戦争状態の到来など、『バトル・ロワイアル』はセカイ系の構図を忠実に踏襲している。異なる点があるとすれば、主人公が「主体」的に闘うことだ。闘争の対象は、疑似的な父親としての「プログラム担当教諭」坂持である。しかし闘う少年のキャラクターは、「巨人の星」や「あしたのジョー」の昔から、マンガやアニメの世界では一般的だった。星も矢吹も、闘うことで大人になるという教養物語のヒーローである。すでにセカイ系が、そうした社会化＝大人化の論理の失効を暴露していた。

教室という形で子供に与えられていた「社会」が、たしかに『バトル・ロワイアル』では崩壊する。しかし物語の主人公は、闘うことで大人になろうとするわけではない。そうした近代の予定調和的な回路は、すでに失われている。少年を血まみれの戦場に押しやるのは、「そうしなければ、生き残れない」という現実だ。この場合、「生きる」という価値は少しも疑われていない。闘う「決断」は、「生きる」という至上命令の一契機にすぎない。このような「決断」は健全であり、決断主義的な「決断」の二〇世紀的な倒錯性とは無縁である。

農村共同体の分解による群衆化、ホッブズによれば自然状態＝戦争状態という無政府状態を新たに秩序化するものとして、「社会」は誕生した。中心に位置したのは社会契約の理念だが、補足的には

「《精神》の弁証法、意味の解釈学、理性的人間あるいは労働者としての主体の解放、富の発展」（リオタール『ポスト・モダンの条件』）などの「大きな物語」をあげることもできる。しかし、いずれにしても最大の「大きな物語」だった社会契約の理念が失効した以上、第一次大戦後の時点で大きな物語の時代はすでに終焉していた。

群衆の時代はニヒリズムの時代でもある。共同体の神を殺害した第一の群衆化の時代（近代初期）はもちろん、社会という「神」が衰亡した第二の群衆化の時代（大戦間の時代）にしても。偽心なく社会を信仰し、社会と確実に繋がることで一九世紀的な近代人は生の意味を実感しえた。群衆の世界である無意味の荒野は、社会という理念によって秩序化され有意味化された。

近代人にとって、決断は行為の契機にすぎない。あらかじめ有意味な目的があり、それを実現するために必要な手段として行為がある。目的と行為を媒介する契機が決断だ。もはや目的の有意味性が信じられないとき、人は行為する動機を失う。しかし無行為の状態に、人間は耐え続けることができない。無行為という苦痛から逃れようとして、人は目的のない行為、意味のない行為に向かう。

どのような場合でも、行為には複数の選択肢がある。どの行為を選択するか、その基準が目的や意味だ。目的や意味がなければ、特定の行為を人は選択することができない。しかし、それでも行為しなければならない。このディレンマから「決断」という契機の自立化と目的化が、ようするに決断主義が生じる。なにを選んでもいいが、とにかく選ばなければならない。なにかを選ばなければ、行動することができないからだ。

しかし人は、まったく無根拠に選択することにも耐えられない。そこで持ちだされる最後の基準が、行為の強度だ。選択可能な行為にはそれぞれ質的な相違がある。犠牲の少ない行為もあれば、極限では死を意味するような苛酷な行為もある。意味が与えられていない諸行為から、あるひとつの行為を選択する基準は、行為の強度しかない。強度の高い行為は、より高い生の燃焼感をもたらすだろうから。そこで人は、意味や目的という点では空虚だが、より強度の高い行為に向かうために「決断」する。決断に根拠はない。無根拠に「あえて」する決断こそ、大戦間の思想に顕著な決断主義である。*2

ホッブズがモデル化した群衆化状況でも、人は契約に応じることを決断した。この決断には生命や財産を守るためという根拠がある。しかし大戦間に現出した第二の群衆化状況では、生命の動物的自然性さえもがすでに信じられていない。むしろ反対に、生命を危険にさらす可能性が高ければ高いほど、それを唯一の根拠として人はある行為を決断する。これが群衆化状況の二〇世紀的な帰結だった。『バトル・ロワイアル』の主人公は、「そうしなければ、生き残れない」から闘う。ここにはニヒリズムを前提とした二〇世紀的な決断、形式化された空虚な決断は存在しない。この小説は多くの点でセカイ系の構図を踏襲しているが、主人公が安直に「闘って」しまえる点で、セカイ系以前のバトルものを水準として引きずっている。

＊2　大戦間の決断主義にかんして、クリスティアン・グラーフ・フォン・クロコウは次のように述べている。「ユンガーにおいては、その概念は闘争であり、シュミットにおいては決断、ハイデガーにおいては覚悟性である。（略）これらの概念は、実質的な内容（肩入れするもの、批判や攻撃の対象、あるいは目標とするもの）を求めるかに見えながら、『意味をもつ』ためには文字通り一切の実質的内容から切り離されてしまう。（略）決断（あるいは闘争や覚悟性）をこのように一種独特の形で形式化し絶対化することを特徴とするこの思考構造、これをわれわれはシュミットに倣って決断主義的な思考構造と呼ぶことにしよう」（『決断　ユンガー、シュミット、ハイデガー』）

少年マンガの世界では一九八〇年代まで、「少年ジャンプ」的な「友情、努力、勝利」の物語が生きていた。これに「恋愛、遊戯、日常」を対置したのが、「少年サンデー」のラブコメものである。「友情、努力、勝利」とは、いうまでもなく近代的な教養物語の少年版で、ヘーゲル的な「人倫、教養、精神」に重ねることができる。父を象徴的に殺害した少年は人格的完成の峰をめざし、労働と教養の弁証法的過程を辿らなければならない。社会はホッブズ的な政治社会であると同時に、アダム・スミス的な経済社会でもある。

しかし連載の過程で「ドラゴンボール」が、「友情、努力、勝利」の物語からアクションとしての刺戟を追求するバトルものに変質していったように、少年マンガの場面でも教養主義はしだいに空洞化していく。「ドラゴンボール」の連載終了（一九九五年）は、肉体バトルものが限界に達したことを示した。この年は、いうまでもなく阪神大震災と地下鉄サリン事件の年であり、また「新世紀エヴァンゲリオン」が放映された年でもある。肉体バトルものを変型しながら引き継いだのが、「金田一少年の事件簿」や「名探偵コナン」に代表される頭脳バトルものだった。

宇野常寛が〇〇年代前半の「決断主義」的作品群としてあげる作例は『バトル・ロワイアル』以降、「DEATH NOTE」から「LIAR GAME」まで、「金田一少年の事件簿」を継承した頭脳バトルものである。頭脳バトルでもバトルだから、とにかく主人公は闘わなければならない。しかし夜神月《ライト》や秋山の闘争は、社会崩壊による無根拠な決断によるものとはいえない。

「DEATH NOTE」のライトは、犯罪が根絶された理想社会を築こうとする。この点でライトは、いまだ社会を信じているように見える。しかし理想社会を実現する方法がデスノートである以上、すでに社会という理念は解体しているといわざるをえない。死神のデスノートを所有して無制約的な大量殺人者になるライトは、宅間守のような例外人の想像的極限値である。ライトが一方的に犯罪者を殺戮し続ける世界とは、法による支配が失効した例外状態にほかならない。ようするに社会は崩壊している。

このように社会領域の消失という点では、「DEATH　NOTE」もまたセカイ系の系譜に属する。ライトは理想社会をめざして「闘う」が、『バトル・ロワイアル』のように闘わなければ「生き残れない」からではない。社会正義をめぐる倒錯的観念が、ライトの大量殺人行為を駆動している。この点で「DEATH　NOTE」は、『バトル・ロワイアル』よりも二〇世紀の無根拠な決断主義に接近している。

しかしライトは、そして「DEATH　NOTE」という作品もまた、無根拠な決断を必然化した社会崩壊と例外状態を、独自のものとして主題化することはない。例外状態を惹き起こしたライトと、社会の全面崩壊を回避しようとする名探偵Lの頭脳バトルとして、物語は進行していく。

デスノートという超常的な武器を手にした倒錯的観念家が、例外状態を惹き起こし、社会を消失させたわけではない。すでに社会崩壊に見舞われていたからこそ、ライトは大量殺人による理想社会の実現を「決断」したのだ。この決断は無根拠である。だから観念的にしか正当化できない。しかしライトは、おのれの決断の無根拠性に少しも自覚的ではない。作品自体はライトの倒錯的観念を批判的に相対化しようと努めているが、その根拠はカール・シュミットが規範主義として非難したところの、法による支配の空虚な理念にすぎない。[*3] ライトのような例外人が生じてしまう必然性と、正面から主題的に格闘しているとはいえない。

大戦間の時代に露出した例外状態は、第二次大戦後の西側先進諸国では「ゆたかな社会」型の例外国家のもとに包摂されていた。二〇世紀後半的な例外国家の崩壊は、日本ではバブル崩壊の一九九〇年代前半から、小泉改革の結末が誰の目にも明らかになった二〇〇〇年代の後半まで、十年ほどの時間をかけて徐々に進行する。ひきこもり型のセカイ系も頭脳バトル型のセカイ系も、こうした過渡期の産物にすぎない。

ひきこもり型のセカイ系が存在しえたのは、戦後日本経済の固有性に根拠がある。第二次大戦が終結した時点で、先進諸国は新たな高度経済成長の条件を与えられていた。戦災からの復興という膨大な需要が存在し、それを可能とする国際的な資金循環も整備された。大戦中に進行した生産性の向上に加え、家電と自動車に代表される新たな基軸商品も準備されていた。

大戦後の高度成長のためには、膨大な新規労働力が必要とされる。資本主義的に分解可能な農村労働力がすでに枯渇していた西欧諸国では、旧植民地・従属国の移民労働力が経済成長を支えることになる。しかし、日本では条件が違った。第二次大戦終結の時点でも後発資本主義国の日本は、農村部に膨大な過剰労働力を抱えていたからだ。

一九五五年にはじまる集団就職列車は、二十年後の七五年まで続いた。若年労働力を農村部から膨大に吸いあげることで、戦後日本の高度成長は達成されえた。イギリスやフランスやドイツのような移民労働者問題を、いまのところ日本が抱えないですんでいるのは、この結果にすぎない。

欧米諸国ではオイルショックを画期として、一九七〇年代の前半に戦後高度成長は終わり、構造不況とインフレに直撃される。日本だけが二次にわたるオイルショックを乗り越え、八〇年代の末まで好況と経済成長を維持しえたのもまた、農村に滞留していた相対的過剰人口を活用しえた結果である。

一九七〇、八〇年代にも日本経済が好調を持続しえた理由として、終身雇用制や年功序列賃金などの日本型経営システムが注目された。大量に導入された新規労働者が同国民だったから、終身雇用と年功序列も効果的に機能しえた。言語的な意思疎通さえ不充分な移民労働者は、低賃金の非熟練労働にしか向かない。企業にたいする忠誠心や、「カイゼン」のような現場からの創意動員のシステムも、国内の過剰労働力を活用しえた戦後日本資本主義の例外的な条件によって可能ならしめられた。

終身雇用と年功序列の日本型賃金システムでは、生涯就業期間の前半は労働生産性に比して低賃金、後半は高賃金である。大雑把にいえば二十代、三十代の被雇用者は賃金の一部を企業にいわば「貯金」し、住宅ローンや教育費などで家計が膨張する四十代、五十代にそれを取り崩すというシステム。就職列車世代の中核を団塊の世代とすれば、この世代が四十歳を超えたのが一九八〇年代の終わり頃だ。それ以降、日本の企業は「貯金」を取り崩して、中高年被雇用者の賃金に充当することになる。

バブル崩壊を引き金とする一九九〇年代の大不況の背後には、プラザ合意による円高誘導と過剰流動性の極大化（カネあまり）から生じた土地バブルや金融バブルの崩壊とは直接に関係しない、以上のような構造的な労働力問題が潜在していた。欧米に二十年ほど遅れて、日本もまた第二次大戦後の高度成長の終焉に直面したにすぎない。しかし、高度成長の終わりと構造不況の到来が家計にまで露

＊3　「いわゆる実証主義および規範主義は、――自然法ないし理性法に基づくのではなくして、たんに実際に『通用している』諸規範に依拠するものであるが故に――堕落した、したがって内部矛盾に満ちた規範主義であって、（略）『事実的なものの規範力』に依拠する堕落した決定主義である実証主義の混入したものである」（『政治神学』）と、シュミットは述べている。たとえば事件の捜査責任者であるライトの父は、「実際に通用している」法からの逸脱としてキラの大量殺人を非難するにすぎない。デスノートというかたちで、社会が例外状態に直面している事実には最後まで無自覚なままだ。

骨におよびはじめたのは〇〇年代の後半、画期としては団塊の大量退職がはじまる二〇〇七年のことだ。

過渡期の十年以上、企業は不況に苦しみ、リストラで職場から放りだされる中高年社員も見られたが、大多数は企業内労働組合に守られ終身雇用の恩恵を享受し続けた。就職氷河期に直面した団塊ジュニアの大多数も親に経済的に依存することで、ある時点まではパラサイトシングルとして豊かな生活を謳歌し、その後もワーキングプアやアンダークラスに転落することは回避しえた。しかし二〇〇七年を期して、親世代の家計に構造不況の波が必然的におよびはじめる。

これまでのような団塊の親世代による経済的支援は期待できず、自前で生活しなければならない状況に直面しつつある就職氷河期世代の団塊ジュニアが、将来の生活不安に怯えはじめたのは当然のことだ。

大戦間の時代にも匹敵するだろう群衆化の大波は、これから到来する。われわれが群衆、実存、決断という否定神学的問題系を、ハイデガーやシュミットの時代への螺旋的回帰として体験するのは二〇一〇年代のことだろう。

少年が社会を拒否してひきこもりえたのは、こもるべき自室が、ひいては親が購入し維持してきたマイホームが存在したからだ。社会を拒否して引きこもる選択が可能だったのは、子の世代では戦後日本的な「社会」のリアリティが崩壊しながらも、親の世代は高度成長の余波を享受しえた過渡期の十数年にすぎない。親のほうも年金の不安に加え、十年後には多くが介護を必要とするようになる。

非正規雇用の団塊ジュニアは、これにどう対処しうるのか。黙って餓死するか自殺するか、でなければ社会契約を廃棄して社会の外に出るという決断が、いまやリアルな可能性として提起されている。

社会から離脱した者は、宅間守や加藤智大のように自滅的なパルチザン戦争を社会にしかけるしかない。宅間や加藤による大量殺傷行為は、こうした意味で「無差別テロ」だった。あと十年という猶予でさえ、二〇〇八年秋の金融危機と世界同時不況で大幅に短縮された。加藤事件のような「無差別テロ」が頻発するだろう一〇年代こそ、本来の意味で「決断主義」の時代である。

一方にひきこもり型のセカイ系が、他方に頭脳バトル的なセカイ系が、多少のタイムラグをはらみながらも共存してきたのが、一九九五年から二〇〇七年までの十余年だった。どちらも「ゆたかな社会」型例外国家が例外社会化する、中間的な過渡期の産物といわざるをえない。同じ時代的条件から派生した二者を時系列的に配置し、それらの優劣を時代的リアリティというモノサシで序列化できると思いこんだ、宇野常寛の錯覚はすでに明らかだろう。

宇野がカテゴリー的に分割する「セカイ系」と「決断主義」の潮流は、社会領域が消去されているという点で、いずれもセカイ系的である。しかも後者は、これから到来するだろう一九三〇年代に匹敵する決断主義の域には達していない。

3

「新世紀エヴァンゲリオン」を起点とする一九九〇年代後半から二〇〇〇年代前半までのセカイ系潮流に、決定的な転換をもたらしたアニメ作品が「コードギアス　反逆のルルーシュ」（TV放映は二〇〇六年～〇七年）、続篇「コードギアス　反逆のルルーシュR2」（同、二〇〇八年）だった。『バトル・ロワイアル』や「DEATH　NOTE」の微温的な疑似決断主義が、「コードギアス」ではまったく異なる水準に達している。セカイ系のアニメ作品として、九〇年代の「新世紀エヴァンゲリオン」に匹敵する画期性を「コードギアス」には認めるべきだろう。

閉じられた小状況とグローバルな大状況の直結、架空条件のもとで演じられる頭脳バトルをはじめ、先行するセカイ系作品の主題や設定、世界観やキャラなどを「コードギアス」もまた忠実に継承している。たとえば主人公ルルーシュの父親で、神聖ブリタニア皇帝シャルルたちが推進する秘密計画「ラグナレクの接続」は、人類の集合的無意識への回帰をめざす点で「新世紀エヴァンゲリオン」の人類補完計画に似ている。また超能力「ギアス」は、物語の装置として「ＤＥＡＴＨ　ＮＯＴＥ」のデスノートに対応する。

ギアスやデスノートのような架空の設定による頭脳バトルもので、初期の達成として注目されるのは、「少年ジャンプ」に連載された荒木飛呂彦「ジョジョの奇妙な冒険」の第三部以降だろう。古典的な謎解き小説をモデルにした「金田一少年の事件簿」では、われわれが生きる現実世界の世界律を前提として、探偵と犯人が頭脳バトルを繰り広げる。この世界では謎を解明するに際して、たとえば物理法則を疑うような必要はない。

新本格ミステリには、山口雅也『生ける屍の死』を嚆矢とし、『七回死んだ男』をはじめ西澤保彦が多彩に試みた架空世界型の探偵小説がある。これに対応するのが「ジョジョの奇妙な冒険」で、「スタンド」をめぐる架空の世界律が頭脳バトルの前提となる。

しかしデスノートとギアスには、架空世界型の頭脳バトルの前提をなす「設定」という以上の意味がある。デスノートを所有するライトは法秩序の外に立ち、犯罪者を大量殺戮する。この点で主人公の少年は、すでに社会契約から離脱した存在だ。無自覚な権力欲と表裏でもある、ライトの倒錯的な理想主義によって社会は例外状態に追いこまれる。

「コードギアス」の谷口悟朗は、ハードSFアニメ「プラネテス」で注目を集めたアニメ監督だ。アルフレッド・ベスター『虎よ、虎よ！』に代表される、超能力者による世界の変革という構想をはじめ、「コードギアス」にはSF小説の影響も無視できない。たとえば帝国の運命をめぐる陰謀劇、民族解放闘争、人類の霊的進化などのモチーフを、このアニメはフランク・ハーバート『デューン』連作と共有する。

「コードギアス」の舞台は、北米を本拠地とする神聖ブリタニア帝国が世界の半分を支配するパラレル・ワールドだ。ブリタニア宮廷の権力抗争で母マリアンヌは死亡し、主人公のルルーシュは歩行能力と視力を失った妹ナナリーと二人、皇帝シャルルの命で日本に追放される。ブリタニア帝国による日本侵攻後は、トウキョウ租界で妹と身分を隠して暮らしていた。もしも皇子であることが知られた場合、母を暗殺した正体不明の敵に狙われる可能性があるからだ。偶然に出遇った謎の少女C．C．からギアスの力を与えられたルルーシュは、母を殺害し自分たち兄妹を追放したブリタニア帝国への復讐を決意する。

ギアスには複数のパターンがある。ルルーシュに発現したギアスは、ある条件のもとで、他人の意思を望むようにコントロールできる能力だ。ギアスを駆使したルルーシュは仮面の男「ゼロ」として、日本独立＝植民地解放のパルチザン部隊「黒の騎士団」のリーダーとなる。

ブリタニア帝国は世界最大の勢力だが、物語の現在でも中華連邦やEUと戦争を続けている。国名さえ喪失して「エリア11」と称される植民地日本は、日本人＝「イレヴン」によるパルチザン闘争が頻発している。対外戦争はむろんのこと、物語の冒頭で描かれる「シンジュクゲットー」襲撃のようなパルチザン闘争もまた例外状態をもたらす。さらにいえば、母親を殺害され、暗殺の脅威から逃れるためトウキョウの一角に潜伏中のルルーシュは、あらかじめ帝国の法秩序から追放されていた。

ギアスもデスノートと同様、自由な主体による社会契約という理念への決定的な挑戦である。例外状態の人格化という点で共通するライトとルルーシュだが、しかし、その意味するところは大きく異なる。

ライトはデスノートの力で社会を例外状態に突き落とすのだが、ルルーシュはギアスの力を得る以前から、恒常化された世界戦争や植民地日本の解放闘争に加え、自身と妹の安全や生命さえ法的保護が期待できないという意味で、すでに社会秩序の外に排除されていた。あらかじめ例外状態に置かれていたルルーシュに、ギアスは「決断」する力を与える。

カール・シュミットによれば「主権者とは、例外状況にかんして決定をくだす者」（『政治神学』）である。当面する状況が例外状態であると判断し、「敵」を名指し、「友」を敵との闘争に動員すること、以上の三契機は一体のものとして主権者を定義する。ギアスを獲得するまでのルルーシュは、法秩序の外に排除されているにもかかわらず、それを例外状態とは見なしえないまま、暗殺されることを怖れ無力に蹲る追放者にあまんじていた。父と帝国への反逆は、実行可能な条件のない夢想にすぎなかった。

父と帝国は夢想上の敵であり、現実的な「敵」として正面から位置づけられていたわけではない。闘争し打倒しうる現実的な可能性が与えられてはじめて、敵は現実的な敵、シュミットによれば「政治的な敵」となる。また敵を名指すことによって、友の範囲が確定される。ギアスはルルーシュに「友」と、友を敵との闘争に動員する可能性をもたらした。それが夢想的な敵を現実的な敵として捉え返し、置かれた状況を例外状態と判定しうる条件を与える。ようするにギアスは、ルルーシュに「主権者」たろうとすることを決断させた。

決断型セカイ系の作品として「コードギアス」には、もう一点、きわめて重要な主題が埋めこまれている。決断と闘争が、戦後日本人にたいして意味するものを問うことだ。

正篇が放映された時点で「コードギアス」は、世界帝国と植民地日本という設定によって注目を集めた。ブリタニア帝国は反テロ戦争と単独行動主義のアメリカを反映している、と。こうした観点を前提とすれば、ブッシュ時代の終焉によって「コードギアス」の作品的リアリティは失われたことになるが、そうではない。問題は、ブリタニア帝国（単独行動主義のアメリカ）ではなく、占領されたエリア11（植民地日本）という設定のほうにある。

サンライズは「コードギアス」に先行して、「機動戦士ガンダムSEED」と続篇「機動戦士ガンダムSEED　DESTINY」を制作している。この連作は、いずれも憲法九条的平和主義によって縁どられている。また「機動戦士ガンダムSEED　DESTINY」に登場する二人の平和主義者、キラ・ヤマトとラクス・クラインに対応するキャラクターとして、「コードギアス」のスザクとユーフェミアを捉えることができる。キラ・ヤマトとスザク、ラクス・クラインとユーフェミアは、性格設定だけでなくキャラクターデザイン的にも明らかに類似している。

ブリタニア帝国との戦争を防止するため、首相である父を殺害したスザクは、占領された日本で帝国の軍人に志願する。もしもブリタニア帝国内で地位や権力を得られるなら、植民地日本の平和的な独立達成が可能となるかもしれない。スザクは平和主義の理想を掲げて、黒の騎士団のような武装闘争路線と袂を分かつ。しかしスザクの平和主義は、平和のために殺さなければならないという自己矛盾から、しだいに陰惨なものに変質していく。

思いをよせていたユーフェミアの悲惨な最期が、スザクの変身を決定的なものとする。皇女ユーフェミアもまた暴力を忌避する平和主義者で、帝国の支配秩序の枠内で植民地日本人の待遇改善に努める。しかしルルーシュのギアスが暴走した結果、ユーフェミアは意思に反して日本人の大量虐殺を命じ、自分の罪に絶望しながら死ぬ。心優しい少女がギアスに操られ、狂気めいた自己分裂のなかで虐殺を命じる場面は、物語前半の山場をなしている。

ルルーシュが意図して、ユーフェミアを狂気と死の運命に追いこんだに違いない。憎悪に駆られ平和主義を放棄したスザクは、復讐の暴力を自分に許し、冷酷な性格の殻をまとうようになる。

ユーフェミアとスザクの非暴力平和主義は、それぞれの運命に応じてグロテスクな反対物に転化していく。いずれも虐殺者、暴力の肯定者に変貌するのだ。「機動戦士ガンダムSEED」の平和主義路線から訣別した「コードギアス」は、主題として憲法九条的平和主義の規範に挑戦している。

敗戦による国土の占領は例外状態をもたらす。敵国の軍事力が法の停止を強制するからだ。第二次大戦後の占領下日本に主権者として君臨したのは、天皇でも日本国民でもない。例外状態に置かれた日本で決断者の地位を占めたのは、GHQの最高権力者マッカーサーだった。

第二次大戦に敗北した日本人の大多数は占領を解放と、例外状態を秩序の復活と思いこんだ。このような国民的な規模での自己欺瞞が、戦後日本の安定と繁栄の土台にあるという批判は、三島由紀夫や江藤淳などの文学者からもなされてきた。この点について筆者は『探偵小説論Ⅲ』で論じたが、自己欺瞞の解消という点では江藤よりも三島のほうが優位である。

徹底した「敗戦」を回避して微温的な「終戦」を選んだ国民的な自己保身に、戦後社会の精神的荒廃の根拠を見た三島は、本土決戦を再開し、真に敗北するまで戦い続ける以外に日本が再生しうる道はないと結論した。これにたいし江藤は、憲法九条を改正し交戦権を回復しさえすれば、日本は自立した尊厳ある国家主体に戻ることができるという。江藤の主張の空想性は明らかだろう。

尊厳よりも保身を選び、本土決戦に日和見を決めこんだ日本人だから、交戦権の放棄を含む憲法の「押しつけ」を容認した。憲法九条的平和主義は、自己保身と自己欺瞞のイデオロギーにすぎない。「押しつけ」憲法を自主憲法に置き換えるには、三島が語るように本土決戦を再開し、今度こそ徹底的に敗北するしかない。徹底的な敗北は徹底的な占領に帰結する。それを「解放」と自己欺瞞するような余地などない、まさにエリア11のような苛酷きわまりない占領こそが、苦難に満ちた民族解放闘争を可能とする。長期にわたる試練に耐えてはじめて、真の意味での国家的な自立と国民的な尊厳は獲得されうる。

しかし大多数の日本人は、このような三島の正論を無視し、欺瞞的な安定と繁栄の夢にまどろみ続けることを選んだ。たった一人で本土決戦を再開するしかない場所に追いつめられた三島は、孤独な蜂起を敢行する。

しかし、三島を見殺しにした戦後日本の繁栄もすでに終局に達した。そして時代は、第二次大戦に帰結した一九三〇年代に螺旋的に回帰しようとしている。だから「コードギアス」の物語は、占領下の日本を舞台とせざるをえない。

しかも「コードギアス」は、新たな決断と闘争が、三島由紀夫の理想を裏切るかたちでしか実現されえないだろうことをも予示している。カール・シュミットの確信に反して、いまや主権者は汚辱にまみれることでしか主権者たりえない。

「新世紀エヴァンゲリオン」以来の陰謀論的世界を「コードギアス」も継承しているのだが、シンジ本人は陰謀とは無縁で、むしろ父ゲンドウの陰謀に振り廻される被害者だった。しかし父シャルルを倒すため、ルルーシュは躊躇なく陰謀家に志願する。

シュミット的な主権者は、いうまでもなく殺人者、しかも大量殺戮者だ。『罪と罰』のラスコーリニコフによれば、「凡人」が従わなければならない既成の法を蹂躙し、新たな法を制定するマホメットやナポレオンのような「非凡人」が、その典型である。しかしルルーシュの「汚れ」は、闘争を決断した以上、殺人者であることを宿命として引き受けざるをえない、シュミット的な主権者の「罪」とは異なる。

主権者として敵を名指し、友を闘争に動員するためにルルーシュは、欺瞞と詐術と裏切りを重ね続ける。ギアスがルルーシュを主権者にした以上、それも必然的な結果だった。ルルーシュの友、たとえば黒の騎士団は、たしかに帝国という敵にたいしては友だが、黙示録的な友愛で結ばれた闘う共同体ではない。黒の騎士団はシュミット的な友でなく、闘争に有用な物的資源にすぎない。

ギアスで操作された部下を、どうして真の友、かけがえのない同志と見なしうるだろう。ギアスの力がルルーシュの決断を可能とした以上、それは必然的に汚れを、陰謀と詐術と裏切りの連鎖を招きよせる。だが決断した以上、汚れを回避することはできない。裏切り者であることを覚悟して闘うか、潔癖な自己像を守るために闘わないか。この二者択一を前にしてルルーシュは決断した。

ギアスの力で帝国と闘うとは、汚辱にまみれた主権者をめざすことだ。作戦の必要から、黒の騎士団の同志を裏切って死地に追いやるとき、ルルーシュの表情には自責とないまぜの露悪的な恍惚がある。

親友だったスザクから妹のナナリーまで、ルルーシュは親しい者を対象としたギアスの行使を回避しようと努める。ギアスによる他者の支配は、他者の究極的な私有化を意味するからだ。その自由意思までを私に支配された他者は、すでに本来の他者ではない。ギアスの効果で異性に「愛された」としても、その愛を愛といえるだろうか。一人の他者もいない世界は、まったき孤独の世界だ。荒廃した孤独地獄に落ちこむことを避けようとあがくのだが、ギアスの力を選んだことの必然的な結果として、ルルーシュの努力は例外なく失敗に終わる。それを典型的に示すのが、女友達のシャーリーをめぐるエピソードだろう。

例外状態の到来、主権者の決断、「敵―友」の形成をめぐるシュミット政治学は、しかし提唱されたときすでに、二〇世紀という新時代に追い越されていた。批判的に参照したボリシェヴィキ権力も、主権独裁として期待したナチス権力もシュミットの想像を絶する汚れた権力であり、いずれも絶滅収容所国家を築くことになる。

物語が進行するにつれて「コードギアス」は、これまでセカイ系的と見なされてきた想像力を克明に裏返し、ラディカルに異化していく。固定した恋人キャラが設定されていないため、「コードギアス」では妹キャラのナナリーが、ルルーシュ（ボク）にとって特権的なキミの位置を占める。しかし闘うのはキミ（少女）ではなく、ボク（少年）のほうだ。キミを守ろうとして闘うボクは、紆余曲折の果てにキミから絶対的に拒絶され、少年と少女のセカイ系的な親密空間は最終的に崩壊する。しかもナナリーは核兵器「フレイヤ」を、躊躇なく全世界に撃ちこみ続ける大量殺戮者となりはてる。汚れてしまうのは少年だけでなく、少女のほうもおなじなのだ。

「新世紀エヴァンゲリオン」から『イリヤの空、ＵＦＯの夏』にいたるまで、セカイ系の作品空間ではキミとボクの閉じられた関係の容器として、基本的には小状況の側に位置していた学園も「コードギアス」では無視できない変質をとげている。正篇では、ゼロとしてのルルーシュが帝国と決死の闘争を展開する大状況にたいし、ナナリーや友人たちが集うアシュフォード学園は平和で日常的な小状況だが、続篇になると陰謀と裏切りが交錯する政治的空間に変質し、いわば大状況の一部に組みこまれてしまう。

「新世紀エヴァンゲリオン」と対照的なのが、「父」の位置だろう。先にも述べたようにシンジの父もルルーシュの父も、他者が存在しないユートピアの実現をめざす陰謀家である。シンジは父と闘うことができないが、しかしルルーシュは違う。父を異空間に封じこめ、そのユートピア構想もろとも最終的に葬りさるのだから。人類補完計画やラグナレクの接続というユートピア構想は、他者の消去という点で胎内回帰願望の想像的な極大化といえる。ラグナレクの接続を否定し、シャルルの計画を粉砕するルルーシュは、つまるところ母までをも否定したのだ。ギアスの力で世界と闘うことを決断した少年は、父と母を現実世界から抹殺し、妹からは絶対的に拒絶される。

このようにセカイ系的な物語の構図から大きく逸脱しているのだが、依然として「コードギアス」はセカイ系以外のなにものでもない。セカイ系的な想像力のポイントは、あくまでも社会領域の消失にあるからだ。セカイ系を「ひきこもりのレイプ・ファンタジー」に矮小化して否定する宇野常寛の発想は、無自覚な勘違いでないとすれば、セカイ系の可能性にたいする意図的な中傷といわざるをえない。

すでに指摘したように、一九九五年以降の十数年のあいだ、日本は中間的な過渡期にあった。無力な少年と戦闘美少女の物語は、過渡期における社会秩序の内的解体を表現していた。しかし深化し続けた危機は、キミとボクの親密空間を崩壊させ、少年に決断と闘争を要求するにいたる。こうして、セカイ系の想像力は新たな水準に達した。「新世紀エヴァンゲリオン」を出発点とする水準から、「コードギアス」が拓いた水準に。

ギアスによる決断と闘争のはてに、ブリタニア皇帝の玉座を獲得するだろうルルーシュは、しかし奇妙な二律背反に陥らざるをえない。母子一体的な融合状態の想像的極大化をめざす父のユートピア構想を否定し、父の権力を打倒した息子だが、遍歴修行を終えて社会や秩序に回帰する可能性はすでに断たれている。父の象徴的殺害による子の成熟という近代的な図式は、もはや前提として失われているのだ。たとえ父との闘争に勝利しても、社会秩序は再建されえず、ルルーシュの前には例外状態の荒野が広がり続ける。

それも当然だろう。ギアスの力で父を打倒し世界を支配しえたとき、ルルーシュの前からリアルな他者は完全に消えている。一人の他者も存在しないという点で、息子が勝利した世界は父が願望した世界と基本的に変わらないのだ。もしも獲得された皇帝の地位に自足するなら、否定した父と、父がめざした母子一体的な想像世界を認めてしまうことになる。それは、どのような汚辱に染まろうと勝利しなければならない闘争を、闘争への決断を決定的に裏切るものだ。

物語の結末で劇的に露呈されるのは、父との闘争を決断した自分だけは裏切ることができないという、ぎりぎりの倫理的な意思である。世界を例外状態に突き落とした人類の敵として、自分自身を葬り去ること。かつて親友であり、ギアスを獲得して以降は最大の敵対者だったスザクがルルーシュと入れ替わり、反帝国の解放闘争の英雄ゼロになる。欺瞞的に日本人を利用し、世界を破滅直前の状態に追いこんで帝位を簒奪した卑劣漢として、ルルーシュは自分が仕組んだ暗殺計画に斃れる。あらゆる汚辱と罪を背負いこんで。

物語の結末でルルーシュは、オイディプス王の運命をみずから選択したともいえる。疫病の蔓延を憂慮したオイディプスは、主権者として行動する。神託によれば「父を殺し母と近親相姦した者」による罪が、テーバイに疫病という例外状態をもたらした。その罪人こそが「敵」である。闘争を決断し、敵の正体を探し求めたはてに見いだされたのは、オイディプス自身が問題の罪人だったという残酷な真実だった。みずから望んでオイディプスは荒野に追放され、例外状態は収拾されて共同体の秩序は再建される。

以上のように「コードギアス」は、オイディプス神話を克明に反復している。父を殺害することで王位を得たオイディプスは、無自覚のうちに共同体を例外状態に追いこんでしまう。父と闘争するためにギアスを用いたルルーシュは、親しい者までの人格を冒涜し、陰謀と裏切りを重ね続けた。発射ボタンを押したのはナナリーだとしても、そこまで追いこんだのがルルーシュによる帝国打倒の闘争だとすれば、核戦争による大量死の倫理的責任もまぬがれえない。

神話的思考では、社会秩序の崩壊と例外状態の到来は汚辱の蔓延である。罪人は追放されなければならない。だからルルーシュは皇帝暗殺劇を仕組み、汚辱と罪の一切を背負って世界から退場することを決意したのだ。

このようにしてルルーシュの物語は円環を閉じるが、「コードギアス」の結末が唯一の解答とはいえない。この傑作を画期として、二〇一〇年代には決断型セカイ系が多様に試みられていくだろう。たとえばＴＶアニメ「喰霊‐零‐」も、決断型セカイ系の試みとして評価できる。

　一九二九年恐慌が三〇年代の例外状態に帰結したように、二〇〇八年恐慌は一〇年代を新たな例外状態の時代とするだろう。二〇一〇年代が一九三〇年代を単純に反復することはないとしても、法秩序の亀裂と社会秩序の内的崩壊が進行する限り、社会領域の消失を捉えるセカイ系の時代は終わらない。

セカイ系とシリコンバレー精神
――ポスト・サイバーパンク・エイジの諸相

飯田一史

いまあなたの手にあるのは、たんなる本ではない。
運よくいけば、それは革命だ。
――ハーラン・エリスン編『危険なヴィジョン』序文より*1

セカイ系には生きわかれた〝きょうだい〟がいる。
シリコンバレー精神である。

*1　ハーラン・エリスン「序――三十二人の予言者」、ハーラン・エリスン編『危険なヴィジョン①』ハヤカワ文庫ＳＦ、一九八三年、二三頁。

「シリコンバレー精神」とは、人種や移民に対する底抜けのオープン性、競争社会の実力主義、アンチ・エスタブリッシュメント的気分、開拓者（フロンティア）精神、技術への信頼に根ざしたオプティミズム（楽天主義）、果敢な行動主義といった諸要素が交じり合った空気の中で、未来を創造するために執拗に何かをし続ける「狂気に近い営み」を面白がり楽しむ心の在り様のことである。[*2]

経営コンサルタント・梅田望夫の『シリコンバレー精神』や『ウェブ進化論　本当の変化はこれから始まる』と、ライトノベル／SF作家・秋山瑞人の『イリヤの空、UFOの夏』は、源流をたどれば、ちかしい文化にいきつく。

梅田は、シリコンバレー精神がアメリカン・カウンターカルチャーに由来すると言明する。[*3]

たとえば、シリコンバレー精神を体現するアップルの創設者スティーブ・ジョブズはLSDを服用し、禅に傾倒し、インドを旅した青年だった。グーグルの創業者ラリー・ペイジはサンフランシスコ・サイケを象徴するロックバンド、グレイトフル・デッドのシェフをつとめたことのあるチャーリー・エアーズに社内食堂の料理長になってくれるよう、じきじきにおねがいした。[*4]

アメリカ西海岸では、「ホール・アース・カタログ」のスチュアート・ブランドに代表される六〇年代のヒッピー・マインドが七〇年代から八〇年代にかけてコンピュータ・ビジネスやハッカーカルチャーへとむすびつき、それはいまもつづいている。一九六八年にスチュアート・ブランドが創刊した「ホール・アース・カタログ」は、のちにネット・コミュニティWELL（Whole Earth 'lectronic Link）の名前や思想へと引きつがれた。そしてブランドはグレイトフル・デッドの作詞家ジョン・ペリー・バーロウが創設した電子フロンティア財団と関係をもつこととなる。梅田望夫もまた、「『ホールアースカタログ』は、シリコンバレーの思想のルーツとも言えます」[*5]と書いていた。

こうした思想、風土の先端にグーグルがあり、web2.0がある。スティーヴン・レヴィ『ハッカーズ』『iPodは何を変えたのか?』やジョン・マルコフ『パソコン神話第3の神話　カウンターカルチャーが育んだ夢』、ハワード・ラインゴールド『新・思考のための道具』をはじめとした無数の著作が、梅田のいわんとすることをうらづける。

秋山瑞人は八〇年代前半に発生したサイバーパンクSFの影響が濃厚な『E.G.コンバット』でデビューし、のちにセカイ系の典型といわれる『イリヤの空、UFOの夏』を書いた。秋山は『新SFハンドブック』のSFオールタイムベストにウィリアム・ギブスン『クローム襲撃』、オーソン・スコット・カード『エンダーのゲーム』などをあげている。[*6]いずれも八〇年代SFである。

八〇年代SFは、なかでもサイバーパンクは、六〇年代の気風の持続を負っていた。ウィリアム・ギブスンはヴェルヴェット・アンダーグラウンド（ルー・リード）やウィリアム・バロウズを敬愛した。ヒッピーくずれの数学者ルーディ・ラッカーの作品は、フランク・ザッパやローリング・ストー

＊2　梅田望夫『シリコンバレー精神　――グーグルを生むビジネス風土』ちくま文庫、二〇〇六年、二七六頁。
＊3　梅田望夫『ウェブ時代5つの定理』文藝春秋、二〇〇八年、一一四頁。
＊4　デビッド・ヴァイス、マーク・マルシード『Google誕生　ガレージで生まれたサーチ・モンスター』田村理香訳、イースト・プレス、二〇〇六年。
＊5　梅田望夫『ウェブ時代5つの定理』一一六頁。げんざい「ホール・アース・カタログ」はネット上でバックナンバーをすべて閲覧できる。http://www.wholeearth.com/index.php
＊6　早川書房編集部編『新・SFハンドブック』ハヤカワ文庫SF、二〇〇一年。

ンズ、グレイトフル・デッドに言及した。サイバーパンク・ムーブメントが一段落ついたあと、ルイス・シャイナーはビーチ・ボーイズの『スマイル』やドアーズの『リターン・オブ・ザ・リザード・キング』といった、まぼろしのロック名盤を完成させるために時間旅行をする『グリンプス』を書いた。

「サイバースペース」の発明者ギブスンは、アップルの広告から『ニューロマンサー』の世界を夢想した。『ニューロマンサー』刊行、アップルによるリドリー・スコット監督の伝説的なCM「1984」、スチュアート・ブランドによる第一回ハッカー会議開催はおなじ年のことだ。六〇年代にSFの革命をもたらしたハーラン・エリスンの薫陶をうけてデビューしたブルース・スターリングは、「ぼくのささやかな文学的〝革命〟の軌跡は一九八〇年代初期のコンピュータ〝革命〟の軌跡と同じなのだ」とかたった。[*7] スターリングはノンフィクション『ハッカーを追え!』で「サイバーパンク」が現実社会でハッカーを非難する用語と化していく過程を追い、サイファーパンク/クリプトアナーキストたちはヴァーナー・ヴィンジ『マイクロチップの魔術師』やオーソン・スコット・カード『エンダーのゲーム』をはじめとした八〇年代SFにみずからのすがたをかさねあわせ、コンピュータ上でいきる人工生命の創造主たちはサイバーパンク作家同様にトマス・ピンチョンのポストモダン小説『V.』や『重力の虹』に刺激をうけていた。[*8]

かようにサイバーパンク/八〇年代SFとシリコンバレー精神やハッカーカルチャー、コンピュータ文化は触発しあっていた。

アメリカ西海岸では、サイバーパンク作家も起業家もハッカーもロックを愛し、テクノロジーを愛し、SFを愛し、LSDやマジック・マッシュルームを愛した。

そんなひとたちの影響下にあるのが、梅田望夫であり秋山瑞人である。かりに六〇年代、八〇年代、二〇〇〇年代で区切るなら

ニューウェーブSF／『指輪物語』的異世界ファンタシイ↓サイバーパンク↓セカイ系
ヒッピー的DIY（Do It Yourself）↓ハッカーカルチャー／初期シリコンバレー精神↓二〇〇〇年代シリコンバレー精神（ex.「web2.0」）、ライフハック／GTD

これらは並行している。また、

インナースペース（内宇宙）↓サイバースペース（電脳空間）↓セカイ（世界）

という表象のうつりかわりも見いだせる。

＊7　ブルース・スターリング『蝉の女王』小川隆訳、ハヤカワ文庫SF、一九八九年、二四九頁。
＊8　スティーヴン・レビー『人工生命　デジタル生物の創造者たち』服部桂訳、朝日新聞社、一九九六年、『暗号化　プライバシーを救った反乱者たち』斉藤隆央訳、紀伊國屋書店、二〇〇二年。
ヴィンジの『マイクロチップの魔術師』はジェームズ・ティプトリー．Jr『接続された女』とならび、サイバーパンクに先行するサイバーパンク的な作品としてしられている。

カードはサイバーパンクが非道徳的であると非難していたが、ハッカーやライトノベル作家——秋山たち——は、サイバーパンクと並行して、『エンダー』のゲーム的な戦争観からも影響をこうむった。

こうした観点をもとに、セカイ系の変奏としてシリコンバレー精神をかんがえ、またドットコム起業家たちとセカイ系のちかさ、サイバーパンクやドラッグカルチャーとセカイ系のつながりをみてゆきたい。いかにしてシリコンバレー精神とセカイ系はわかれ、発展していったのか。

これまでのセカイ系論のおおくは、九六年の「新世紀エヴァンゲリオン」を起点とする数年ていどのパースペクティヴをもって、その特徴をあきらかにしようとしていた。そこでは作家間や文化間の具体的な影響関係は、おもにアニメーションやまんが、ライトノベルの領域における指摘にとどまっていた。だがここでは「SFはカウンターカルチャーである」とさけばれたむかしまでさかのぼり[*9]、ながれをとらえてみたい。いっぽんに「ポスト・サイバーパンク」といえばニール・スティーヴンスンをはじめとするSFにおける新世代サイバーパンク（九〇年代サイバーパンク）をさす。だが、真の「ポスト・サイバーパンク」——サイバーパンクのこどもはセカイ系なのだ。そのようにみることで、セカイ系がなんであり、なんでなかったのかについて、よりクリアにしることができる[*10]。

1. セカイ系・シリコンバレー精神・ドットコム起業家たち

1—1 「世界」

Organize the world information and make it universally accessible and useful.

——グーグルのコーポレート・ミッション

梅田望夫は「シリコンバレーに行って世界を変えよう」という。梅田のいう「世界」とはなにか。批評家の東浩紀の仕事を補線としてひこう。東は一九七一年うまれ。秋山瑞人らと同世代である。かれがかつて活動の場としたメディアアート／コンピュータ・カルチャー誌「InterCommunication」や建築批評誌「10＋1」——どちらも現在は休刊——は、九〇年代にはサイバースペース論やサイバーアーキテクト論がよく掲載されていた。

東は『動物化するポストモダン　オタクから見た日本社会』でオタクを典型として現代社会の消費行動／消費構造をあつかい、『ゲーム的リアリズムの誕生　動物化するポストモダン2』では二〇〇〇年代のミステリやライトノベル、美少女ゲームの構造——セカイ系作品もふくまれる——を論じた。

＊9　岡田英明「SFはカウンター・カルチュアである」「宝島」一九七六年一〇月号、JICC出版局。岡田英明はSF評論家／作家・鏡明の変名。

＊10　とはいえ本論は、こうした文脈であつかうべき日本SFのながれをほとんど無視している。たとえば光瀬龍、荒巻義雄、山野浩一、山田正紀、川又千秋、鏡明、野阿梓、亀和田武、鈴木いづみ、難波弘之、大原まり子、柾悟郎、牧野修、西島大介、樺山三英といった作家である。これは第一にわたしの準備の問題で、第二に紙幅の都合で、第三にかれらは（山野浩一をのぞけば）サイバーパンクやセカイ系のように群としては「運動」やムーブメントを形成しなかったため、本論ではあつかいづらいからである。かれらの活動はきわめて重要である。しかし、ここでかたることはできない。ただし、九〇年代的な「SF冬の時代」の空気を刷新したハヤカワSFシリーズJコレクションを立ちあげた編集者・塩澤快浩が、ロックと意識革命をめぐる名著『ぼくはプレスリーが大好き』一九七四年、角川文庫や『10セントの意識革命』一九七三年、晶文社の片岡義男をもっとも尊敬する人物のひとりとしていることは記しておく。

かれによれば、これらは「サイバースペース」の概念を理論的に考察した「サイバースペースは何故そう呼ばれるか」や、情報社会における自由とセキュリティの問題をあつかった「情報自由論」とセットとなるべくして構想された*11。

東の関心はつねに個々の情報やコンテンツ（表層の多様性）ではなく、それをうみだす背景（理念）やシステム（「データベース」）のほうにある。情報社会とセカイ系の構造への興味はおなじところから派生したのだ。

梅田が称賛するグーグルには「ネットにあるすべての情報を検索できるようにする」というヴィジョンがある。グーグルはだれもがつかえるプラットフォーム、データベースをつくろうとこころみる。情報をうみだすのではなく、すべての情報にアクセスできる枠組みをつくる。東の関心も、おおきな枠組みのほうにある。

梅田のいう「世界を変える」とは、地球上のすべての人間がつかう（つかえる）普遍的なメディアやテクノロジーやサービスを提供し、生活やビジネスをおおきく変えてしまうことだ。つまり、「世界」とはひとびとが日常においてつかうもの、ハードウェアやソフトウェア、および「データベース」や「アーキテクチャ」（ローレンス・レッシグ、濱野智史）を意味している。

スティーブ・ジョブズは、座禅をくみ、LSDのペーパーを嚙んでインナースペースをただようなかで視た「世界」のヴィジョンを、アップルという企業をつうじて、じっさいグローバルに実現させた。iPodで生活世界を一変させた。

「世界」理念をハイ・テクノロジーをもちいてグローバルに現実化すること。かくあるべきと信ずるすがたに変えること。それがシリコンバレー精神である。

1―2　「意識の拡大」とシリコンバレー精神

かつて荒俣宏は『別世界通信』のなかで、「現代におけるファンタジーの復活は、主として〝意識の拡大〟の問題に関係している」といった[*12]。J・R・R・トールキンの『指輪物語』はヒッピーのバイブルだった。プラグマティズムがはびこる英米圏において、マリファナやLSDを摂取して――なんの役にもたたない――ファンタシイ世界に耽溺し、妄想をふくらませ、創造することは反体制的な行為だった。ニューウェーブSFの拠点「ニュー・ワールズ」誌の編集長マイケル・ムアコックはアンチ・ヒロイックファンタシイ『エルリック・サーガ』を書き、代表作『In Search of Space』などSF／ファンタシイ的な世界観構築でしられるイギリスのプログレッシブ・ロックバンド、ホーク・ウィンドの準メンバーとして作詞を手がけ、じしんのアルバムまで制作していた。

ジョブズを典型とするシリコンバレー精神は、こうした六〇年代SF／ファンタシイをふくむカウンターカルチャーをルーツのひとつとする。この精神を体現する企業の経営理念や「世界」志向であることには、「意識の拡大」が関係している。

「意識の拡大（拡張）」とはなにか。サイケデリック・ドラッグを服用したさいにえられる感覚のこ

＊11　http://www.hajou.org /infoliberalism/。「サイバースペースは何故そう呼ばれるか」と「情報自由論」は『情報環境論集　東浩紀コレクションS』講談社BOX、二〇〇七年に所収。
＊12　荒俣宏『別世界通信』月刊ペン社、一九七七年、註二〇頁。

とだ。「自己と別世界との融解。非現実の現実的な知覚状態。これは「シュールモア」（超我）と呼びたい。肉体がバラバラになったように精神が拡大する。そのときの解放感は、口ではいえないくらい気持を昂揚させる。道徳的な基準といったタブーのすべてが取り除かれてしまうのだ[*13]」「昇るという体験と降りるという体験が、鏡映像のように繰り返されていた。さらに歩行者としての軽快さ、自由な呼吸、そして声のしわがれ具合すらも鏡映像の中のそれのようであった。しかし感覚だけは刺激されていた。それは長い間そうであったし、今もそうである。世界は別のもののようになった。了解することで、その世界はいっそう多様なものとなった。世界はもう一つの広がりを持つようになった。その可変性は本物であった[*14]」。

ここで経営についての本をひらいてみる。そこには全社戦略を頂点とするピラミッドと、そのさらにうえにある経営理念や企業ビジョンが図式化されている。

シリコンバレー精神をもとに起業し、経営するとは、「意識の拡大」によってえられたヴィジョン、宇宙との一体感――ホール・アースな「世界」認識――をその根幹、基本理念におくということだ。かれらの経営の教科書には、ＬＳＤがしみこんでいる。

グーグルの創業者はグレイトフル・デッドがすきで、スチュアート・ブランドと親交がある。ゆえに、ピラミッドの頂点にあるべき経営理念は、デッドのシンボルマークのように電撃が走った極彩色の脳（変性意識《アルタード・ステイツ》）からうまれ、「ホール・アース・カタログ」創刊号の表紙のように地球全体をみわたすものだ。それを梅田は「神の視点」と呼ぶ。

ホール・アースにかんがえ、「世界」のあるべき姿を見すえ、そしてヴィジョンを現実化する。それがシリコンバレー精神である。

1―3　ドットコム起業家精神

ひとによっては、かれらをクレイジーだというかもしれないが、わたしたちはかれらを天才だと思う。なぜなら、世界を変えられると本当に信じているクレイジーなひとたちこそが、世界を変えているのだから。

――アップルの広告より

二〇〇六年一月二三日、堀江貴文が逮捕された。『ウェブ進化論』が発売されたのは同年二月七日。げんざいでは梅田望夫やジャーナリストの佐々木俊尚らが web2.0 やグーグルにかんすることばを一般読者層（梅田的にいえば「こちら側の人間」）にもとどけているし、「あちら側」ではウェブやソフトウェアについてあたらしい夢がかたられ、あたらしい世代がうまれている。

けれども、ここでは秋山瑞人をはじめとするセカイ系の創作者たちと同世代である堀江やサイバー

*13　植草甚一『カトマンズでＬＳＤを一服』晶文社、二〇〇四年、一三頁

*14　アルバート・ホッフマン『ＬＳＤ　幻想世界への旅』新曜社、福屋武人・堀正・榎本博明訳、一九八四年、一〇五頁。

エージェントの藤田晋について、つまり九九年末から二〇〇〇年春のドットコム・バブル勝ち組となった――「ビット・バレー」から「ヒルズ族」への移行をスムースにはたした――団塊ジュニアの起業家（企業家）について、すこしかんがえたい。

ポスト・ジョブズ世代である堀江たちは、インターネットが研究やあそびだけでなくビジネスのツールであり場所でもあるものへと変わる――web1.0 から web2.0 へ――なかで、「世界」レベルでかんがえ、「世界」理念を現実化しようとした最初の世代である。

東浩紀とひとつちがいで、おなじ東大生だった一九七二年うまれの堀江貴文がひきいていたライブドアは「時価総額世界一の会社」をめざした。

一九七三年うまれの藤田晋ひきいるサイバーエージェントの企業理念は「二一世紀を代表する会社になる」である。


時計をまきもどしてみる。ウィリアム・ギブスン『ニューロマンサー』が刊行されたのは八四年。日本でも八六年に翻訳されたのち、サイバーパンク・ブームが起こった。それは、七〇年代初頭にうまれた人間の思春期とかさなっている。まんが家の西島大介や詩人の水無田気流はおなじ団塊ジュニアだが、いっけんことなるジャンルのクリエイターである。しかしかれらは口をそろえてサイバーパンクの衝撃や影響をかたる。*15

そして一九九五年、ウィンドウズ95が発売され、サイバースペースはかれらの手のものとなる。九〇年代中盤から後半――日本のインターネット勃興期、堀江や藤田はネットを軸とした企業を立ちあげ、滝本竜彦や桑島由一といったのちに作家となる〝ひきこもり〟たちはテキスト・サイトやネット小説サイトを立ちあげて衆目をあつめた。[16] かれらはひとつの「世界」を手にいれたのだ。そして梅田望夫ふうにいえば、より自由な「あちら側」（ネット）の世界を経由することによって「こちら側」（リアル）の世界へのコミットを、変革をこころみるようになった。

サイバーパンク・ブームの受容から初期インターネット文化（web1.0）への熱狂をへて「世界《セカイ》」を志向する――この文脈において、九〇年代末のＩＴ起業家たちは、セカイ系と並行している。[17]

＊15　http://www.sf- fantasy.com/magazine/interview/040901.shtml、「リアル／アンリアルの砂漠で　対話Ｉ」石田瑞穂×水無田気流」「現代詩手帖」思潮社、二〇〇八年六月号。

＊16　「ＨＴＭＬ派宣言！　ネットが僕らの揺籃だった」米澤穂信×滝本竜彦、「ユリイカ」、青土社、二〇〇七年四月号。桑島由一インタビュー「走り続けるネット世代の早すぎた申し子　ひとりからの脱ライトノベル」「FICTION ZERO/NARRATIVE ZERO」講談社、二〇〇七年。

＊17　拙稿「今こそホリエモンを読み返す」「Quick Japan」vol.84、太田出版、二〇〇九年では、やはりおなじ団塊ジュニア、つまり就職氷河期世代について別視点から検討してみた。赤木智弘や雨宮処凛と、堀江貴文や小室淑恵とは、あるていどまで似たような現状認識をしながら、じしんの選択肢についてはは決定的にことなるかんがえをしている（「希望格差」！）。

1−3−1　堀江貴文／ライブドア

「銀行だって、証券会社だってどんどん（インター）ネットに取って代わられる時代が間違いなくやってくる。うちらだって、銀行だって、証券会社だってできるようになる。今までの銀行だ、証券会社だって、どんどん消えて行っちゃうよ[*18]」

——二〇〇〇年、株式公開にさいしてのライブドア社員集会での堀江貴文の発言

『ウェブ進化論』で示された「ネット世界の三大法則」は、こうだ。

第一法則：神の視点からの世界理解
第二法則：ネット上に作った人間の分身がカネを稼いでくれる新しい経済圏
第三法則：（≒無限大）×（ゼロ）＝Something／あるいは、消えて失われていったはずの価値の集積

この第二法則は、投資や金融の世界でいわれる「フリーランチ」「フリーランチ投資家」をおもわせる。ポートフォリオや不動産の運用から半自動的に収入をえる状態が「フリーランチ」である。

このように、投資の世界とweb2.0をおなじようにとらえた――株式の世界とサイバースペースをかさねあわせた――事件がある。

防衛網を突破され、落城の瀬戸際に立たされたニッポン放送をはじめ、フジサンケイグループに驚天動地の衝撃を与え、日本中を釘付けにした。

「ボクらはハッカーみたいなもんですよ。セキュリティホールが甘かった国防総省に忍び込んだハッカーを捕まえてみたら、子供だった。そんな感じじゃないかな*19」

元ライブドア証券取締役副社長・塩野誠（一九七五年うまれ）のことばである。ライブドア――ポスト・サイバーパンク世代のわかものたちは、ハッキングとニッポン放送株取得の手口を似たものとしてかんがえた。

奇異なことではない。麻枝准や鋼屋ジンといった団塊ジュニア世代の美少女ゲーム・シナリオライターが心酔する音楽家の平沢進は、こう記していた。

現実の大部分はすでにインフォメーション宇宙へと移住している。あなたのお金は銀行にあるのではなく、現金という特殊な形態を除いては、全て仮想宇宙に情報として浮かんでいる。銀行はただ

＊18　児玉博『〝教祖〟降臨　楽天・三木谷浩史の真実』日経BP社、二〇〇五年、二四七頁。
＊19　大鹿靖明『ヒルズ黙示録　検証・ライブドア』朝日新聞社、二〇〇六年、一一〇〜一一一頁。

のプラットフォームだ。クレジット・カードを持たずに買物しようとすれば、私がいくら私自身であることを熱弁しようとも、店員はとりあわない。経済活動の現場では、私の実体とは、インフォメーション宇宙に移住した情報なのだ。

現実観が変わっていく。音楽も、映像も、社会的な実在も移住した。肉体を離れ定住した情報は、温度も、重力も、時間もない宇宙で、老朽化することなく永遠に漂っている。そこは、電子の神、情報のグル、という言葉が生まれる背景となる魅惑の宇宙だ。この感覚を無視してコンピューター音楽をやることなど私にはできない。[*20]

現実世界とサイバースペースがともにあるのではなく、前者から後者へと「移行する」とかんがえている点が[*21]やや前時代的だが、いまや平沢がいっていたように、じっさいおおくの金融資産はネット上で運用されている。わたしじしん、リアルに店舗がある銀行よりも利率のたかいネット銀行に定期預金をし、リアルに店舗がある証券会社よりも手数料がやすいオンライン証券にしか口座がない。携帯のアプリをつかって株の売買はできる。サイバースペースと投資の世界は、相似どころか現実に一致していく。ゆえにサイバースペース上の資本をかえれば「世界」をかえられる。

「時価総額世界一の企業になる」ことを目標としたライブドアは、サイバースペース゠トレーディング・マーケットを軸に、世界を掌握しようとした。

そして旧弊からちからをうばう速度と手法が特異であったがために——世界の支配者層にほんとうに脅威をかんじさせたがゆえに——かれらは国策捜査の手におちた。世界を前に挫折した。ネット出身のセカイ系作家・滝本竜彦が、性急さの果てに自滅したように。

1—3—2　藤田晋／サイバーエージェント

かつて〝プロテスト・フォーク〟の象徴だったボブ・ディランを敬愛するスティーブ・ジョブズは、一方的に情報や主張をながすテレビをきらい、個人が発信できるインタラクティブなメディア――パーソナル・コンピュータを中心とする文化を称揚した。

ジョブズ／アップルは、iTunesMusicStoreのプロモーションにおいて、西海岸ギャングスタ・ラップの象徴N.W.A（Niggas With Attitude）の元メンバー、ドクター・ドレの楽曲をつかった。ディランからドレへ。サイファーパンクたちもヒップホップと共振し、ニール・スティーヴンスンはポスト・サイバーパンクの代表作『スノウ・クラッシュ』でラッパーを登場させていた。スティーヴンスンがえがいた仮想空間「メタヴァース」から、セカンド・ライフのサーヴィスは考案され、実装された（その出資者のひとりはバーロウとともにEFFを設立したロータス創業者のミッチ・ケイパーであ

＊20　P-MODEL『PAUSE P-MODEL LIVE 19931011』収録の平沢進によるセルフライナーノーツ「『電気の武者』から『情報の武者』へ」ディスク・ユニオン、一九九四年。

＊21　これは『電波男』の本田透や、花沢健吾の非モテサイバーパンクまんが『ルサンチマン』前半部における「二次元こそが真実の世界」という思考法ににている。こうした方向をげんざい先鋭的に（逆説的に？）おいもとめているのが、クリエイターになるまえは著名な美少女ゲームのレビューサイトを運営していたと噂される若木民喜による『神のみぞ知るセカイ』小学館（二〇〇八年より「週刊少年サンデー」連載）である。

る）。そして日本のセカンド・ライフ上では日本ヒップホップを開拓したグループのひとつ、キングギドラのＤＪオアシスが活動している。[*22]

みずからを世界に向けてレペゼン《representation》する手段として、個人と世界をむすぶ手段としてラップとブログは並行している——それを知る経営者が日本にいる。日本最大のブログサイト・アメーバブログを運営するサイバーエージェントの創業者・藤田晋である。このスーツを着たＢ－ＢＯＹは、九六年にラッパーのＥＣＤが主催した日本ヒップホップ史上最重要イベントのひとつ「さんぴんキャンプ」に観客として参加していた。九八年に創業、二〇〇〇年に株式公開したサイバーエージェントは、現在ウェブ・マガジン「Amebreak」を運営し——同誌は日本ヒップホップ専門誌「blast」の編集者だった伊藤雄介が編集長をつとめている——、スペースシャワーＴＶのブラックミュージック紹介番組「black file」のスポンサーとして、日本のヒップホップ文化をバックアップしている。アップルの創始者スティーヴ・ウォズニアックがグレイトフル・デッドなどをまねいて、ロック・イベントを主催したように。

藤田は、ジェームズ・C・コリンズらによる経営書『ビジョナリー・カンパニー』をバイブルとする。《ビジョナリー・カンパニー》シリーズは三作目までが邦訳されているが、いずれも基本的なスタイルとしては、大量のデータをあらいながら、企業の根幹となる基本理念、企業文化を重視することが目先の利益のみをおもんじてうごくよりも、結果として飛躍する企業体となる、と説くものである。

『ビジョナリー・カンパニー2』の各章扉には政治家のウィンストン・チャーチルやトルーマン、哲学者のバートランド・ラッセルやプラトンのことばがならび、第三章では〝酋長〟のかっこうをしてサイケデリック・ペイントをほどこしたバスを駆り、ＬＳＤをバラまきながら旅した作家ケン・キージーの発言が引かれている。「だれかを待つわけにはいかないときがある。そのとき参加者はバスにのっているか下りているか、どちらかになる」――これはジャーナリストであるトム・ウルフの著作『クール・クール　ＬＳＤ交感テスト』におけるキージーの言である。

これからの飛躍する企業は、ＬＳＤによる意識革命以降にうまれた理念を根幹にもち、ＢＨＡＧ（おおいなる目標）をもって活動する。ふたりのコンサルタント、コリンズと梅田の著作から、そのような結論をみちびくことができる。[*23] サイバーエージェントの企業理念「二一世紀を代表する会社をつくる」も、このラインで解すべきだ。ライブドアやサイバーエージェントはセカイ系企業なのだ。ラッパーのＥＣＤの曲名をもじれば「マス対コア」――マス or コア――ではなく、「マス＆コア」こそが『ビジョナリー・カンパニー』で理想とされるすがたである。理念か利益か、ではなく理念も利益も同時に追求する。ハードコアなまま、売れる。サイバーエージェントはそうあらんとしている。そしてそれは「ヒッピーとヤッピーの野合」といわれた「カリフォルニア・イデオロギー」（リチャード・バーブルック＝アンディ・キャメロン）の二重性とおなじものだ。

＊22　かような往還関係は、ヒップホップ、サイバーパンク、情報産業がそれぞれの勃興期において未来学者アルビン・トフラーによる「脱産業社会」のヴィジョンに魅せられていたころから存在していた。余談だが、テクノ（デトロイト・テクノ）もその語源はトフラー由来である。

＊23　ヴィジョナリーのマインドセットと変性意識の関係については拙稿「〝ヴィジョナリー〟の乗るサイケデリック・バス」「Quick Japan」vol.83、二〇〇九年でもすこし書いた。ヴィジョナリーたちはしばしばオルダス・ハクスリーも参照している。

藤田や堀江はポスト・サイバーパンク世代らしく、サイバースペースを軸に「世界」レベルでかんがえ、「世界」をうごかそうとこころみる経営者である。ここに「世界知識遺産」の誕生と運用をとなえるOKWebの兼元謙任らをつらねることもできるだろう。

かれらもシリコンバレー精神の〝きょうだい〟であり、セカイ系とは二卵性の〝ふたご〟の関係にある。

1―4―1　二一世紀のバックミンスター・フラー

六〇年代以来の西海岸文化の精神、意識と身体感覚の拡張の余波は、梅田望夫にも堀江貴文にも、そしてセカイ系にも息づいている。

グーグル・アースに象徴される「神の視点からの世界理解」は、さかのぼればスチュアート・ブランドの「ホール・アース・カタログ」の視点に、さらにさかのぼればブランドが参照したバックミンスター・フラー――『宇宙船地球号』の提案者――にいきつく。

「今日、まじめにSFを書こうとする人間にとって全地球的視野は不可欠のものであるという、ぼくのあいまいながらも奥ふかくから感じていた意識を、はじめてはっきりとかたちにしてくれたのが、スターリングだった」と書いた[*24]ウィリアム・ギブスンおよび言及対象であるブルース・スターリングは、サイバーパンク作品にフラー由来のジオデシック・ドームを登場させていた。[*25]

グーグルの検索／情報整理にたいする偏執狂的な熱情も、ブランドの「情報はフリーになりたがっている」や、フラーの「最小資源による最大効率」をおもえば、そしてそれらがいずれも地球規模の思考、地球をいかに運営するか、という視点からうまれていることをおもえば理解しやすい。[＊26] シリコンバレー精神には生態学的《エコロジカル》なかんがえがふくまれている（アメリカでいちばんの金持ちであるマイクロソフトの創業者ビル・ゲイツが慈善事業を手がけていることを想起せよ）。

「神の視点からの世界理解」とは、いいかえれば「ホール・アース・マネジメント」である。

1―4―2　ハイ・イメージの三視線

「ホール・アース・マネジメント」とセカイ系とのちがいはなにか。

梅田望夫は「鳥の視点」と「神の視点」の区別をこう記している。

弾さんの第一の問題意識は「なぜ『鳥の視点』ではなく『神の視点』としたか」ですね。それは僕が『世界理解』という部分のほうに重きを置いて、第一法則を考えているからです。「鳥の視点」

＊24　ブルース・スターリング『蟬の女王』八頁。

＊25　この点については永瀬唯「ヌートピア便り１９８７　ギブスンとスターリング、ユートピアへの二つの精算状」『肉体のヌートピア　ロボット、パワード・スーツ、サイボーグの考古学』青弓社、一九九六年に分析がある。

＊26　『金持ち父さん貧乏父さん』でしられるロバート・キヨサキの文化史的背景を論じた拙稿「「レバレッジ」をフラーまでさかのぼって考える」「Quick Japan」vol.81、二〇〇八年も参照されたい。キヨサキは晩年のフラーからおしえをうけていた。

あるいは「鳥瞰視点」とすると「見る」だけという印象になります。第一法則の本質は、世界中の無数の点の動きを全体としてあるいは総体として「理解する」「把握する」「掌握する」ということにあると考えます。だから「鳥」ではなく「神」にしました。[*27]

生物である人間にとっては「無限」としか言いようのないほど「たくさんの」情報（数千万とか億とかいう単位）を、生物である人間にとっては「無限に速い」と思えるような速度で収集・整理して、それを俯瞰する形で「新しい知」を創出するしくみ。それが「神の視点からの世界理解」ということの意味です。[*28]

吉本隆明は『ハイ・イメージ論I』で、無限遠点からの垂直的な視線を「世界視線」、人間の目のたかさくらいから水平に延びる視線を「普遍視線」、下から上を見上げる視線を「逆世界視線」と呼び、この三視線がまじわるところに「現在」の像《イメージ》がみえる、といった。吉本は『日本語のゆくえ』で、グーグル・アース——梅田的にいえば「神の視点」の前提であり創造物——が「世界視線」だとかたったが、それにならえばグーグル・ストリートビューは「普遍視線」である。たしかに現代人はある場所をしりたければ、世界視線《グーグル・アース》と普遍視線《グーグル・ストリートビュー》をもちいる。そしてその交点から、場所のイメージをつかむ。

セカイ系をかんがえるには、グーグルがいまのところ実装していない逆世界視線こそが重要である（これが「意識の拡大」と関係していることはいうまでもない）。つまり、下方から上方を見あげる視線、地上からの上昇というモチーフである。ここにサイバーパンクからセカイ系へのみちすじをたどるヒントがある。

麻枝准が「ＡＩＲ」で到達したのは「神の視点」ではなく「鳥の視点」だった。ここにセカイ系とシリコンバレー精神の差異がある。

2．サイバーパンク・セカイ系・エクスタシー

2−1　ドラッグカルチャーとセカイ系（1）　滝本竜彦

精神の変容――「意識の拡大」。

これらは六〇年代カウンターカルチャーをみなもととし、八〇年代ＰＣ文化を経由した九〇年代ネットカルチャー（デジタル・アンダーグラウンド）をつうじ、ある意味で「回帰」したすえにうまれたセカイ系にもみいだすことができる。

たとえば、滝本竜彦。

夜な夜なあらわれるチェーンソー男をたおすという目的をもった少女にうだつのあがらない少年が

＊27　梅田望夫×小飼弾「Web2.0 をめぐる往復書簡　「ネット世界の三大法則」はリアル世界をどう変えるのか」『Web 2.0 ツールのつかいかた　まだ、Google だけですか？』技術評論社、二〇〇六年、一四頁。

＊28　前掲書同頁。

であい、恋におちる。男の正体は——少女の妄想の産物だった。滝本の名は、keyのゲーム「Kanon」の舞シナリオによく似た筋をもつそのデビュー作『ネガティブハッピーチェーンソーエッヂ』をはじめとして、しばしばセカイ系の典型としてあげられる。

ここでは滝本がはぐくんだ綾波レイ＝「脳内彼女」というかんがえ、および『超人計画』や『NHKへようこそ！』にみられる脱法ドラッグやマジック・マッシュルーム体験の記述、そして「ECCO」(「ファウスト」連載、未完)におけるジョン・C・リリーへの言及についてかんがえたい。

脳科学者ジョン・C・リリーの研究に感銘をうけたスチュアート・ブランドは、リリーの著書『LSDとバイオコンピュータ』の流通に手をかした。かようなエピソードに象徴されるように、リリー博士は六〇年代アメリカン・カウンターカルチャー——「意識の拡大」の歴史における重要人物のひとりである。かれはLSDを摂取してアイソレーション・タンク(子宮とおなじ塩分濃度の温水でみたされ、密閉された水槽)にひたりイルカと交信し、ECCO(地球情報統治)という人類を超越する高次の知性体にであった。アイソレーション・タンクにはいった人間は、あらゆる外部情報がシャットダウンされているにもかかわらず、地球外生命体(ECCO)にであってしまう。「ひきこもり作家」であった滝本は、「新世紀エヴァンゲリオン」の綾波レイを「脳内彼女」として発見する。

ティモシー・リアリーは、いった。「解放されるただひとつの方法は、こもることである」[*29]。

滝本はリリーを、みずからの祖として参照した。アイソレーション・タンクも「ひきこもり」も外部と隔絶した閉鎖空間にたゆたうという点では相違ない。肉体にわずらわされることのない純粋な精神体——「脳内彼女」とは、「ECCO」のことだ。その智慧をさずかったものは、たかみにのぼることができる。

幻覚きのことシャーマニズムの研究家テレンス・マッケナによる『神々の糧』にならうなら、綾波レイを聖母マリアやシヴァ神とならぶ大地母神の系譜に位置づけることもできようし、その神秘が植物をつうじての人間の精神変容と関係があるということもできよう。

だが滝本は最終的にはそうしたかんがえを否定する。

滝本の小説「ECCO」では、人類は気づいていないが宇宙から地球を監視し、偶然をコントロールしているという高次元知性体ECCOの存在をしってしまった少女・根本千枝（の別人格ソフィア）をめぐって展開する。*30 主人公はソフィアとともに対ECCO闘争を試みようとする少年・優。これだけならば人類をあざむきつづけてきた超越的な存在「神」をほろぼそうとする山田正紀の『神狩り』シリーズをおもわせる。だが「ECCO」のソフィアは、じしんが人類をみちびく存在であり、ECCOをたおそうとこころみている……という妄想をいだいて高校生活をすごしているにすぎない。『神狩り』的な「超越者との闘争」は脱臼され、超越者の存在じたいをめぐる隣人とのあらそいに転化する（「なにいってんの？　これがECCOの仕業だよ？」「エコー？」「苦しくたって関係ないんだ。僕には関係ないんだ。苦しいのは僕の責任じゃない。ECCOがそうさせているだけだ」「馬鹿

＊29　マーティン・A・リー、ブルース・シュレイン『アシッド・ドリームズ　CIA、LSD、ヒッピー革命』越智道雄訳、第三書館、一九九二年、一七四頁。

＊30　ジョン・C・リリーによれば人間よりも高次元の存在としてECCOとSSI（ソリッドステート知性体）という相対立するふたつのものがいる。ECCOは人類を善導し、SSIはひとびとを破壊へと駆りたてる。滝本の小説「ECCO」でかたられるECCOは、リリー的にいえばSSIのイメージにちかい。

馬鹿しい」……といったような）[*31]。「ＥＣＣＯ」では、神やＥＣＣＯという絶対的な他者との闘争ではなく、千枝という身近な他者こそがまったく理解できず、打倒しなければならない存在となる。

このような、妄想とその否定の力学こそが滝本の魅力だったが、限界でもあった。想像を否定すればするほど、創作は減速する。みずからをしんじることなしに作品をうみだすことはできない。滝本は「想像しなければならない」と「妄想はいけない」の「ダブル・バインド」――これはリリーの盟友グレゴリー・ベイトソンがイルカの生態研究から提唱した理論だが――にとらわれ、二〇〇九年げんざい、「ＥＣＣＯ」は未完のままである。

ここに「エヴァ世代」が「オウム世代」であることの不幸がある。一九九五年の「地下鉄サリン事件」を思春期に目した滝本には、ニューサイエンスやニューエイジをしんじることがイコール「サリンを撒くこと」につながるとしかおもえなかった。それが滝本を停止させた。組織や結社をもちいなければ――ここがシリコンバレーの企業とひきこもりの滝本との決定的なちがいだが――サリンをつくることも撒くこともできないにもかかわらず。

宮台真司は『終わりなき日常を生きろ　オウム完全克服マニュアル』で、援助交際をする少女たちは「学校」「塾」「家庭」の拘束からのがれる「第四空間」として「ストリート」を発見したといった。堀江貴文のようなネット起業家、オタクやひきこもりは自由な第四空間としてサイバースペース＝インターネットや二次元をえらび[*32]、滝本はさらにドラッグによるインナースペースへのトリップ、意識変容をもとめた。宮台ふうにいえば、高度に管理化されたこの〈社会〉のむこうがわにある、でためで豊穣な〈世界〉へと直結《ジャックイン》することをもとめた――その産物がセカイ系だった。

2―2　押井守

本論の文脈において、押井守は最重要作家である。

たとえばまず「Ghost in the Shell　攻殻機動隊」（九四年公開）は、サイバーパンクからセカイ系への移行期における過渡的な作品といえる。

ウィリアム・ギブスン『ニューロマンサー』のクライマックスで主人公のケイスは電子の海にうまれた生命・子宮神《マトリックス》ニューロマンサーからのサイバースペースへ来ればよい、というさそいをことわり、「肉の牢獄」＝現実空間にとどまり、母胎回帰をこばむ。警視庁公安九課の草薙素子は「ネットは広大だわ」といい、相棒のバトーをおいて電子の海へときえる。女性は別世界へと旅だち、男がとりのこされる。このような構図は『イリヤの空、ＵＦＯの夏』などセカイ系作品でも典型的にみられる。

さかのぼれば、押井守は六〇年代後半には新左翼の高校生活動家であった。その経験は、犬狼シリーズ（小説『獣たちの夜』や映画「紅い眼鏡」）、擬似ドキュメンタリー戦後史『立喰師列伝』に――そして六〇年代の意識革命がＰＣやＩＴ、サイバーパンクを用意したのだから「攻殻機動隊」にまで反映されているといえるだろう。

男は、つねに世界をまえに敗北する。四人の芸術家の死とクーデター＝革命がむすびつく五木寛之

＊31　滝本竜彦「ＥＣＣＯ」第三話　優と智子、「ファウスト」講談社、Vol.4、五〇一～五〇二頁。

＊32　佐々木俊尚『ライブドア資本論』日本評論社、二〇〇五年。

による伝奇小説『戒厳令の夜』の風とおしのよさと、六九・四・二八——銀座路上での武装蜂起を経験したはずの四人の高校生活動家が日本刀をかついだ吸血鬼の少女を前になすすべもなく逃げまどう『獣たちの夜』の退廃をくらべてみればよい。

押井作品をいろどるのは、世界＝女＝真理（ニーチェ）を手にすることができなかった記憶の反復である。それが六〇年安保で警官隊と衝突して散った樺美智子と、パレスチナ人民との連帯をもとめて中東へとわたった日本赤軍の重信房子をモデルにした女立喰師「ケツネコロッケのお銀」をフィーチャーした『女立喰師列伝』をつくらせる。かつて重信が被写体となった『赤軍－ＰＦＬＰ　世界戦争宣言』（足立正生監督）のかろやかさとちからづよさをもとめて。

こうした押井は、運動の挫折よりも運動の可能性を照射しようとしている。そしてこのような過去の、あるいは現実の「問いなおし」は、学園祭前日をくりかえす「うる星やつら2　ビューティフル・ドリーマー」や、えいえんにおとなになれず何度でもうまれかわるキルドレたちが戦争をしつづける「スカイ・クロラ」でみられる敗北のループ——近年の押井は「勝つために戦え！」としきりにいう[*33]——が意味するものとおなじだ。つまり、日本という蓄積なき「悪い場所」（椹木野衣）、「閉ざされた円環」でくりかえされる前衛の敗北の表象である（革命の挫折、「意識の拡大」の徹底の敗北は、二〇〇〇年代にも堀江貴文逮捕や滝本竜彦の沈黙というかたちで反復された）。

「ビューティフル・ドリーマー」にみられる前夜祭のループ＝「祝祭よもう一度」という感覚は、なにかおおいなる力の作用によって一九六三年から八八年までをくりかえさなければならなくなった男を主人公としたループＳＦ『リプレイ』（ケン・グリムウッド／八七年）とならべてみるなら「六〇年代よもう一度」——これはニューウェーブを参照したサイバーパンクも同様である——という願望にほかならないことは瞭然とする。[*34]『リプレイ』はまた、サイバーパンクスであったルイス・シャイナーによる六〇年代への鎮魂歌的タイムスリップ・ロックSF『グリンプス』と、そして『立喰師列伝』とならべられる必要があるだろう。[*35]これらはすべて「意識の拡大」が爆発した六〇年代を軸とする歴史の検証と批判をあつかっているからだ。

ときに「セカイ系の先駆」とされる作品はサイバーパンクと同時期にうまれている。『ビューティフル・ドリーマー』が公開され、ウィリアム・ギブスンが『ニューロマンサー』を発表したのはおなじ一九八四年のことだ（一九八四年はファースト・サマー・オブ・ラブとセカンド・サマー・オブ・ラブ——後述——との、つまりlate60'sとlate80'sとの架け橋となり、断絶ともなった重要な基点である）。[*36]

セカイ系はいかなるながれからうまれたのか。押井の仕事のリストが、うらづけるものがある。日本の全共闘世代やアメリカのベビーブーマー（代表はウィリアム・ギブスン）が八〇年代から九〇年

＊33　たとえば押井守『勝つために戦え！』エンターブレイン、二〇〇六年を参照。
＊34　押井守『立喰師、かく語りき。』徳間書店、二〇〇六年を、なかでも笠井潔との対談「革命の火はなぜ消えたのか？」を参照せよ。
＊35　余談ながらグリムウッドは『ディープ・ブルー』布施由紀子訳、角川文庫、一九九七年ではイルカとの交信をえがいている。
＊36　ポピュラー音楽史でいえば、七〇年代前半にはどろどろのサイケデリック・ロックを志向していた（ティモシー・リアリーとも共演！）アシュ・ラ・テンペル（のちにアシュ・ラ）のマニュエル・ゲッチングがテクノ／ハウスに絶大な影響をあたえた『E2―E4』をリリースしたのも八四年だった。

代にかけて提示したみっつの表象、つまり伝奇における「異界」や「闇の歴史」、サイバーパンクにおける「サイバースペース」、時間SFにおける「ループ」や「もうひとつの歴史」は、いずれも六〇年代におおきく噴出した戦後的価値観（戦後民主主義）の否定、のんべんだらりとした「終わりなき日常」空間の否定を継承した「別世界」探求の結晶、「意識の拡大」の産物である。日常の破砕――既存の社会領域の抹消と「自由の新たな空間」（ネグリ＝ガタリ）創出への欲動。げんざいの社会、げんざいのじぶんではない変性意識＝異世界《アルタード・ステイツ》にこそ、ひらかれた空間がある（ありうる）、というかんがえのあらわれである。[*37]「セカイ」はこの延長にある。

　とはいえことわっておけば、押井の屈託とは対照的にアメリカン・カウンターカルチャーには決定的な挫折がない（あるいは、挫折をおりこみつつも、オプティミズムが打ち克つ）。日本とはことなりアメリカには六〇年安保の敗北も七二年の連合赤軍事件もない。せいぜいがローリング・ストーンズのライブのさなか護衛をつとめていたヘルズ・エンジェルズが観客をなぐりころした「オルタモントの悲劇」や、ロバート・A・ハインライン『異星の客』をモデルにしたチャールズ・マンソンとその〝ファミリー〟によるシャロン・テート殺害事件なのである。ジミ・ヘンドリクスやジャニス・ジョプリンがオーバードーズで死んだところで、ロックは終わりはしなかった。

　笠井潔は『探偵小説論Ⅲ』で、「昭和」と「二〇世紀精神」（第一次世界大戦による「大量死」の経験を経てあらわれたヨーロッパ・モダニズム）の二重性が、日本において「転向」問題や連合赤軍の内ゲバをうんだと言う。笠井の論をうけるなら、アメリカでは「二〇世紀精神」＝大量死＝大量生という物象化の徹底（「黄金の五〇年代」を経たのちのベトナム戦争）経験と「意識の拡大」の二重性がオプティミスティックな「カリフォルニア・イデオロギー」を醸成させたのである。アメリカのベトナム戦争敗北は、カウンターカルチャーにとっては勝利だった。フラワー・ムーヴメントは自然消滅していったかのようにかたられるが、じっさいにはジョブズのようなかたちで種子は芽吹き、ふたたび花ひらくこととなった。グレイトフル・デッドは、八七年に『イン・ザ・ダーク』がヒットし、「世界でもっとも有名で金持ちのエンターテイナー」にもはいっている。『フォーブス』によれば、MCハマーとショーン・コネリーにはさまれて第二〇位だそうだ[*38]。環境問題告発の書『不都合な真実』のアル・ゴア元アメリカ副大統領――その伴侶はデッド・ヘッズとしてしられている――は論文でマーシャル・マクルーハンを参照し、〝パーソナル・コンピュータの父〟アラン・ケイと交流があり、じしんの情報スーパーハイウェイ構想のブレーンのひとつにEFF（電子フロンティア財団）を据えた。意識革命＝産業革命（情報革命）としての「一九六八年の革命」はアメリカ西海岸では現在まで連綿とつづき、じっさい世界を変えてきたというほかない。

このアメリカと日本の差異――カリフォルニアの晴れやかさを欠いた「悪い場所」がセカイ系をうんだのである。

「僕たちは世界を変えることができない」（銀杏ＢＯＹＺ）。

それゆえセカイ系ではホール・アース・マネジメントではなく、その前段階にあたるホール・アースな認識の獲得が、地上からの飛翔がえがかれることとなった。

＊37　梅田望夫が『ウェブ時代をゆく――いかに働き、いかに学ぶか』ちくま新書、二〇〇七年においてインターネットの世界を「もうひとつの地球」と形容していることはこの文脈から読まれるべきだ。
＊38　ブルース・スターリング『ハッカーを追え！』今岡清訳、ASCII、一九九三年、三三一頁。

2―3　ベスター、ギブスン／夢枕獏、秋山瑞人

サイバーパンクに対応する日本でのムーブメントは伝奇バイオレンス・ブームである。夢枕獏や菊地秀行、栗本薫を代表とする八〇年代伝奇にはサイバーパンクとちかしい点をいくつもみつけられる。八四年の夢枕獏『魔獣狩り』とウィリアム・ギブスン『ニューロマンサー』を嚆矢とし、冷戦崩壊と昭和天皇崩御の八九年にムーブメントとしては終焉をむかえるという時代的な並行性。法外な暴力が噴出する異界（魔界）とサイバースペースという異世界《オルタナティヴ・スペース》の存在。伝奇において神道や仏教がもつ機能は、サイバーパンクではブードゥーとラスタファリアニズムが対応する。

そして六〇年代の対抗文化とのつながりが、みのがせない。内藤正敏との対談集『鬼がつくった日本』で知られる八〇年代伝奇の理論的支柱・小松和彦の稗史やまつろわぬ民への関心のルーツは全共闘運動にあった。[*39]『ヴァンパイヤー戦争』や〈コムレ・サーガ〉の笠井潔も同様である（笠井とギブスンはおなじ一九四八年うまれである）。笠井は『物語のウロボロス』所収の半村良論「欲望と不可視の権力」で、伝奇小説と反天皇制のむすびつきを論じていた。

ギブスンはベトナム戦争への徴兵を忌避してカナダへ移住したが、おなじようにアメリカ国内からカナダへとうつりすみ、反戦活動にもいそしんだ人物がジュディス・メリルである。メリルが編纂したニューウェーブSFのアンソロジーや評論集『SFに何ができるか』では、六〇年代SFと同時代の政治運動とのかかわりが記録されている。こうしたかのじょの活動からギブスンは影響をうけた。そしてまたギブスンは、『ニューロマンサー』執筆時にアルフレッド・ベスター『虎よ、虎よ！』を意

識していた。人類の脳にそなわるジョウント効果（テレポーテーション能力）が発見された未来を舞台に、超能力者の頭脳にとどろく音や映像を文字によって表現しきった作品である。『虎よ、虎よ！』といえばあたかも六〇年代のサイケデリック・カルチャーをさきどりした――というより、両者はともにその祖として超越の幻視者ウィリアム・ブレイクを崇拝していた――かのようなきらびやかな作風（ワイドスクリーン・バロック）とタイポグラフィの多用でしられるが、ギブスンも初期短編「記憶屋ジョニイ」では幻覚剤を投与されたイルカ（タンクのなかにいる！）の状態をあらわすためにタイポを使用している。タイポグラフィは「意識の拡大」を表現する術なのだ。

一九五一年うまれの夢枕獏は、ＳＦ大会における山下洋輔のフリージャズ演奏に触発されてつくられたタイポグラフィ作品を筒井康隆の同人誌「ＮＵＬＬ」に投稿し、デビュー。他人の脳内に精神《サイコ》ダイブする『魔獣狩り』シリーズなどで八〇年代の伝奇バイオレンスブームを牽引した。ギブスンが電脳空間へのジャックインを書いたのと同時期に、おたがいをしらずに書いた。

そしてギブスンと夢枕獏――このふたりの並走者を同時代のものとして消費し、血肉化したのが秋山瑞人である。[*40] 秋山瑞人のデビュー作『Ｅ．Ｇ．コンバット』は黒丸尚のギブスン翻訳文体をとりいれたサイバーパンクＳＦだった。そして『猫の地球儀』では猫がライバルとたたかい、地球へとロケ

＊39　小松和彦インタビュー「異人、妖怪、神霊〈カミ〉の三角形をめぐって」「週刊読書人」株式会社創立、二〇〇八年九月一九日号。
＊40　秋山と夢枕は対談もしている。夢枕獏×秋山瑞人「餓狼対談」『ライトノベル完全読本 vol.2』日経ＢＰ社、二〇〇四年。

ットで飛びたつさまがえがかれるが、これは夢枕獏の格闘小説『餓狼伝』の猫バージョンである。また、私見では『猫』の上昇のモチーフは夢枕の『上弦の月を食べる獅子』からきている。[*41]『猫』の作中で猫たちはリゼルグ酸アミド――LSDと成分が似かよった幻覚物質――を服用し、トリップする。つまりロケットによる飛翔と精神の上昇（意識の拡大）が、軌を一にする。

この延長に『イリヤの空、UFOの夏』における少女・伊里野の飛翔は位置づけられる。

覚悟を、決めた。

世界を滅ぼそう。

「ぼくは、伊里野のことが好きだ[*42]」

セカイ系とは、こうした決意にいたるまでの作品である。精神の上昇が、意識の拡大が世界を覆うまでの物語である。

それでは秋山が『イリヤ』ののち刊行した『ミナミノミナミノ』（既刊一巻、未完）はいかなるものか？　南島を舞台に、島の外部からおとずれる「客人《まろうど》」との交流をえがいた――つまり折口信夫―吉本隆明的な「南島論」の射程にある作品である。「AIR」や「ほしのこえ」では、少女は日常の側から非日常へと踏みだすが、『イリヤ』では少女・伊里野は浅羽のいる日常の外からやってくる。それゆえ秋山が次作『ミナミノミナミノ』で、共同体の外部から到来し、僥倖と畏怖をともにもたらす両義的な存在「まれびと」をかんがえた折口の圏内にある南島に焦点をあてたのは必然である。[*43]

だが、折口の時代と現代では外部／内部の境界が決定的にことなっている。

『ミナミノミナミノ』は「ECCO」同様、未完におわった。そのゆえんを理論的にかんがえれば、「外部」（ブランショ＝フーコー）が存在しえない現代において、「外部」から到来する「客人」を設定しようとした不可能にある。

笠井潔が『空の境界』論で指摘したように、*44 あるいはウィリアム・ギブスンが八〇年代のサイバースペース三部作からして「サイバースペース・カウボーイはアウトローたりえない」と認識していたように、*45 こんにちの社会では、その社会の反対者でさえ「外部」に立つことはできない。*46 アントニオ・ネグリ＝マイケル・ハート『〈帝国〉』において、群衆《マルチチュード》＝多様性は〈帝国〉を解体もすれば活性化もさせる両義的かつ内在的な存在としてとらえられていた。佐藤心は美少女ゲームにおける表象

＊41　『上弦の月を食べる獅子』の螺旋と上昇は、反『エヴァンゲリオン』を意図した――ポスト・セカイ系を意図した――GAINAXのアニメ『天元突破グレンラガン』にも継承されている。『グレンラガン』に登場する「螺旋王」の名は夢枕の同名作からとられた。
＊42　秋山瑞人『イリヤの空、UFOの夏　その4』メディアワークス電撃文庫、二〇〇三年、二九六頁。
＊43　コカインをすすり、恍惚のまま鼻血をぽたぽたとたらしながら太古の「万葉びと」や「まれびと」のすがたを夢想した折口信夫は、サイバーパンク／伝奇的な想像力の祖のひとりである。
＊44　笠井潔「偽史の想像力とリアルの変容」『探偵小説は「セカイ」と遭遇した』南雲堂、二〇〇九年。
＊45　ウィリアム・ギブスンは現代社会における「両義性」――カリフォルニア・イデオロギーの両義性と同型のもの――に自覚的な作家である。拙稿「ウィリアム・ギブスンのステガノグラフィ」「SFマガジン」早川書房、二〇〇九年一月号参照。
＊46　ただし社会契約を全的に破棄し、あらゆる市民との戦争を選択するなら話は別である。宅間守や加藤智大を「歩く例外状態」と指摘した笠井潔『例外社会』朝日新聞出版、二〇〇九年参照。

「空」を、内部でも外部でもない場所をえがいた特権的なグラフィックとかんがえた。[*47] セカイ系作品において「空」があらわれるとき、わたしたちは世界の「外部」に到達するわけでも、世界を「外部」からのぞきみるわけではない。カントを参照した柄谷行人ふうにいえば、「超越論的」ではあろうが、「超越的」とはいえない。秋山は不可能な「外部」にいどみ、頓挫し、古橋秀之との共作である中華伝奇『**DRAGON BUSTER**』へとむかった。[*48]

サイバーパンクを代表するブルース・スターリング『スキズマトリックス』では、(たんじゅんな)超越がえがかれた。スペースコロニー育ちの〈工作者〉たちは肉体改造をして木星へとたびだつ。重力から解放され、宇宙時代に適応した精神がうまれるという――「機動戦士ガンダム」シリーズのニュータイプ思想にもみられるような――ヴィジョン、みずからの身体を改造することによって崇高さを獲得するというかんがえは、六〇年代由来のものだろう。[*49]

だがセカイ系では崇高さはじぶんじしんにはない。「外部」――共同体を超越した場所――にもない。「きみ」のなかにこそある。

＊47　佐藤心「あらゆる生を祝福する『AIR』」「新現実」vol.1、角川書店、二〇〇二年。
＊48　とはいえ、「世界」の「外部」とひとつの島の「外部」では意味あいがことなる。秋山の失敗は島の外と世界の外をかさねあわせたことにある。海にうかぶ無数の島同士のネットワーク――それぞれの島が外と交流

をするさまをえがくのであればむしろそれは豊穣なものとなりえた。エドゥアール・グリッサンや今福龍太による「群島－世界論」をみよ。「群島－世界」認識によって、閉塞感あふれる「島宇宙」観はあざやかにくつがえされる。

＊49　永瀬唯はスターリングと『ガンダム』がともに参照しているスペース・コロニーの提唱者J・K・オニール研究から両者を比較しているほか、スチュアート・ブランドがオニールの支持者であったことを連載「デッド・フューチャーReMiX」「SFマガジン」二〇〇九年二月号掲載分で指摘している。

また、九〇年代末からイギリスで台頭してきた、スペースオペラとハードSFの融合である「ニュースペースオペラ」（NSO）の作家たちはみな『スキズマトリックス』からの影響があることを記しておきたい。特異点《シンギュラリティ》を経由し――「シンギュラリティ」といえばドゥルーズやネグリのスピノザ解釈を否応なく想起させる単語だが――人類が超進化をとげているチャールズ・ストロス『シンギュラリティ・スカイ』などは「意識の拡大」を軸にSF史をとらえる本論の文脈に、とくにおちつきがよい。つまり、『ニューロマンサー』を中心としたサイバーパンク史観では「ポスト・サイバーパンク」はニール・スティーヴンスン『ダイヤモンド・エイジ』やデイヴィッド・ブリン『キルン・ピープル』のようなネット社会観をアップデートした作品があげられようが、『スキズマトリックス』からみたポスト・サイバーパンクがストロスやアレステア・レナルズの〈レギュレーション・スペース〉シリーズのような宇宙SFなのだ。情報社会論においてもちいられ、現代SFにもたびたび登場する「創発性」とNSOにおける「シンギュラリティ」は類比的である（外見上の相違より、ふたつのポスト・サイバーパンクはちかしい価値観をベースにしている）。たとえばヴァーナー・ヴィンジ「〈特異点〉とは何か？」向井淳訳、「SFマガジン」二〇〇五年一二月号では「インターネットを、マン－マシン結合ツールとして活用すること」と書かれていることをみればよい。ヴィンジはインターネットのアナロジーで宇宙SFを展開した『遠き神々の炎』を書いた、ハッカーにファンの多い作家である。

NSOが舞台にする広大な宇宙空間およびそこで跋扈するいくつかの形態に進化／分化した新人類は、ドラッグを服用したさいの脳のシナプス――拡大した意識の表象である。そこではサイバーパンクを「ラディカルなハードSF」と形容したスターリングがあつかってきた進化と戦争、革命と経営の「危険なヴィジョン」が発展的にえがかれる。これもポスト・サイバーパンク・エイジの諸相のひとつである。

2―4　ドラッグカルチャーとセカイ系（2）　麻枝准

「LSDがバーチャルな視覚や精神変容を求めるものだったとしたら、MDMAは全くその逆で、現実がより現実として把握できるということだと思う。イギリスの若者は、現実を超越するのではなくて、リアリティーを回復するためにエクスタシーを使っていると思う。六〇年代や七〇年代にLSDをとっていた世代は社会のミドルクラスだったけど、今毎週クラブでエクスタシーをとっているのはキッズたちでしょ。彼らが求めているのは、失業や退屈から逃れて、週一回楽しく過ごしたい、ただそれだけだと思う。私は彼らの何人もに、政治的な意識があるか、って聞いてみたけど、誰もがそんなものは持っていないって答えたわ」[*50]

伝奇やサイバーパンクをいろどるわいざつな「ダーティ・リアリズム」（フレデリック・ジェイムスン）からセカイ系的なピュアネスへの移行には、八七年からはじまるセカンド・サマー・オブ・ラブについてかんがえなければならない。

そこに「空きチャンネルに合わせたTVの色」をした空（『ニューロマンサー』）から、澄みきった「雲のむこう、約束の場所」（新海誠）としての青い空への移行をにぎるひみつがある。

「ONE」「MOON」「Kanon」「AIR」といったセカイ系にかぞえられる作品を代表作とするkeyのシナリオライター麻枝准はじしんの作中に登場する「えいえんのせかい」という観念／別世界の表象は、エピック・ハウス／トランスのユニットBTの「Flaming June」という楽曲（九七年のアルバム『ESCM』収録）から着想をえたとかたっている。BTからの影響は作曲家でもある麻枝の曲にも聴きとれる。BTはおおきくいえば、八〇年代イギリスに端を発するダンス・ミュージックのムーブメント「セカンド・サマー・オブ・ラブ」からうまれたユニットである。そしてセカンド・サマー・オブ・ラブは、八四年からパーティー・ドラッグとして流通しはじめ、全世界へと爆発的にひろがったドラッグ「エクスタシー」（MDMA）なくしてはうまれえなかった。*51

LSDは世界を変えた――シリコンバレー精神がそれを代表する。ではエクスタシーは？作家の清野栄一はLSDとエクスタシーのちがいを、社会変革を志向する／しないドラッグと区別している。ここに六〇年代後半と八〇年代後半のちがいが、そしてサイバーパンクやシリコンバレー精神とセカイ系の差異がある。

エクスタシーカルチャーを媒介とした「サイバーパンクからセカイ系へ」を過渡する存在として、イギリスの作家ジェフ・ヌーンがあげられる。セカンド・サマー・オブ・ラブを経て、ようやくイギリス産サイバーパンクは誕生した。ちいさな島国には「意識の拡大」がたりなかったからだ。ジェフ・ヌーンは、マンチェスター出身の元バンドマンである。かれの作品はストーン・ローゼスやハッピー・マンデーズのような享楽的なダンス・ビートを導入した〝マッドチェスター〟のロックバンドたちとならべられる必要がある。ドラッグ（羽）を摂取すると幻想世界／ゲーム空間にトリップでき

＊50　清野栄一、ジェフリー・ジョンソン『RAVE TRAVELLER―踊る旅人』太田出版、一九九七年、三五頁。
＊51　セカンド・サマー・オブ・ラブと新本格ミステリはおなじ八七年にはじまっている。この並行の意味についてはいつかあらためてかんがえたい。

るという『ヴァート』『花粉戦争』に登場する「羽」は黒、赤、白など色ごとに効用が違う点などをはじめ、あからさまにエクスタシーである。

ＬＳＤは「神の視点」をもたらすが、エクスタシー＝「羽」は「鳥の視線」を獲得させる。「ＡＩＲ」の終わりのように。

サイバーパンクはＬＳＤ世代の文化的な残滓が色濃くのこっていたが、ヌーンや麻枝准はエクスタシー文化に決定的な影響をこうむっている。それは八四年までの文化と八七年以降の文化との差異であり、そしてアメリカ西海岸から海をへだてたイギリスと日本の差異でもある。

オランダで政府団体がくばっている注意書きによれば、ＭＤＭＡを摂取すると「感情的には、すべてのものごとを強烈に感じ、抑圧から解放された感じがする。頭がクリーンになり、リラックスしたメロウな雰囲気に浸ることができる。誰かと話をしたくなり、互いに親密になるための仲間が欲しくなる[*52]」。あらゆる門はくぐった瞬間に世界がかわったようにおもわれるほど儀礼的な意味をおび、公園の枯れた噴水はＪ・Ｇ・バラード的な退廃の美学の産物にうつり、木々や草葉の呼吸ははっきりと感じとれ、ファミレスのソファーによりかかっていても、おおうなばらにうかんでいるような気分になる。世界がひろがり、叙情がとめどなくあふれる。ちかくにいる人間が、とてもいとおしくおもえる。からだは、あかごのようにプリミティヴな感覚にみち、ふれるものはすべて新鮮で、セックスをすれば絶頂がはてしなくつづく。朝焼けの空をみあげれば、新海誠がえがく空のように、うつくしくうつる。あらゆる器官が敏感になり、あるていど情報を制限しなければ苦痛である。無秩序な喧騒よりも開放を、ひとごみよりもみぢかな人間との親密さを欲する。感覚が圧倒的に解放されるならば「きみとぼく」のほかはなにもいらないとおもえる。

セカイ系作品はこのようなエクスタシー体験を擬似的に再現する。*53 麻枝から「ONE」や「AIR」ということばがみちびかれるのは感覚的によくわかる。エクスタシーは混沌よりも純粋を志向させる。

『スキズマトリックス』も麻枝作品も、ともに崇高さを、超越をもとめる。だが、サイバーパンクとセカイ系にはエクスタシー以前／以後という線引きがなされる。LSDはつぎつぎと夢想が連鎖し、ひろがり、常識からの脱出と外への志向をうながす文化をうみだした。だが、セカイ系はエクスタシー体験によって意識の変容（別世界の夢想）よりも感覚の増幅（「いまここ」の最大経験）を獲得する。そして、みすごしていた「日常のリアリティ」のいとしさを、きびしい風にさらされるなか垣間みえる、日々のきらめきを発見する。*54

麻枝作品における観念の飛翔の度合いは、時期を追うごとにうしなわれていっている。「ONE」では、一歩ふみあやまれば主人公は「えいえんのせかい」に呑まれてしまう。二〇〇九年五月現在最新作である「リトルバスターズ！」でも、「ONE」同様、主人公が選択肢をあやまてば死ぬ――だが、観念（別世界）のちからによって死ぬのではない。現実の酷薄さによって死ぬのである。世界がきびしいから、「きみ」のぬくもりに用がある。

「ほしのこえ」「雲のむこう、約束の場所」から「秒速5センチメートル」にいたった新海誠も同様

*52　前掲書、二八〇頁。
*53　というより出産を、だろうか？　強烈な一体感はあれど、物理的に子宮《マトリツクス》には回帰できないという自覚がセカイ系作品にはある。

である。上昇のモチーフだけをみるならば、「宇宙」から「雲のむこう」へ、そして「波の上」や「舞い散る桜」ていどへとスケール・ダウンしている。新海においてもまた、「きみ」=「世界」というセカイ系的な崇高の表現、上昇のモチーフは後退し、じょじょに「きみ」の崇高さそのものをうたう表現へと変容し、沈潜していくこととなったのである。そうした現実への回帰は、エクスタシーにそもそもそなわっていた効用なのだ。

3　心性リバタリアニズムと起業家精神《アントレプレナーシップ》

3―1　「リトルバスターズ!」とセカイ系的リバタリアニズム　麻枝准(2)

「そうだ、現実を超えようとすれば鳥が通り抜ける」[*55]
――山野浩一「鳥はいまどこを飛ぶか」より

ヒッピーからハッカー/サイバーパンクのながれにおいては、リバタリアン的な性格がうけつがれている。ヒッピーのコミューン主義は思想信条のレベルでは個々人が自由な「負荷なき自己」(サンデル)であることを前提にしたものにすぎない(物理的な層――地球レベルでは「ひとつ」であるというかんがえからみちびかれてはいるが)。梅田望夫は「世界じゅうの一人ひとりが「情報を得る力」を持ち、より良い教育を受けてより賢くなれば、それが世界の知力・知性を高めることになる、ひいてはそれが「世界をより良い場所」にする」というグーグルの思想の背景に「シリコンバレーに脈々と流れるリバタリアニズム」があると指摘した。[56] バーブルック＝キャメロンの「カリフォルニア・イデオロギー」批判は、まさにシリコンバレーの起業家やハッカーたちがもつ技術至上主義とリバタリアン的心性へむけられたものだった。

理論としてのリバタリアニズムではなく、他人の目を気にしない（世間や「空気」を捨象する）〝気分としての〟自由至上主義。よけいな干渉なく自由に活動し、快楽を追求することをヒッピーもハッカーも、そしてオタクももとめてきた。セカイ系にもリバタリアン的な心性はひきつがれ、いまやはっきりと、そのあらたなフェーズがみえている――シリコンバレー精神への接近が。

＊54　本論の文脈をふまえるなら、樋上いたるの絵に熱狂するオタクを上野俊哉『アーバン・トライバル・スタディーズ』月曜社、二〇〇五年の視角からとらえることもできる。たとえば上野は、レイヴァーたちはエレクトロニクスを駆使したダンス・ビートやケミカル・ドラッグといったきわめて人工的なものをもちいていることに自覚的であるにもかかわらず、どうして踊っているさいちゅうには自然との一体感をえてしまうのか？　という疑問をなげかけている。これは東浩紀による「オタクたちはなぜ『人間的』（写実的）とはいえないイラストでえがかれたキャラクターに感情移入してしまうのか？」という問いと並行している。ひとびとは最新の科学のちからをもちいることによって、より効率的に、（擬似的な）原始の歓喜／智慧に回帰しうる（ジョルジュ・バタイユ『エロティシズム』酒井健訳、ちくま学芸文庫、二〇〇四年の儀式論、清野栄一も参照した『内的体験　無神学大全』出口裕弘訳、平凡社ライブラリー、一九九八年の視点をえる必要がある）。むろん「直接的なものは媒介されている」（ヘーゲル＝アドルノ）。

＊55　山野浩一『鳥はいまどこを飛ぶか』早川書房、一九七一年、二一二頁。

＊56　梅田望夫『ウェブ時代5つの定理』一八四頁。

そうした話にはいるためにこそ、「AIR」から「リトルバスターズ！」にいたる麻枝准の展開について、べつの視角からかたりたい。

「AIR」のさいご、主人公は鳥になる。主人公の男の子は「そら」という名の鳥になり、少女・観鈴が病で死にゆくさまをながめるほかない。無力である。

「鳥になる」とはいかなることか。カルロス・カスタネダ『呪術師と私　ドン・ファンの教え』およびそれをひいた中沢新一「孤独な鳥の条件」[*57]をみよう。メキシコの砂漠に住んでいるらしいシャーマン、ドン・ファン・マトゥスのもとで幻覚植物を摂取しながら修行をつづけていたカスタネダは、「AIR」の主人公同様「鳥になる」ことを経験する。ドン・ファンのおしえにおいて「鳥になる」とは、なによりも「見る」ことであった。「世界を停止」させ、「見る」こと。ありのままを「見る」こと。「生きている物は内側で動くんだ。そしてカラスはその動きが止まったり、ゆっくりになって止まろうとしているのがわかるから、なにかが死んだり死にそうになっていることを簡単に見抜くことができるんだ[*58]」。それゆえ、鳥は死にゆく観鈴をただひたすらにみつめることになる。

人間は自分たちの世界のことばかり考えているのではなく、正しい生き方を知りたいのなら、空の鳥たちに学ばなければならない、とイエスは言った。その鳥たちをブッダは苦しみを生む生存の条件から解き放とうとした。地球上にあって、人類と鳥類は「ひとつの心」を共有しあっている。そして変わっていかなければならないのは、進化の過程でみごとな完成をとげた鳥たちではなく、心に大きな自由領域をあたえられながら、いまだに未完成な、いやこれからも未完成なままの、わたしたち人間のほうなのだ。[*59]

「鳥の視点」が「神の視点」よりもおとっているとはいえない。「鳥の視点」はやさしさにみちている。力はおごりをうむ。「鳥の視点」には、あさましさがない。

鳥が羽をやすめる樹木――麻枝が次作「CLANNAD」であつかったのは「AIR」＝「空」にかわって「世界樹《ユグドラシル》」である。「CLANNAD」には現実世界と幻想世界をつなぐ、一本の木が登場する。世界樹とは、根をはり枝葉をめぐらす超越的な存在である。いつかおりてこれる木々がなければ、鳥は空をとぶことができない。鳥が木に巣くう虫をついばまなければ、木はくさり、かれてしまう。鳥（「AIR」）と町をささえる樹木（「CLANNAD」）は、たがいにささえあう。*60

二〇〇九年一月げんざい、麻枝の最新作といえる「リトルバスターズ！」は「野球」が重要なモチーフとなる。「CLANNAD」にも草野球エンドがあるが、しかし「CLANNAD」とはやや系列がことなる作品である。草野進＝蓮實重彦的には「運動の擁護」と形容されよう野球／スポーツは、「試合《ゲーム》中にのみ存在する共同体」を可能にする。「物語」（「説話」のパターン）／意味に回収されない、運動／強度のネットワークのなかで共同性が仮構されるのがスポーツである。参加者があじわうものはレイヴァーたちが踊りながらかんじる隣人とのつながりとおなじだろう。あるいはエクスタシー摂取後のセロトニン大量分泌によってちかくにいる人間が無条件にいとおしくおもえてしまうあの高揚

＊57　中沢新一『チベットのモーツァルト』講談社学術文庫、二〇〇三年。
＊58　カスロス・カスタネダ『呪術師と私　ドン・ファンの教え』真鍋義博訳、二見書房、一九七四年、二〇八頁。
＊59　中沢新一『鳥の仏教』新潮社、二〇〇八年、一二二頁。

[*61]と。

「ＡＩＲ」や「ＣＬＡＮＮＡＤ」では親子関係が決定的に重要だったが、麻枝は「こんどは両親はえがかない」とことわって「リトルバスターズ！」を制作した。血縁のようなわかちがたいものではなく、ルール（契約）と強度のなかにある——離脱可能な——つながりの構築をえがいた。

ここでセカイ系がリバタリアン的な性質をもっている、というはなしにもどる。社会（中間領域）を捨象し、自由な個人を想定すること——これは自由至上主義の思考実験のはじまりにあることだ。セカイ系はたったひとりの「ぼく」からはじめ、「きみ」とのみ関係をむすぶ。

麻枝はあらゆる社会関係のなかでももっとも離しがたい親子関係の絶対性を「ＡＩＲ」や「ＣＬＡＮＮＡＤ」でえがいていた。

そして「リトルバスターズ！」は、血縁をもけしさり、信頼にもとづく契約のみでなりたつ関係性（野球チーム）を追究した。セカイ系のもつリバタリアン的世界観を、より原理的にひらいた。「ＣＬＡＮＮＡＤ」とはことなり、世界をささえる大樹（血縁＝地域共同体＝価値観）がない、あるいは機能しない現代に焦点をあてた。

セカイ系はいっぱんには「新世紀エヴァンゲリオン」をはじまりとするが、その社会（中間領域）表象抹消の一因には、日本社会がこうむった変化もある。八九年の天皇崩御と冷戦終結、九二年のバブル崩壊およびその後の平成不況（就職氷河期）、九五年の阪神大震災と地下鉄サリン事件、九七年の神戸連続児童殺傷事件（酒鬼薔薇事件）、あるいはブルセラ／援助交際ブームでもコメの輸入自由化でもよい。八〇年代後半から九〇年代にかけては旧来の社会常識がつぎつぎにくずれさった。宮台真司ふうにいえば「底がぬけた」。個人どうしをつなぎとめるはずの中間項が、社会がぼろぼろとこわれおちていったからこそ、ちいさな私的領域と大状況の変化とをむすびつけてかんがえることに説得力がうまれた。かんがえざるをえなくなった。そこから、セカイ系や堀江貴文たちはあらわれた。[*62]
「リトルバスターズ！」は、この世界は、友と結託し、選択し、たたかわなければいまにも死にいたるような場所なのだと、しめす。[*63]
主人公の理樹は、友人みなを乗せて事故に遭ったバスのそばで目覚めんとしていた。友人たちは傷

*60　ミルチア・エリアーデは『シャーマニズム　古代的エクスタシー技術』堀一郎訳、ちくま学芸文庫、二〇〇四年のなかで、シャーマンの鳥への変身（飛翔のイメージ）と世界樹あるいは宇宙軸《アクシス・ムンディ》との密接な関係が世界各地の伝承や神話にみられることを指摘していた。
作品表象として「動物化」をかんがえるなら、「ＡＩＲ」においては「アルカイックなエクスタシー技術」（エリアーデ）としてのシャーマニズムの現代的展開、カスタネダ的な意識変容／精神の生成変化がうみだすこころのひろがり、人間中心主義からぬけでることをあらわしている。対して奈須きのこやNitro+のゲームのような「新伝綺」における「動物化」は人外の存在になり衝動にまかせて無法な暴力を噴出させるという点で——ドゥルーズ＝ガタリ「動物になれ！」的な意味での——「野獣化」にちかい。拙稿「伝奇、再燃——偽史を捨て、人外魔境を歩く理由」「STUDIO VOICE」ＩＮＦＡＳ、二〇〇七年一月号参照のこと。

*61　奈須きのこの小説『ＤＤＤ』シリーズ（講談社ＢＯＸ、二〇〇七年〜）でも野球対決がおこなわれるが、麻枝的な「チームのつながり」はえがかれない。一対一の、打者対投手の殺人バトルがおこなわれる。それぞれ「新伝綺」と「セカイ系」を代表するふたりの作家の野球観のちがいは興味ぶかい。
秋山瑞人の最新作『DRAGON BUSTER』メディアワークス電撃文庫、二〇〇八年〜は、剣技によって身分のちがう男女がひかれあうさまをえがこうとしている点で、蓮實＝麻枝的な、運動の享楽とその連帯を志向した作品といえる。

つき、こぼれたガソリンに引火すればバスはいまにも爆発してしまう。おそらく鈴という少女と理樹以外はたすからない。理樹たちでさえ、酷薄な現実をみすえ、逃げださなければ死ぬ。ただし、行動に優先順位をつけ、大局をとらえ、動揺せずミッションを的確にこなすなら、みなが生きのこる道もないわけではない。

これは「鳥の視点」的な友愛と矛盾しない。現実が残酷であればあるほど、想像力をもつことに、おおきなこころをもつことに意味がある。「どんな鳥だって想像力より高く飛ぶことはできないだろう」(寺山修司)。「見る」だけの、しかしあらゆる制約から解放された絶対的に自由な、想像の鳥になったうえで、卑小な現実にむかうことが重要なのだ。「リトルバスターズ!」では、みなが共同でつくりあげた観念=理念=虚構の世界でちからを身につけるからこそ、主人公たちは現実にたちむかえる。想像の巣づくりが、現実の巣づくりに役だつ。これはつよい理念と文化こそが企業を飛躍させるとうったえる『ビジョナリー・カンパニー』的なありかたとも矛盾しない。目先のうごきに左右されないことが、むしろ隣人たる「きみ」をもっともたいせつにしうる方法となる。そのために「意識の拡大」は善用される。

「リトルバスターズ!」は、「CLANNAD」同様にセカンド・サマー・オブ・ラブ=エクスタシー=イギリス的にアルタード・ステイツをつかう。現実とおりあいをつけるために観念世界へトリップする。それはドロップアウトをよしとした六〇年代カウンターカルチャーや、法外なる異界をえがいた八〇年代伝奇がめざしたものとはことなっている。拡大した意識をもちいて「世界」を軸にかんがえ、「世界」をかえようとするシリコンバレー精神ともことなる。

だが自由をもとめる心性を前提にしながら現実にむかうがために、ゼロから集団を形成し、運用する。それゆえ「ＡＩＲ」にくらべれば、わずかにアメリカ的な起業家のありかたへとちかづいている。精神においては鳥のようにはばたき、しかし現実においては完全なるアナーキーをもとめるのではなく、相対的な自由を最大限にえるためにこそ実際的な成果（成功）をあげることをおもんじる。

3−2　起業家精神《アントレプレナーシップ》──セカイ系とシリコンバレー精神

起業家精神《アントレプレナーシップ》──梅田望夫が『ウェブ時代五つの定理』のひとつにあげたものである。「新しい物事に対して創造意欲に燃え、リスクを引き受けて果敢に挑む姿勢、不確実な未来を楽しむ精神の持ちよう」「飽くなき探究心や冒険心や没頭、変化を求める心、自分の頭で考えつづける力、何かを始めたら徹底して勝つまでやりぬく気持ち*64」のことだ。

＊62　渡邉大輔「セカイ系小説の臨界点──戦後〈セカイ系〉文学史批判序説」「ナチュラルカラー・マジェスティック・トゥエルヴ」同人誌、二〇〇五年、佐々木俊尚『ライブドア資本論』。笠井潔は本書所収の論文「セカイ系と例外状態」で日本におけるネオリベラリズムの前面化とセカイ系の台頭をむすびつけてかんがえている。また、情報技術の発展により卸問屋（中間領域）を介さず（中抜きして）企業が顧客と直接取引できるようになったこと、およびそこからうまれたワントゥーワン・マーケティングのかんがえ（「きみとぼく」マーケティング！）を想起してもよい。

＊63　田中ロミオによる『最果てのイマ』ザウス、二〇〇五年や竜騎士07による『ひぐらしのなく頃に』同人ゲーム、二〇〇二年−二〇〇六年も同様。ただしわたしとしては、この社会をゼロサムゲーム・モデルやバトルロワイヤル・モデルでとらえることはまちがいだとかんがえている。

しかし「リトルバスターズ！」は小集団の成立初期を中心的にあつかった作品だから、起業家精神《アントレプレナーシップ》は十全にえがかれてはいない。だが「リトルバスターズ！」同様にゼロからの組織形成／契約からはじまり、組織社会における起業家精神《アントレプレナーシップ》の発揮がえがかれる作品も近年あらわれていた。たとえば大国ブリタニアの棄てられた王子ルルーシュ・ヴィ・ブリタニアが妹のナナリーをまもるために国家へ反逆する革命組織をたちあげる貴種流離譚「コードギアス　反逆のルルーシュ」シリーズ。またたとえば玉井幸雄「オメガトライブ」シリーズは、ひきこもりが密林で親にころされる寸前にあらわれた謎の存在willとであい、身体能力と頭脳が超人的に飛躍した新人類となる契約をむすび――アーサー・C・クラーク以来の「幼年期の終わり」の変奏――たったひとりから新人類の集団をつくりあげ、旧人類を駆逐せんと、国内的にはセキュリティの民営化から憲法改正までを画策し、対外的には各国にあらわれた別種のΩたちとの闘争と交渉をえがく。[*65]

これらはセカイ系の延長からうまれ、シリコンバレー精神に漸近した。キーは、起業家精神《アントレプレナーシップ》である。シリコンバレー精神は、ヒッピーマインド（意識の拡大）と起業家精神《アントレプレナーシップ》の融合だった。経営学者のピーター・ドラッカーは、イノベーションと起業家精神《アントレプレナーシップ》をマネジメントという規律の中枢とした。ナチス・ドイツの専制からのがれてイギリスへわたり、ついでアメリカに移住したドラッカーは、全体社会に抗する手段としてマネジメントをとらえていた。[*66]一九七三年に刊行した『マネジメント』で「権威への反逆を唱え、「誰もが思いのままにふるまうべきだ」と宣言するのが当世風のようである。そうであるなら、正直なところ、本書はおよそ時流に合わないだろう」とはじめていた。[*67]

現代の組織社会におけるマネジメントの問題は、戦後社会において「意識の拡大」の爆発とともに前面化した、二様の対応表現である。疲弊した制度をこわし、形式を刷新しようとしたのがたとえば

「一九六八年の革命」だったが、全的な破壊ではなく事態を正確につかみ、「変化することを前提とした技術」――社会がかわり、不安定であることを自覚しつつ変化を利用する手管――としてマネジメントが注目された。おなじ社会変化に対し、ふたつの反応があらわれた。かたやおもに文化的な分野で発展し、かたやビジネスの領域で進化した。

そしてそれらふたつを、つまり自由で雄大なるホール・アースな世界認識と「いかにして成果をあげるか」というマネジメントの問題とを衝突させてうまれたもの*68がシリコンバレー精神（カリフォルニア・イデオロギー）であり――「コードギアス」である。

起業家精神《アントレプレナーシップ》とは、大企業にはいることをよしとするのでなく（あるいは、巨大な組織に属してなお）、みずから自由にあらたな価値をつくり、組織をゼロからたちあげてゆくことである。その気風なくしては、そのようなかたち以外では、自由（リバタリアン的心性）と実際的な成果をともに追究

＊64　いずれも梅田望夫『ウェブ時代5つの定理』二一頁より。
＊65　「オメガトライブ」シリーズのもつ意味については拙稿「「オメガトライブキングダム」「負け組」の心つかむ荒唐無稽な物語」（http://mainichi.jp/enta/mantan/manga/review/archive/news/2007/20070509org00m200036000c.html）で、ごくかんたんながら論じている。
＊66　ドラッカーとフランクフルト学派第一世代であるテオドール・アドルノやマックス・ホルクハイマーはいずれもナチの脅威からのがれてアメリカにわたった亡命知識人であり、同時代人である。アドルノ＝ホルクハイマーによる「文化産業」批判（物象化批判）とドラッカーの企業研究や、賃金の多寡を労働におけるファースト・プライオリティとしない「知識労働者」についての考察はあわせて読む必要がある。
＊67　ピーター・ドラッカー『マネジメント　務め、責任、実践Ⅰ』有賀裕子訳、日経ＢＰ社、二〇〇八年、三頁。

して矛盾なくありうることはむずかしい。

心性リバタリアンのゆくえがここにある。シリコンバレー精神に。セカイ系起業家の先駆としての堀江貴文らに。そして「コードギアス」に。

セカイ系とシリコンバレー精神——わかたれたふたつのながれは、このようにしてふたたび合流をはじめる。

「鳥の視点」のやさしさをしるものたちが、「神の視点」へとあゆみをすすめる。

結語．限りなき夏——エンドレス・サマー・オブ・ラブ

ファースト・サマー・オブ・ラブとセカンド・サマー・オブ・ラブ。ニューウェーブSFとサイバーパンク。おおよそ六〇年代と八〇年代に隆盛した、ふたつのとなりあうムーブメントは、九〇年代末にふたたび花ひらく事象の種となった。サマー・オブ・ラブが「夏」である以上、それは秋になり、冬になり、春になり——回帰する。*69

セカイ系は『イリヤの空、UFOの夏』完結をピークとして、二〇〇三年にはいきおいをうしないはじめた。ドットコムバブルは二〇〇〇年代初頭には崩壊した。しかしネットの世界はWeb2.0というフェイズへ、さらにそのさきへとすすみゆく。

ニューウェーブSFがサイバーパンクに（ニューウェーブがのぞまなかっただろうかたちながら）継承されたように、サイバーパンクがセカイ系へと接続されたように、ナード・サマー・オブ・ラブとしてのセカイ系もまた、次代の土壌となり、水となる。

日本における二〇〇〇年代前半のセカイ系は「鳥の視点」にいたるまでの過程をえがくことで終わっていた。世界をみわたしはしても、うごかしはしなかった。

短期的にみれば、そのさきの道は、おおきくわけてふたつある。

ひとつはエクスタシー－イビザ島的なセカイ系。日常におりてきて（「普遍視線」レベルの）享楽を、友人や恋人へのたいせつさをうたうもの。きみ－ぼく－世界のトライアングルにおいて、「きみ」（隣人）におもきをおく方向である。これにはさきにものべた「ＣＬＡＮＮＡＤ」や「秒速５センチメートル」、滝本竜彦原作の「ＮＨＫへようこそ！」コミックス版（作画は大岩ケンヂ）などがあげられるだろう。

そしてもうひとつは、ＬＳＤ－シリコンバレー精神的なセカイ系。「意識の拡大」（逆世界視線）の物語ではなく「拡大した意識」の物語。ホール・アース・マネジメント（「世界視線」の援用／応用）の

＊68　たとえば一九六八年に伝説的な〝マルチ・メディア〟パフォーマンスをおこなったダグラス・エンゲルバートは、人類が地球レベルで危機の時代に突入していることを認識していた。ドラッカーの影響をうけ、知的能力の増大《インテレクチュアル・オーグメーション》の夢をおいもとめるこの男が、マウスを開発した。ハワード・ラインゴールド『新・思考のための道具』日暮雅通訳、パーソナルメディア、二〇〇六年。

本論でいう「意識の拡大」は、ディファレンス・エンジンの開発者チャールズ・バベッジからシリコンバレーの起業家／発明家、フォン・ノイマンのような学者まで、テクノロジーと知識工学の発展史を〝心の増幅《マインド・アンプリファイイング》〟の歴史としてとらえた『新・思考のための道具』の文脈をふくんでいる。

＊69　これは佐藤雄一「〈季語〉の幽霊性について」「kader0d」vol.2、同人誌、二〇〇八年（原型は http://weekly-haiku.blogspot.com/2007/10/blog-post_6986.html）における「回帰する季語」論から着想をえている。

とかかわるもの。きみ―ぼく―世界において、「世界」におもきをおく方向である。インフォメーション・テクノロジーの発達によって西海岸と日本の場所性の差異があるていど解消されるのならば、ルーツをおなじくするシリコンバレー精神とセカイ系が交差したものともなろう。「コードギアス」や『オメガトライブ』、川上稔『終わりのクロニクル』などである。それらは九〇年代的な社会学や心理学的な知ではなく、より実践的な社会工学や組織論、経営学的な知に親和性をもつ。

「リトルバスターズ！」はふたつの中間的な形態といえる。

ホール・アースなマネジメントをあつかった作品群は「組織を主体とした多元的な社会においては、専制を防ぐためには、組織のマネジメント層が高い成果をあげるしかない[*70]」世界をあつかう。

これらは「決断主義」と呼ぶだけでは不十分である――その語をカール・シュミットにさかのぼったとしても、「友敵理論」がネックになる。「決断」はビジネスでは不断におこなわれている（たとえば「三秒で決めろ」という吉越浩一郎の「即断即決主義」を想起せよ）。だが利害関係が複雑化したこんにちでは「友か敵か」を単純に二分することは成果につながらない。「コードギアス」がしめすように、だれが敵でだれが味方なのか、いかようにも反転していくのが現代の組織コミュニケーションである。そして「リトルバスターズ！」がしめすように、このはなしはビジネスや政治にかぎらない。あらゆる組織にとって、決断するかしないかなど問題にならない。する。しなければ組織は存続できない。いかにおこなうか、どう組織を運用していくか。重要なのは具体的なぶぶんであり、根幹の理念である[*71]。

とはいえ、混淆し、変容してゆく「意識の拡大」のゆくえの記述は、これからなされる仕事となる。また、マネジメントからみた現代文化の体系的記述も、本論とはべつのうつわをもうけることになる。

アメリカのサブプライムローン崩壊に端を発する世界経済の変化のさなか立たんとする「危機の時代」のクリエイターや起業家は、つぎつぎとあらわれている。

「おおきな物語」は終わっても、「意識の拡大」は終わらない。

＊70　ピーター・ドラッカー『マネジメント　務め、責任、実践Ｉ』一四頁。

＊71　P．F．ドラッカー『非営利組織の経営』上田惇生訳、ダイヤモンド社、二〇〇七年やフィリップ・コトラー、アラン・R．アンドリーセン『非営利組織のマーケティング戦略』井関利明訳、新日本監査法人公会計本部訳、第一法規、二〇〇五年には、「どのコミュニティが居心地がよいか」「どういった活動がじぶんにいきがいをあたえてくれるのか」「どんな活動がじぶんや社会に役にたつのか」ひとびとは（意識的にせよ、無意識にせよ）かんがえるがゆえに、金銭によらない関係だからこそ非営利組織間の競争が激化している――ことを「前提」として、いかに組織運営をすべきか、コミュニケーションをはかるべきかについて議論がなされている。「バトル・ロワイヤルからおりてコミュニティをだいじにしよう」「友だちからはじめよう」などという宇野常寛には、非営利組織（地元の仲間とつるむことからネット・コミュニティ、教会やボランティア団体までがふくまれる）もまた、それぞれに成果をあげることをおもんじている状況がみえていない。

Ⅱ　サブカルチャー——ライトノベル・アニメ・コミック

特別掲載

『イリヤの空』、崇高をめぐって

佐藤　心

本誌の特集テーマが「セカイ系」ということもあって、本論もそれに従ってみることにした。とはいえ個人的には、セカイ系という言葉そのものを扱うのには、これまで若干の躊躇いがあったことは事実である。カテゴリ名とも、ジャンル名とも、方法的な名称ともつかない。すこぶる曖昧である。《近年のアニメやコミックやゲームに見られる、社会領域を欠いて自閉した印象の、キミとボクの恋愛ドラマは「セカイ系」と称されている》と『イリヤの空、UFOの夏』（以下『イリヤ』）を論じるにあたって笠井潔の示した説明[*1]がもっとも簡潔であり、かつ妥当なものだといえるだろうが、他方では、インターネットに起源をもつ俗語の宿命ゆえか、たぶんに揶揄を含むものとしてもちいられもするから厄介である。

たとえば、以下のような文脈、ニュアンス——《セカイ系／又の名を「ポスト・エヴァンゲリオン症候群」。／「社会」や「国家」をすっとばして「自分のキモチ」なり「自意識」なりが及ぶ範囲を「＝世界」と捉えるような世界観を持つ一連のオタク系作品がこう呼ばれているらしい[*2]》——がその

＊1　笠井潔、『探偵小説は「セカイ」と遭遇した』南雲堂、二〇〇八年、六〇頁。

代表例だ。そこで強調されている特徴は、社会性の欠如、過剰な自意識といった思春期的な感性である。だが「自意識のおよぶ範囲＝世界」云々の部分を、もう少し普遍的に「認識ないし経験のおよびうる範囲＝世界」といい換えてもわたしには大差ないように思われる。むろん「世界」が「いっさいの現象の総括」、すなわち「世界全体」であるとするなら、それが経験を超えたものであることはいうまでもない。しかし認識は、経験に先立って、経験そのものを可能とする形式――現れに像を与える空間と時間という形式――によってなりたつ。「私」と「対象」、たとえば「私」と目の前にある赤い「リンゴ」が空間的に区別されるのも、「赤い」リンゴのあとにつづいて「青い」リンゴが転がってくることを時間差として感じとれるのも、こうした形式のおかげである。認識は「世界」を、そして「世界」を超えでたものをも把握しようとする。自分を自分だと認識する意識（自意識）についても同じことだ。「世界って言葉がある。私は中学の頃まで、世界っていうのは携帯の電波が届く場所なんだって漠然と思っていた」（「ほしのこえ」）という自意識はたしかに思春期的であり、素朴だが、わたしたちが「世界」を思考しようとする問いのはじまりはたいていが素朴になされるし、そこには思考をめぐる普遍的な切実さがかならずや含まれていよう。

したがって「世界」を思考しようと試みるものであるにせよ、あるいはまったくそうでなく見えたとしても、「セカイ系」が「世界」を問題としているかぎり、自意識過剰だの青臭いだのといった紋切り型のほかに、より適切な特徴をその形式に見いだす必要があるはずだ。本論ではその特徴を「崇高なもの」に求めようと思う。「世界」とまず口にしたときに想起するだろう広大無辺さ、超越的なイメージにおぼえる感情は、しばしば「崇高なもの」と関連づけて語られてきたからだ。美は人を魅惑するが、崇高は人の心を揺るがさずにはおかない。そして「セカイ系」と呼ばれる作品が好んで採用するイメージもまた、広大な宇宙や大空、世界の果てを思わせる荒涼とした風景だったはずではないか。

そのような「崇高なもの」にかんするもっとも基本的なアプローチがカントの「崇高の分析論」である。カントにおいて、崇高とは、「経験が不可能なもの」、すなわち経験の限界を示す独特な表現として理解できる。つまり崇高とは、対象それ自体においてあるのではない。感性の働き（想像力）にとって無限だが、にもかかわらずそれを取り扱うことを要求する理性の働きによって主観的に捉えられるものだとされるからだ。カント自身は、それらのことを次のようにいっている。

> しかし我々が自然について崇高なものと呼び慣わしているところのものにおいては、（……）その混沌とした状態において、或いはまたその狂暴で不規則極まる不秩序と荒廃をもたらす破壊とによって、莫大な量と力とを瞥見させつつ崇高なものの理念（イデー：神、魂など、想像力にとって比類なく巨大であり、端的に無限なもの――筆者注）を著しく喚起するのである。（……）ところで自然の美に対しては、その根拠を我々のそとに求めねばならない、これに反して崇高に対しては、その根拠を我々のうちに、即ち我々の心意（精神のこと――筆者注）に求めねばならない、――要するに我々の心意が、自然の表象のなかへ崇高性を持ち込むのである。[*3]

＊2　「惑星開発大辞典」内の「セカイ系」項目。http://members.at.infoseek.co.jp/toumyoujisourin/jiten-sekaikei.htm。なお親サイトからリンク切れを起こしているが、同項目自体は参照可能である。

＊3　カント、『判断力批判』（上）岩波文庫（岩波書店）、一九六四年、一四七頁、一四八頁。

ところでカントの哲学は、引用文からも明らかなように、理性と理念のかかわりを基礎においた超越論的哲学である。よって崇高なものについて考察することは、ほぼ必然的にイデオロギーの問題を意識せざるをえない。つまり神なき時代にあって変形をこうむってきたであろう理性が、超越論的、普遍的な価値の問題にかかわるその働きをいまだに保持しているのだろうか、という疑問があるのだ。ポストモダン社会がもたらしたという大きな物語の凋落（東浩紀）は、ラカン派精神分析においては象徴界の機能不全として、またカントにおいては道徳法則の失墜としてあらわれているにちがいない。仮にそうでないとすれば「なぜ人を殺してはいけないのですか？」などという疑問に対しては「理性の働きにもとづいて正しいことをすべきである」と答えればすむはずだが、むろんそんなわけがない。哲学的な知の凋落が著しい現代社会にあって、崇高なものとは、理性とともに消え失せてしまったのか、それとも何らかのかたちで生き延びているのか。

こうした問いに対して、ふたつの考えを提示することでひとまず満足しておこう。第一に、道徳法則が個別に維持されている可能性がある。そして第二に、崇高なものは変形をこうむりつつも保持されている。後者はいまのところ仮説にすぎないが、わたしはこのように考えられはしないかと思っている。

柄谷行人によれば、《崇高は、フィジカルには不快でしかないような対象に対して、それを乗り越える主観の能動性から来るメタ・フィジカルな快にほかならない》[*4]。この簡潔な説明においてしかし、メタフィジカルな快をもたらす主観の能動性（理性の働き）がもはや期待できないとしたら、どうなるだろうか。これは右の問いを変形したものである。論理構成から考えるなら、柄谷の説明からメタが削ぎ落ちたらフィジカルな快がだけ残る。いい換えるなら、それは、フィジカルな快としての崇高（な感情）にほかならない、というわけである。

というのも、もし理性の働きが減じているとしたら、ある崇高なイメージ――たとえば夜空を切り裂く稲光、あるいは鮮血を撒いたような夕焼け空――を前にし、わたしたちはメタフィジカルな快（＝崇高）にはいたらず、あくまでも当初知覚されたとおりフィジカルな不快（＝畏怖）をもよおさなければならない。ところが、決してそうはならない。崇高な快が維持されつづけていることは、自分の身に照らしてみても明らかである。むろん、メディアを通じた主観の絶対的優位によって形式的に取りだされたものだ、と考えることはできるだろう。しかしそもそも崇高とは、科学的な諒解のもとで、あるいは安全な場所に立ってなされる美的な判断だったはずだ。

理性の働きの衰えにもかかわらず――維持されている可能性はあるにせよ――心はその働きを欠いたまま、無根拠に崇高なものを感じていられる。フィジカルな快が残るとは、そういった状態のことである。繰りかえすがこれは仮説である。だがその仮説をもって、本論では、カント的な道徳法則や理性理念とのかかわりを失った「崇高」についても同じように「崇高」という言葉を使いつづけていくことを了承していただきたい。

＊4　柄谷行人、「建築の不純さ」、『批評空間アーカイヴ』、二〇〇一年。http://www.kojinkaratani.com/criticalspace/old/special/karatani/anyhow.html

前置きが長くなってしまったが、具体的な作品について論じよう。今回、主要な題材に選んだのは、秋山瑞人『イリヤの空、UFOの夏』である。理由は単純である。この作品には、セカイ系について考察する上で重要な要素が、ほとんど余すところなくつまっていると思われたからだ。

物語の舞台は、戦争がその影を落としている架空の現代日本である。だが「北」と呼称される敵国の存在はほぼ全編にわたって暗示にとどまり、またそれと呼応するかのように一般市民の側も、切迫しつつある戦争にさして危機感を募らせるわけでもなく、敵の存在を適当にやりすごしている。戦争(=非日常)はどこかで確実に起きている、他方でひとびとは平穏無事な日常を生きている。したがって小説の視点が、殺戮と闘争の渦巻く戦場ではなく、ありふれた生活の営み――『イリヤ』の場合、それは学園ドラマだ――におかれるかぎり、戦争と平和、非日常と日常の距離は、わたしたちの生きる「世界」のそれと歴然とした差はない。むろんそれは、『イリヤ』の戦争=「世界最終戦争」という事実が隠蔽されつづけていることから生じた錯覚である。その錯覚が、一種の戦争文学とも呼びうる『イリヤ』の世界観とキャラクターを、読者にとって等身大に見せかけていることはいうまでもない。

しかし『イリヤ』の物語自体は、むしろこうした戦争と平和、非日常と日常の共犯的な安定に小さな、だが決定的な綻びが生じるところから開始される。物語の主人公は、空軍基地を擁する園原市の中学二年生、浅羽直之。物語は、浅羽が、謎の美少女、伊里野加奈と出会い、交流を深めていくボーイ・ミーツ・ガールとして進行するが、次第に明らかとなってくる事実は、彼女が戦争=非日常に属するキャラクターであることだ。「ブラックマンタ」と呼ばれる最終兵器的戦闘機のパイロットという素顔をもつ伊里野、浅羽は彼女とコミュニケーションを営むことのみを通じて、小さな日常世界を裏張りする大きな戦争状況に触れはじめ、やがて当事者としてかかわることになる。そして、セカイ系の特徴とされる「きみとぼく」とは、本作では浅羽と伊里野の二者関係にほかならない。

ところで、この物語にはもうひとり重要なキャラクターがいる。園原中学の非公認サークル「園原電波新聞」の部長を務めている水前寺邦博である。浅羽はそのサークルの部員で、伊里野もまた部員となるのだがそれは横に置いておこう。注目すべきなのは、水前寺がこの物語に占める特殊な位置である。というのも、『イリヤ』には浅羽＝「きみぼく」的な主体とは異なる主体、「きみぼく」的なものとは異なる世界観があることを、つまり本作には（人間関係的な意味ではなく）対立する、ふたつの主体、世界観がせめぎあっていることを、わたしは彼の存在に認めたいのだ。

右でわたしは、浅羽は、伊里野とのコミュニケーションを通じて、大きな戦争状況に、いい換えるならば物語の謎＝核心に触れる、と書いた。これはつまり、作者の秋山が好みそうな比喩でもっていえば、「伊里野のケツを追っかけていたら、いつのまにか、なんとなく、核心にぶちあたってしまった」というべきものだ。それを、わたしなりの言葉でいえば、「ヒロインである伊里野の〈心〉の謎を追っていたら、同時に物語の謎にまで辿りついてしまった」となるだろうか。再度いい換えるならば、浅羽は、「ヒロインの〈心〉を探索すること」にその機能が抽象化される、美少女ゲームの視点人物にきわめて均しい役割をこの物語において担っていると考えられるわけだ。

対する水前寺が、浅羽とは異なった機能を有しているのは一読すれば明らかだ。水前寺は伊里野の〈心〉などに関心をよせない。それは彼がストイックだからではなく、関心をよせる対象の決定的な差異による。「超能力↓幽霊↓UFO」の実在を探究し、進路志望は「CIA」、アキレス（＝科学）と亀（＝真理）の無限の距離に「オカルトは潜む」と嘯くこの才気の塊のような少年は、最初から物語の謎＝核心のみを射程におさめている。「園原電波新聞」部々長の肩書きが示すとおり、水前寺は、『イリヤ』の戦争状況を追うジャーナリストの位置に立つ。そうした水前寺の視点においてもっとも核心に近づく場面は、おそらく次の光景である。


　そして、唐突に視界が開けた。

　夕暮れの闇の中、岩が焼け、すべてが爆風に消し飛ばされていた。家ほどもある岩があまりにも不自然なバランスで折り重なっており、その中心には斜面全体が歪むほどの巨大な陥没がある。まるで、どこか遠い外国の前人未到の地にあるような、不可思議な侵食作用が作り上げた奇観のようにも思われた。

　（……）

　そして、水前寺はそれを見た。[*5]

　数ページ後に《あれは生物だ》と告げられる《それ》は、たとえおぞましく見えたとしても、水前寺には「崇高なもの」に映ったと理解してよい。なぜなら、物語の謎に自覚的、意識的な登場人物が、その探査のはてに対峙する核心とは、しばしば崇高な光景であるからだ（その有名な例のひとつが、ターミナルドグマで磔にされていたアダム——実際は第二使徒リリスだが——をまのあたりにする光景［「新世紀エヴァンゲリオン」］。そこで葛城ミサトは物語の核心と崇高なものを同時に見たといえよう）。

そして、右の場面における言い落としは、敵国を「北」とほのめかすようなやり方とは異質である。なぜなら、「北」という語彙が、冷戦時代の東西対立をただちに連想させるのと較べ、そのような連想が、ここでは、あらかじめ封じられているからだ。《それ》はまさしく《それ》としかいいようのないものである、と。

もっとも以上は、水前寺の到達点であると同時に限界でもある。物語の核心に対し、具体性を欠いた形でしか肉迫できなかった彼は、職務をまっとうできなかった、いわば失敗した、と考えてよいだろう。その職務は、すでに述べたように、「ヒロインの〈心〉を探索する」浅羽へと引き継がれていくことになる。ふたつの謎はやがて、伊里野というヒロインの像において焦点をむすんでいく。だが、それならば水前寺が見た「崇高なもの」とは、浅羽においてどのような姿であらわれていくのだろうか。

しかしながら本論において、それは、もっとも重要な問いだ。よって、そのことを確認するにあたり、迂遠ではあるが、崇高にかんする別の補助線を引いておきたい。カントの崇高論が美学的な視点に立ったものだったのに対し、その議論は、わたしたちにジャンル史的な視点をもたらしてくれる。

参考とするのは、宮台真司、石原英樹、大塚明子の共著『サブカルチャー神話解体』（以下『神話解体』）における議論である。戦後から現在（＝一九九三年発刊当時）のメディア・コミュニケーション、およびそれと連動した社会的コミュニケーションの変容を論じた同著のなかで、本論が注目す

＊5　秋山瑞人、『イリヤの空、ＵＦＯの夏　その3』電撃文庫（メディアワークス）、二〇〇二年、二二四、二二五頁。

るのは、青少年マンガメディアの分析——とりわけ、一九七七年から開始され、八〇年代前半には安定した領域を形成し終えたという、「青少年系異世界マンガ」の分析だ。宮台らは、その分類を、次のように、時系列順に整理しつつ図式化をしている。*6

［Ⅰ］サブライム（崇高）―ＳＦアニメ領域
［Ⅱ］無害な共同性―高橋留美子領域
［Ⅲ］エロのインフレ―ロリコン領域
［Ⅳ］陳腐な終末世界―大友（克洋）領域

まず、その成立背景を外観しておこう。

同著の分析によれば、日本の戦後におけるマンガとは、物語メディアであると同時に、現実の関係性を前もって学習するための「関係性モデル」を提供する現実対応マニュアル／世界解釈ツールとしての側面をもっていたという。読者に「これは私だ」という実感を与えるこうしたモデルは、一九七三年以降、いわゆる「乙女ちっく」マンガにおいて、「自

青少年系異世界マンガの４象限

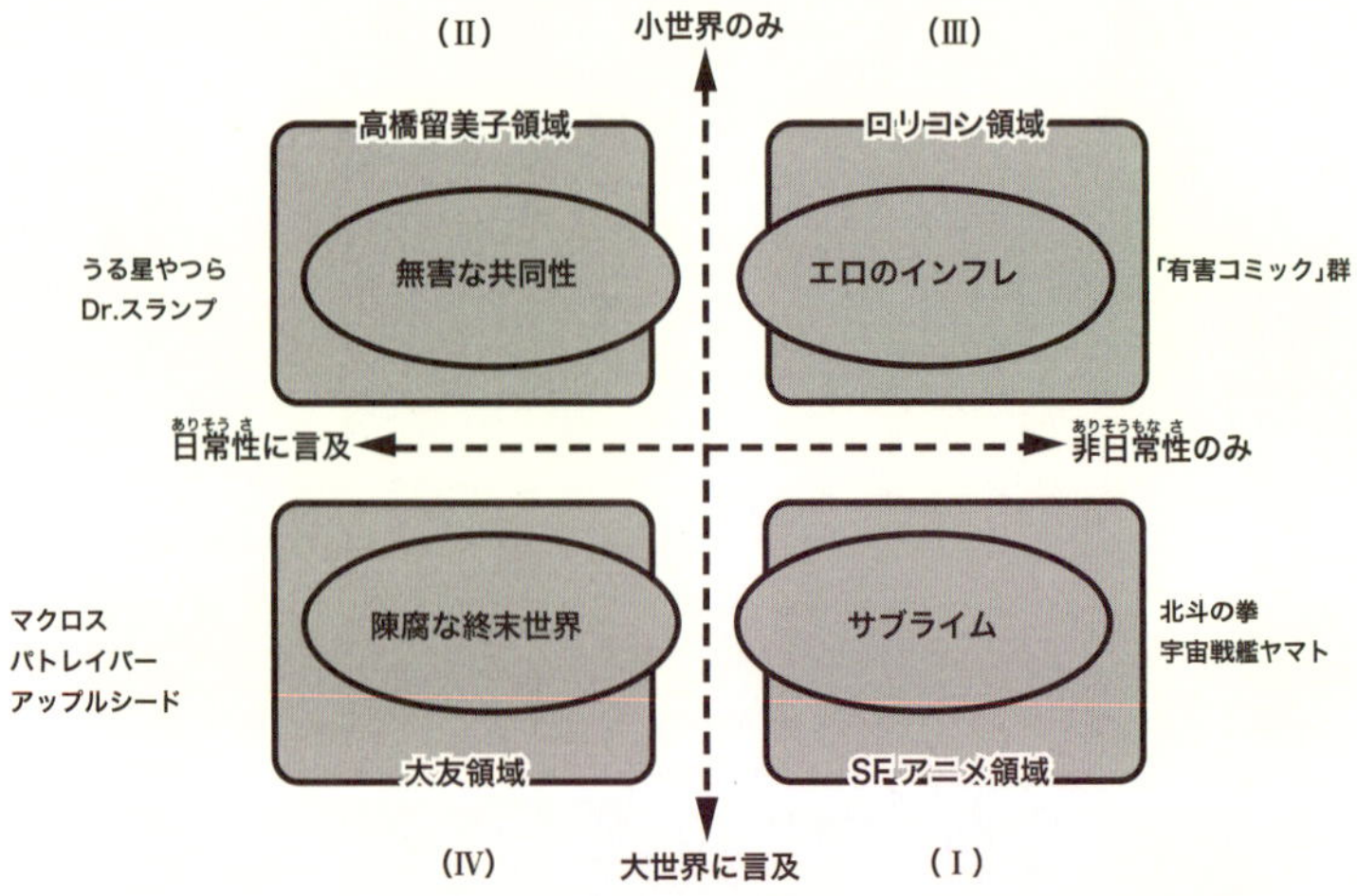

「サブカルチャー神話解体」アクロス編集（パルコ出版）

分は本当に愛してもらえるのか」という不安を描きだしつつ次第に洗練されていく。その不安を生みだしたものの正体を、主著者である宮台は「関係の偶発性」と呼んでいる。「偶発性」とは、端的にいうならば「他でもありえた（が、現にこうなっている）こと」である。この「他でもありえた」という意識は、自由恋愛の産物にほかならない。「性の抑圧」が愛の障害となりえた時代を経て、愛なき性がありうること、性には男女差があること、またそもそも「個人差」はあまりにも巨大であることを、読者は実際の恋愛関係で経験しはじめたというわけだ。

恋愛関係の不安を予定調和的に描くモデルは役に立たなくなり、その代わりに恋愛対象を「他者」として捉える視点が生まれ、こうした視点は「関係の偶発性」をいよいよ上昇させていく。裏返せば、現実の関係性を前もって学習するための「関係性モデル」の側もこの時期、急速に複雑化する。『神話解体』は、その最たる例として、「関係の偶発性」モチーフを青少年マンガに導入した『翔んだカップル』を、こう分析している。

こうした中で、〈関係の偶発性〉は、もはや「愛と性の結びつきの偶発性」ではなく、〝なぜ、自分が手にしているのが、他ではなくこの関係なのか〟という、関係それ自体が別様でありうる可能性へと高められている。[*7]

＊6　宮台真司、石原英樹、大塚明子、『サブカルチャー神話解体　少女・音楽・マンガ・性の30年とコミュニケーションの現在』ＰＡＲＣＯ、一九九三年、一八二〜二〇三頁の議論を参照した。また文中では、便宜的に、主著者を宮台真司氏に代表させてもらったことをお断りしておく。前ページの引用図も参照されたい。

＊7　『サブカルチャー神話解体』、一七〇頁。

これに呼応して、マンガという現実対応マニュアルまでもが複雑化し、敷居の高いものとなってしまう。この問題に対処すべく、《現実から完全に隔離された「異世界」に関係性を囲い込んで偶発性を遮断》する選択肢を選びとり、新人類系「恋愛」マンガとは別の方向に分岐するかたちで誕生したのが、ほかならぬ異世界マンガである。偶発性の上昇、増大という事態を「無害化」する形式性は同じくするものの、オタク系「異世界マンガ」にあって特徴的なのは、それを異世界へと囲い込むことで無害化を達成したため、偶発性の遮断、現実からの隔離がいっそう徹底してなされた点に求められよう。

そのことは、異世界マンガが最初に確立した空間が、サブライム（崇高）な宇宙＝「非日常＋大世界」の領域（［I］）であり、もっとも先駆的かつ象徴的な作品が「宇宙戦艦ヤマト」［一九七七年］であるという分析にみてとれる。地球／宇宙規模の「大世界」を舞台に、秩序破壊（＝非日常）と秩序回復をモチーフとした物語は、六〇年代を通じて、秩序回復をはかることよりも個人を疎外する社会を問題意識の射程におさめることに主流が移っていった。結果的にこうしたモチーフは《低年齢向け娯楽ツールへと周辺化した》はずだが、「宇宙戦艦ヤマト」の登場とそのブーム以降、青年層を読者に華々しく復活をとげたという。《そこでは、戦争・秩序破壊といった「非日常性」が、宇宙大・歴史大の「大世界」を背景にロマンティックに描かれる。そこには「人類存亡の危機」「超人の苦しみ」「旅する男」「母なる女」などの一連の大時代的な形象が登場する》。それと同時に、《「愛」「純粋」「絆」「救済」といった類の「誰も反論しようのない形象」と結びついたカタルシス》が熱狂的に消費されていったわけだ。以上の引用部分から、《崇高とは、それと比較すれば他の一切のものはすべて小であるようなものである》というカントの定義を聞きとることは難しくない。セカイ系の特徴とされる諸要素をそこに認めることもまた然りである。だが、『イリヤ』における崇高なものを考えるにあたっては、［Ｉ］にとどまるだけでは何も理解したことにはならない。

重要なのは、［Ｉ］領域の崇高なものから、ふたつの潮流が分岐していくことである。

一方の流れは、［Ｉ］領域の唱える仰々しさに反発したことから［Ⅱ］の領域が生まれたことである。高橋留美子の「うる星やつら」［一九七八年］がその象徴的な作品だといってよいが、この作品がきり拓いた「日常性＋小世界」の領域は、崇高な「大世界」と「非日常」の対極に位置するものとして、あえて描かれていったという歴史的、意識的な経緯をもつ。この反発は、いい換えるならば世代的なものである。いわゆる新人類世代が、団塊世代に特徴的であった［Ｉ］領域的な大仰さに嫌悪をおぼえること。しかし、世代的な共通感覚と「あえて」が消えれば、「日常性＋小世界」領域は、たちまちスラップスティックな空間へと閉じていくだろう。登場するキャラクターたちすべてが「仲間」として認知され、そのなかでいつまでも、仲良く、戯れつづける作品空間。『神話解体』で「無害な共同性」と呼ばれている、こうした異世界領域の共同性に惹かれる感性は、アニメから美少女ゲームまで、「天地無用！」から「Ｔｏ Ｈｅａｒｔ」までをまっすぐにつらぬいている。更科修一郎が執拗に「楽園幻想」と呼び、批判しているのは、対立構造を次々と脱臼しつづける（よって誰もが仲良しになってしまう）「無害な共同性」に根ざしたこの独特なオタク的感性である。そしていうまでもないことだが、『イリヤ』の日常世界を構成している学園ドラマ的な部分はこうした［Ⅱ］領域に属するものである。

もう一方の出来事は、大友克洋の乾いた廃墟描写、それと対になった独特な世界認識に象徴される［Ⅳ］領域にかかわっている。この領域のカテゴリは「日常性＋大世界」の組み合わせによるものだが、大友的な認識というものが、「大世界」と「日常性」、『神話解体』の整理にしたがえば「終末的世界」と「陳腐な日常性」が奇妙に解離したところにあった（同著はその解離の感覚をアンチ・ロマンと呼んでいる）。これに対し［Ⅳ］領域には、大友的な認識とは出自の異なる作品群も存在している。そこでは大友的な世界認識は、すでに設定のレベルへと落としこまれている。「超時空要塞マクロス」から「３×３ＥＹＥＳ」にいたるこの流れを、同著は《〈サブライム〉ものが「ラブコメ」的設定を取り込んだもの》であると指摘しているが、裏返して考えれば宇宙＝崇高なものという図式が根拠を失い、［Ⅰ］の領域が「無害な共同性」領域を取りこむことで、［Ⅳ］領域を形成したともとれる（例：「トップをねらえ！」）、そしてこの領域は、「終末的世界」という特異な廃墟をなりたたせるために［Ⅰ］領域に放置された崇高なものを［Ⅰ］から引用しまくった、と解釈することもできそうだ（例：「新世紀エヴァンゲリオン」）。したがって［Ⅳ］は、「サブライム（崇高）」と直接は名指されていないものの、元来それに反する大友的世界認識（アンチ・ロマン）と、崇高なものと結びついた世界形式をもつ後続作品（ロマン）とが混在した領域にほかならない。

それならば、と読者諸氏は思うにちがいない。『イリヤ』は、『神話解体』が提示した四領域のうち、はたしてどの領域へと属すべき作品なのだろうか、と。

結論からいってしまうと、『イリヤ』を特定の領域に囲いこむことはできない。それが本論の立場だ。というのも、ここで思いだしてほしいのだが、さきほど提案したどおり『イリヤ』の作品世界では、浅羽と水前寺、ヒロインのケツ＝〈心〉ばかりを追いつづける主体と、物語の謎を探りあてようとする主体が対立している。しかしそればかりではない。より本質的には両者の世界観がせめぎ合っているのである。

そしてこの世界観の対立こそが、異世界マンガ分析から導きだされた四領域のうち、［Ⅱ］＝「無害な共同性」領域と、［Ⅳ］＝「陳腐な終末世界」領域の対立に相当しているのだ。たしかに『イリヤ』は世界最終戦争（＝非日常）をその背景にもっており、《「非日常」的背景におけるありふれた「日常性」という設定》を採用した［Ⅳ］領域の典型だと考えることができる。しかしながら浅羽も水前寺も、いかにも学園ドラマ的な、無害な共同性＝［Ⅱ］領域に浸かりきっているようにも同時に思われる。異世界マンガ分析のフレームにしたがっているかぎり、分類を試みるにしてもちぐはぐに見えてしまい釈然としない。だが、ちぐはぐに見えてしまってかまわないのだ。むしろちぐはぐに見えることが、すなわち浅羽と水前寺が異なる世界観に属している――にもかかわらず、同一の作品空間に存在していることが、『イリヤ』の、あるいはセカイ系の特徴であろうと考えられるべきなのだ。

しかしこのようなちぐはぐさは、『神話解体』が書かれた当時の、同著の見通しの悪さを物語るのでは決してない。それどころか、その後の――たとえば主著者である宮台の言説を追うことで、わたしたちは、右に示した特徴をよりくっきりと浮かびあがらせることができるだろう。

というのも『神話解体』からしばらく後、異世界マンガ分析の四領域は、異世界マンガというファンタジー空間の問題を越えて、ただちに現実の問題と結びつけられることになるからだ。すなわちオウム真理教とコギャルである。それらは「核戦争後の共同性」と「終わりなき日常」の対立、つまり［Ⅳ］と［Ⅱ］、次に引用する虚構内対立の現実的な帰結としてあらわれていったと論じられている。

八〇年代には二つの終末観があった。一つは「終わらない日常」、もう一つは「核戦争後の共同性」。八〇年代前半に主流だったのは、女の子を中心とした「終わらない日常」という終末観だった。これからは輝かしい進歩もないし、おぞましき破滅もない。「宇宙戦艦ヤマト」のようなサブライム（崇高）はありえない。とするなら、学校的な日常のなかで永遠に戯れつづけるしかない――。そういう感覚を象徴したのが、実際にヤマト・ブームへの反発から七九年に連載が始まった高橋留美子の「うる星やつら」である。

（……）

だが、「終わらない日常」はキツイ。（……）それに苛立つかのように八〇年代後半に主流になるのが、男の子を中心とした「核戦争後の共同性」というファンタジーだ。*8

現実的に勝利したのはコギャル＝「終わりなき日常」という終末観である。そのことは別に、虚構＝ファンタジー側の、あるいは具体的な作品の勝敗や優劣を意味するものではない。コギャルの勝利が意味するところはこうである。「核戦争後の共同性」という終末観が捏造したようには、彼女たちの終末観は、生に意味を与える虚構の物語、虚構の社会領域――東西対立の不安と欺瞞を、未来（SF領域）や虚構の世界（ファンタジー領域）に投射する必要がない。ましてや、米ソの対立を影で操る陰謀説とか、謎の宇宙人による戦後世界史への介在などといったオカルト的妄想も必要としない。そして、そうした妄想を必要とした人間がたまたま地下鉄サリン事件を起こしたのだ、という端的な事実にすぎない。

そして同じことが、もっとも直截に、かつて[I]の領域を満たしてやまなかった崇高なものについてもいえる。SFが夢見た未来史という超越論的理念、つまりそこでもたらされる崇高なものは、もはや以前のようには人類に、ひいては個人に対して生きる意味を与えてくれない。崇高にともなう感動を与えないかもしれない。いまや理念を理念として高らかにうたいあげてもただしらけてしまうばかりであるように。［I］領域に自閉しているかぎり崇高なものは空虚に、感動は無感動に陥るよりほかないのだ。

物語の謎を追うジャーナリストたる水前寺（＝［Ⅳ］）の失敗は、わたしには必然的に思える。彼がかいまみた《それ》が《それ》としてしか記述されないのも、「終わらない日常」（＝［Ⅱ］）によってかぎりなく縮小し、後退を余儀なくされた虚構の物語の残滓はもはや《それ》――虚数？――として捉えるよりほかないものだからだ。

したがって笠井潔による《しかしキミとボク二人だけの、世界ならぬ「セカイ」もまた、最終的には自己完結しえない。その対極に、ほとんど必然的なものとしてSF的な世界最終戦争に代表される妄想的「セカイ」を生み出し、二つの「セカイ」は短絡的に二重化されていく》といった読み[*9]は、ベクトルが逆だといわざるをえない。「キミとボク」すなわち二者関係の側が「妄想的セカイ」を招きよせたのではなく、むしろ「妄想的セカイ」のほうが――いうなれば寿命を迎えて久しいSFアニメの亡霊が――生身の身体を求めて「キミとボク」に取り憑き、そして甦ったのである。笠井の論じるように「キミとボク」の側が析出せざるをえないある必然的な「セカイ」がありうるとしたら、それ

＊8　宮台真司『終わりなき日常を生きろ　オウム完全克服マニュアル』筑摩書房、一九九五年、八六頁、八七頁。
＊9　笠井潔、『探偵小説は「セカイ」と遭遇した』南雲堂、二〇〇八年、六〇頁。

が世界最終戦争などでは決してないことだけは確かだ。

では、水前寺が見た「崇高なもの」とは、主人公である浅羽において、どのような姿であらわれたのだろうか。そのことを論じるにあたって、わたしたちは、この物語を浅羽の側から眺めてはならない。もしそうしたら、結局のところ「命を散らして」とか、「究極の選択をなすにあたって」とか、やたら決断主義的なことしかいえないし、考えることができないだろうからだ。むろん、決断主義的であるという作品解釈にかんしては、まったく妥当なものであるだろうし、この物語の最終盤ほど、ひとにそう思わせる選択はほかにあまり見た記憶がないくらいである。戦争が恋する人を奪ったという現実を、崇高という美学に還元することによって、そのような戦争＝現実なら「生きるに値するかもしれない」と積極的に思わせるところに、崇高なものと戦争とが綺麗にむすびついたセカイ系形式の生みだす見事な効果を感じずにはおれない。しかしながらそれは、シンデレラストーリーをさかさまに見た劇――更科修一郎ふうにいえば「白馬に乗った王女様と出会う少年の物語」といった観点からものを眺めた場合の意見である。わたしたちは伊里野の側から、そしてもう一段高い視点（作中の言葉でいうなら、浅羽でなく「浅羽」の視点）からものを眺めないかぎり、この物語が悲劇たる理由すら、感情に流されて取り逃がしてしまうだろう。

伊里野は一個の「絶望」である、抽象的にいうとそうなる。物語を漠然と読み進めていながらも印象づけられる「絶望」の在り方は、その具体的な内容を、最終盤の手紙による告白で明瞭に示されていく。

ブラックマンタのパイロットには戦う理由がないのです。乱暴な言い方になりますが、一般の兵士なら例えば家族や国家や思想といったものを戦う理由として持ち得ます。それでなくても、戦場での差し迫った瞬間には「死にたくない」という最低限の理由だけで戦うことはできます。
ブラックマンタのパイロットには、そうした理由がなにもないのです。[*10]

パイロットたちは組織の一員として、組織から、ひいては世界から必要とされることでは生きる意味を感じることができない。これが物語の前提条件である。こうした伊里野の在り方は、ネバダでの光景を語って聞かせるさいに《わたしたちはみんないらない子なんだって、そのとき思った》と回想される、世界からの疎外よりずっと根深いものである。伊里野はもう「わたしたち」と複数形で語ることができない。彼女の仲間であった五人のパイロットは、今は全員死んでいるからだ。世界からの疎外を感じることを許していた、同じ境遇に立つものたち――伊里野の分身たちとの関係すら壊れている。そして悪夢的な亡霊をともないつつ「絶望」へと放りだされた地点からはじまっているのが、じつはこの物語の導入部分だということ。それが引用した手紙につづられている事実だ。ではその冒頭の地点で、浅羽とはいかなる存在だと考えられるべきなのだろうか。

＊10　秋山瑞人、『イリヤの空、ＵＦＯの夏　その4』電撃文庫（メディアワークス）、二〇〇三年、三二一頁。

伊里野が一個の「絶望」だとしたら、浅羽は「希望」の別名にほかならない。「絶望」と「希望」のボーイ・ミーツ・ガール。むろん真実はそれほどロマンティックではない。「絶望」と「希望」、伊里野と浅羽、そして非日常と日常を強引に繋ぎあわせようとする「祈り」の位置に立つものたちがいる。彼らは物語のうえでは「絶望」に手を焼いた軍の関係者たちである。だが論理上、この位置に立つべき存在の数はおそろしく多いはずだ。というのも「祈り」が通じなければ、この世界は滅びるというのだから。

よって伊里野と浅羽以外のすべての人間という人間たちが、「祈り」に位置づけられるだろう。そういう立場を自覚しているひとたちは少なからずおり、「絶望」と「希望」に対し「祈り」を捧げながら、しばしば「希望」に説教をたれる。両者の役割を器用にこなす大人の代表が、榎本である。それゆえ榎本は、「希望」にかんしていえば特権的な存在として立ちあらわれるわけだ。

しかし榎本たちの「祈り」も虚しく、浅羽は、自分がはたして何者であるかを知ろうとしない。たとえば浅羽は、最初は伊里野が何者であるかを知らない。だが、やがて彼女が「絶望」の色を濃くしている事実を知っていき、伊里野の「絶望」に感染する。そこまでは感情移入でなんとでもなるが、浅羽は自己嫌悪と人間不信に陥った瞬間、伊里野のことを拒絶してしまう。それは繰り返しになるが、浅羽が、自分は伊里野にとって本当は何者であるのかを知ろうとしないからだ――（a）。

対する「絶望」の側はしかし、「希望」を一撃で知る。「絶望」にとって「希望」は、本来ともにあるべき半身のようだからだ。失われたはずの「希望」を「絶望」は狂おしく求める。ところが「希望」はやがて「絶望」を気紛れに、ある意味では決定的に拒絶してしまう。またしても「希望」は永遠に失われたのだろうか？　彼が「浅羽」という名前であることだけは、はっきり憶えているのだけれども。そして「絶望」は、元通り「絶望」に閉じこめられていく――（b）。

「夏休みふたたび・後編」で起きた伊里野の退行現象を、抽象的に説明するとしたら、以上のようになるだろうか。（a）と（b）、ふたつの関係の非対称性こそが、「夏休みふたたび・後編」で起きる事件をいかにも悲劇に見せるのだ。

伊里野にとって、浅羽とは「希望」以外の何者でもない。ところが浅羽の自己認識は、伊里野の期待に追いついていないのだ。言い換えるならば、浅羽は「希望」の位置に立つこともできるし、いざとなれば「祈り」の位置にも移動できてしまう。伊里野が「絶望」にしか立てないのに対し、浅羽はずるい。むろん、伊里野は「浅羽はずるい」とは考えてないかもしれないが、その代わりに「祈り」の位置に移った浅羽など、もはや「浅羽」ではありえない。非対称性とは、こういうずれを意味している。

また「祈り」は、伊里野にとって呪詛にしかならない。「南の島」で伊里野の着ている白い飛行服に書きこまれた無数の寄せ書き。こうした激励の言葉＝「祈り」は、伊里野を「絶望」に閉じこめるものでしかないからだ。伊里野を、真に解放する手立てがもしあるとしたら、彼女が浅羽に一撃で見いだした「希望」とひとつになること以外にないはずである。しかし、浅羽が浅羽であるかぎり――「希望」にも「祈り」にも立てるかぎり――やはりそれは不可能なのだ。ひとは自分自身であるかぎり、誰かの半身になどなれるものではない。では物語は、伊里野をどうやって救おうというのだろうか。

あの夜、自分は伊里野の胸の奥深くに『お前なんかきらいだ　浅羽直之』と刻みつけて、そのまま真夜中の線路に置き去りにしてきてしまったのだ。
（……）
命に代えてでも、伊里野の胸に刻みつけてしまった文字を消しに行かねばならない。
（……）
血も流す。命も賭ける。
（……）
覚悟を、決めた。
世界を滅ぼそう。[*11]

この物語のクライマックスともいうべき場面で、浅羽が決めた覚悟を、文字どおり「人類を滅ぼす」とか、「世界と天秤にかけて伊里野を選ぶ」などと理解してはならない。浅羽にとってこの決意とは、「絶望」と「希望」と「祈り」とがかたちづくるトライアングルの揚棄《ようき》をこそ意味している。《伊里野か人類か》と浅羽は直後に自問自答をする。だが、この問いかけはすでに〈「絶望」か「希望」か〉の選択ではなく、ましてや〈「絶望」か「希望」か〉でもない。「祈り」の立場で発せられた言葉は伊里野には届かない。より正確にいえば、すべてを超越した立場からなされた問い、決意だけが、伊里野に届くのだ。浅羽の言葉が伝わる瞬間、伊里野は「絶望」ではなくなっている。《ならば、自分が悪者になろう》という決意において、悪者とは〈神〉の異名にほかならないのだ。

こうした〈神〉のことを、自らの意志のうちに崇高を見いだす精神、といってもさほど大袈裟ではあるまい。「私」はその選択で死ぬかもしれない、だがメタ「私」はそういう判断を超える。「絶望」

「希望」「祈り」を超越した浅羽と伊里野、この純粋な二者関係のみが「きみとぼく」と本来呼ばれるべき関係である。メタコミュニケーションの通路で向かいあった「きみ」と「ぼく」。「ほしのこえ」における二者関係は、最初からこのレベルに立っているがゆえにあまりにも純粋なのだといえよう。もしくは、美少女ゲームにおける、個別ヒロインルート以降の二者関係もまた同様に純粋である。これらの純粋さは、独特な物語――なにせ「ほしのこえ」には登場人物が二人しかいないのだから――と、分岐をつかさどるシステムが支えている。『イリヤ』においては、人間模様が複雑だったせいで、代わりにメタレベルへの遡行が、迂遠な道程が要求されたのである。

『イリヤ』に見られるこのメタレベルへの遡行を、異世界マンガの四領域における問題意識から論じるとすれば、『イリヤ』は――あるいは同系統のセカイ系は、[II]領域が[I]領域へと飛躍する物語形式をそなえている、とここでは理解しておきたい。ただ[II]に自閉していては崇高なものに触れることはできない([I]=サブライム領域への反発に出自を有するがゆえに)。したがって[II]から[I]への飛躍とは、日常と非日常、両者を媒介しうる伊里野という特異点を通じてのみ[I]に触れることが可能となるわけだ。しかしこうした『イリヤ』的なセカイ系形式が、SFアニメ(サブライム領域)ないしその末裔(陳腐な終末世界領域)が少女マンガ的な想像力(無害な共同性領域)と結びついて登場した――しかも崇高の領域を未来にも、過去にも投射せずに、現代世界そのものを舞台に選んでいる――独特な生存形態なのはほぼ明らかだといえよう。この形式は新しい戦争文学として書かれ、読まれている可能性すらある。世界最終戦争という観念は、しばしば人類の滅

＊11　秋山瑞人『イリヤの空、UFOの夏　その4』二九五頁、二九六頁。

亡という大状況に目を奪われて「私」の死をカウントすることを忘れている。『イリヤ』はこれに対し、世界最終戦争は人類の死とともに「私」の死を（メタ「私」には救済を）同時にもたらすという認識に立つ。そこから「私」に死をもたらす事態とはいわば「日常の戦争」であり、退屈な日常こそが実は崇高さにみたされうるのだという認識[*12]にいたるまで、さほど困難なジャンプを必要としないだろう。

右のような問題意識に立ったときに、舞城王太郎の『ドリルホール・イン・マイ・ブレイン』は、セカイ系に批評を、より正確にはある「限定」をほどこしている作品だと読むことができる。『ドリルホール』の物語＝脳内世界は、二者関係と最終戦争、日常と崇高の短絡が常態化した世界、いわば二者関係のかけがえのなさを放棄しつつ、ハルマゲドン幻想領域（［Ⅳ］）へと自堕落に傾斜しようとする世界——その過程でハルマゲドンが起きること、あるいはその予期を持続させることで読者に快を与えつづける——そういう終わりはてた世界だ。

そこにある対立構造は、「世界を救う少年」村木誠＝脳内世界と、脳内世界に閉じこめられた「自意識」加藤秀昭＝現実世界というものである。通常、たとえば妄想などにおいて上位なのは「自意識」の方である。しかし外と内、現実と脳内の反転状態として表象される『ドリルホール』の世界では、次第に恋人あかなとのセックスに（やがては快それ自体に）優位をおく村木誠によって、あかなとの関係の唯一性、運命性にこだわる加藤秀昭が抑圧されていくこと、その抑圧を解き放つことが困難であることが描かれていく。

物語のラストに示される秀昭の主張は、あかなを嘲弄する世界を《刺せ》——つまり、そんな終わった世界ならばいっそリセットしてしまえ、というものである。こうした主張は、《世界を滅ぼそう》という浅羽の決意といっけん重なりあう。しかし実際に正反対のものだ。〈神〉になることでたやすくヒロイズムを回復したようにみえる浅羽に対し、秀昭は能動性を奪われた立場から、ヒロイズムを暴走させはじめたに誠を悪意をもってみつめようとする。誠の快調な転落過程が示すように、動物的な快におぼれ、ヒロイズムを謳歌するセカイ系は、すでにセカイ系とは似て非なるものではないのか。あかなの角を代替するバイブレータの上位互換には、秀昭の悪意をともないながら、「調布タワー＝ドライバー」の可能性が示唆されている。このことは加藤秀昭自身の人生＝物語を崩壊させるかもしれないが、ヒロイズムをまとって暴走するビルドゥングス・ロマン＝（村木誠の物語）も同時に自壊せしめる、という決定不能なオープンエンドのかたちをとりつつ、堕落したセカイ系（なるものが、仮に今後ありうるとしたら）を率先して体現し、それを自ら批評する舞城の両義的な態度のあらわれにも読めた。

それはセカイ系の単純な否定ではない。だが肯定などではないことも明らかだ。しょせん脳内世界の出来事だし嘘ではないか、とアイロニーを感じるむきもあるだろう。しかし、現実世界という外部の側にも加藤家を破滅に追いこんだ「暴力」、すなわち「日常の戦争」が待っている。両者の捩れた関係は、脳内世界という嘘に現実の側を引きつけて語ることを可能にしている。よって嘘は嘘として、

＊12　こうした認識にもとづく「日常の崇高化」「崇高化された日常」と呼びうるような切り口は広い射程をもった分析軸になりうる。重要なのは、『神話解体』の［II］領域が、ここではすでに無害で自閉的な場所ではなくなっていることだ。このような時代変化がセカイ系の背景にあるのはまちがいないが、以上のポイントを論じきれなかったのはひとえに筆者の力不足である。

ただ消費し、斜に構えてばかりはいられないはずだ。

なるほどたしかに、敵と呼びうるものなどは掃いて捨てるほどいる。しかしいかなる敵に対しても、決してヒロイズムをふりかざして相対してはならないというのが本当のところなのではないか。どれほど度しがたい敵に対しても、寛容な精神と明晰な悪意をもって挑まねばならない。またそうでないと、前提を欠いた偶発性としての「暴力」と、それが自らに「死」をもたらしかねない極限的な事態としての「戦争」という連関に、わたしたちはたやすく足を掬われてしまうように思われるのだ。

〈セカイ系〉作品の進化と頽落
——「最終兵器彼女」、『灼眼のシャナ』、「エルフェンリート」

小森健太朗

（1）バトル・ロワイアルものとハーレムもの
——バトルものと恋愛ものの二〇〇〇年代的な適応形態

青少年向けのエンタテインメント、特に漫画やアニメにおいては、おおまかにバトルものと恋愛ものという二大人気系列がある。一九八〇年代の少年マンガ誌でみると、前者を「少年ジャンプ」路線、後者を「少年サンデー」路線として雑誌名で代表させることができる。当時の「週刊少年ジャンプ」には、まつもと泉の「きまぐれ☆オレンジロード」や桂正和の「電影少女《ビデオガール》」といった恋愛もの漫画も掲載されていたが、看板となる人気漫画は大半がバトルものだった。鳥山明の「ドラゴンボール」をはじめとして、「北斗の拳」「キン肉マン」「聖闘士《セイント》星矢」「ＣＩＴＹ ＨＵＮＴＥＲ」「キャプテン翼」「魁《さきがけ》!!男塾」、「ジョジョの奇妙な冒険」「ＳＬＡＭ ＤＵＮＫ」等々。スポーツでの戦いと、拳法やら武術を駆使したバトル、ＳＦ設定の超能力ものと、戦いかたは多岐にわたるが、いずれも興味の中心はバトルにあると言える。もっとも年ごとの推移を追えばバトルもののトレンドには変化があり、「ドラゴンボール」で頂点に達する天下一武道会方式ないしトーナメント方式は「幽遊白書」など多数の追随作を生んだが、並行して、一次元的な強さの度合いだけでは勝負の行方がはかれないタイプのバトルものも登場していた。たとえば荒木飛呂彦の「ジョジョ」でのバトルは、「ドラゴンボール」のような、戦闘力の高いものが勝つという単一ものさしではかれるバトルものとは一線を劃している。「ジョジョ」は、特に〈スタンド〉が登場する第三部以降、肉体能力戦だけでなく、トリッキーな駆け引きや頭脳戦がかなり持ち込まれている。「ジャンプ」誌上でも、戦闘力が単一ものさしで測れる「ドラゴンボール」から「ジョジョ」タイプへと主軸が徐々にうつり、「遊戯王」あたりでカードバトルものが興隆し、一九九〇年代後半の「ヒカルの碁」から二〇〇〇年代前半の「DEATH NOTE」にいたる流れで、バトルが頭脳戦中心へと移行していった。もっとも「ドラゴンボール」以降も、「NARUTO」や「BLEACH」などの肉体バトルの人気マンガも一方で「ジャンプ」誌上で健在ではある。

「ジャンプ」に対抗する少年漫画誌である「週刊少年サンデー」においては、長く人気作家として君臨している高橋留美子、あだち充がともにラブコメ中心の作風で、ラブコメの比率が概して高かった。

二〇〇〇年代におけるアニメやマンガの人気作品を一九八〇年代と比べた場合、やはりその二大人気系列――バトルものと恋愛ものが連綿とあるとは言えるが、そのありようはかなり様変わりしていると言わざるをえない。「少年ジャンプ」のバトル路線は、努力・友情・勝利の三要素をキャッチフレーズとし、「ドラゴンボール」の天下一武道会路線へと結実し、そこで人気が頂点に達して、それ以降は徐々に翳っていった。二〇〇〇年代においては、バトルもの路線は、バトル・ロワイアルもの、恋愛ものは、ハーレムものへと、その先鋭的形態をうつしている。

バトル・ロワイアルものの流行は、高見広春の『バトル・ロワイアル』（一九九九年）をひとつの嚆矢とするが、二〇〇〇年代では漫画・アニメなどの分野においてもかなりの流盛を見せている。たとえばテレビアニメの「舞－HiME」、特撮の「仮面ライダー龍騎」、ゲームの「Fate/stay night」、マンガの「金色のガッシュベル!!」（雷句誠）や「うえきの法則」（福地翼）や「セキレイ」（極楽院櫻子）や「未来日記」（えすのサカエ）などは、いずれもヒット作で、バトル・ロワイアル形式をもっている作品だ。人形ものの「ローゼンメイデン」（PEACH－PIT）のアリス・ゲームの設定もバトル・ロワイアル形式に近いし、アンドロイド・メイドをヒロインとする「鋼鉄天使くるみ」（原作・介錯）にもバトル・ロワイアル展開が盛り込まれている。

一見ジャンルが遠そうなバトル・ロワイアルものとハーレムものだが、それ以前のバトルもの／恋愛ものと比較したとき、その二十一世紀的な適応形態として、以下のような共通性をもっていることに気づかされる。すなわち、一九八〇年代のバトル／恋愛ものは、一対一を基本とするのに対し、二〇〇〇年代のバトル／恋愛ものは、一対多ないし多対多に移行している。バトルものは一対一の戦いでなくても、従来は正義の側が悪と戦う形式が基本だったので、正義陣営対悪陣営の戦いとしては、一対一といえる。それがバトル・ロワイアルものや、生き残り椅子をかけて争うサバイバル・ゲームでは、戦いの形式が一対一でなく、多対多になっている。

一方、アニメやマンガのハーレムものは、「天地無用！」や藤島康介の「ああっ女神さまっ」、赤松健の「ラブひな」あたりを嚆矢とするが[*1]、初期（時期としては一九九〇年代から二〇〇〇年代初頭ま

＊1　多数の女の子キャラが主人公の周りに登場する「うる星やつら」（高橋留美子）は、その女の子たちが主人公の諸星あたるに思いを寄せない設定なので、ハーレムものとは異なる。

で）においてはまだ主人公の男性に、一番の相手の女性が一人いるものが普通だった。たとえば「ラブひな」における成瀬川なる、「ネギま！」における神楽坂明日菜である。しかし、二〇〇〇年代の後半以降ハーレムもの作品は、そういう特定のナンバー1ヒロインを外して、誰が一番手かわからないものがかなり増えている。その意味で、二〇〇〇年代のハーレムものは、一対多の形式が主流といえる。

バトル・ロワイアルものとハーレムものに共通していえるのは、従来の一対一の対面方式が崩れ、多を相手にする方向に物語の重心が移行していることを示している。

（2）セカイ系作品とは

あるジャンルを定義づけようとすると、非常に難しいことが多く、議論百出して結論にいたれないこともしばしばである。しかし、ある作品がそのジャンルの典型＝イデアになっているコンセンサスがあれば、そのイデア作品を範例として、ジャンル像を示すことが比較的容易となる。たとえば、本格ミステリの定義を示すことは難しいが、エラリー・クイーンの初期作品のような作品と規定できれば、その輪郭はかなりくっきりしたものとなる。セカイ系作品についても同様で、要するに高橋しん「最終兵器彼女」のような作品と言えればよい。あるいは、セカイ系作品の典型と名指されることの多い、秋山瑞人『イリヤの空、UFOの夏』、新海誠の「ほしのこえ」の三作をあげて、これらのような作品群と定義すればよい。もちろん、作品例を示すだけでは、そのジャンルの本質を把握するには不充分であるのは否めないが、それについては本集掲載の他の論に譲りたい。

これらの三作にはかなりの共通性がある。おおまかに抽出していえば、以下のような点があげられるだろう。

・戦うヒロインの双肩に、世界の存亡がかかっている。
・ヒロインと恋愛している男の主人公は、自らは戦わず、彼女と純愛をしている。
・大状況（世界の存亡）と小状況（主人公たちの恋愛）が直結していて、中間の社会領域の描写がスキップされている。
・戦争は、敵の撃破、勝利にいたるわけではなく、どちらかというと負け気味、ないし破滅へといたっていて、恋愛物語に悲壮感とかせつなさをもたらす。
・従来は共通の価値観として信じられていた「正義」や「友情」といった価値観は、もはや共有されていない。

これらの作品が刊行されたり発表されたりしたのは、大体が二〇〇〇年代初頭の年代である。二〇〇〇年代における〈セカイ系〉作品の流行をある種、先駆けて、基礎づけたといってもよいこれらの作品だが、当時の流行に棹さすどころか、ある面ではむしろ背を向けていた異色の作品であったことにも注目しなければならない。これら〈セカイ系〉のイデア作品は、バトルものと恋愛ものの両要素をもっているが、その両面において、当時のはやりには背を向けて成り立っている。

これらの〈セカイ系〉作品は、恋愛ものとしては、その頃主流になりつつあった、一対多のハーレムものではなく、一対一の純愛ものである。そういう意味では、二〇〇〇年代前半に、純愛ものとしてヒットしたkeyブランドの諸作品、特に「ＡＩＲ」などは、バトルはないが片翼の〈セカイ系〉作品と位置づけることができるだろう。観鈴の命にセカイの存亡がかかっているとみれば、「ＡＩ

R」もまた〈セカイ系〉である。

バトルものとしても、〈セカイ系〉作品は、少年ジャンプ路線の黄金律——努力、友情、勝利に真っ向から反している。努力というのは主人公の成長を示すものだから、努力を成長と言い換えてもよい。敵との戦いを通して成長していく「ジャンプ」系の主人公に比して、〈セカイ系〉作品の主人公たちは、成長せず、友情を結ばず、勝利しない。そこにこめられたメッセージは、単純化すれば、大人にならないと要約できるかもしれない。

二〇〇〇年代前半において、〈セカイ系〉作品は、時代の風潮を的確に剔《えぐ》りとるなにかをつかんでいたと思われる。しかし、同時にこの路線は、エンタテインメント作品として持続的な人気シリーズへと昇華されるには、ある種の困難にも直面している。それについては、次々節で考察することにして、次節では簡単に、〈セカイ系〉の源流にして代表的作品である、高橋しんの「最終兵器彼女」という作品を振り返ってみることにしたい。

（3）「最終兵器彼女」の戦争

高橋しんの「最終兵器彼女」は、二〇〇〇年から二〇〇一年にかけて「ビッグ・コミック・スピリッツ」（小学館）誌上に連載された、人気漫画である。テレビアニメも十三話放送され（二〇〇二年）、その他に実写映画やOVA作品もある。この作品は二〇〇〇年代が始まるのとほぼ時を同じくして開始した作品であり、二〇〇〇年代の想像力を捉える上で欠かせないメルクマールと言える。

「最終兵器彼女」の外伝作品「スター☆チャイルド」は、二〇〇六年に「ビッグ・コミック・スピリッツ」誌上に掲載された作品である。したがって、〈セカイ系〉という言葉が成立し流通するようになったのより後の作品ということになるが、この物語の中には、〈セカイ系〉の創生にふさわしいと思えるシーンがある。単行本としてまとめられた「最終兵器彼女外伝集　世界の果てには君と二人で」の一八一頁、「ちーちゃん」としてまつられた少女は「どこいくのぉ？」と訊かれたとき、「せかい。」とこたえている。このやりとりは、作者が〈セカイ系〉という言葉を聞き知った後で、それを踏まえて描かれたものかもしれないが、まさに〈セカイ系〉の生まれいずる場を描いていると言える。「最終兵器彼女」という作品をリアルタイムで読んでいた時分は、どんな戦争が起こっているのか、いくら読んでもちっともわからないところにもどかしさを覚えたものだ。だが、〈セカイ系〉をとらえ返す上で、「最終兵器彼女」という作品の、戦争のわけのわからなさは、むしろ積極的な意義をもっていることがわかる。

たとえば、四巻の二一三頁から二一四頁にかけて、ちせがテツに戦況を語るシーンがある。


　この平和みたいのよくてあと3日だわ。

　正確には……2日と……10数時間？

　司令部の人があたしをお荷物扱いしてる間に、
　もう手遅れになったみたい。司令部の人はこの「間」を交渉チャンネルを探っている間ととらえているみたいだけど、あたり前だけど、向こうはまったくその気はなくて……準備達成率は85％ってところかなぁ？

　大きくなりすぎたあたしを機能させせない方法はカンタン。いちばん頭の悪い作戦をとればいい。

だって向こうは前に進むしかないんだもん。もうあの子らの半分以上は帰るところすらないんだし……。それに……。

補給ルートといっしょに退却ルートまで、あたしが消しちゃったから。

自衛隊の現存戦力　陸自　24%　空自0．02%　海自　1．2%

もう日本の全人口は……。

普通の物語なら、ヒロインの口からこのような説明的な台詞が発せられれば、背後の状況や事情がある程度は見通せるようになるか、少なくともその手掛かりは得られるはずである。ところが、このシーンではヒロインちせの口からこれだけ語られても、この戦争の全体像とか構図は、さっぱり見えてこない。敵側が帰るところを失い、補給路を断たれているのなら、それは勝利の見込みのない状況なので、降伏するしかないはずである。それなのに、一向に終わろうとしないこの戦争は、一体何がどうなっているのだろうか。また、ちせは自衛隊の現存戦力について語っているが、それが敵側のことを言っているのか味方側のことを言っているのかさえ定かでない。日本だけでなく、全世界が戦争に巻き込まれているようだが、どういう陣営に分かれて戦っているのかまるで分からないし、もしかしたら、異星人か宇宙人の侵略と戦っているとでも考えないと筋が通らないと思えるところもあるが、そう明言されているわけでもない。最終兵器としてのちせがどういう戦術的判断、戦略をもって兵器として使われているのかも全然わからないままである。要するに、この作品の戦争というのは、破滅をもたらすなにか不吉な災厄であって、どこか特定の国や組織やテロリストたちと戦っているわけではなさそうだ。

連載当時に読んでいたときでは、この戦争の描かれ方は、作者の戦争観が未熟なためではないかと考えていた。小林よしのりの『戦争論』には、戦争とは、殺したい人を殺してよい無秩序状態を意味すると思い込んでいる若者の存在が描かれている。「最終兵器彼女」に出てくる戦争も、その若者たちが想定する戦争と似ている気がした。

しかしながら、完結して単行本をまとめて読んでみて、戦争の描きかたがむしろアップトゥデイト、より現在即応的であると思えるようになった。右のような戦争に関する感想は、むしろ二十世紀前半までの国民国家戦争をイメージした時代遅れのものではなかろうか。この、敵が見えない戦争、構図も目的もさっぱりわからない、禍々しい《戦争》こそが、今のリアルな戦争を描きだしていると言えるのではないか。

そう考え直させられたのは、ＯＶＡ版の「最終兵器彼女」を視聴したからでもある。ＯＶＡ以前に「最終兵器彼女」はテレビアニメ作品として十三話が放送されている。テレビアニメ「最終兵器彼女」は、全体的にかなり原作マンガに忠実である。最終回の滅亡シーンで、原作で人が大勢死んでいるシーンがアニメでは省かれるなど、いくつか細かな変更があるとはいえ、アニメは基本的に原作に沿った話になっている。戦争のわけのわからなさは、アニメ版「最終兵器彼女」にもそのまま持ち込まれている。それに比べて、ＯＶＡでは、不明だった戦争の状況や背景がはっきりと説明されている。

ＯＶＡにはミズキという新キャラクターが登場し、ちせ同様、生物兵器として改造手術を受けている。日本を襲って上陸しようとしてくるのは「連合軍」と呼ばれていて、外国の軍隊らしいことがわかる。自衛隊に所属するミズキやちせは、それら外国の敵と交戦しているわけだ。ミズキはもともとは軍人で、ちせが兵器になることには反対するが、兵器になってからのちせを指導鞭撻する先輩でもある。ミズキはラストで国防のために自爆して散り、ちせに遺志を託す。戦争像が全然すっきりしなかったマンガやテレビアニメ版と違って、ここで描かれている戦争は、構図も目的もきわめて明瞭だ。ちせが兵器に改造されたのは日本の国防のためであり、諸外国が連合した「連合軍」が日本に侵略戦争を仕掛けて攻め込んできているという図式がはっきり示される。だが、そのためにかえって浮かび上がってくるのが、OVA版「最終兵器彼女」では、なにか原作の大事なものが失われていると感じられる点だ。顔のない、敵もわからない、ただ押し寄せてくる「戦争」。その禍々しさが、OVA版ではすっかり脱色されてしまっている。

そしてそれこそが、「最終兵器彼女」をして、二〇〇〇年代の劈頭を飾る記念碑的な作品として、その後の時代を予見したと言ってもよい、名作たらしめているところでもある。OVA版はそのポイントを見逃しているために、〈セカイ系〉の根本精神を失ったものになっている。

(4) セカイ系の完成＝頽落としての「灼眼のシャナ」

「最終兵器彼女」をはじめとして、二〇〇〇年代初頭に現れた〈セカイ系〉作品は、一世を風靡し、後続の作品群にかなりの影響を与えた。そのかぎりにおいて、それらの作品は一定以上の達成と成果をあげたと言ってよいと思われるが、これらの作品が、商業的により大きな成功をおさめる長期のシリーズ化へとつなげるには、いくつかの障害《ハードル》ないし難点があった。

それは、恋愛パートとバトルパートの両面にあり、恋愛パートでいえば、純愛として自己完結しているので、物語を長く続かせづらい。〈セカイ系〉作品は基本的に純愛ものなので、ハーレム化はできない。バトルパートでいえば、戦争は後景にすぎない扱いなので、戦闘を主題に物語を長引かせることはできない。長引かせるとしても、敗北していくか破滅していくプロセスを延々と描くことになり、溜飲を下げる勝利の喜びや征服感があまり持ち込めない。「最終兵器彼女」の話を長くした戦争は、延々と退却と進行する破滅のプロセスが描かれるだけで、勝利や凱旋はない。それは、「ＡＩＲ」での観鈴の闘病がひたすら退却戦なのと相似形である。

これらの難点を克服し、商業的には大成功をおさめている作品と言えるのが、高橋弥七郎による『灼眼のシャナ』（電撃文庫）である。「ドラゴンボール」が、トーナメントバトルものの完成＝頽落作品の代表例であったように、『灼眼のシャナ』という作品は、〈セカイ系〉作品の完成＝頽落作品の代表例と言える。[*2]

『灼眼のシャナ』という作品は、恋愛ものとバトルものの両方をもった作品であるが、たとえば「セキレイ」のように、はやりのハーレムものとバトル・ロワイアルものをとりいれて単純に組み合わせたものではない。『灼眼のシャナ』は作品の発想や由来からみて、単純に恋愛＋バトルものを組み合わせたというよりは、〈セカイ系〉作品に近いところから発想されたらしいことが随所にうかがえる。『灼眼のシャナ』は、「最終兵器彼女」や『イリヤの空、ＵＦＯの夏』と同じく、禍々しい破滅の予感が基調にあり、バトルも恋愛ドラマも決して予定調和的なハッピーエンドにはたどりつけないことをうかがわせる。その点で、『灼眼のシャナ』はバトルものとしては、努力と勝利が基調となる「ジャ

＊２　『灼眼のシャナ』同様、「少年ジャンプ」で連載中の「ＴｏＬＯＶＥる」は、ハーレムものの完成＝頽落であると位置づけられる作品であるが、そのことを論じるのはまた別の機会にしたい。

ンプ」路線よりは、悲劇と破滅へと向かう〈セカイ系〉源流作品に親近性が高い。

「最終兵器彼女」などの〈セカイ系〉原型作品は、恋愛においてもバトルにおいても挫折か敗北を運命づけられていて、長期の娯楽人気シリーズには転化しにくい構造をもっている。『灼眼のシャナ』の卓越したところは、〈セカイ系〉に共振しつつも、悲劇や破滅へとつながるダウン志向を止める、ストッパーのごとき設定を導入したところにある。

恋愛ドラマに重点をおいてみれば、男の主人公であり視点人物である坂井悠二が、最初から死せる者として設定されているところが重要である。いってみれば、主役の無力化と空白化が最初から導入されていることになるが、その効用はハーレム物語への読者ないし視聴者の感情移入を容易にする効果にとどまるものではない。マンガやアニメで人気のハーレムものの中心にいる男の主人公は、読者の感情移入をしやすくするためか、極端な年若である（「ネギま！」など）とか性的に極端に奥手である（「ラブひな」など）といった設定によって、性能力を無能化している場合が多い。はじめから死者であるという坂井悠二の設定も、それと同工異曲であり、本来はハーレムものでなく純愛路線である〈セカイ系〉作品なのに、多数の女の子に主人公が囲まれ愛されるという設定を可能にしている。また、坂井悠二が死者であるために、彼が一人の女性のみに忠誠を尽くさなくてよいとする、ある種の免罪符として機能している面もある。「最終兵器彼女」などの〈セカイ系〉源流作品は、主人公の男性が、ヒロインとセカイの悲劇を受け止める役割を負わされていたのに比して、最初から死せる者である坂井悠二は、そういう悲劇を死者として、つまり透明な存在として、ヒロインとセカイの行く末を見守る存在に徹することができる。それによって重い悲劇を受け止めさせる〈セカイ系〉の物語は、気楽に楽しめるエンタテインメント物語へと変容することができた。[*3]

バトルドラマの面でいえば、『灼眼のシャナ』においては、封絶の中でいかに激しいバトルが行なわれようと、シャナたちフレイムヘイズが生命の力をつかうことで壊れた戦場を元通りに復元できてしまう。戦闘が終わって日常生活に戻れば、その間の破壊は無しになってしまうという基本的な設定がある。そのために、一方で激しいバトルを観戦したいという願望を満たしつつ、他方で、日常の平和な暮らしを壊されたくないという願望をも満足させてくれる物語づくりになっている。ヒロインのシャナは、〈セカイ系〉の諸物語のヒロインたちに似て、世界の存亡を担う役割を負った存在でありながら、そのバトルによって主要登場人物たちの営む日常世界は壊されず、恋愛ドラマが並行して進められる設定になっている。[*4]

このふたつの設定の導入により、『灼眼のシャナ』は、〈セカイ系〉の出自をもちつつも、娯楽作品として長期にわたる人気シリーズとなりえた。それまでの〈セカイ系〉作品が到れなかった境地を、『灼眼のシャナ』は切り拓いたと言える面がある。それは端的に、この作品の格段の商業的成功に表れていると言えよう。

だが、これらの設定導入は、商業的成功をもたらすポジティブなアイディアと評価できる反面、〈セカイ系〉そのものの原点となる理念に照らせば、頽落へとつながる面がある。恋愛という小状況、

＊3　ただし、その割に、シャナが坂井悠二に思いを寄せるようになったり、恋愛としてパートナーになりえる存在になるのは、死者という当初の設定からは逸脱しているのではないかという気がしないでもない。最初から死せる者であるという主人公設定は、「怪物王女」（光永康則）などでも用いられている。

＊4　ただし、物語の進行とともにいつまでもこの状態にとどまってはいられないというタイムリミット的な制約はのしかかってくる。

世界存亡を賭けた戦いという大状況の両面で、破局に直面させられる〈セカイ系〉の苦々しい物語は、『灼眼のシャナ』においては変容されて、安全なところで楽しめる娯楽物語へと変じている。[*5]

(5) セカイ系の内破としての「エルフェンリート」

ここからこの論の主題となる、岡本倫の「エルフェンリート」に関する本論に入る。「エルフェンリート」は、集英社の「ヤングジャンプ」誌上で二〇〇二年から二〇〇五年まで連載され、単行本は十二巻にまとめられている。二〇〇四年にはアニメ化され、有料アニメチャンネルAT－Xで、視聴年齢制限をともなって放送された(全十三話)[*6]。その後、地上波でも、残虐シーンを省いたバージョンで放送されている。アニメ版は、全体的にハイクォティな仕上がりになっているが、原作がまだ完結していない段階で放送されたため、物語としては完結していず、特に後半は原作とは乖離したつくりになっている。

額に角をもつディクロニウスという種族は、ベクターと呼ばれる〈見えない手〉を出すことのできる特殊能力をもっている。そのベクターは、鋭利な切断能力をもち、マッハの速さの銃弾をもはじきかえすことができるスピードをもっている。物語の主舞台は神奈川県鎌倉市で、その近郊を中心に、女児にこのディクロニウスが現れ、三歳くらいからベクター能力を発現させ、周りの者たちを本能的に切断殺害してしまう。政府は研究所をつくってこのディクロニウス能力の持ち主を捕獲し、秘密裡に実験を施している。そのディクロニウスの本源らしい存在が、ルーシーと呼ばれる存在で、見た目は幼い少女だが、頭部に角をもち、高度なベクターを操り、ディクロニウス性質をまきちらし感染させ伝播している。ルーシーは幼稚園でベクターを発現させ、園児たちを惨殺した過去がある。その後知り合った少年コウタにルーシーは心魅かれるが、ちょっとした行き違いからコウタに怒り、我を忘れてベクターを出し、コウタの父と妹を殺害してしまう。その後ルーシーは研究所に捕獲され監禁されるが、八年後脱走し、コウタのもとにたどりつく。そのときに人格が分裂し、天真爛漫な〈にゅう〉が第二の人格として発現する。コウタは、家族を殺されたショックで、部分的に記憶を喪失していた。物語は、そういう過去の背景をもった上で、コウタとルーシーが鎌倉の海岸で再会するところから始まる。

「エルフェンリート」は、やはり〈セカイ系〉に出自をもつ作品として、『灼眼のシャナ』と比較するに値する作品である。ヒロインのルーシーの運命に世界の存亡がかかっていて、中間領域の社会の描写がほぼすっとばされているあたり、「エルフェンリート」は〈セカイ系〉の規定にあてはまる作品である。ディクロニウスを調べる研究所の背後に政府がいるらしいことを匂わせる描写はあるものの、ほぼ社会組織としての描写はなく、黒幕として角沢長官が君臨している。アニメでは描かれなかった原作マンガの後半、ルーシーが、疑似的な父親的存在の角沢長官と対峙し、その弟のディクロニウスと対面するシーンもあるのだが、わずか一頁で二人ともベクターで首斬りをされてしまう。従来

＊5　まだ完結していない『灼眼のシャナ』は、近作の展開では主人公の坂井悠二が戦闘力をもつようになり、男の主人公が無力である〈セカイ系〉作品の規定からは逸脱してしまっている。本集掲載の長谷川壌の論では、そういう近作の展開に、脱〈セカイ系〉の積極的な意義を見いだそうとしている。

＊6　発売されたＤＶＤ第七巻では、さらに番外編の一話が加わって全十四話である

の物語の常道でいえば、親子関係の相剋や葛藤のドラマが拡がりそうなところをすっとばしてしまうあたりに、〈セカイ系〉の精神に沿って、家族と社会をめぐるドラマも削ぎ落とす作者の姿勢がうかがえる。

〈セカイ系〉はまた、「最終兵器彼女」や『イリヤの空、UFOの夏』に典型的に見られるように、恋愛関係に極度の比重を置くことが物語の根幹をなしている。「エルフェンリート」において、さしたる取り柄もない平凡な大学生コウタが主役になるのは、ルーシーの思い人である一点にかかっていて、その点はこれまでの〈セカイ系〉作品と同様である。また、本来は人外であるルーシーが人間との交流ができるのは、ただ、コウタを愛する気持ちを持っているからであり、ヒロインの側からみても物語の比重は著しく恋愛に重きが置かれている。「エルフェンリート」が、〈セカイ系〉源流作品と異なっているのは、ヒロインが、「最終兵器彼女」のちせや『イリヤ』の伊里野のように、世界を守るために戦う戦士でなく、人間を殺戮しまくる人外であるところだ。

「エルフェンリート」は、『灼眼のシャナ』同様に、もとの〈セカイ系〉作品の根本パターンに変化を加えた作品のひとつと位置づけることができる。その意味で、発表時期が近い「灼眼のシャナ」とある程度共通性がある。「エルフェンリート」と『灼眼のシャナ』は、二〇〇〇年代初頭の〈セカイ系〉作品と区別して、第二期〈セカイ系〉とでも命名できるかもしれない。[*7] しかし、「エルフェンリート」における、恋愛・バトル両面での設定の加工は、ある意味で『シャナ』とはまったく反対の方向を向いている。

つまり「エルフェンリート」は、『灼眼のシャナ』が安全弁として設定した、先の二つの要素を意識的に決壊させる構造をとっている。本来共存しえない、平和な恋愛の享受と、世界の存亡をかけたバトルについて、『灼眼のシャナ』は、両者を区分けしておける便利な設定を編み出した。「エルフェンリート」はそれに対して、〈セカイ〉でのバトルが日常生活も恋愛も破壊していく必然性と向き合った作品であると言える。

恋愛ドラマとして、「エルフェンリート」は一見すると、典型的なハーレムものの構成にのっとっている。主人公のコウタが住む楓荘には、次々と女の子たちが漂着したり流れついたりして、住人となっていく。その中にメインヒロインとなるのは、二重人格という設定のルーシー＝にゅうである。

メインヒロインのルーシーとコウタは、一見すると相思相愛になっていると見えなくもない。従来のハーレムものの文法にのっとれば、ありがちなのは、両者は本心で相思相愛になり、意地かつっぱりで両者が結ばれるのを妨げているにすぎない設定である。実際、ルーシー＝にゅうはコウタにぞっこんであり、ヒロインの気持ちがコウタにあるからには、ハーレムものの図式はそっくり「エルフェンリート」にも導入されているように見える。コウタもにゅう＝ルーシーを憎からず思っている節があることが随所に窺えるのだが、コウタにはルーシーを愛せない決定的な壁がある。他ならぬコウタの家族――コウタの父と妹を惨殺したのが、ルーシーその人なのだ。家族を虐殺した張本人をコウタはどうして愛することができるだろうか。

コウタは、家族が惨殺されたショックで記憶を失っており、二重人格のルーシーも、普段はにゅう

＊7　筆者は『本格ミステリー・ワールド２００８』の巻末評論「ゼロ年代ミステリーの行く末」では、宇野常寛の〈セカイ系〉把握を批判し、「ＤＥＡＴＨ　ＮＯＴＥ」や「コードギアス反逆のルルーシュ」が、〈セカイ系〉マークⅡであるという論を述べたことがあるが、そのマークⅡは本論とでは少し文脈が違って把握される。

という、記憶を失った存在である。そのかぎりにおいて、コウタは再会したにゅう＝ルーシーと付き合うことができる。しかし、やがて記憶は取り戻され、コウタは、ルーシーが自分の家族を惨殺した張本人であるという苛酷な現実と直面しなければならなくなる。

これとやや似たジレンマに直面させられるのは、「コードギアス　反逆のルルーシュ」におけるシャーリーである。シャーリーの父は軍人で、ゼロ（ルルーシュがその正体）との戦闘で命を落とす。シャーリーは、愛するルルーシュが他ならぬ父を殺した仇であることを知ることになる。彼女は、ルルーシュにギアスをかけられて、一旦は記憶を失うが、やがてギアスが解除され、真実に向き合うことになる。シャーリーはそれでもルルーシュへの愛を択びとろうとするが、コウタは、ルーシーとの愛には踏みだすことができない。だが一方で、ルーシーはディクロニウスとして超越的な破壊力を有していて、暴走させれば人類をまるごと破壊しかねない。ルーシーがにゅうでいる間は、記憶もなく平和で無害な存在であるが、ルーシーになったときに、彼女が耳を貸す存在はコウタだけとなる。ルーシーにどう対するか――それがコウタにつきつけられた重い課題でありジレンマとなる。

『シャナ』の悠二が、死せる者として、恋愛パートナーとしていわば無力化され免責された存在だったのに対し、「エルフェンリート」では、高い戦闘能力をもつヒロインが、過去に主人公の家族を殺していたという重い十字架を背負わされている。〈セカイ系〉の原型の図式から、安住できる方向への設定を志向する『シャナ』に対し、「エルフェンリート」では、ヒロインの殺傷能力が、主人公の家族に対しても発動したという重い過去をつきつけられ、ヒロインへの感情移入と恋愛成就願望は決定的に阻害され難破せざるをえなくなる。だが、この作品でコウタとルーシーにつきつけられる重い十字架は、本来は他の〈セカイ系〉作品において、簡単にやりすごすべきではなかったジレンマでもある。他の〈セカイ系〉でも、ヒロインは高い戦闘能力をもっているのだから、その能力を発揮した戦闘に巻き込まれて身内や恋人を喪った人々が大勢いるはずである。ヒロインの思い人である主人公の家族が、もしそのような犠牲となっていたとしたら、それでも主人公はヒロインを愛することができるのか？　そういう難しいジレンマは従来の〈セカイ系〉の設定ではとりあげられてしかるべきであったが、割合スルーされる傾向にあった。「エルフェンリート」はそれを正面から扱っていると言える。

バトルものとしても、例えば『灼眼のシャナ』は、バトルが日常生活を脅かさないものとして隔離される設定なのに対して、「エルフェンリート」では、日常生活を脅かし侵入し、破壊するものとしてバトルが描かれる。ともに〈セカイ系〉から出発した『シャナ』が主人公の願望を充足する方向に安全弁を設定した物語になっているのに対して、「エルフェンリート」は、恋愛・バトル二方面でのいわば内破をもくろんだ批評的な作品である。その批評性によって「エルフェンリート」は、初期の〈セカイ系〉作品が有していた禍々しいパワーを再び回復することに成功した、言ってみれば、第二期セカイ系のひとつの達成と言える。

（6）「エルフェンリート」の物語の終局について

二重人格として分裂したルーシーのもうひとつの人格であるにゅうは、言葉を喋れず、記憶をもたず、幼児的に退行した存在である。天真爛漫なにゅうは、そのような存在としてコウタやユカたちに愛され可愛がられるが、ルーシーと異なった存在ではない。コウタの記憶喪失と、幼児退行したにゅうの存在が、言ってみれば、コウタ・ルーシー両者を、苛酷な現実に向き合わないですませる緩衝剤として、破局的な直面を時間的に先送りにしてくれる。だが、いつまでも先送りにすることは許されず、コウタはじきに記憶を取り戻し、にゅうは成長して言葉を喋れるようになり、やがてルーシーと人格が統合される。

最後の12巻で記憶を回復したコウタは、ルーシーと対峙して言う。「自分が人を殺すのは本能だから――。だから仕方ないってあきらめるのか？　人間にだって本能ぐらいはある。でもみんなそれを抑えながら普通に生活してるんだろ⁉」。コウタは、ルーシーのベクター能力が「本能」であるのをふまえた上で、人間にも破壊的な本能があるがそれを抑えて生活していると主張する。その上でルーシーに「安易に心の声に従っただけじゃないのか？」と問いかける。コウタはルーシーにベクターの力をもう使わないと約束しろと迫る。コウタは、ルーシーを人間存在と認めた上で、その良識に訴えて、自分たちの世界に入りもどることを願う。コウタに惚れているルーシーは、その訴えに「約束する」と応じる。一旦はそれでルーシーが戻れるかにみえたが、実際はその後に破局的な事態が到来し、結局ルーシーは救われない。

作中でのベクターの発現を見ているかぎり、ルーシーの使うベクターは、意識的にあやつれるものでもあるが、ちょっとした感情の暴発によっても発現する、本能的な能力であるとおぼしい。そのベクターを、人間の欲望や本能と等置して、「もう使わないと約束しろ」と迫るコウタは、ルーシーの置かれている状況に対して十分理解的であるとは言えない。ベクター能力をもったままのルーシーを身近に置くことは、いつ爆発するともわからない火薬庫の上で暮らすようなものだからだ。

日本国刑法にある「心神喪失者は罰しない」という免責規定に照らして法律で裁こうとすれば、ルーシーの、コウタの家族虐殺の罪は、有罪にあたるのか否か？　もし本能の暴発であって、心神喪失状態にあったルーシーに責任能力がないとするなら、刑法的には無罪となるだろう。だが、ベクターの殺戮能力が危険なので、社会としてはこれを封じこめなければならない。通常の監獄ではルーシーのベクターで破壊されてしまうので、作中の角沢研究所のような厳重な束縛に置くか、さもなければベクターを消すために能力をもったルーシーごと抹殺するしかない。逆にもしルーシーの殺戮行為が意図的な行為であり、人間として責任能力が問えるのであれば、コウタの家族を殺したルーシーは殺人罪で有罪である。その上にルーシーは他の人間も無数に殺しているのだから、現状の日本の刑法に照らせば死刑は免れないだろう。

アルコール中毒者が「もう酒は飲まない」と約束してもしばしばその約束が守られないのと同様、ちょっとした無意識的なふるまいでベクターで殺戮・破壊を及ぼすルーシーが、「もうベクターを使わない」と約束したところで、その約束はなんら信用できるものではない。いずれにしても、ルーシーが人間社会に迎え入れられる可能性は閉ざされているのだが、コウタはその事実に気づいていないか、もしくは気づいていてもわざと気づかないふりをしてルーシーを説得しようとしている。

物語の展開では、「DNA」という第三の人格がルーシーに現れて、その「DNA」が破壊と殺戮を命じていたことになる。だが、にゅう同様、「DNA」もまた、ルーシーのある一面が強調されているだけにすぎず、ルーシーの行為がそれによって分離できるわけではない。もしルーシーの人格が、平和的なにゅうへと統合されてしまえば、人間社会へ入る道も開けたかもしれないが、そのようなご都合主義的な展開にはこの物語はならない。

物語のラストは、アニメでも原作マンガでも、一定の救いをもたらすものになっている。アニメでは、楓荘を出たルーシーは戦いを繰り返す中で、角を失うと同時に記憶を失う。楓荘のベルが鳴ってコウタが出てみると玄関に人影が立っている――ところで物語は終わる。その人影がルーシーである可能性はあるが、そうと断定できるわけではない。要するに、ルーシーがまた楓荘に帰ってきたかもしれないと示唆するところで物語は閉じられる。

原作では、ルーシー＝にゅうはどろどろに溶けて死亡していく後味の悪そうな展開になるのだが、生まれ変わった双子の少女たちと、コウタが再会するところで幕切れとなり、その双子はルーシーの生まれ変わりらしいことが示唆されている。展開としてはやや無理筋な面があるが、一定の救いとカタルシスをもたらす幕の引きかたであると言える。

結末部だけで見れば、やや強引な救いのもたらしがあるものの、全体として「エルフェンリート」という作品は、〈セカイ系〉のもたらす悲劇と破滅的帰結をじかにとらえ、安直な弥縫策に走らずに描ききった作品として評価されるべきだろう。

セカイ系ライトノベルにおける恋愛構造論

長谷川　壌

（1）セカイ系とライトノベルと恋愛要素

ライトノベルは複合的なジャンル小説である。そのため『しにがみのバラッド。』（ハセガワケイスケ、二〇〇三、電撃文庫）のようなオムニバス形式で生死を扱ったものや、『ＧＯＳＩＣＫ』（桜庭一樹、二〇〇三、富士見ミステリー文庫）のようなミステリ、『ゼロの使い魔』（ヤマグチノボル、二〇〇四、ＭＦ文庫Ｊ）のようなファンタジー、『灼眼のシャナ』（高橋弥七郎、二〇〇二、電撃文庫）のような現代伝奇モノ、『乃木坂春香の秘密』（五十嵐雄策、二〇〇四、電撃文庫）のような王道ラブコメディー、『バカとテストと召喚獣』（井上堅二、二〇〇七、ファミ通文庫）のような学園モノ、『トゥインクル☆スターシップ』（庄司卓、二〇〇一、ファミ通文庫）のようなＳＦ、『とある魔術の禁書目録』（鎌池和馬、二〇〇四、電撃文庫）のような学園アクションと称して延々とオカルトと科学を語り続けるものまでさまざまである（ジャンル論としてライトノベルを定義するのは非常に困難なので、簡単に「ライトノベルレーベル」から出る作品を全てライトノベルとして本論では扱う）。特徴的なのは、大塚英志や東浩紀によってすでに指摘されていることだが、アニメ・マンガ的イラストを挿絵として使用している点だ。それによって読者のイメージもアニメ調に統一され、それによる〝お約束〟の使用や、キャラクターを立てることがやりやすくなる。そしてその特徴を最大限に活用することで、キャラクターに重きを置く作品となる。

〈セカイ系〉と呼ばれる作品群は、キャラクター中心で作られた美少女ゲームやアニメなどに端を発しているため、ライトノベルにおいても親和性が高い。ときに〈セカイ系〉が〈キミとボク〉という言葉で表わされることからしても、〈セカイ系〉の主眼がキャラクター性、あるいはその内面及び関係性にあることが容易にうかがえる。また、〈キミとボク〉とは、〈キミとボク〉の恋愛のことでもあり、その主眼に恋愛要素があることは疑いがない。キャラクターの情動をストレートに描く事の出来るこのギミックは、キャラクターの押しが弱い場合でもそれを補う働きがある。つまり、印象の薄いキャラクターでも、〈キミとボク〉タイプの恋愛に結びつけることで、印象を強化することが可能だということだ。以下で考察するように、この〈キミとボク〉タイプの恋愛が、〈セカイ系〉と呼ばれる作品を決定的に規定し特徴づけるものである。

〈セカイ系〉に属するライトノベルは多々あるが、その確立において決定的な役割を果たした作品として、『イリヤの空、ＵＦＯの夏』（秋山瑞人、二〇〇一、電撃文庫）がある。〈セカイ系〉におけるこの作品の意義については後の節で考察することにして、この作品が読者の心をつかむために、この〈セカイ系〉的な恋愛、つまり〈キミとボク〉タイプの恋愛が決定的な役割を果たしていることをまず指摘したい。

この作品の主人公の浅羽少年は、ヒロインとの関係性を切り離した単独のキャラクターとしてみた場合、非常に個性は薄い。だが、同じクラブに所属するクラスメイトに想いを寄せられていることと、伊里野という謎の多い少女と深夜のプールで出会い、興味を持たれた事により、浅羽少年のキャラクターは「二人の少女から想いを向けられる、見た目は何の変哲もない少年」という関係性が賦与される。

「何の変哲もない」というこの特徴は、おおまかに二方向から把捉できる。ひとつは、主人公の個性をなくすあるいは減らすことで、読者に感情移入しやすくさせることだ。これは、〈セカイ系〉の恋愛ものとは異なる、いわゆる〈ハーレム〉もの作品でも多用されている技法だ。小森健太朗は、「ヒゲクラサンはツンデレの夢を見るか?」で、ハーレムものの主人公を「空虚な中心」と呼んでいる（e-Novels「週刊書評」第235回）。

もうひとつは、特に、〈セカイ系〉作品の源流とされる「新世紀エヴァンゲリオン」（以降エヴァ）以降、主流となる主人公の受動性という特徴だ。それ以前の主人公が、どちらかというと、能動的で積極的・活動的なタイプが多かったのに対し、「エヴァ」の碇シンジ以降、ひかえめで積極さを欠く人物を主人公とする物語がはやるようになる。それが〈セカイ系〉の主人公の造形にもつながっていくのだが、そのことは次節で考察することにしたい。

（2）いかに無個性であるか――エヴァ・セカイ系的主人公像

〈セカイ系〉作品を見渡した場合、「主人公が無個性的」であることは総じて共通項として指摘できる。「無個性的」と言っても全てが平均的であるわけではない。ある程度得意不得意があり、ある程度の特技があり、少数の友人に囲まれる、そんな何処にでもいる人間という事だ。そういう無個性な主人公は、受け手の感情移入を容易にする（そのためラブコメディ作品の主人公も同じ理由で無個性・没個性が多い）。「エヴァ」以前の少年向けマンガやアニメでも、読者や視聴者の感情移入を容易にするために、普通の少年を主役とすることは多かった。しかし、「週刊少年ジャンプ」漫画に代表されるように、努力・友情・勝利をかちとる主人公として、主役少年は、戦いや恋愛には積極的に関与する能動的なタイプが主流だった。一九九五年の「エヴァ」以降、それに影響を受けた作品群や〈セカイ系〉と呼ばれる作品で主役となるのは、無個性的な普通さに加えて、消極的で非能動的・受動的なタイプである。

だが、主役が無個性的な存在である上に、戦いや恋愛にも積極的に関与しないのでは、普通は盛り上がるドラマをつくることはできない。そこで「エヴァ」などに持ち込まれるのが《血の宿命》という設定である。《血の宿命》というのは、主人公が後天的に、努力などによって獲得したものではなく、生まれついて持たされ、賦与されている特性であり性質のことだ。

「エヴァ」の主人公・碇シンジは、没個性的なネクラ少年であるが、エヴァンゲリオン初号機のパイロットとして選ばれた（その際に何らかの努力をしていたわけではない）ことにより、物語の中心へと押し上げられた。それは、「エヴァ」以前からのバトルロボットものでもよく用いられる王道的な設定と共通している。たとえば、「ゲッターロボ」や「マジンガーZ」でも、主役の父親がロボットの開発科学者であることにより、ロボットを操縦する《血の宿命》を背負わされている。「機動戦士ガンダム」の主役・アムロもまた、父親のテム・レイが、ガンダムの開発者である設定であり、この王道的設定に則っている。「エヴァ」もまた、そういった作品と共通する王道的設定を採用しながらも異なっているのは、シンジが徹底的にその搭乗をいやがる逃避的で受動的な性格の設定だ。

「エヴァ」を源流として発生した〈セカイ系〉の物語は、主役に負わされたこの《血の宿命》を取り払い、それに代わるものとして、ドラマを駆動させる、主役の背負う役割を、徹底して恋愛完成に担わせる。

碇シンジのような《血の宿命》設定の場合、本人の今まで人生とは全く関係ない部分でドラマ（あるいは主題となる戦い）へと選ばれる、あるいは巻き込まれるというのが一般的である。無個性的な主役が無作為に選ばれたのではなく、そこには《血の宿命》という条件性が持ち込まれている。碇シンジが選ばれるのは、父が組織のトップであったことや、母がエヴァ初号機に溶け込んでいるためだ。つまり、肉親、血縁という、本人の主体的選択や意思とは全く関係のない理由で彼は選ばれる。だからこそ碇シンジは、エヴァンゲリオンに乗ることも戦うことも本意では無いという姿勢を持つのだ。だが、この《血の宿命》ともいうべき構造は、総じて親子関係の相剋に帰着する。行き着くところは、反抗期・親の期待に応えなければならないという強迫観念・見捨てられることへの恐れなどである。《血の宿命》が前提となっている以上、汎用性の大きな、無個性の主人公のドラマには必ずしも行き着かないのである。ロボットというギミックそのものが、無力な人間が強大な敵に立ち向かう象徴であり、「エヴァ」にあっては、子どもに立ちふさがる親の存在を象徴している。

〈セカイ系〉はそれに対して、《血の宿命》にかかわる、過剰な重みをもつ恋愛関係性をもちこむことによって、よりドラマに汎用性を与えている。つまり、選別が、《血の宿命》のような縛りから解放されているために、誰もが主人公として選ばれる可能性を持つと読者や視聴者にうけとられやすいつくりをしているということだ。

これに付随して、〈セカイ系〉の物語の主人公が、学生であることが多いのも、これと同じ理由からくる。受け手側の人間の社会参画方法は当然一定ではないが、ほとんど全ての人が学生を経験していることからして、無個性的な主役を設定するには学生がふさわしい。この、《誰でもあり誰でもない》主人公を設定し、それを無理やりに大きな物語に直結させる構造こそ〈セカイ系〉の根幹をなしている。

それを具現した作品が、先述した『イリヤの空、UFOの夏』であると言える。その考察に入る前に、〈セカイ系〉に近い恋愛ドラマを描きながら、《血の宿命》を導入しているために〈セカイ系〉になりきれなかった作品についても触れておくことにする。

ひとつは、二〇〇二年の「ラーゼフォン」というアニメ作品である。主人公・神名綾人は、東京以外の全てが消失した（実際は東京だけが隔離されている）世界で生きる普通の学生だ。ある日、模試を受けるために乗った電車で事故が起き、助けを呼ぼうとした綾人は神秘的な少女（ラーゼフォンの心の具現体・イシュトリ）と出会い、東京の神殿へと導かれ、そこでラーゼフォンへと乗り込む。この部分だけでは恋愛要素のように見受けられるが、イシュトリが綾人を選んだ理由は、彼が遺伝子的にそのように作られたからである点から、間違いなく《血の宿命》であると言える。そしてこの作品は、「エヴァ」に似た点が多く存在する。つまり、血によって選ばれたことによる葛藤が主題になるのだ。それ故に物語は、この時期の多くの《血の宿命》ものが陥った隘路（あるいはマンネリズム）にはまっている感がある。

同様に《血の宿命》の構造を持つライトノベルとして『リバーズエンド』（橋本紡、二〇〇一、電撃文庫）という作品をあげることができる。この作品は〈セカイ系〉の代表作である『イリヤの空、UFOの夏』とほぼ同時期に同じ文庫から出た作品だ。こちらの主人公は碇シンジなどとは異なり、血縁を印象付ける《血》ではなく、生まれ持った体質が宇宙からもたらされた技術に適合するという、「最終兵器彼女」のヒロイン・ちせのような設定である。物語が始まったときには既にその技術（とある遺伝子）を移植されていたはずなのだが、主人公・瀬川拓己は、それがいつ行われたのかどころか、移植されていた事実すら知らない。つまり、客観的には普通ではないかもしれないが、主観的にはどこまでも一般的な少年なのである。これは、《血の宿命》から血縁の軛を解き放ったもので、親という主題を回避することができる。しかし、本質的には何も変化はない。つまりどちらも、主人公のキャラクターは普通の無個性な存在でありえず、特別性を賦与された存在である。主観的には普通の一般的な少年であるから、読者がその主人公に感情移入することは充分にできる。だが、この物語においては、主人公の《個》を見てもらいたいという渇望が強まり、結果として彼らは、自分を《個》として見る人に依存していく。「ラーゼフォン」一九話で、綾人が自分を自分として必要としてくれる朝比奈と逃避行することからもそのことは見てとれる。

これらの作品は、「エヴァ」以来の設定にバリエーションを加えていると言えるが、総じて《血の宿命》の図式から抜け出るものではなく、その変奏に過ぎないと言える。この構図はある種、この時期の《選ばれた戦士》もののドラマに共通しているように思われる。

（3）〈セカイ系〉的恋愛構造――なぜ伊里野は浅羽直之に惹かれたか

先述した「キミとボク」恋愛構造をもつ〈セカイ系〉作品とされるものは、「新世紀エヴァンゲリオン」などの、自分で戦う作品とは違い、主人公は無個性で受動的である上に自らは戦わない。したがって戦闘はドラマにあっても後景に退き、男の主人公にとっては恋愛が主題となる。戦う少女と何もしない主人公という構図が〈セカイ系〉の基本にあり、その代表例として高橋しんの漫画「最終兵器彼女」、秋山瑞人の小説『イリヤの空、UFOの夏』、新海誠監督のアニメ「ほしのこえ」があげられる。

先述したように、これらの作品群では主人公は無個性である。そして《血》のような特別な条件を持たずに《選ばれる》ために、戦闘美少女と出会い、惹かれ合うという構図を持つ。つまり、主人公の特別性＝選ばれる理由すらも恋愛に負わせることで、主人公の個性を弱め無化させることが可能となる物語構造をもっている。

特に、〈セカイ系〉の代表作であり完成作と言える『イリヤの空、UFOの夏』を取り上げよう。この作品は、世界を守るためにブラックマンタと呼ばれる戦闘機に乗って「敵」と戦うヒロイン〝伊里野加奈〟と、いたって普通の高校生〝浅羽直之〟のボーイ・ミーツ・ガールを描いたものである。夏休み最後の日に夜の学校のプールで出会い、泳ぎ方を教え、同じクラスへの転校、避難訓練時の二人だけの空間などで二人の距離は縮まっていき、浅羽の呼びかけで伊里野は世界を守ることを放棄し物語は二人の逃避行へと進んだが、結局それは二人の少年少女に大きな心の傷をつけただけで終焉してしまう。そして最後に物語は引き裂かれた二人に大きな選択を迫る。世界を守るために伊里野を殺すか、伊里野を守るために世界を滅ぼすか。少年は「伊里野を生かすために世界を滅ぼそう」と言い、少女は「浅羽を守るために死ぬ」と答える。

このように、浅羽少年は最後の最後まで普通の少年だ。彼が物語の主人公たりえている唯一の理由は、ヒロインの伊里野との関係性だけである。つまり、どれだけもがこうとも（主人公に自己を投影している）読み手は傍観者でしかない、そう暗に言われているのである。だがここで注目すべきはむしろ、セカイと直接戦っているヒロインだろう。「エヴァンゲリオン」のシンジが担っていた、感情移入しやすい無個性な主人公像は浅羽に受け継がれていると言えるが、シンジが直面するバトルと葛藤は、ヒロインの方に受け継がれている。

ヒロイン・伊里野は、世界で唯一UFOに対抗しうるブラックマンタという戦闘機を操ることのできる最後の生き残りだ。つまり彼女は、戦闘を担う点で「エヴァ」におけるシンジ、「ラーゼフォン」における綾人などに類似する。違うのは、彼女には最初から《日常》が欠如しているという点だ。だが、学園生活という《日常》を与えた事により、彼女に、シンジらと似て、日常と非日常を往還する精神性が与えられる。そして、今までは目的も理由も無くただ戦っていた彼女が、最後に「浅羽を守るために死ぬ」と言わせるほどに《守る》ことを意識するようになる。この、浅羽を守るために戦う構図は、先述した「エヴァンゲリオン」以降のバトル／恋愛ドラマ（ここで「エヴァ系」と呼んでもいいだろう）と通底している。「ラーゼフォン」で神名綾人が「僕がみんなを守るんだ」と言ったように、自分の世界を守ると宣言することで、自分の中の戦いに対する全てを正当化しているのだ。そして、守ろうとするが故に、日常が蝕まれていくことになる。最終的にその構造を持つ『イリヤの空、UFOの夏』のヒロイン・伊里野は、逆立的な「エヴァ系」主人公である。彼女の存在は「エヴァ系」主人公の持っていた《日常と非日常の両立》という特性を、《日常化した非日常と、主観的には非日常的な客観的日常の両立》という正反対の観点から描きだしたと言える。いきつくところはどちらも同じで、《二つの相反する世界の両立の矛盾による崩壊》となるのだが、その過程《プロセス》がまったく逆であるため、視点をヒロインに同化させることができなくなっている。そのため主人公・浅羽直之は〈セカイ系〉におけるワトソン役として機能しているのだ。[*1]
つまり、伊里野が惚れたのは浅羽という《個》では無い。伊里野という《個》を認めた浅羽という《存在》に惚れたのだ。

(4) セカイ系ライトノベル――複合小説分野の本領

元長柾木は、ライトノベルの〈セカイ系〉が、『ブギーポップは笑わない』(上遠野浩平、一九九八、電撃文庫)から始まるという説を唱えている(「パブリック・エナミー・ナンバーワン」「ファウストVol.5」、講談社)。元長は〈セカイ系〉という潮流の始まりを清涼院流水の『カーニバル・イヴ』にあるとし、「セカイ系的なもの」の根幹を「清涼院的なもの」と「上遠野的なもの」として定義している。だが、彼の言説を受け入れると、上遠野以降のライトノベルそのものが全て〈セカイ系〉だと言わざるを得なくなり、〈セカイ系〉の把握や規定が曖昧なものとなってしまう。

〈セカイ系〉は「社会領域が消失した」タイプの物語ととらえられることも多い。笠井潔が『イリヤ』を論じた「戦闘美少女と il y a」(『探偵小説は「セカイ」と遭遇した』所収)も、その図式に基づいている。だが、「社会領域」が消失したように見えるのは、従来は《血の宿命》に負わせていた物語を駆動するモメントさえも「キミとボク」の恋愛へもたせようとしたことからくる、派生的な帰結にすぎない。その論で笠井は「どうやらセカイ系の物語から、エディプス的な主題は排除される傾向のようだ」という、的を射た指摘をしているが、そこでいう「エディプス的な主題」が、これまで論じてきた《血の宿命》設定であり、〈セカイ系〉はそれを排除して成立した物語なのである。

本論で述べたとおり、「エヴァ」に端を発する〈セカイ系〉的な物語＝「ポスト・エヴァ系」は、二〇〇一年の『イリヤの空、ＵＦＯの夏』において完成すると言っていいだろう。元長はこの作者である秋山瑞人を、人間と世界の関係を描く作家の例の一つとして扱い、重要視していない。そして同時に、この作品を以て正確な〈セカイ系〉は終了する。以降の〈セカイ系〉らしきライトノベルは全て、〈セカイ系〉のプロットを含んだ複合作品である。

　そのために本論の考察もまた、『イリヤの空、ＵＦＯの夏』以前と以後で大きく区切られることになる。『イリヤ』にいたるまでの、形成途上にあった〈セカイ系〉の物語においては、その物語における恋愛要素が本論の考察の主題であった。それに対し、『イリヤ』以降は、〈セカイ系〉の要素が、恋愛もの、ラブコメものを盛り上げるものとして使われるものとして拡散していく。言ってみれば、『イリヤ』までは〈セカイ系〉の物語が徐々に大きく広がっていき、『イリヤ』においては〈セカイ系〉の物語が同じ大きさで等置される（セカイ系≧恋愛物語）。『イリヤ』以降は、〈セカイ系〉がひとつの使用可能なギミックとして扱われ、その存在が恋愛物語よりは小さくなっていく（恋愛物語＞セカイ系）。

　したがって、『イリヤ』以前においては、〈セカイ系〉における恋愛、が主題となるのに対し、『イリヤ』以降においては、恋愛（あるいはラブコメもの）における〈セカイ系〉というギミックが主題

＊1　ホームズ物語における主人公のホームズは、感情移入しにくい超越的な存在なので、読者に感情移入をもたらす視点人物はワトスンにある。いわば読者との媒介的役割を果たしている点で、探偵小説におけるワトスン役に似た役割を、〈セカイ系〉の男の主人公は果たしていると言える。

に移行する。

ライトノベルという分野そのものは、最初に述べたように、アニメやマンガ同様、ありとあらゆるものを吸収することが許容されている。そのため、一旦『イリヤ』で確立された〈セカイ系〉はそれ以降純粋な〈セカイ系〉である必要性がなく、むしろ〈セカイ系〉から必要なプロットや要素を抜き出し、他のジャンルと混合させて作り出すのである。よく言われることだが、ライトノベルにジャンルは存在しない。ファンタジーとミステリが混濁（『トリックスターズ』（久住四季、二〇〇五、電撃文庫））する事もあれば、セカイ系と冒険活劇が融合（『灼眼のシャナ』）することもある。それゆえ、『イリヤ』以降の〈セカイ系〉作品は、あくまで「〈セカイ系〉を主要要素として含む」作品となるのである。

だからこそ『イリヤの空、ＵＦＯの夏』は徹底的に〈セカイ系〉であり、そして同時に、〈セカイ系〉はジャンル複合の産物であるといえる。つまり、「世界を危機から守るＳＦ」と「普通の学園青春もの」の複合なのである。だがその二つは、本質的には融合しあわない。ＳＦの中で学園モノを展開する作品とは違うからだ（融合させた例として、『トゥインクル☆スターシップ』などがあるが、こちらは〈セカイ系〉では無い）。それを端的に示しているのが、迫り来る「世界の危機」が主人公にとってリアルでなく、実感されてはいないという点だ。〈セカイ系〉の代表として挙げられる「ほしのこえ」「最終兵器彼女」でも同じことが言えるのだが、主人公が戦うわけではないため、「世界の危機」という大きな問題が、まるでテレビの向こう側の世界で起きている戦争であるかのように扱われている。それこそ二つの世界が、本質的に融合していない証拠である。つまり、エヴァ系の主人公をヒロインに置き換えて、それを見ているだけの〝我々の〟物語。それこそが〈セカイ系〉なのである。

（5）〈セカイ系〉と恋愛構造の親和性――最高のスパイスとしての〈セカイ系〉

『イリヤの空、ＵＦＯの夏』の示す〈セカイ系〉構造の中で、「世界の危機」と「学園」を繋ぐものは、主人公とヒロインの恋愛であった。それは先に語ったように、理由を必要とせず選ばれるためなのだが、結果的に〈セカイ系〉のプロットは恋愛構造を過剰に強化することになる。宇野常寛が、二〇〇〇年代初頭の「ＡＩＲ」などのゲーム作品――いわゆる純愛ものを〈セカイ系〉にひっくるめているのは、その過剰な恋愛への比重が、『イリヤ』などと共通するためでもあるだろう。

ところが『イリヤ』以降、〈セカイ系〉が恋愛構造を強化するのでなく、〈セカイ系〉そのものが恋愛構造を強化するガジェットになるという逆転現象が生じていく。そうすると、「エヴァ」における碇シンジのような、《血》で選ばれ《個》を無視された戦闘ヒロインと、その彼女を《血》では無く《個》として見る主人公の恋愛関係が浮かび上がり、そこに「普通」と「異常」の振幅が描かれるようになる。ここで生じているのは、物語の基本にある「異化」であり、それが二〇〇〇年代の後半における適用形態と言える。そして閉塞的な日常を生きる現代日本人の物語において、疑似的に当たり障りのない格差を創造するプロセスがあるとも言える。つまり文字通り「住む世界の違う」人間同士の恋愛となる点では、むしろ古典回帰的ですらある。

このように、〈セカイ系〉は二人の格差を作るためのギミックとして用いられるようになる。そしてその世界の違いが、主人公から決断する余地を奪っているのだ。宇野常寛はそんな〈セカイ系〉を

『「〜しない、というモラル」を主人公に貫徹させるために、自分では無く他人（戦闘美少女）に決断させ、そして彼女に無条件で必要とされることでその結果だけを享受しようとする態度』（二〇〇八「ゼロ年代の想像力」・P一二九）と断じているが、実際はそうではない。彼の言うとおりであると、『イリヤの空、UFOの夏』の最終章で、主人公・浅羽が「伊里野を生かすために世界を滅ぼそう」などと言うはずがないのだ。そしてこの台詞が、直後の伊里野の台詞「浅羽を守るために死ぬ」によって黙殺されることにより、浅羽の存在の無意味さが浮かび上がる。ここでもう一度『イリヤ』の最終章の状況を書き出そう。主人公は「伊里野の代わりにブラックマンタに乗ることはできない」「ブラックマンタ以外の方法でUFOに打ち勝つことはできない」「伊里野を生かすために世界を滅ぼす力も無い」。つまり最初から選択の余地はなく、決断の意味もないのである。つまり、浅羽は決断しないのではなく、決断させてもらうことすらできなかったのだ。榎本は浅羽でないと伊里野を動かすことはできないと言ったが、それは浅羽という《個》ではなく、浅羽という立ち位置にいる《存在》を指していた。戦闘美少女は勝手に決断し、勝手に滅んで行く。それを一番近くで見なければならない〈セカイ系〉主人公たちに、享受できるものなどありはしない。彼らは完全に、戦闘美少女の自己満足のために振り回された道化師なのだから。

では、この主人公に決断する余地を与えたらどうなるのだろうか？

例えば、「伊里野の代わりにブラックマンタに乗る」ことが可能なら？　結果は「エヴァ」の第一話である。そこには傷だらけの綾波レイをエヴァンゲリオンに乗せようとする大人が描かれている。それは、誰かがエヴァに乗らなければ世界は滅びを待つだけだからであり、エヴァに乗る事が出来るのがレイだけだからだ。それはイリヤと同じである。違いは、主人公たる碇シンジがエヴァ乗る事が出来ると言う一点だ。だがそれで世界が救われるわけでは無く、問題の先送りと選択肢の増加を促しただけである。

例えば「ブラックマンタ以外の方法でＵＦＯに打ち勝てる」としたら？　それは結果としてヒロインを否定することに繋がり、『灼眼のシャナXVI』の坂井悠二のように、ヒロインすらも敵に回した決断主義に至る。

例えば「伊里野を生かすために世界を滅ぼすことができる」とすれば？「コードギアス　反逆のルルーシュ」のルルーシュのように、守りたいもの以外にとっての悪役になり、消極的な守備思考から、攻撃的な守備思考へと至る。つまり、守るために壊す物語になるのだ。

だが、現実的にどうする事も出来ないから、非現実の力を借りて解決する、では本末転倒である。〈セカイ系〉は本来、特別であることを否定された主人公を描く物語なのだから。

では、特別になることを決定づけられたらどうなるのか？　その無個性・無力から、特別な力によって個性と力を手に入れた物語こそ「コードギアス　反逆のルルーシュ」である。といっても、プロット的には、《血の宿命》を持ち込んだ点で、「コードギアス」は〈セカイ系〉よりむしろ「エヴァ」に近い。父が強大な国家の王であること。主人公が親に見捨てられた子であること。Ｃ．Ｃ．によって選ばれ、「ギアス」という力を手に入れること。このプロセスは「エヴァ」と同じ貴種流離譚である。だが、この作品の主人公であるルルーシュは、碇シンジとは異なり、手に入れた力で世界を否定しようとするのである。つまり、《個》を無視される事を嫌ったのだ。そして、無条件に選ばれたことを否定し、自分が選んだのだ、決断したのだと証明するために躍起になる。この構図は〈セカイ系〉の乗り越えではなく、「エヴァ」の絶望を回避するための答えだ。よってこの作品は、宇野が主張した「ポスト・セカイ系」としての「決断主義」などでは無く、「ポスト・エヴァンゲリオン」の一形態に過ぎない。

〈セカイ系〉は、二人の間にある困難を描き出すのに効果的なデバイスである。だが、〈セカイ系〉だけのプロットを構築すると、主人公（たち）の無力さゆえにハッピーエンドに至る事ができない。右にあげた作品群のような隘路に陥ることなく、つまり〈セカイ系〉の純粋さを保ちつつ、ハッピーエンドにいたる物語は可能だろうか？

その事に対する解決策こそ、のちの展開、〈セカイ系〉を背景とするラブコメディへと繋がっていく。

（6）恋愛構造のテンプレート――ラブコメ構造論

近年の多数の〈セカイ系〉をとりこんだライトノベル作品が実証しているように、〈セカイ系〉は優秀なラブコメディ要素となりうる。

『イリヤの空、ＵＦＯの夏』は、須藤晶穂というクラスメイトを立てることによる当て馬三角関係構造を持ち、主人公の預かり知らぬところでラブコメディが展開されていることからも明白だ。そして主人公が無個性で普通の少年である事から感情移入しやすいという点においても、ラブコメディの要素を満たしていると言える。

だが、『イリヤ』の浅羽には選ぶ権利などなかった。これではラブコメディとしては不完全である。その問題を解決するために「選択を先送りにする」選択をさせようとした作品が『灼眼のシャナ』などに代表される〈セカイ系〉的「純愛の三角関係構造」作品である。そしてその構造を持つが故に、作品内の主人公・坂井悠二のスタンスも、日常と非日常のどちらにも関わり、選択を先送りし続ける。『灼眼のシャナ』の主人公・坂井悠二は客観的には何の変哲もない高校生である。主観としてもフレイムヘイズの少女〝シャナ〟に出会うまではそうであったが、彼女との出会いにより世界の真実を知り、自分が既に存在していないことを知る。この作品は自分が存在しなくなった人間の代替物・トーチであるという現実を突き付けられながらも、トーチとしての自分の存在があり続ける限り、守りたい人達を守るために出来る事をしようと決意し努力する少年・悠二と、〝討滅の道具〟として戦いの中で生き続けてきたが故に彼の姿に惹かれていく少女・シャナを描いた、痛快娯楽アクション活劇である。

この作品には、もう一人のヒロインが登場する。坂井悠二のクラスメイトであり、シャナが存在を入れ替わったことで消滅した少女・平井さんのただ一人の友人であった吉田一美である。彼女は日常を代表するような物静かな性格をしており、ひたむきな好意を悠二に向け続ける。そんな彼女の存在が影響したかどうかは推し量れないが、悠二は目の前に突きつけられた二つの選択肢〝いつか出て行くであろうシャナと一緒にこの町を出る〟か〝非日常の世界を見て見ぬふりをすることでこの町に居続ける〟かの間で迷うこととなる。先述の『イリヤ』の主人公・浅羽とは違い、選択肢は存在するのだが、どちらの想いを裏切ることもできなかった悠二は、決断を先送りし続ける。だがこの「先送り」には限界が存在し、いずれは選ばなくてはならない。そのため選択権の無い〈セカイ系〉主人公を止めざるを得なくなり、『灼眼のシャナXVI』の決断に繋がっていく。

なお、この決断を行わなくても解決する手段が「自然消滅」と「両立」である。だが「自然消滅」

はサブヒロインが物語的に価値の薄い場合にしか使えないので、いわゆる当て馬でしかない。そして「両立」は、ラブコメディ構造として本末転倒であるためタブーである。

では他にどのような方法でなら〈セカイ系〉としてラブコメディ構造を成立させうるのだろうか？

そのヒントは先ほど述べたように「主人公の預かり知らぬところでラブコメディが展開される」という構造だ。この要素を突き詰めると、他人の好意に鈍感な主人公が生まれる。これによって、選ぶ権利を持ちながら、選ぶ権利が存在することを知らず、その結果、選ばない状態のままを維持する事ができるようになる。この「鈍感構造」はラブコメディの基礎であるが、しばしばこのことは「ご都合主義」と呼ばれることが多い。なぜなら鈍感という免罪符で、主人公は無数の好意を一方的に受ける事が出来るからだ。なお、この「鈍感構造」は、〈セカイ系〉の当て馬ヒロインに適用されている。だが〈セカイ系〉で主人公が鈍感なのは、ハーレムもののように無限の好意を主人公に集めさせるためのものではなく、非日常戦闘ヒロインに対置される「日常」の側の別ヒロインに対する主人公の無関心を根拠づけるものとなる。これにより、〈セカイ系〉の主人公は自らのいる世界（日常）を見ようとはせず、手の届かないセカイ（非日常）を渇望しているのが読みとれることになる。そして同時に、主人公には意識されない形で、主人公のいる日常世界が恵まれていること（祝福と言ってもよい）を描いている。そこにあるのは心地よい日常である。無条件に必要とされたいという欲望がそこには具現しているはずである。それはつまり、〈セカイ系〉主人公に投影された読者の望む世界であるはずだ。ではなぜ主人公はそのことに気づかないのか？　言うまでもなく、主人公に「選択」させないためだ。

〈セカイ系〉の根底に流れていた主人公に選択させない構造、それが巡り巡って「新ハーレムもの」

（少年サンデーの流れにあるような、メインヒロインに帰結するものでは無く、無数のヒロインにメインヒロインの属性を付与した作品群）に代表される「鈍感構造」へと辿り着くのである。なおこの構造は、ＰＣアダルトゲームの共通ルートにおいて、その威力を存分に発揮させている。この事からも分かるように、「鈍感構造」における選択権は主人公から読者（プレーヤー）へと譲渡されているとも言える。

この「鈍感構造」に特化させた作品の例として、『私立！　三十三間堂学院』（佐藤ケイ、二〇〇五、電撃文庫）を挙げよう。この作品は、ヒロインキャラクターを無数に配置した「ハーレムもの」のライトノベルである。主人公の後白河法行は、眉目秀麗・頭脳明晰・身体能力抜群・自然体で善良な性格だが鈍感という究極のテンプレート人間である（そのバカげた設定はその世界における神、つまり読者の体現であるように思える）。彼が家の都合で女子高である三十三間堂学院に転校する事から物語は始まるのだが、先に言ったようにモテる要素だけを抽出したようなキャラクターであるため、ほぼ全校生徒に好意を向けられる。そんな誰が見ても分かるハーレム状態でありながら、主人公はその事実に気づかないのだ。それどころか、彼女らが向ける好意を友情だと信じ込んでいる。いうなれば、主人公の役目は「ヒロイン達の好意を一身に集める選択権の宝庫」としての存在でしかない。だがここまで単純化されたが故に、この主人公は読者を作品世界に降ろす依代としてこの上なく優秀な素材となるのだ。

ここに〈セカイ系〉の持っていた絶望は、ひとかけらも存在しない。絶望を望まないから非日常を否定し、日常の体現である少女たちによる祝福をこれでもかと描いた、〈セカイ系〉からの逃避の最終形態がここにはある。すべてから逃げ続け、最終的に至る場所が、気づかれない理想郷《シャングリラ》だというのは、皮肉な話である。なお、このシャングリラはあくまで読者のものであり、そのお膳立てをする主人公のものではない。ここに「ハーレムもの」――主人公に天国と地獄を与えその反応を楽しむ作品群と、「新ハーレムもの」――主人公を通して見えるヒロインの魅力を描き出し、萌えを誘発する作品群との明確な違いがある。だがここまで来ると、ラブコメディというより萌えコメディである。

（7）主人公の反抗――セカイ系絶望の否定

〈セカイ系〉ラブコメディにおける主人公の無個性化は、主人公の絶望と直結していた。つまり《個》としての特別性の喪失と、選択権の喪失だ。だが、その構造を乗り超えた作品が存在する。『わたしたちの田村くん』（竹宮ゆゆこ、二〇〇五、電撃文庫）だ。この作品の主人公・田村雪貞は徹底的に無個性だ。成績は中ほど、運動が得意なわけでも、クラスで目立つようなことも無い。小学校の頃は昆虫博士、今は鎌倉をこよなく愛する歴史マニア。そんな徹底的に地味な少年が、地味で電波（言動が普通の人とはちがい、コミュニケーションがとりづらい人のこと）なクラスメイト・松澤小巻に興味を抱く。見た目は美少女なのに、中学三年というカップル量産時期にノーマークで売れ残っているという事が不思議だったのだ。そんな彼女を情報通の委員長が表する台詞がある。『あいつは攻略可能なキャラじゃない。賑やかしの不思議ちゃんだ。立ち絵はあってもイベントCGはない。表情替えパーツもない。そもそもルートなどない。松澤エンドはあり得ない』。無条件に必要とされることを無意識に願っているような、普通の主人公キャラクターであればそれは確かにそうだったのだろう。何せ松澤は無条件に必要とされることを無意識的に願っているヒロインなのだから。

松澤小巻は見た目美少女だが電波である。会話はほとんど成立しない。表情もほとんど変わらない。その上、仕舞には、『私のことに、真剣になんか、なってほしくない』と主人公を拒絶する。家族全員を交通事故で失うという傷を抱えながら、無条件で癒されることをよしとしないこのヒロインは、〈セカイ系〉ヒロインの真逆の存在だ。そんな彼女を救うために、田村雪貞は『大、好き、だーっ！』と叫ぶのだ。どれだけ深くかかわっても何も返してくれない彼女に、何の見返りも求めない無条件の告白。それは「傷つきたくない」事を全身で表していた〈セカイ系〉主人公とは対極に位置するスタンスであり、そうすることで無個性なキャラクターであった田村雪貞は、松澤小巻にとっての「田村くん」という個性を手に入れたのである。だが、松澤の返事を聞く前に、彼女は遠くの親せきに引き取られて行ってしまう。その後、数カ月続いた文通も途切れ、もう一人のヒロインの登場と相成る。

相馬広香は見た目美少女だが他人を完全に拒絶したツンドラ少女[*2]である。中学生活の最後を不登校で過ごした彼女は、学力補強のため頼んだ家庭教師のお兄さん（雪貞の兄）に、恋人になってほしいとバレンタインチョコを渡そうとするが、拒絶され、腹いせにチョコレートを全力で投げつけると、それが偶然にも雪貞の部屋の窓を直撃し、粉砕した。その事を相馬は知らないまま、雪貞が一方的に恨みに思う事になる。その、雪貞にとっては恨みの対象という特別な存在である相馬広香と、同じ高校・同じクラスになったことから、彼は小さな仕返しをしようと「……おまえのひみつを、知ってい るぞ……！」と呟き、気味悪がらせようとしたのだが、返って目をつけられて、ついには依存される。

＊2　ツンデレでなく、徹底的に他人を拒絶するキャラのこと。なおこの言葉は本編内で彼女を表すためだけに作られた言葉である。

彼女は松澤とは逆で、誰かに見ていてもらいたいという思いが強いのだ。そして彼女にとって田村雪貞は、無条件に自分を見守ってくれる都合のいい存在だった。ここで雪貞は、図らずして相馬広香にとっての「田村」という個性を手に入れる。

この二人のヒロインから、この作品の根底に流れるものが〈セカイ系〉的な主人公像の乗り越えであることが分かる。自分から動かないで降ってくる恋などありはしない。恋とは自分で動き、傷つき、もがいて手に入れるものだ。そう力強く訴えかけているのである。だから、一巻では彼の好意を享受していただけだった彼女らも、二巻では自ら動かなければならなかった。松澤は途絶えてしまった文通をもう一度行い、相馬は雪貞の恋人になるため雪貞の味方になることを決める。この状況になって初めて、ラブコメディ特有の、振り回される主人公が見られるわけである。

(8)『とらドラ!』——変則的に順当なラブコメディ

『わたしたちの田村くん』の作者・竹宮ゆゆこが、その次に作ったのが二〇〇六年の『とらドラ!』である。この物語は、お互いの親友を好きになった男女が、協力し合って恋を成就させようとするラブコメディである。主人公・高須竜児は目つきは悪いが根は善良で家庭的な高校生。進級によるクラス変更で、憧れの櫛枝実乃梨と同じクラスになれたのだが、奥手でシャイな彼は喋りかけられてもまともに顔さえ見られない有様。ヒロイン・逢坂大河は小学生のような小柄な体躯に似合わず凶暴な、通称手乗りタイガー。櫛枝実乃梨の親友である彼女は、竜司の親友である北村祐作に片思いしているが、ラブレターを間違えて竜司の鞄に入れたり、しかもその中身を入れ忘れたりと、前途多難なほど不器用でドジなのだ。そんな二人は、そのままでは何もできずに終わってしまうことを自覚しており、ラブレターの一件から協力し合うことを約束する。だが、協力すればするほど上手くいかない。櫛枝には二人が付き合っていると誤解されるし、北村には既に好きな人がいる。そして大河と北村が上手くいかないと、竜司は櫛枝との仲を取り持ってはもらえないのだ。

『とらドラ！』は、『田村くん』においてみられた、自分で動いて誰かの特別になる、という構造をやろうとしてもできない人々の物語なのだ。だからこその、相手のためになることをするのが、自分のためになるという構造。努力の方向を完全にたがえた物語の完成なのである。だが、物語そのものは、その協力関係という建前を置いた、大河を甘やかせるものである。大河と竜司は協力関係にあると言ったが、大河は自分中心で物事を考えており、自分の恋愛がうまくいかないからと言って、竜司に協力することはほとんどない。それでも竜司は櫛枝と次第に仲良くなるのだが、それは彼が大河に協力するために櫛枝とも接触する機会が多いからであり、大河の配慮であったりはしない。不器用であるからと自分の事を棚に上げて竜司がしてくれることをただ享受し、約束をちらつかせるが何もせず、ただ、白馬の王子様（北村）と上手くいくことだけを待っている。そんな〈セカイ系〉主人公のような精神構造を持つ彼女は、結果として無条件に自分を見守っていてくれる竜司に惹かれて行くのだ。この作品は、ある意味で〈セカイ系〉の呪縛に風穴を開けることに成功している。

（9）保身から自己犠牲へ

〈セカイ系〉の関係構造の影響を最も色濃く受けていたラブコメディ作品による脱〈セカイ系〉は、

主人公のありかたではなく方向性にテコ入れするという形で解決された。だが、〈セカイ系〉にあった二人の絶望的格差を排除したことにより、物語的に恋愛の盛り上がり（運命と呼ぶべき要素）に欠け、ラブストーリーにつながりえないという弱点を抱えている。これでは「ポスト・セカイ系」の位置を得る事は出来ない。

では「ポスト・セカイ系」を得るにはどうすればいいのか。

私見では、その答えを示した作品として『灼眼のシャナ』があげられる。着目したいのは、『シャナ』における主人公たちの関係性では無い。彼らに巻き込まれた、本当の意味で無力な少年二人――佐藤啓作と田中栄太だ。彼らは偶然にしてマージョリー・ドーというフレイムヘイズ（戦闘美女）に出会う。彼女にとっては不慣れな現地の協力者として「従順な方がいい」と、「自分の事を美人だと言った無害な若い男」として二人を選んだのだ（つまり、マージョリーにとって彼らは、特別では無い）。そうして選ばれた彼らは、彼女にとっての特別になるため、自分たちにできる事を探し始める。その過程で、田中は恋人の少女が彼らの戦いのとばっちりで死ぬ姿を見（その後、起きた全てがなかったことになったので、実際に死んだわけではない）、挫折する。そしてもう一人の少年・佐藤は、その無力を実感し、認識しながらもマージョリーとともに歩いて行く道を模索する。その道は、戦い傷ついて行くマージョリーを、ただ見ていることしかできない上、マージョリーの戦う理由に《守ること》は含まれていないから、報われるわけでもない。最終的にはマージョリーも佐藤たちに愛着を持つが、それは彼女が戦う理由と必ずしも一致しない。だが、XVI巻で彼女が戦う理由を失った後（フレイムヘイズは戦う理由がなくなると、存在が壊れる）もXVII巻で存在するのは、関わり続けようとした佐藤啓作の存在があったからだ（これは本文中で明言されている）。そして、ここにこそ「ポスト・セカイ系」への回答の瞥見があるのだと思う。主人公は無力であることを自覚し、自らの無力に立ち向かい、お膳立てされたような大々的な奇跡では無く、小さな偶然を糧に、本来ならば関わることのできない《世界》に、自らの存在をねじ込むことによって、自らの《個》を手に入れる。主人公の《個》の排除という〈セカイ系〉の絶望は、ここに至ってようやく贖われるのである。

求めよ、さらば与えられん。〈セカイ系〉の主人公に希薄だった、求めるという行為。「イリヤ」の浅羽が最終的に一度逃避してしまったそれにこそ、〈セカイ系〉を脱し、「ポスト・セカイ系」へと至る道があるのではないだろうか？

Ⅲ　文学——ミステリ・純文学

モナドロギーからみた舞城王太郎

小森健太朗

筆者は、『探偵小説の論理学』で西尾維新の〈戯言〉シリーズと竜騎士07の『ひぐらしのなく頃に』を、『探偵小説のクリティカル・ターン』掲載の論では谷川流の〈涼宮ハルヒ〉シリーズを、〈モナドロギー〉として捉える論を書いている。〈モナドロギー〉は、ライプニッツの著作"Monadologie"に由来するタームであるが、論理学的な観点では、可能世界と様相論理を導入する概念タームとして参照され、心理学的・実存論的には「窓がない」とされるモナドは、島宇宙的な、〈孤独の島〉としてとらえられる用語である。「モナド」を「単子」と訳している邦訳書があるが、訳語としては適切ではなく、「個世界」とでも訳すべきだろう。

ライプニッツの著書"Monadologie"を読むだけでは、そこで論じられている「モナド」が、様相論理学で議論されている可能世界論につながっているとは明瞭にとらえられない。ライプニッツが可能世界論を論じているのが明らかになってきたのは、十九世紀後半から二十世紀にかけて、刊行されなかった手稿が研究されるようになってからである。バートランド・ラッセルは著書『ライプニッツの哲学』において、未刊のライプニッツ手稿の研究から、フレーゲやラッセルにはるかに先駆けてライプニッツが様相論理学と可能世界論の議論をしていたことを詳細に明らかにした。ラッセルと同時代の幾人からのライプニッツ原稿の研究の成果によって、従来のライプニッツ哲学の解釈は、革新的に塗りかえられたと言える。

ドイツの哲学者マルティン・ハイデガーにも、ライプニッツの格言「なぜ無でなく存在があるのか？」を冒頭に引用する『形而上学入門』をはじめとして、何冊かの著作でライプニッツ哲学への論究がある。ハイデガーは、ラッセル流のライプニッツ解釈を皮相的であるとして斥けている。日本でライプニッツ研究の第一人者である石黒ひでもまた、その詳細な原典研究を経たライプニッツ研究書において、可能世界論の解釈がラッセルらと鋭く対立する論を提示し、その内容理解については、原典の曖昧さと多義性もあるために、定説が定まらない状態である。

大学院時代の哲学の原書講読のゼミにおいて、筆者はハイデガーのライプニッツ論を読むゼミに出ていたことがあるが、あまりにもラッセルの解釈と違うライプニッツ論が展開されている。単純化していえば、ラッセルら英米の研究者が、分析哲学の論理学的な解釈になるのに対し、ハイデガーのライプニッツ解釈は、より実存哲学にひきつけた読解をしていると言える。そのために、"Monadologie" についても、分析学派のとらえる側を「モナドロジー（英語・フランス語読み）」、実存哲学にひきつけた読みをする側では「モナドロギー（ラテン語・ドイツ語読み）」と音で読みわけたりする試みもされていた。しかし、右に述べたように、ライプニッツのモナド論には、論理主義的側面と心理主義的側面の両方があるのである。筆者の論では、ライプニッツの "Monadologie" を、セカイ系を捉えかえす用語として用いている。つまり〈セカイ＝モナド〉の〈系＝ロゴスコード〉として捉えかえす概念として用いている。フランス語で書かれた原書の「モナドロジー」に対して、ドイツ語読みの「モナドロギー」を〈セカイ系〉を参照するときに区別して用いることにしたい。

筆者が既に「モナドロギー」ととらえやすいと論じた西尾維新や谷川流らと比べても、舞城王太郎のモナドロギーとの親和性はきわめて高い。それは、舞城の著作『世界は密室でできている。』(講談社ノベルス)の題名にも、端的に表れている。「密室本」の企画の一冊として刊行されたはずなのに、その著作では、通常の探偵小説的な意味での「密室」は出てこない。この著作で「密室」と名指されているのは、まさに「窓がない」と措定されるモナド的な宇宙であり、自閉的な島宇宙のイメージに近い。『ディスコ探偵水曜日』においても、その題名の言葉に関して次のような言及がある。

「……この男が示すメッセージ、『世界は密室でできている。』、これについてどうお考えですか?」「(中略)凝り固まって違う意見というものが生まれない、創造性のない世の中に対して、ミステリー小説的な密室が無くなってしまった替わりに人間の心や気持ち、思想や価値観が閉じてしまい新たな密室になっているぞという、痛烈な、ね」(下巻二四七頁)

また、舞城が「愛媛川十三」名義で「群像」誌上に発表した評論「いーから皆密室本とかJDCとか書いてみろって。」(二〇〇三年十二月号)では、担当編集者から、密室をテーマにした短い長編の依頼を受けたときに「くだらん」「アホらしい」と、密室を主題とするミステリを冷淡で否定的にばっさりと斬った上で、「密室」という言葉を「閉じ込めること、閉じ込められること」に解体したとき、「俺はこの世にいろいろ散らばるたくさんの書くべき事柄を得た」とある。舞城はここにおいて、「密室」を探偵小説の意味から、モナドの意味へと転換させている。

ライプニッツにおける「モナド」が、「窓がない」ものとして各人の閉鎖的な世界を表すものであるのと同時に、可能世界と様相論理を展開するための思想的なツール概念であった。舞城がここでいう「密室」がまさに「思想や価値観が閉じ」たものとして「モナド」の謂いであり、ライプニッツと同様に舞城もまた、そこから可能世界と様相論理の展開に踏み込んでいく——その点において舞城は、現代の作家の中でももっとも先鋭的に「モナドロギー」の作家であると言える。

舞城がはじめて全面的に、可能世界と様相論理を展開させたのが、大作『ディスコ探偵水曜日』であるが、それ以前の舞城作品においても、可能世界と様相論理のテーマは扱われていた。『The Childish Darkness 暗闇の中で子供』の終章においては、いくつもの分岐世界へと物語が枝分かれしていくのが描かれている。この作品においても、以下のようなモナドに合致する記述が見つけられる。

「さてクラリス。君の周りに、君を取り囲むようにして地面に小さな円を描いたとき、その円は果たして本当に、君を内側に閉じ込めているのかい？　それともその円は実際のところ、その外側に世界を閉じ込めているんじゃないのかな？　そもそも球体の表面に存在する円に、内側も外側もあるのかな？」（二四五頁）

モナドが、各人の世界でありながら、宇宙と同じ拡がりをもつ逆説的な性格を、神の奇蹟によって位置づけたライプニッツのモナド論が、舞城の小説では「円」と「球体」の比喩によって語られている。

舞城が清涼院流水作品のトリビュートとして書いた『九十九十九』は、メタフィクションとして複雑で見通しがつきにくい構成をとっている。清涼院流水は、デビュー作『コズミック』で名探偵を大量化してミステリ界に衝撃を与えた。それは真実がひとつであるという還元公理的な世界観の探偵小説から、分岐可能世界へと真実を拡散させる橋渡しの役割を果たしたと言えるだろう。『ディスコ探偵水曜日』で登場人物の一人が次のように語っている。「本来、名探偵は一人で十分なんですよ。……真実が一つなら」（上巻二三四頁）。だが、清涼院以降、真実が一つでない非還元公理的な世界に突入した後では、名探偵もまた大量化し拡散化せざるをえない。「探偵ができる。事実を追える。真実を判断できる。それが探偵業の根底の前提なのだ」（上巻二七五頁）。だが、その探偵ができるための前提がいまや崩れ、信じ頼るべき基盤が失われてしまっている。『探偵小説の論理学』の第三部では、主に西尾維新作品を題材にして、〈ロゴスコード〉の変容が考察された。『ディスコ探偵水曜日』中でも、次のように言われている。「自分一人の世界だったらそれこそ何でもありかもしれませんね。でも他人はいる。だからこそ《共通理解》とか《常識》ってものができるし、それが世界を縛るんです。つまり、他人は世界を揺るがせもする一方、固定もしているわけです、と言いながらも、最近、それこそ結構《何でもあり》じゃないですか」（上巻三三九頁）。ここで言う「共通理解」とか「常識」が、『探偵小説の論理学』では〈ロゴスコード〉として措定され、その共通基盤が失われたところに、現在の探偵小説の成立の困難があると言える。「共通理解」となる〈ロゴスコード〉が喪失した世界である『ディスコ探偵水曜日』では、「名探偵」を名乗る者たちが、次々と推理を披露しては真相を捉えられず、連続して死んでいく。

清涼院トリビュートである『九十九十九』においても、希釈され量産化された名探偵がもはや唯一の真実を明かすことはできない姿勢では一貫している。『九十九十九』の全体は七話から成るが、話がうつるごとに、前の話が清涼院らしい作家から送付されてきて、それを視点人物たちが読んでいるという構成になっている。章が変わるごとにそれ前のパーツを作中作として枠囲いする構成の作品としては、竹本健治の『匣の中の失楽』という先行作があるが、『九十九十九』は作中で、以前のパーツを「一部しか本当でない」と部分肯定しかしない点で、はるかに見通しをつけにくい難解なつくりになっている。しかも話の掲載順が、一→二→三→五→四→七→六となっていて、話数の順序が後半で入れ替わっている。そういう入れ替わりの構成がとられている理由として、作中の九十九十九がどうやら、ループする時間を繰り返していて、何度もこの話数の中で循環、あるいはタイムスリップしているらしいことが描かれている。この作品は、東浩紀の『ゲーム的リアリズムの誕生』で、かなりの枚数を費やしてその構造が読解されている。東は、そこで以下のように述べている。

同じように『九十九十九』の後半の展開は、タイムスリップSFとしてではなく、シナリオをリセットするごとに新しいプレイヤーが新しい視点キャラクターをともなって参加してくる、特殊なオンライン・アドベンチャーゲームに見立てて読むことができる。

たとえば、『九十九十九』というゲームには三人のプレイヤーがいて、小説の最終章、すなわち「第六話2」の世界では、彼ら三人が、それぞれ異なった三体の九十九十九を操作してゲーム空間に参加している、と考えてみる。一人目（「オリジナル」）は、第五話でリセットをかけていったん第四話に戻り、二度目の第五話と第六話を経て、第七話の最後でふたたびリセットをかけて、いまは二度目の第六話をプレイしている。彼の『九十九十九』のプレイ経験は実に長く、第六語2は彼にとって一〇番目のシナリオにあたる。二人目は、一人目が第五話の最後でリセットをかけ、第四話に戻ったときに同時にゲームに参入し、第七話の最後で一人目とともにリセットをかけ、いま二回目の第六話をプレイしている。彼にとって、この第六語は五番目のシナリオにあたる。三人目は、一人目と二人目が第七話の最後でともにリセットをかけたあと、つまり、ついさきほどゲームに参加したばかりである。(二七二―二七三頁)

この東の読みは大筋において正鵠を得ていようが、ひとつ重大な疑問を残している。『九十九十九』がプレーヤー視点に則して描かれているのがそのとおりとすれば、ゲームのプレーヤーは、終局に達したゲームをリセットして、あるいは途中からやり直すことができる。その場合、ゲームのプレーヤーは、それ以前のプレーを記憶して次のルートに入ることができる。この東の読みでは、第一・第二の「九十九十九」の選択をふまえて、第三の「九十九十九」が、選択をしたと読める。そうすると、第三の「九十九十九」は、そのゲームのプレーヤーのごとく、それ以前の選択を記憶してことにあたれたことになる。だが、作中人物の選択を、ゲーム外でプレーしているプレーヤーと同一視してよいのだろうか？　『九十九十九』中の主役の言葉を読むかぎりは、その主役はこの作品の中にいて、なおかつ、諸々の分岐ルートを踏まえた上で決断をしているように読める。では、作中の主人公は、超越的な諸ルートを俯瞰できる、ゲームのプレーヤーのような特権的な視座を得ていたのであろうか？　たしかにもとの清涼院流水のシリーズでは、九十九十九はメタ的名探偵とされ、作者の意思を読むことができる能力があるとされるのであるが、舞城のこの作品においても、第三の「九十九十九」は、プレーヤーの意思と一致することができるメタ的人物とすればよいのだろうか。

だが、ライプニッツのモナド論において、複数のモナドを見通せるメタ的・特権的なモナドは存在しえない（あるいは、ライプニッツの用語に則せば、神以外には特権的に超モナド的に俯瞰する能力はない)。舞城のこの作品に則しても、どれかのルートにいる「九十九十九」が、他のルートまで俯瞰的に見通せることはないはずである。だとすると、第一・第二の選択を踏まえたように見える第三の「九十九十九」は、どこからその俯瞰的な視座を得られたのだろうか。部分的に、他のルートの記憶が洩れ出て、他の選択ルートを第三の「九十九十九」が垣間見ることができたのだろうか。

『暗闇の中で子供』のラストでの分岐する並行世界であれば、各世界が対等に分岐しているととらえることができるのでこういう問いは生じない。だが、『九十九十九』においては、ある分岐ルートが、他の分岐ルートを前提にしていることが生じているように読める。そしてこの問題はより先鋭化された形で、次の大作『ディスコ探偵水曜日』に引き継がれている。

この問いを考察する前に、これまでの思想史において、可能世界がどのように捉えられてきたかを簡単に振り返っておこう。

*

三浦俊彦は『可能世界の哲学』の中で、可能世界の考え方は大きく分けて、ルイス型とクリプキ型があると述べている。クリプキによれば、可能世界は約定《やくじょう》されるものであり、私たちの取り決めを離れてあるものではない。具体的存在としては現実世界だけを認める立場なので、可能世界における「現実主義」とされている。それに対して、「他の諸可能世界がある」とするのがルイスらであり、現実世界は可能世界のひとつであるとする立場をとるため、可能世界における「可能主義」と呼ばれている(第三章「可能世界とは何なのか」)。つまり、クリプキにあっては、可能世界を措定するのは幾何の問題における補助線のようなものであり、回答を得るために便宜的にプロセスにおいて採用し、結論に到達すれば棄てられてよいものである。分析哲学派の様相論理を扱う論者にあっても、可能世界に対する見かたはさまざまに分かれていて、「可能主義」をとるとしても、さらに見かたは細分化されて分かれている。

右の分類法は、分析哲学の流れに則した分けかたであるが、より主観性に定位する観念論あるいは現象学の立場からは、可能世界についても少し違った観点からの分類が可能である。たとえば、現象学の時間論には未来予持《プロテンション》という考えかたがあるが、この考えのポイントは、未来についての実現しなかった事態・事象についての意識を保持していることにある。この捉えかたは、分析哲学における可能主義の可能世界の捉えかたに近いものがある。

"On the Plurality of Worlds"で精力的に可能世界論を展開したデヴィッド・ルイスは、可能世界論に対して加えられるであろう反駁を想定して、論理学的水準から倫理的水準まで反批判を加えている。『ディスコ探偵水曜日』に出てくるさまざまな可能世界論の位相を、そのルイスの論文"Index, Context, and Content"にしたがって、「インデックス」、「コンテキスト」、「コンテンツ」のどれを重視するかという観点から大きく三つに分けてとらえることもできよう。三浦の分類でいうクリプキ型はおおまかには「インデックス」型、ルイス型は「コンテキスト」型にあたり、「コンテンツ」は中間の、カルナップなどの提唱する可能世界論に近い。

舞城の『ディスコ探偵水曜日』は複雑な筋と構成をもつ小説作品であるが、最大の主題とされている可能世界論に関しては、さまざまな角度から議論がなされ、インデックス型、コンテキスト型、コンテンツ型の可能世界論のそれぞれに対応する考察と議論がなされている。物語の最初から登場する梢は、タイムスリップ能力をもち、主体を存続させたままで複数の時間分岐を経験できる存在である。その相手をしているウェンズデイは、可能世界への瞥見と理解はあるが、梢のようには可能世界を体験できないので、梢を通して可能世界を理解しようと努める。その過程で、さまざまな角度から可能世界論が考察され、その考察は分析哲学において考察されている可能世界論と照応している面がかなりある。

「インデックス」型は、クリプキの約定主義に近い可能世界論である。端的には、言葉で表現されるだけのバリエーションに応じてその可能世界があるとする考えかたである。

タイムスリップ能力をもつらしい梢とウェンズデイが、別の時間において書かれたらしいラブレターのような手紙を前にして、以下のようにやりとりをしている。

「まあその手紙が初めて書かれたときには、実際に起こった話かもしれないけどね」
「一度起こったことなら、つまり起こりえることなんですよ、かなりの確率で」
「…人生が一度だけのまっすぐな道なら、書き写されるためだけに存在する手紙の中の恋愛って、どうやって発生したんだろうね。単なるでっち上げだったりして」
「ちょっと。恋愛はでっち上げられるもんじゃないですよ。少なくとも私たちの恋愛は」（上巻二八一二九頁）

書き写されただけの手紙でも、可能世界としてはその書かれた内容が措定されればありえる可能世界となる。しかしその把握は、生きられた内実を無視した、机上の想定にとどまる可能世界である。

書かれた手紙を書かれたものだけだとしてとらえるのは、言ってみれば「インデックス」型の可能世界を指示している。「意識が物の在り方を変える」のだから「意識の一部は言葉で作られる」（上巻九六頁）とするウェンズデイは、「インデックス」型の可能世界把握に迫ろうとする。梢はその把握に対して、自分の生きられた世界を「でっち上げ」と等置されてしまうものだとして反発している。可能世界を机上の理論として捉えようとするウェンズデイに対して、その世界を生きている梢は、その捉え方に反発している。

ライプニッツは、必然的真理は、モナドを貫いて（貫モナド的に）真理であり続けるとしたし、ラッセルもまた、矛盾律のような論理学的真理が通用しない可能世界は想定しえないとしている。この論に対応してか、『ディスコ探偵水曜日』の梢は「矛盾ができたら私は消滅するかな」と揶揄している（上巻三〇頁）。矛盾が生じない範囲でさまざまに想定される可能世界を生きている梢にとって、矛盾と直面することは自身の否定と消滅につながるかもしれないからだ。作中のパインハウスで起こる事件を解決するために集結した名探偵たちは、次々と推理を披露していくが、真相を外しては死んでいくのが繰り返される。「失敗を挽回できないままある出来事を終えても普通の人間ならそのまま明日があるが、名探偵にはない」（上巻四二一頁）。事件を解決できないことは名探偵という存在の否定であり、それはそのまま死につながる。机上の可能世界論での矛盾発生は、机上での存在否定と消滅につながる。矛盾をつきつけられた「名探偵」たちは次々と消滅していかざるをえない。だから、梢はなんとしても、このインデックス型の可能世界論を受け入れることができない。

さらに、梢がウェンズデイとのやりとりの間に、未来の記録なんて「辻褄さえ合えばよい」（上巻二六頁）という発言もしている。これはどちらかというと、「コンテンツ」重視型の可能世界の把握であると言える。

論理学者のカルナップは『意味と必然性』において、「状態記述」は「体系の述語によって表わされるすべての性質と関係する個体の世界の可能な状態を完全に記述する」ものであるから、「状態記述というのは、ライプニッツの言う可能な世界或いはヴィトゲンシュタインの言う可能な事態を表現している」としている（邦訳二〇頁、永井成男他訳）。ヴィトゲンシュタインの『論理哲学論考』における「原子文の記述」に関する論述に、カルナップは可能世界論の基盤を見いだし、その「状態記述」をさまざまに可変することで、その可変に応じた可能世界が想定できるとしている。カルナップの可能世界論は、右の分類でみれば、「コンテンツ」を重視しそれに定位した可能世界論であると言える。

ライプニッツの研究者である石黒ひでは、ライプニッツの可能世界論に関して、およそ次のように述べている。シーザーに帰せられる述語記述は多数あるが、そのうちのひとつ、たとえば「シーザーはルビコン河を渡った」に関して、その記述を変換した「シーザーはルビコン河を渡らなかった」とするのが合致し、他の述語記述に関してはわれわれの知っているものと合致するシーザーがいる世界が、可能世界のひとつとして考えられる。そのようにして無数の可能世界が想定可能となる（石黒ひで『ライプニッツの哲学』、野本和幸『意味と世界』一五八－一五九頁）。石黒のライプニッツを通した可能世界論もまた、「コンテンツ」重視型と言える。

しかし、ウェンズデイが捉えようとするこの「コンテンツ」型の可能世界把握も、可能世界分岐を生きて知っている梢を満足させることができない。『ディスコ探偵水曜日』で序盤の議論では、ウェンズデイの可能世界論は、主にこの「インデックス」型と「コンテンツ」型の間の行き来をしている。

可能分岐世界を生きている梢のようには生きていないウェンズデイには、梢の言わんとする可能世界がしかとはとらえられない。登場人物の八極からウェンズデイは、「妄想性人物誤認症」とか「カプグラ症候群」ではないかと診断される。「カプグラ症候群」とは、身の回りにいる人物が偽物ではないかとか、背後に別の人格が隠れているのではないかと疑ってしまう精神病の一種である。可能世界を合理的な世界に回収しようとして、ウェンズデイはその疑いも顧慮するが、梢の可能世界を信じないわけにはいかない。「六歳の梢と《未来の梢》は絶対に同一の人格なんだ」(上巻二五七頁)と頑強に主張するウェンズデイに対して、八極が提示するのが、「生まれ変わり」である。八極は、チベットの活仏ダライ・ラマやインドで前世を覚えていた少女の例をあげて、転生モデルでとらえることを提案する。その提案は、ウェンズデイの可能世界理解に一定の見通しをひらいてくれるが、一方でそのままの転生モデルには安住できない。

これまで示されてきた可能世界モデルが梢を満足させない中で、ウェンズデイが突破口を見いだすのは、「文脈《コンテキスト》」というキーワードに思い至ったときだ。「物事にはコンテキストがある」(上巻・一七九頁)とウェンズデイは了解するにいたる。このコンテキスト型の可能世界論は、分岐時間論と結びつけられている。たとえば、ロシアの神秘家のウスペンスキーの分岐時間論や、別の可能世界に「分身」を措定するルイスの可能世界論が、おおまかにはこのコンテキスト型に分けられるものである。「連続と不連続。人は連続した変化にはついていけるが、不連続なものにはついていけない」(下巻一八四頁)。「コンテンツ」型や「インデックス」型の把握では、不連続なものまでもが可能世界として想定される。ウェンズデイが見いだすのは、連続したもの、コンテキストのある可能世界だ。

ウスペンスキーによれば、時間の各瞬間は、一定の可能性を有していて、一方で不可能性に区切られている。時間の全体性の中では、「世界の中でつくりだされた、あるいは生じたすべての可能性は実現されるはず」である（『奇蹟を求めて』一〇章「道・宇宙論」）。つまり、コンテキストに沿った形で分岐は可能だが、コンテキストを外れた形、突拍子もない形の、ウスペンスキーのいう「不可能性」においては可能世界は分岐されない。

その可能世界の考え方に関しては、『ディスコ探偵水曜日』でもほぼ同内容のことが、端的に次のように述べられている。「宇宙が無数にあり、時空もまた無数にあるなら、これまで僕が可能性として枝分かれさせ事実と区別してきたいろいろな形の過去たち現在たち未来たちはどこかの時空、どこかの宇宙で、ここにある事実と同じようにリアルに存在していないのだろうか？」（下巻一〇二―一〇三頁）。この考えは、大筋においてルイス、ウスペンスキーの可能世界論と合致している。

この手の可能世界論は、主体もまた、時間の各瞬間において複岐的な存在ととらえられている[*1]のが普通である。しかし、もし主体に関しては存続的・統一的であると措定されるならば、時間が何度も繰り返されるループ的な時間観となるだろう。

ニーチェの永劫回帰は、永遠に循環する時間というヴィジョンを提示している。だが、『ツァラトゥストラかく語りき』で永劫回帰のヴィジョンを得て戦慄するツァラトゥストラは、なぜ同じ時間をまた生きていることを知ることができたのか。もし同じ時間を繰り返し生きていることを自覚したとしたら、それは前とまったく同じ時間ではないことになるのではないか。その点で、ツァラトゥストラの永劫回帰のヴィジョンもまた、右で述べた『九十九十九』のループに関するのと同じ疑問が生じる。

ウスペンスキーもまた、ニーチェに似た永遠回帰のヴィジョンを得たと語る神秘家であるが、その体験はウスペンスキーによって「既視感《デジャヴー》」とされている（『新しい宇宙像』）。だが、もし「既視感」が得られたとするなら、前に同じ時間にいたときに「既視感」がなく、今回には「既視感」があったとする些細な違いが生じるはずである。この差がある以上、まったく同じ体験の回帰とは言えなくなる。この疑問に対しては、どのように答えればよいのか。

その疑問にこたえる時間観を提示している思想として、古代ギリシャのピタゴラスがある。ピタゴラスの時間観は、ウスペンスキーによる要約では、以下のようになっている。

ピタゴラスは、同じことが何度も何度も繰り返されると述べた。

これと関係して、アリストテレスの弟子エウデムスの言葉（『物理学　第三巻』）は興味深い。彼はこう述べている。「時間そのものが繰り返すという考えを受け入れる人々もいれば否定する人々もいる。反復はさまざまな意味で理解できる。ある種類の反復は自然の秩序の中にある。四季の繰り返しのようなものであり、新しいものが到来すれば別のものは消滅する。この事物の秩序に属するのは天体の運動とそれによって生じる現象、たとえば太陽の運動によって生じる夏至、冬至や秋分、春分のような現象である。

しかし、ピタゴラス派の信条によると、反復にはもう一つの種類がある。つまり、私は再びこの

＊1　分析哲学で扱われている可能世界論は、分岐し複数化するととらえた方が適切な場合があるので、造語として「複岐」という言葉を使用している。笠井潔『例外社会』では「複岐的実存」からさらに「複存」という概念を導出している。

ようにあなた方に話しかけ、今とまったく同じように腰掛け、手に同じ杖を持ち、すべてはまったく同じで、時間もまた同じだろう。なぜなら、もし（天体の）運動や他の多くのものが同じならば、前に起こったことも後に起こることもまた同じだからだ。これは反復にも当てはまる。それは常に同じだ。すべてのものは同じで、したがって時間も同じなのだ。（『新しい宇宙像』第十一章「永劫回帰」・高橋弘泰訳）

ウスペンスキーは、ピタゴラス派の回帰的な時間観を考察した上で、「死の地点は誕生の地点と一致する」としている。*2 つまり、ピタゴラス派の時間観によれば、人間が死んだときには誕生の瞬間にまた戻ってくることになる。ピタゴラスの教団は、古代ギリシャにおいて、現代の一部の新興宗教団体と同じように忌み嫌われたことが知られている。ピタゴラスの死後、その教団は焼き打ちにあい、多数の信者が殺されたことが伝わっている（山本光雄訳編『初期ギリシア哲学者断片集』一九頁）。なぜピタゴラス信者がかくも忌み嫌われ、恐れられたのか。その一因は、彼らが信じ奉じていた時間観にあると言えるだろう。その信仰によれば、人間は死ねばまた生まれた瞬間に舞い戻る。そして同じ人生をくりかえすことになるのだが、宗教的な修行を積むことで、前の生の記憶を部分的に持ち込むことができるようになる。そして前と同じ人生を繰り返しながらも、記憶のある信者は、前回の選択の過ちを避ければ、よりよい人生を次は送ることができるようになる。

現代のイスラム教過激派による自爆テロは、殉教して天国に行けるという信念に裏打ちされている。それと信念のありようは異なるが、このピタゴラス派の時間観を信じきることができれば、自爆テロを行なうことができる心境にもなりえるだろう。彼らは、来世を信じているわけではないが、生まれ変わりのリセットを信じているのだから。周りの社会から、ピタゴラス派の教団があれほど恐れられ、忌み嫌われた一因は、このような自爆テロまでも辞さない信念と教えが形成されていたことにあると言えるかもしれない。彼らは死を恐れぬ狂気の集団とみなされるようになっていた。

『九十九十九』における九十九十九は、このピタゴラス的な時間を生きていると見ることができる。生まれる瞬間にまで回帰するのではないかもしれないが、九十九十九は、ある時点まで時間をさかのぼり、何度も同じ生を生き直している。前の生の記憶が完全にあるわけではないが、断片的か部分的には前の選択の生を覚えているので、よりよい選択を求めてまた生きなおすのを繰り返している。生まれた瞬間にあまりにも醜かった自分の容貌を書き換えようとする九十九十九は、ピタゴラス的に、生まれる瞬間にまで遡って人生を更新したいと願望し、その結果の遍歴として何度も同じ人生を繰り返している。

『ディスコ探偵水曜日』でのタイムスリップする梢も、まったく同じではないものの、この、九十九十九に近い時間を生きていると思われる。もしピタゴラス教団の時間観を梢に示せば、「まったくそのとおりだ」という同意はたぶん得られないものの、それまで示されたいくつかのモデル――「コンテンツ」型や「インデックス」型の可能世界論や、転生モデル――よりは、梢の生きる世界への適合度は大きかっただろう。

近年流行しているとも目される、何度もループする時間の中で、よりよい世界を選択しようとするタイプの物語もまた、このピタゴラス的な時間観に則していると言える。たとえば、物語の序盤はホ

＊2　ピタゴラス派の時間観については、拙著『グルジェフの残影』第三章「第四次元講義」でもとりあげている。

ラーミステリ風だった『ひぐらしのなく頃に』は、終局において、ループする時間の中で最適世界を見つけようと何度もチャレンジを繰り返す物語へと帰着する。東浩紀が『ゲーム的リアリズムの誕生』で、主題的にとりあげたゲームやライトノベル作品の多くは、この手の回帰ものに属している。

テレビアニメ「ノエイン」などは、主題的に可能世界・分岐世界ものを扱った作品だが、主題としてではなくても、同種のテーマが扱われている作品は多い。たとえば、『とある魔術の禁書目録』における御坂妹とアクセラレーターの繰り返される戦いは、作中では一万体以上複製された御坂のクローンが何度もアクセラレーターと戦っているという設定だ。だが、これは何度も時間をループする御坂（もしくは御坂妹）が、何度も何度もアクセラレーターと戦い続けては負け続けるのを繰り返している世界とみることができる。

二〇〇六年にアニメ映画化された『時をかける少女』もまた、何度もループする時間の中で最善の選択をしようとする物語になっている。筒井康隆の原作小説や、それに比較的忠実な大林宣彦監督作品（一九八三年）は、未来から来た少年と現代の少女の恋愛を主題としていたが、二〇〇六年のアニメ版ではそれが現代的に改変された、複岐する時間もののストーリーになっている。

テレビアニメ「ef a tale of memories」のヒロイン千尋は、十二歳のときに事故で頭部に損傷を負い、記憶を十三時間しか保持できない。彼女の時間は事故にあう十二歳までの人生プラス一日しか与えられていないに等しい。同時に彼女は、その一日を何度も繰り返し生きさせられている。だから、その一日で恋をしてもその記憶は保持されず、次の日は新たに恋をし直さなければならない。ただし、分岐した人生の一日の間に連絡がまったくとれないわけではなく、彼女が書き残す日記が、ある分岐存在の千尋と別の分岐存在の千尋をつなぐ役割を果たしている。ピタゴラス派は宗教的な修行によって他の分岐存在を想起することが可能となると教えたが、その修行の位置づけにあたるのが、千尋にとっての日記だ。『とある魔術の禁書目録』の御坂妹クローンが可能世界へと分岐した存在と象徴的に対応しているように、「ｅｆ」の千尋は、ある時点から分岐する可能世界／多元存在の生きかたを象徴的に示している。

ピタゴラス派の時間観は、一見するとニーチェ的な永劫回帰と類似しているが、宗教的な修行によって前のループと少し違った繰り返しになると教えている点で若干異なっている。ピタゴラス的な時間観は、右で考察した分岐する可能世界論と通底するものはあるが、自己＝主体を存続的なものとみなしている点では、モナドが時間ごとに複岐するライプニッツ的な可能世界とは異なっている面がある。

＊

この分岐する時間と可能世界論の考え方を進めていくと、時間が未来方向に分岐するのみならず、過去の側でも分岐するという考えにもいきつく。その点の考察は、筆者の『探偵小説の論理学』の第三部の西尾維新論でもなされている。ウスペンスキーは『新しい宇宙像』の「タロットの象徴主義」の章で、現在を起点に虹色に分岐していく時間が、未来方向と過去方向の双方に流れているヴィジョンを詩的に描いている。この、逆流する時間というのは、『ディスコ探偵水曜日』の中でも重要な考察主題で、〈折り返す〉宇宙像にたどりつく重要な契機となっている。作中の語り手は次のような問いを提出し、時間像について考察を深めていく。「人間の考えや創造が文字通り行ったり来たり進んだり戻ったりするのは、実は思考における時間の流れ事態が実際に正流と逆流をランダムに繰り返しているからじゃないのか？」（下巻二三〇頁）。

しかし、そうすると、過去もまた各モナドでバラバラになってしまい、共通基盤の過去を所有できなくなるのではないか。クリプキの固有名の議論は、その懸案をふまえたものである。たとえば、タレスという固有名に関して、「私のタレス」と「彼のタレス」がバラバラに分かれていては、コミュニケーションがとれなくなる。ライプニッツのモナドにおいては、モナド間には「窓がない」ので本来交流はできない。それが交流できるようになるのは、「神の奇蹟」によるとされる。固有名を固定指示子とするクリプキの議論では、バラバラに分かれ吹き飛びそうな、それぞれのちがう過去を共通のものとしておさえつける鋲として固有名が措定される。

固有名の共有が、本来は「窓がない」ものとして交流ができないモナド同士の交流をかろうじてつなぎとめる役割を果たしている。『ディスコ探偵水曜日』のモナドも、まったく「窓」、つまり他モナドとの交流が断念されているわけではない。モナド間の交流不可能性を象徴している《壁》が破れないことが延々と議論され、「あの《壁》を破れないのは他人の中に入れないのと同じだ」というモナドロギーの結論が示される（下巻一八五頁）。しかし一方で、モナド同士の交流や共振がなされる可能性があることもまた、示されている。「他人の存在って大きいんです。そして世界は絶えず揺らいでいる。……他人は世界を揺るがせもする一方、固定もしてるわけです」（下巻一八四―一八五頁）。

＊

梢とのやりとりと経験を経てウェンズデイが行き着くのは、右の分類でいえば「コンテキスト」型の可能世界把握に近いが、それにおさまりきらない面もある。

それは、ウェンズデイが「コンテキスト」を強調するようになって以降もなおも梢を十分には満足しきっているわけではないことからも窺える。ウェンズデイに対して梢は「この世の出来事は全部運命と意志の相互作用で決まる」（上巻七一頁）ことを強調する。これは分析哲学での議論から外れ、現象学で重視される「生きられた時間」の導入が提案されているようにも読める。フッサールの現象学においても萌芽としては見いだせる可能世界の議論が、舞城のこのテキストにおいては分析哲学の可能世界論と接続されていると読むこともできるだろう。*3 作中の梢の生きる可能世界は、生きられた可能世界としては現象学的に把握されるべきものと言えるだろう。梢の発言を受けてウェンズデイは「全ての情報に意味がある」（上巻二〇一頁）と悟るにいたる。「意味」を与えているのは、「生きられた生」であり、「インデックス」型や「コンテンツ」型の可能世界論では捉えられないものであった。

『ディスコ探偵水曜日』では、ある時点（ラグナレク）で折り返されて過去と重なりながら逆流する宇宙像が提示されている。この宇宙像は、端的に右に述べた二つの疑問に答えられる構造をもっている。第一に、過去方向にも逆流する時間観、第二に、他分岐への部分的な侵入・侵犯が可能であるこ

＊3　筆者は大学院在籍中に、指導教官の中田基昭助教授（当時）と、現象学の可能世界論への接合の可能性について議論したことがある。そのとき中田が指摘したことのひとつに、ハイデガーが『存在と時間』で論じている、霧のように立ち込める漠然とした不安の内実は、実現されなかった諸可能性――あるいは諸可能世界の束ではないかというのがある。その観点でハイデガーのいう「不安（Angst）」は、フッサールの言う「未来予持」に基づくものでもあり、展開の仕方によってはモナドロギーの可能世界論とも接合しうる。

とによって、他ルートを意識することが可能であること。ただし、その折り返される時間が、どこか特定の時間であるのは整合性においてやや疑問がある。むしろあらゆる時間上の瞬間が、折り返し可能な瞬間であるとした方がより整合性は高いと言えるだろう。

その上でこの作品では、他時間への瞥見する意識が重視されている。『ディスコ探偵水曜日』というテキストは小説であって、思想書や科学書であるわけではない。したがって、その作品世界で提示される宇宙像や世界観が正しいかどうかを検討するのでは的外れとなるだろう。だが、現代の小説や物語においてクリティカルとなっている可能世界・様相論理と時間観に関して、このテキストは重大な教示をしていると言える。

虚空海鎮
――『虚無への供物』論

蔓葉信博

0．はじめに

本論は、「セカイ系論集」という特殊なくくりに沿いながら、中井英夫の推理小説『虚無への供物』を論じるものである。その動機は、「セカイ系」という用語で語られる内実が、実は古くから問題にされてきたものであることを指摘するためであり、また「セカイ系」という言葉が流通する今でこそ、その内実にある問題に深く切り込んだ作品との比較検討が不可欠だと考えたためである。その作品のひとつが『虚無への供物』に他ならない。

「セカイ系」と『虚無への供物』という別の領域の事柄を同じ俎上にするため、少々長い議論を用意している。「セカイ系」という言葉を熟知している読者にも、もしくは『虚無への供物』に慣れ親しんでいる読者にも、あらためて言葉を投げかけるだけの意義を込めたつもりであるが、その意義についての最終的な判断は読者に任せたい。

また作品論としては恒例ではあるが、『虚無への供物』の結末に触れているため、読者諸氏には注意を喚起しておきたい。

1. 言葉の機能

あなたは白を見たことがない。

右のような唐突な断言におそらく反感を覚える読者も多いことだろう。身の回りに白いものは数多くある。この文字が印刷された白い紙の白はどうなのか。街を歩く白い犬の白はどうなのか。パソコンの液晶画面にある白い画面はどうなのか。そうしたものを見ることは白いものを見たといってもかまわないのではないだろうか。そのような反論も想定できよう。

しかし、実はそれらはすべて事物に付随する白であり、白そのものではない。いいかえれば、概念としての「白」そのものを我々は目にすることはできないと考えることもできるのである。

このような詐術めいた問いに日頃出会わずにすんでいるのは、我々が用いている言葉の機能ゆえである。この言葉の機能のおかげで家に忘れた本について、五年前の交通事故について、我々は他者に指し示すことができる。それはその対象が物理的に存在しない場合でも同様である。一般的に言葉の機能を整理してみれば、記号表現《シニフィアン》と記号内容《シニフィエ》とのふたつであり、そのふたつの機能によって指示される対象を伝えることができるわけだ。あなたが今、目にしているこの文字、たとえば印字された「スフィンクス像」という文字自体は記号表現であり、読みとった意味内容が記号内容、「スフィンクス像」という言葉で指し示されている「エジプトにある石造りの像」が指示された対象である。だが、このようなわかりやすい事例はともかく、実在しない事物について、つまり指示対象が実在しない

「一角獣」や「丸い四角」についてであっても我々は議論することができる。例示した「白そのもの」について語り合うことができるのも言語が持つ機能ゆえである。そこであらためて次の問いを考えていただきたい。「世界」という言葉の指示対象とは実在するのだろうか。

世界のすべてを客観的に見渡すことはできないが、我々が体験しているこの世界はおそらく実在しているだろう。だがひとことで世界といっても、現実の世界だけではなく、観念的世界、可能世界、作品内の世界などいろいろな種類の世界を想定することはたやすい。観念的世界とは哲学の議論の中にだけ現れる世界であり、実在しているとはいいがたいだろうし、哲学的用語である可能世界とは、この現実世界とは違う次元のあり得たかもしれない複数の世界を扱うための用語である。またある小説の作品内の世界も夢中になって読みふけった読者にとっては実在しているように思えるだろう。言葉の構成物に他ならない小説作品ではあるが、登場人物たちが丁々発止の議論を交わし、作品内の世界を右往左往するさまを想像できよう。それは幻想小説や民話に登場する一角獣やスフィンクスも同様であり、小説が持つ不思議な機能のひとつである。

2. 小説という世界

小説作品の世界は現実を模倣して構築された言葉の創作物によって指示される世界だ。ここでいう世界とは、現実世界が様々な法則によって縛られているのと同じように、ある法則によって律されている集合体ということである。現実世界は質量保存の法則や、論理学における無矛盾律、ピタゴラスの定理など、これらはどのような場面でも必ず当てはまる。そうした世界が持つ完全性を小説の作品もまた同じように持つとみなされる。もちろん一部の現実世界とは違った物理法則を持つ世界観を有した作品をのぞくにしても、である。

もちろん創作物である小説の完全性と、現実が持つ完全性には大きな開きがある。たとえば、あなたが今、手に持っているこの本を閉じて背表紙の柄、色を確認することができる。だが、作中に登場した本の背表紙の柄や色を読者である我々はその記述が現れるまで確認することはできない。現象学でいうところの射映の現象を、小説内の作品世界で能動的に生じさせることはできないのである。このことを哲学者ロマン・インガルデンは「無規定箇所」として現実世界との重要な区分事項としていた。

こうした無規定箇所は読書をする場合、様々な場面で現れているのだが、読者である我々はそれにほぼ気づくことはない。あなたは実際に、右で例示した「街を歩く白い犬」の大きさや性別を気にせずに文章を読み進めたことだろう。こうした読者が意識しない箇所へは作品内の世界では実在しているかどうかは疑わしくなる。一般的な理解では、現実世界と同様に存在しているだろうし、何かしらの規定があるだろうことは類推できるにしろ、明示されていない以上は読者として規定するわけにはいかない。しかし、見方を変えれば、我々が十全に理解していない事物でも言葉の機能で他人と意志疎通を可能にすることができるのは、こうした無規定箇所を気にかけずにすむことができるからである。

また作者の書き損じのために、矛盾した記述を発見することもありえるだろう。ある作品でひとりの人物が「男」と描写されていながら、別の場面では「女」と描写されていたら、それは作品内の世界を律する法則が破綻していることになる。なにかしらの超常的設定がない限り、その矛盾は作品を書いた著者の間違いとして理解されるだろう。いいかえれば、現実世界を下地にした作品内の世界では、現実世界同様、「男」は「男」のままであり、「女」に変わりはしないという暗黙の了解があるのだ。無規定箇所を気にしないことも実はある種の暗黙の了解に他ならない。[*1]

3．セカイ系

流行語の域を超え、出版業界ではある一定の理解を得られたとおぼしき「セカイ系」という言葉はこうした暗黙の了解に助けられているように思える。我々は実際に「セカイ系」そのものを目にしたわけではなく、また学術的な定義が行われているわけでもない。ただ参照作品群とその批評の文脈で理解している。これもまた言葉の機能により無規定箇所に気を取られずにすんでいるからだ。「セカイ系」という言葉の効果は「世界」ではなく「セカイ」と書き記すことにもあり、そこには本来の「世界」とは違った意味を我々に投げかけている。しばしば「文学」を揶揄して「ブンガク」と記したり、漢字のわからない相手の名前を書くときに「エドガワ」と書くように、何かしらの差異を生じさせることで、何かしらの意図を読み手に伝えようとしている。この「セカイ系」という言葉は、インターネットの日記から派生したもので、当初はＴＶアニメ「新世紀エヴァンゲリオン」に類するような、自意識が過剰な人物が登場する作品群を若干の揶揄を込めながらくくるために用いられた言葉

＊1　推理小説における暗黙の了解については、我孫子武丸「叙述トリック試論」（『小説たけまる増刊号』集英社、一九九七年）を参照のこと。

であった。だが、「セカイ系」という言葉はしだいに一人歩きをするようになり、今では現代の少なくない作品群を論じるための重要な用語として認知されている。

考えてみれば、何かしらの用語というものは、事後的に見出されるものである。推理小説を愛好しているものならば、「新本格」という用語の変遷を思い返していただければいいだろうし、美術であれば「印象派」という言葉の成り立ちを、そして本書を手に取るような読者ならば「ライトノベル」という言葉の変遷を想定してほしい。何かしらの権威による定義、もしくは水は「H^2O」であるというようは学問基盤による定義ではなく、一人歩きした用語が流通する中で解釈の幅を広げながらも、その意義を確立していくことになろう。

そこで、あらためて「セカイ系」という言葉を確認しておきたい。現在における「セカイ系」の一般的な理解といえば、「きみとぼく」とが関係を築く小さな領域と、世界規模の事象を扱う大きな領域とが、中間項にあたる多くの人々が生活を営む約束事で成り立つ社会的領域を媒介せずに直結してしまう作品群を指すとされている。たとえば漫画「最終兵器彼女」などは、主人公とヒロインに関わる戦争の背景について、作中ではほとんど言及されることがない。中心になるのは学園生活の中で戦争に借り出されてしまうヒロインと主人公との純愛だ。そこに日本の存亡が関わるという問題が対立項として描かれることで、二人は葛藤しながらもその世界と向かい合っていく。この純愛と戦争という構造が純愛を強調するための仕組みとして働くことになる。これまでの恋愛小説ならば、普通の学園生活で、両親の仲違いや級友の嫉妬、自身の経済状況といった障害に耐えて純愛を貫くさまが描かれていただろう。つまり、小説構造としては「両親の仲違いや級友の嫉妬、自身の経済状況」が純愛を強調するための仕掛けとして機能していたのだ。それが「最終兵器彼女」ではそうした大小関係を強調するために日本の存亡を懸けた戦いとして描かれることになり、また純愛を強調する目的を妨げるような社会的領域は意図的に省かれているのである。だから、意図的な社会的領域の省略は、暗黙の了解としては理解されることもなく、読者の目に明らかになってしまう。他の「セカイ系」作品においても、その三項目はそれぞれ個々の作品に量的にも質的にも違いがあるにしろ、基本骨格に変わりはない。それは三項目による構造が作品のプロットとして組み込まれているからである。以上の理解をふまえれば、「セカイ系」とされる作品を社会的経験の欠如といった作家的力量として批判するのは誤りなのであり、また小さな領域と大きな領域とを重ね合わせるという構造を用いていない作品を「セカイ系」とすることも誤りなのである。

以上が、一般的な「セカイ系」の理解であろうが、元長柾木は上遠野浩平論「パブリック・エネミー・ナンバーワン」[*2]で、「セカイ系」という言葉が持つゆらぎを援用して、新しい見取り図を描いた。「最終兵器彼女」のような恋愛構造を小さな関係項として用いていない神林長平や上遠野浩平、綾辻行人、清涼院流水らの作品を「セカイ系」として考えるものだった。元長の整理では、「セカイ系」の根幹概念は「世界をコントロールしようとする意志」と「成長という観念への拒絶の意志」のふたつであるという。この整理ならばセカイ系作品といわれるものの恋愛構造を用いない『ブギーポップは笑わない』や『クビキリサイクル』、そもそも「セカイ系」という言葉が生まれるにいたった最初のきっかけである「新世紀エヴァンゲリオン」を包括していることから、ひとつの見取り図として有効だろうと思われる。筆者もこの理解に賛同するひとりである。この元長の論をもとに「セカイ系」

＊2　元長柾木「パブリック・エネミー・ナンバーワン」「ファウスト」講談社、Vol.5、二〇〇五年。

引きたいと思う。

と新本格、そしてその原点となる『虚無への供物』へと論考を進めるにあたり、ひとつ別の補助線を

4.「ぼく」という現象

元長の論を検討するにあたり、別の補助線を用いるのにはひとつの理由がある。それは、元長の整理では、「セカイ系」の外延をくくることは可能であっても、なぜ「セカイ系」という流行語で評される作品が無視できないほどに書かれ、読まれてきたことに対して答えきれていないのではないか、と考えるからである。

そのため、この節ではあらためて「セカイ系」の三項目のひとつ「きみとぼく」という関係について検討してみたい。「ぼく」、つまり人間の自我の問題について中心的に考察をしてきた分野として認知科学、神経医学、心理学などがあるが、基礎的な確認をするための補助線としてフッサールが提唱した現象学を用いたいと思う。

フッサールの主著『論理学研究』は、当時の心理学を批判し、正しい認識の構造を論述していく。それは「私」という一人称から見渡すことのできる世界を認識している機構を明らかにすることなのである。そこでフッサールが議論の主軸にするのが私は常に何かについての意識を持ちながら生活しているということの有り様である。この「何かについての」という認識の独自性をフッサールは志向性という。たとえば森のなかの一本の木を見つめようとするとき、その木へ意識を向けずして、木を見ることはできない。喜ぶ、起こる、見るなどといった経験は必ず何かしらの対象がなくては成立し

ないからだ。この志向性という認識の特性だが、第一節で述べた言葉の機能と非常に似通っている。言葉もまた必ず何かしらの対象を持っていることを確認したはずだ。我々の認識の仕組みの一端を言葉が担っているといってもいいかもしれない。言葉を通じて、様々な事物を認識しているわけだが、フッサールはそのまえに先言語的経験を前提としている。目の前の本を直接知覚する場合と、本を思い描く場合と、本があると判断するのでは、認識に違いがあり、それらの認識のなかでも、本を知覚した経験があって他の認識が成立することになる。だから、フッサールのいう自我とは何かに向けての意識を向ける中心としてある。そして「きみとぼく」という場合、僕という自我が志向する「きみ」との関係項を指し示しており、なおかつ志向している自身の「ぼく」をあらためて再帰的に志向していることとして理解するべきだろう。

続いて中間項となる社会的領域だが、これは当然のことながら前提となる作品設定によって幅があるものの、その多くは「ぼく」を中心とした直接的な人間関係には含まれない様々な社会事象を指している。現象学では、他者をありありと経験するのは、身体的な経験によるのであり、そういう意味では社会領域の直接的な把握は難しいかもしれない。だが、我々は社会的領域を考えるとき、どのような対象を想定しているのだろうか。それは直接的ではないにしろ、過去に見聞きした他者との経験が積み重なったものとして理解している。日々の生活で感じる政治情勢や経済状況、歴史的変遷もまた他者経験の背景として織り込まれているはずだ。[*3]

＊3　現象学における社会学的アプローチといえば相互主観性の問題になるのだが、紙幅の都合で本論では触れることができなかった。

だが、自我を中心とした直接的な人間関係と、そうではない人間関係との境界はいかに区別されるべきであろうか。直接的な人間関係とはいえ、「きみ」という存在そのものが「ぼく」にとっては社会的領域でもあるはずなのだ。だが、基本的な「セカイ系」の理解では、経済状況や政治情勢といった自分ではどうにもならない対象とは違い、恋愛における互いの十全な理解の確認という仕組みによって「きみ」という存在は自我の領域に含まれてしまう。そしてその「きみ」を媒介にして世界という大きな領域とつながることによる一種の全能感がそこでは保持されている。主人公にヒロインか世界かの二者択一を選ばせること、この一種の決断の儀式によってこの全能感の価値は担保されている。おそらくはここが「セカイ系」作品にあってほかにはなかった観点である。上記の元長柾木の理解ではおそらくこの「きみ」を通じた世界との全能感を読者が追体験することをうまく言いあらわせていない。「世界をコントロールしようとする意志」は、「きみ」という世界を過不足なくコントロール化に置くことの意思表示であり、「成長という観念への拒絶の意志」は、「きみ」という世界をコントロールすることができる充分な力を保有していることの意志表示だからである。

では、第三項である世界規模の大きな領域とは何であるのか。本来的にここにあたるのは、世界という言葉を比喩として用いることのできる完全なものであり、真・善・美といった理念的なものであるが、ヒロインという存在を通して得られる運命の絆や未来といった完全なものをも指しているといっていいだろう。「最終兵器彼女」では主人公とヒロインとの恋愛模様の決着であると同時に新しい人類の運命が二重写しになる。劇場版「新世紀エヴァンゲリオン」では、決して幸福なものとはいえない恋愛模様の決着だが、それが近未来の異様な世界で生きるふたりと呼応していることには変わりない。おそらく「セカイ系」でいわれる自意識過剰な登場人物が決断をするプロセスにこそそのカタルシスがあるのだろう。

5. 反世界

元長柾木は先の評論で綾辻行人『十角館の殺人』を「セカイ系」の原点であり、推理小説が持つ「セカイ系性」を明らかにしたのが清涼院流水だとしていた。その見解は一般の理解を得られているとは言い難いが、その後の舞城王太郎や西尾維新らの活躍をみるに、見取り図としての有用性は保持しているといえよう。また元長の論旨では推理小説が持つ「セカイ系性」とは、作品世界を律している叙述トリックという小説技法にあるとしていた。それは「セカイ系」のひとつの根幹概念である「世界をコントロールしようとする意志」のあらわれだという。その説自体は実に傾聴すべきものだと思われるが、清涼院流水を引き合いに出さずとも、推理小説史において「世界という完全性」を主題にした作品は実は少なからず存在する。推理小説は、小説それ自体が世界という完全なるものの模倣物として成立していることを用いた一種のメタ小説である。ポー「モルグ街の殺人」からも明らかのように小説自体の仕組みを利用した小説といっていい。そして、そのメタ小説という小説の結構を利用して、「世界という完全性」を目指したもののひとつの完成型が、中井英夫『虚無への供物』である。

この小説は作者である中井英夫が自作を「反推理小説」というように、推理小説そのものへのある主張が込められていた。一九五四年十二月から翌年の七月までの東京を舞台に当時の風俗を巧みに織り交ぜながら「薔薇と不動と犯罪の神秘な妖かしに彩られた四つの密室殺人」が語られる。この氷沼家をめぐる殺人事件の物語は、中井がエッセイ「黒い水脈」[*4]で示唆しているように、人間の内奥にある爬虫類めいた容貌を持つ実存を描くために用意されたものだ。中井は実に独特な感性の持ち主であり、地球や日本というものに対して強い拒絶感を抱いていた一方で、東京の下町っ子としての気概を併せ持っていた。そうした二重性は『虚無への供物』をはじめ多くの作品に散見されることは、多くの書評、評論が指摘していることである。[*5]本論の主旨に合わせるならば、中井が帰属する世界は常に二重化されていたと言っていいだろう。『虚無への供物』も、「反宇宙の反人間のための物語」といわれているように、ある種の実存性が付与されている。中井英夫にとっての正しい推理小説とは、夢野久作『ドグラ・マグラ』や小栗虫太郎『黒死館殺人事件』のような人間の暗黒面を掬い取った禍々しい「探偵小説」であった。当時隆盛していた推理小説といえば、薄っぺらい犯罪が起こる中間風俗小説や、社会派とされる作品群であり、慣れ親しんだ探偵小説が持つ毒を失っていたと中井は考えていたからである。中井はその探偵小説の毒を『虚無への供物』に込めたという宣言が「反推理小説」という言葉に他ならない。悪意の美学というものを江戸川乱歩や横溝正史から伝えられた中井にとって、健全な推理小説というものは耐え難い代物だったのだろうし、そうしたものを読む健全な人々とは違うという自意識が「反現実・反世界」という概念を招き寄せたのである。

下野博《かばたひろむ》のエッセイ「今頃、『虚無』の読後感」[*6]にもあるように、戦後の日本に伝えられた量子力学という科学理論とともに「反物質」というものの存在が伝えられた。その一般的な現実理解と乖離した「反物質」という考え方は、中井が持つ二重性と見事に合致した。「反物質があるのなら、反推理小説という表現であらわすべきものもあるのではないか」という発想もうなずけよう。それが『虚無への供物』として結実したのである。自らを異界から現実世界への流刑人とする中井にとって、「反世界」とは自身が帰属するべき世界を指していた。そして中井の反世界の入り口は、健全な現実に裏打ちされた殺人事件ではなく、密室殺人という不可能犯罪や、不可解な死の予告状、奇怪な見立て殺人といった悪意の結晶であった。いいかえれば、中井にとっての「反世界」とは、本論では「セカイ系」といってもいいのかもしれない。

6．非現実のワンダランド

こうした現実を忌諱し非現実を好むという趣向は、推理小説やライトノベルを問わずスタンダードのものであり、たとえば『ブギーポップは笑わない』は、学園生活に忍び込む不可解な事件が実は「世界の危機」であり、その危機は人知れず解決されたという物語だった。だが、このお話でも「セカイ系」として指摘されるための重要な要素である複数間の少年少女の恋愛と「世界の危機」が二重写しになる。ただし、この場合自意識過剰な登場人物が決断をするプロセスとは終幕で犯人役が、世界を支配しようという意志が自分の恋愛感情ゆえのものであり、それは死を持って贖われることをも

＊4　『中井英夫全集6　ケンタウロスの嘆き』東京創元社、一九九六年。

＊5　小笠原賢二「解説　『恥辱』と『変身』の想像力」(『中井英夫全集2　黒鳥譚』)、金子博「黒鳥幻想」(「中井英夫スペシャルⅠ　反世界の手帖」)、川崎賢子「少年たちの時間旅行《タイム・トリップ》」(中井英夫スペシャルⅠ　反世界の手帖」)、川村湊「解説」(『中井英夫全集6　ケンタウロスの嘆き』)、齋藤愼爾「中井英夫論」(「中井英夫スペシャルⅡ　虚無へ捧ぐる」)など。

＊6　下野博「今頃、『虚無』の読後感」『中井英夫全集8　彼方より』東京創元社、一九九八年。

って完了する。また「新世紀エヴァンゲリオン」でも、複数間の恋愛模様が終末的世界を招き寄せるという構図を持っていた。このようにいわゆる「セカイ系」といっても、主人公とヒロインだけの小さな関係と世界の危機という大きな領域を二重写しにするものと、複数間の小さな関係を大きな領域と二重写しにする場合があることに注意をしたほうがいいだろう。

『虚無への供物』の場合はどうであろうか。本書では自意識過剰な人物ばかりが登場するが、やはりその中心にいるのは犯人役である氷沼蒼司であろう。そもそもこの事件は洞爺丸の遭難事故を発端としている。そこで最愛の家族を亡くした氷沼家の蒼司、紅司、藍司は、遭難事故のあまりの理不尽さから、それぞれ現実世界の意味を喪失してしまう。その喪われた現実世界を補うため、紅司は氷沼家を舞台にした探偵小説の構想を練るようになり、藍司はゲイバアに父に似た男性を捜すようになる。それらは彼等にとって「非現実のワンダランド」だったのだ。蒼司のそれは、現実に叔父の橙二郎を殺害する犯行計画を練ることであった。ただし、その犯行計画はあくまでも計画を練るまでであり、実行に移すつもりはなかったという。だが、犯行計画のひとつとして用意していた隠れ家で紅司が不慮の事故死を遂げる。その事故死の現場を調査されることで、蒼司の犯行計画が表沙汰になってしまうかも知れない。場合によっては父の死を事故死のままで納めざるをえなくなる。そのような事態の収束を容認できない蒼司は、紅司の事故死を風呂場での密室の中での出来事に隠蔽してしまう。そしてこのことが、橙二郎の犯行計画を実行に移すきっかけとなったのだ。蒼司は自らが立てた犯行計画のとおりに橙二郎を殺害することに成功する。

だが、橙二郎殺害によって蒼司は喪われた現実を取り戻すことができたわけではなかった。むしろ、彼が現実に堪えられなくて用意した非現実の世界は、その現実以上の地獄になってしまう。そのあとに犯行の協力をした敬三の白血病、老人ホームでの大叔母の焼死、紅司の妄想の相手であった鴻巣玄次の死が蒼司を待ち受けていた。あたかも蒼司が「ザ・ヒヌマ・マーダー」の犯人であるかのようにそれらの出来事は蒼司を苛むことになる。死んだはずの紅司が実は生きていて、「ほしいままに現実をあやつっているような、一行も書かれなかった『凶鳥の黒影』がおれを告発し続けているような気持」[*7]だったのだ。その蒼司の気持ちを癒したのが本作の真の探偵役である牟礼田俊夫が書いた実名小説『凶鳥の死』であった。この小説によって、虚構的に第四の密室殺人が成立し、蒼司はその優しい告発によって次の殺人事件を自ら引き起こすことなく、「ザ・ヒヌマ・マーダー」の犯人として事件を了解することが出来るようになる。

7. セカイ系の内と外

この事実を知って、探偵役のひとりだった奈々村久生は蒼司を糾弾する。蒼司の心情がいかほどのものであろうと、殺人事件を起こすことがはたして許されることなのかと。この久生の告発に対し、蒼司は紅司、藍司との違いをもって反論する。蒼司にとってのその犯行計画は、ほかの二人と違い、洞爺丸の遭難事故とつながるものであった。彼にとって洞爺丸の遭難事故が本当に事故であっていいわけがない。蒼司の最愛の父である紫司郎と叔父とが互いをただ兄弟であるという理由だけで憎み合ったがゆえに、意図的に事故が起こる船に乗ったのだ。だが、そこで神の大きな錯誤が生じて、紫司

＊7　中井英夫『新装版 虚無への供物　下』講談社、二〇〇四年、三六七頁。

郎と仲の良かった董三郎が死んでしまったのであり、本当に死ぬべき叔父は橙二郎だったのだ、と蒼司は思いこむようになる。その恐ろしい手違いを正すため、蒼司は自身の犯行計画を立て、実行したのだ。蒼司はいう。

「あの海の殺人現場風景が人間界の出来事で、苦しみぬいたあげくの橙二郎殺しは気違いの沙汰なのか、おれはききたい。おれのいうことは、すべて狂人の論理にすぎず、おれはやっぱり凶悪なケダモノで、蒼兄さんと呼ぶには値しないか。考えてくれ、いまの時代で、気違い病院の鉄格子の、どちらが内か外か。何が悪で、何が人間らしい善といえるのか」*8

この殺人事件は見事に「セカイ系」の構図をなぞっている。「父と子の小さな領域」と「神の錯誤という大きな領域」とが二重写しになり、蒼司はその錯誤を正すため、橙二郎殺害という決断を下すことになる。彼にとって社会的領域は、洞爺丸の遭難事故という否定されるべき理不尽さを肯定するだけでしかない。その意味では先ほどの久生の糾弾は一種の「セカイ系」批判として読みとることができる。「セカイ系」をひきこもりの文学と理解する向きもあるが、ひきこもりもせずさらに犯罪を重ねる状況は、ひきこもるだけで社会と向き合おうとしない状況より自己中心的であるとすらいえるはずなのだ。だが、この指摘に対する反論はすでに作中に織り込まれている。

『虚無への供物』は多くの論者が指摘するように、昭和の時事・風俗を綿密に描写している。その写実的な描写が、実は一種の眩暈感を生む効果があるといわれている。中井にとって、日常は常に非日常のワンダランドを招き寄せる隙間を持っていた。薔薇の生態や、宗教としての不動信仰が実は犯罪を引き起こしていたという妄想が生き生きとしてくるこの反転効果は、中井英夫という独自の感覚によって作り上げられている。我々にとって非日常は、あくまでも日常のなかのひとこま、一種の異分子でしかない。だが、中井にとっては、非日常と日常は同じ地平にあり、それぞれの事物はその機会ごとに日常か非日常かに振り分けられるものでしかない。すでに述べたように物事を十全に描写しようとしても否応もなく「無規定箇所」が生じてしまう。完全な写実的描写などというものは書きようがないのである。いずれにしろ中井英夫という一人称のパースペクティヴから逃れることはできない。だから、『虚無への供物』冒頭にあるサロメの演じる少年が「乳房のないサロメ」を描写されるのと同様に、当時の二重橋圧死事件や黄変米、洞爺丸の転覆を「新形式の殺人」にすり替えることができたのである。こうしたすり替えの描写は中井にとってはお手の物であった。そもそも、世界が狂っていないという認定自体が誤っているだけであり、いまの世界自体が狂ってしまっているのだ。その思いは日記「彼方より」や「黒鳥館戦後日記」に色濃く描かれている戦中・戦後批判からもうかがえよう。だから、洞爺丸の事故は現実世界で許される殺人事件ならば、個人の妄想による殺人事件もまた現実世界で許される殺人事件であり、それを糾弾するいわれはないという論旨である。そして次に続くのは、あまりにも有名な読者批判だ。

「物見高い御見物衆。君たちは、われわれが洞爺丸の遺族だといっても、せいぜい気の毒にぐらいしか、考えちゃいなかったろうな。どれほどのショックだったかわかるわなんぞといいながら、

＊8　前掲、三八八頁。

ザ・ヒヌマ・マーダーを待ち受けてゾクゾクしていたくらいだから、察しはつくよ。君たちばかりじゃない、肉親を喪った者以外の誰が、洞爺丸の遭難を、自分の痛みとして受け取ったろう。（略）君たち御見物衆が黄司や玄次という人形に魂を吹き込む役割を受け持ったことだけは、覚えておいてくれ。全部とはいわない、しかし、この一九五五年、そしてたぶん、これから先もだろうが、無責任な好奇心の創り出すお楽しみだけは君たちのものさ。何か面白いことはないかなあとキョロキョロしていれば、それにふさわしい突飛で残酷な事件が、いくらでも現実にうまれてくる、いまはそんな時代だが、その中で自分さえ安全地帯にいて、見物の側に廻ることが出来たら、どんなに痛ましい光景でも喜んで眺めようという、それがお化けの正体なんだ。おれには、何という凄まじい虚無だろうとしか思えない[*9]」

これは今ならば「セカイ系」批判に対する痛烈な反論と読み替えることができる。「セカイ系」作品を読む我々を批判する場合、その読者の「ひきこもりたい」という心情を全面肯定しているからだというが、すでに述べたように「セカイ系」の本質は主人公にヒロインか世界かの二者択一を選ばせること、この決断の儀式によってこの全能感の価値は担保されている。この全能感と「ひきこもり」の全面肯定を同一視することはできない。そして「セカイ系」批判では、常に「セカイ系」とそれ以外が峻別される。だが、ここでは、そうした峻別が不可能な時代になっているという事態を指しているのだ。自分だけが「セカイ系」ではない安全地帯にいて、「ひきこもり」という言葉でくくられる一部の「セカイ系」作品を糾弾する仕組みの欺瞞を蒼司の告発は言い当てている。いいかえれば、社会という中間項が、我々の周りにある小さな領域と、世界として類される大きな領域とを結ぶことができないという事態において、いかに我々は生きるべきかを問いかえしているのだ。

8. 世界かセカイか

蒼司の問題においては、現実の中に現れる非現実の鞭を受け続けることで、その責務を果たそうとする。実際、蒼司本人は自らの殺人が「正しいこと」とは考えていない。人間の誇りのためにした行為であっても、「海は、そんな区別をしやしない」という言葉の通り、最終審判は誰にも下せはしないのである。

一方、物語では、久生はもうひとりの真犯人を糾弾する。それは久生のフィアンセでもある牟礼田である。久生は牟礼田に問う、運命の渦中にあった蒼司を破滅へとコントロールする欲望があったのではないか、と。

牟礼田はその久生の告発を事実上認めてしまう。だが、牟礼田もまた、蒼司と同じように無意味な事故を引き起こす世界への挑戦として人間の秩序を取り戻すための純粋な悪が必要なのだと反論する。事実彼は、『凶鳥の死』という作中作によって、蒼司とともに読者を眩暈の彼方へと連れ出すことに成功している。それは元長がいっていた「世界をコントロールしようとする意志」の成果に他ならない。つまり、作中作という世界支配の仕掛けによって彼は彼なりの世界への挑戦を果たしたのだ。

元長は「世界をコントロールしようとする意志」の表現として推理小説の手法である叙述トリック

＊9　前掲、三八八～三八九頁。

をあげていた。だが、そもそも小説は世界を模倣するための手法である。その意味では、世界を描いた小説そのものがすでに「世界をコントロール」しているはずだ。だから、正しくは「小説でコントロール下においた世界を、作品世界のなかで変貌させてしまう手法」と理解した方がいいだろう。我々が正しいと認識している世界が、たやすく変貌してしまうさまを、推理小説の多くの作品が見せてきたはずだ。それを推理小説のなかではっきりと実践したのが牟礼田の『凶鳥の死』である。『虚無への供物』を一種の同性愛小説としても読むことができるという観点から見れば、蒼司は本篇のヒロインの位置をある意味で占めることになる。その蒼司に捧げる世界への復讐譚として『凶鳥の死』は読むことができる。見方によっては『虚無への供物』は、蒼司と牟礼田という「きみとぼく」の「小さな領域」と、昭和という時代を包み込んだ「戦後日本」という「大きな領域」とが二重写しになり、牟礼田は「戦後日本」を選ばずに蒼司を選ぶという「セカイ系」の王道にある作品といえよう。

だが『虚無への供物』では、牟礼田が選んだ悪の人間賛歌をただ肯定するわけではない。久生は彼等の想いをくみ取りながら、この悲劇をあくまでも探偵小説にする意図を述べる。その意図は、『虚無への供物』では明らかではないが、ひとつはこの主題を読者に投げかけるためであろう。氷沼橙二郎殺人事件の犯人は氷沼蒼司だが、「ザ・ヒヌマ・マーダー」の犯人は御見物衆だという二重構造になっているのだから。そして、本書を読み、犯人を推理した読者もまた御見物衆のひとりになってしまうのである。いや、厳密にいえば『虚無への供物』を読まずとも、現代社会を生きる我々はみな御見物衆の資格を有している。そして、実は御見物衆を創り出す道具に他ならない探偵小説を生み出してしまう中井英夫本人もまた御見物衆のひとりにふくまれてしまうのだ。中井ほどの技巧者ならば糾弾の再帰性は理解のうちだろう。だから、蒼司の結論、牟礼田の結論、久生の結論をそのままのかたちで小説を終えているのである。

中井英夫が陰惨な探偵小説を好むひとりだったことはすでに説明したとおりだが、彼が好んだ探偵小説には裏返しの人間賛歌が込められていたことはいうまでもない。無意味な死ではなく、人間存在を賭けた死こそふさわしいと考えていたのだろう。事実、中井はその後、洞爺丸の遺族に対してのアプローチしたことはエッセイや[*10]、死後に公開された遺族への手紙で明らかである[*11]。こうした観点を見逃すと『虚無への供物』が「家族小説」であり、目指されていたのは「「作者」と「作品」の解体」だったのだなどという手垢の付いた結論を招き寄せてしまうのだ[*12]。少なくとも旧態依然としたそのような小説理解をもっとも憎んでいたのが中井英夫という人間だったのではなかろうか。

9　セカイ系という暗合

元長柾木によって「セカイ系」の原点といわれた『十角館の殺人』だが、すでに述べたように彼が見出した「セカイ系」の根幹概念のひとつは『虚無への供物』で実践されていたことであった。だが、どの作品が原点なのかという議論よりも、その手法の継承が問題となるべきだろう。事後的に見れば、「世界の問題」と「自身の問題」を二重写しにするという小説における強調表現は多くの作品で見ら

＊10　中井英夫「海という名の墓」『中井英夫全集7　香りの時間』東京創元社、一九九八年。
＊11　解題『中井英夫全集1　虚無への供物』東京創元社、一九九六年。
＊12　安藤礼二「不可能の薔薇」『光の曼陀羅　日本文学論』講談社、二〇〇八年。

れるはずである。だが、それが推理小説の一種のムーヴメントとして指摘したのは、評論家・巽昌章である。笠井潔と交わした「本格ミステリ往復書簡二〇〇二」で、巽は綾辻行人『霧越邸殺人事件』に触れて「目の前の事件が見えない世界の仕組みと共鳴し、世界の意味を暗示している」[*13]とし、このように述べる。

『獄門島』や『ナイン・テイラーズ』が示しているように、飛躍した連想、予想外の要素の結びつけ、突飛な偶然の取り込みといった強引な論理が行使され、かけ離れたものたちが結びつけられることによって、隠れていた巨大な構図があらわにされるというカタルシスは、本格推理小説の持ち前といってよいものです。それが、極端にかつかなり意識的に追求されてきたのが「新本格」の時期だったのだと思います。[*14]

この説明をふまえれば、先に巽が述べた「目の前の事件」と「世界の仕組み」との共鳴が、「セカイ系」の構図と同じであることはもはや詳しく述べることもないであろう。抽象化すれば「セカイ系」の構造が、「新本格」の構造と同じものなのである。そして、ここで巽がいう「飛躍した連想、予想外の要素の結びつけ、突飛な偶然の取り込み」がそれらの構造を支えているのだが、それは『虚無への供物』では「暗合」というかたちで明示的に語られる。

『虚無への供物』における推理小説の特殊さとして、犯人を当てるために多くの暗合を用いていることである。久生をはじめとした登場人物たちは、犯行現場の検証や人間関係の構図といった具体的な手がかりを探す一方で、犯人が「探偵小説趣味」であるという独善的断定から、犯行を事件から類推できる様々な暗合から読み解くことができるとして、多くの推理を重ねてきた。もちろんその推理が結局のところ、蒼司への犯行を押し進めるきっかけになったという逆説を招いてしまった。また蒼司も、現実の様々な偶然が暗合として犯行を促すような思いに駆られてしまったから犯行に及んだのだ。その意味で、『虚無への供物』とは、人が暗合というものによって左右されてしまうさまを描いた小説といってよい。そもそも推理小説とは、犯人が残した手がかり、絡み合う様々な事実から読みとれる構図、そういったものを伏線として回収し、探偵役が真実を構築する物語であった。ただし、ここでいう手がかりや構図が伏線として機能するには、推理小説という枠組みが必要である。現実の事件では伏線などというものは存在しない。それは事後的に、あるいは意図的に作り上げられるもの、個人のパースペクティヴのなかで仮構されるものでしかない。現実には多くの手がかりが本当に手がかりかどうかは決定不能のまま、裁判という仕組みによって仮説が事実として規定されることになるだけだ。

人はしばしば偶然でしかない事象を必然的なものとして読み替えてしまう。黒猫が前を横切ったから不幸な事件に巡り会ったなどという事例だけでなく、血液型で性格が判別可能だとしたり、塩は不吉なものを清める作用があるというような発想は今でも見聞きするだろう。だが、その多くの非科学的な現象をある種の必然とする心の動きは、無規定的な時間や空間を記念日や国家や血縁で規定する

＊13　笠井潔×巽昌章「本格ミステリ往復書簡二〇〇二」笠井潔『探偵小説と記号的人物』東京創元社、二〇〇六年、二四〇頁。
＊14　前掲、二四一頁。

ように、無規定さのある種の恐怖から逃れたいためだろう。そのある種の恐怖こそが、暗合を生む源泉である。

「セカイ系」という構図もまたひとつの暗合である。普通に考えれば、日常生活において、世界の運命と比類するヒロインと出会うなどということはない。もし、あったとすれば、まさに奇跡的な運命との出会いに他ならない。ならば、自分にも「何かがある」と考えることもありえるかもしれない。この心の動きが「暗合」の機能に他ならない。いってみればこれも言葉の機能であり、本来は存在しないものを言葉の機能によってあるものとして了解してしまうことなのだ。不在の一角獣の役目を自らに課しているようなものだ。その暗合の機能は「新本格」のなかに登場する多くの犯人役にも当てはまる。『十角館の殺人』の犯人役もまた、自分と恋人との運命を翻弄した者たちに対して、神の代わりに鉄槌を下すため犯行に及んだはずだ。ここにも「セカイ系」という暗合が秘められている。竹本健治『匣の中の失楽』、笠井潔『バイバイ、エンジェル』もまたその構図を読みとることは難しくない。いいかえれば、『虚無への供物』という推理小説に対して、多くの推理小説作品が、ジャンル内的な応答をしてきた。その返答の累積のひとつの転換点が、清涼院流水『コズミック』だったはずだ。竹本健治「構築と解体」[*15]にあるように、ある作品が「アンチ・ミステリ」かどうか判断を迫られるとき、暗黙のうちにその作品は優れた作品でなくてはならないという基準が判断材料に含まれてしまっている。『コズミック』はその作品の真意が伝わる前に、喜劇的な語り口と不釣り合いな重厚さという清涼院流水独特の演出のため、当時の新本格の少なくない読者からの非難を浴びることになる。だが、『コズミック』と『ジョーカー』で明らかになった叙述トリックの仕掛けによって、連続密室殺人が真の意味で世界の命運と等価になりうるという壮大な構図は、「新本格」が持つ構図の極限化に他ならなかったはずだ。日本探偵倶楽部という探偵組織や、個々の探偵の非現実的な設定はともかく、その犯行方法自体は物理的には可能なのだから。私たちは物理的に可能なものをある種の倫理的判断で否定するだけの時代をもう生きてはいないはずなのだ。そうした達観した時代背景を持って清涼院流水は誕生したのだ。いいかえれば、その技法は当時の「新本格」作品の中で、もっとも「アンチ・ミステリ」の名にふさわしい技法だったはずなのだ。だが、それはある意味で「新本格」の流れを決定的に変えてしまったのかも知れない。その後、そして「新本格」のムーヴメントは清涼院流水が示したシンプルな構図を否定するかのように、事件の構図を複数化することを選ぶ作品が増えていった。そして、そのシンプルな構図の役目を肩代わりするかのように「セカイ系」が生まれていったという見方も可能であろう。

10　虚空海鎮

中井英夫が『虚無への供物』の題材とした一九五四年から一九五五年の当時と比べ、現在の日本のメディアは格段の進歩を遂げている。一九五二年からＮＨＫがテレビの一般放映を始めたが、当時の番組は街頭テレビで人だかりの間から観るものであり、実際はまだラジオと新聞・雑誌がメディアの役目を担っていた。現在の状況からすればまだ牧歌的なものだったのだろう。だが、その当時ですら、メディアが犯罪をかき立てた事実は『虚無への供物』からも明らかである。「２ちゃんねる」やＳＮ

＊15　竹本健治「構築と解体」「季刊月光 第九号」発行・月光の会　発売・彌生書房、一九九二年。

Sという新しいメディアと犯罪との呼応関係を中井英夫ならどのように評したであろうか。いま多くのメディアが当時以上に「お化け」を生み出すために情報を発信しているといってもいい。劇場型犯罪が横行する現在はその証左といえるだろう。我々は『虚無への供物』という告発書をすでに手にしていたはずだ。もちろん、『虚無への供物』に我々が何をなすべきかは書かれていない。ある作品が時代と呼応するかどうかというのは文芸批評上の大きな問題である。たとえば、ライトノベル読者の日記からはじまった「セカイ系」という言葉は、TVアニメや漫画・ライトノベルというジャンルで頻繁に作品を論じる術語となり得たが、「セカイ系」という構造と、「新本格」との構造の類似性に気がつく者はそう多くはなかった。だが、すでに述べたようにある見方によっては、それら違った作品群の術語をひとつの地平にならべることが可能なのである。[*16]

議論を『虚無への供物』へと戻せば、川崎賢子は『虚無への供物』を、蒼司の結論を引き継ぐかたちで読み、多くの社会問題を告発している書物としていた[*17]が、一方で相澤啓三はそうした社会学的視点ではなく、あくまでも「蒼司と牟礼田の物語」であり、そこで示唆される同性愛で結ばれた「きみとぼく」の物語であるとしていた。[*18] それぞれの読みが正しいかどうかは読者諸氏の判断に任せることにしよう。

推理小説という人の死を扱う文学において、死という事実をどのように判断するべきか、それはある種の倫理性を自らに問い続ける行為に他ならない。その問いに結論が出ることはないだろう。現実世界のどのような行為に対しても、何か超越的なものが判断を下すわけではないのだ。だが、そうした行為なしでは我々は日々の営みを続けることはできない。だから、蒼司が海に向けて魂を鎮めるのと同じように、少年少女が虚空へ自らの運命を託すように、我々も何かに自分の何かを託すことがあってもよいのだと思う。託すこと含め、どのような行為もひとつの決断に他ならないのだ。

＊16　二〇〇六年の『容疑者Xの献身』を巡る一連の論争でも、推理小説は普遍的に形式的な文学としてあるという意見と、形式化というものもひとつの時代背景を背負っている以上は時代と呼応するという意見とで大きく二分していた。実際は細かな各論のせめぎ合いがあり、筆者としては、別の補助線を引かねばその議論は進展しないだろうという意見である。もちろんそれぞれの当事者も「別の補助線」への思いは同じであろうが。『容疑者Xの献身』もまた「セカイ系」の構造を持っていることは当時の論争の原稿「一奇当千」（「ミステリマガジン」二〇〇六年四月号）でも述べたとおりだ。その補助線はいずれどこかの機会で述べねばなるまい。

＊17　川崎賢子「解説」『中井英夫全集5　夕映少年』東京創元社、二〇〇二年。

＊18　相澤啓三「解説――ある二十世紀小説もしくは残酷悲劇――」『中井英夫全集1　虚無への供物』東京創元社、一九九六年。

セカイ系の終わりなき終わらなさ
――佐藤友哉『世界の終わりの終わり』前後について

藤田直哉

『クリスマス・テロル』以後の佐藤友哉の評価について

二〇〇二年に「新現実」一号に初出が掲載され、大幅に加筆修正されて二〇〇七年に単行本化された佐藤友哉の『世界の終わりの終わり』は、ネット上の感想を見た限り、評判が悪いようである。特に2ちゃんねるの佐藤友哉スレッドにおいては「セカシュー」などと略されて、みなが作品の好みを言い合うランキングにおいて最悪の評価を下されているぐらいであった。

キャラクター小説的な意匠を使うミステリとして、賛否両論ながらもある一定の評価をされていた「鏡家サーガ」の三作の後、『クリスマス・テロル』(二〇〇二)で作者「佐藤友哉」を登場させ、以降佐藤の作風は私小説化・メタフィクション化していく。これを仮にここでは「テロ後の佐藤」と呼ぶことにしよう。一方ではこのテロ後の佐藤を、前期の、キャラクター小説的な作風が好きな人々は「裏切り」だと考えて非難している。他方では、中沢忠之が述べているように、「このように純文学系の自意識モードを物語の推進力として持ちながら、ラノベ的・サブカル的な要素を満載していた点を、純文学側は評価したというべきだろう。自ジャンルの閉塞感を打開すべく」(「青春小説論――佐藤友哉の自意識というモード」）という文学サイドの評価もあった。[*1][*2]

確かに彼は『1000の小説とバックベアード』（二〇〇六年七月）で純文学の賞である三島由紀夫賞を獲得している。それすらも純文学の感度の鈍さとも指摘できるのだが、だが本当にそれはそうか。ここでは、二〇〇二－二〇〇六の時期に並行して書かれていた三作、『鏡姉妹の飛ぶ教室』『灰色のダイエットコカコーラ』『世界の終わりの終わり』を検討することで、この作家の変質について考えてみたい。

特にセカイ系との類比で考えたくなるのは『世界の終わりの終わり』である。「世界の終わり」というセカイ系的なテーマの「終わり」を主張しているこの小説は、セカイ系からポストセカイ系へ、という読まれ方をされているようだ。それは『灰色のダイエットコカコーラ』や『世界の終わりの終わり』にも明示されているように、その作品単体が直接示すメッセージとしては正しいのであろう。だが、そう簡単に「鏡家サーガはセカイ系」「セカイから抜け出ろ」というようなメッセージに還元することの出来ない過剰な何かがあることも確かである。「佐藤友哉」が登場人物として登場した、講談社ノベルス編集部によりもう作品は出せないという「事実上のクビ宣告」を受けたあとである『クリスマス・テロル』とそれ以後の私小説化のメタメッセージとして、「私小説として鏡家サーガを読め」というメッセージを読み込むことも可能である（この指摘に関しては東浩紀らも主張している）。ここでは私は全く反転した問いを模索している佐藤友哉の姿を見ていきたいのだ。それはすなわち、「キャラクター小説的なリアリティのセカイ系的ミステリを書かざるをえない自分とは一体何なのか」という問いである。

＊1　中沢忠之「青春小説論——佐藤友哉の自意識というモード」http://d.hatena.ne.jp/sz9/20080830

＊2　しかし宇野常寛のように、それ自体がゼロ年代では時代遅れな、九〇年代的ひきこもり・心理主義を、感度の鈍い文壇が評価していると言う説もある。参考のために引用しておいてもいいだろう。この「市民」とは宇野常寛のことである。（原文ママ）

市民：ゼロ年代は、時代の変化についていけないバカがセカイ系にしがみついている。鈴木謙介さんのセカイ系擁護はここを履き違えているところが弱いよ。

成馬：たしかに他の人は失速しているね。

市民：佐藤友哉とかね（笑）、彼が評価されたのはゼロ年代に入ってからだったけど、僕は最初から90年代の亡霊としか思わなかったたね。それくらい、「文壇」という場所が嗅覚の鈍いムラだってことなんだけどさ。だって、90年代の病を突き詰めていく芸風を二〇〇二年とかに評価しちゃうんだからなあ。当時佐藤を評価していた方々が、これから大恥かいていく世の中になるんじゃないの（笑）。

成馬：あの自虐芸とかは辛いね、今は。

市民：文章は巧くなっていくんだけどね、あのさ、「自分は自分じゃないかもしれない、つくりもので入れ替え可能かもしれな」なんて不安は、もう大前提で、今更それに気付いて胸張られても困るんだよね。だってさ、今の10代なんて生まれか頃からファスト風土が完備されていて、ネットもあるんだぜ（笑）。「過剰流動性とかさ、入れ替え可能性への怯え」なんてものしか書くことがないなら、もう何を書いてもダメだと思うよ。他のものを探してこないとね。」（【対談】善良な市民×成馬01小説部門（4）セカイ系の失速とライトノベルブーム『クレイジーカンガルーの夏』『ジョン平とぼくと』成田良悟と西尾維新『ひと夏の経験値』http://www.geocities.jp/wakusei2nd/32v.html）

「ファスト風土」や「入れ替え可能性」を佐藤が問題にしていることには間違いはないと思うが、テロ後の佐藤においては「その先」の問題に向き合っているので本稿ではこの意見には賛同できない。

ファスト風土とリアリティ

佐藤友哉が自らの「ライトノベル的なものを書いてしまう」という心性を考えていったと思われる過程で、重要な要素となっているのがおそらく「場所」であろう。デビュー作『フリッカー式』と、『世界の終わりの終わり』でも共通に「千歳市」という場所が描かれる。そこは実際に佐藤が生まれ育った土地でもある。その他の作品でも、千歳市周辺や札幌が舞台になっているケースが多い。それでは千歳市とはどのような場所か。

まずは北海道という場所自体について考えていきたい。この土地は元々アイヌ人が住んでいたが、今に繋がる都市が作られたのは、松前藩がいた鎌倉・室町よりも後の、近代化の中で開拓使が送られた以降のことであろう。「シャクシャイン事件」に代表されるアイヌ人虐殺[*3]、寒さにより作物が育ちにくいことによる貧困や、死刑囚などを働かせて死ぬのを前提としていた道路工事などの労働を経て、「フロンティア」は開拓され、アメリカ・ヨーロッパなどを参考に、設計主義的に都市が作られた。碁盤の目である札幌などはその典型であり、理性的設計主義により、自生的秩序的にではなくスクエアに作られている。

「設計主義」と「自生的秩序」とは、本来は市場に対してハイエクが前者を批判し後者を肯定（と言いつつも両義的でもあるのだが）する際に使った言葉であるのだが、ここでは市場だけではなく、同じ設計的な心性が土地をもそうさせることに敢えて重ねて考えることにする。彼の主著とされている『隷従への道』では、「あらゆる党派の社会主義者たちに」と献辞がされており、「すなわち広範な政府支配が生み出した最も重要な変化は、心理的な変化であり、国民の性格の変質である」[*4]とアメリカ版の序文には書いており、そのような「設計主義的心性」が土地を設計主義的にさせ、その土地がまたさらに人々の内面を変化させており、それが佐藤作品に影響を及ぼしていると考えても、本論の射程では問題がないはずである。

文体レベルでの影響から述べていくことにすると、佐藤小説が文学的には遠まわしに言うべき表現や観念を露骨なまでに直接表現しているという高橋源一郎の指摘[*5]があるが、それは北海道に特有のコミュニケーション作法と関係があると思われる。産業心理学者の濱保久は、アジアでは主流の「非明示的コミュニケーション」に対し、「北海道のコミュニケーション・スタイルの特徴はというと、それは「明示的」であることに尽きましょう」と指摘している。[*6]アメリカと同じ開拓地であり、県民のルツボであることなどがその理由の一つだとされている。[*7]

千歳市はその札幌の郊外である。まっすぐに設計された道があちこちにある、典型的な郊外である。

*3　北海道はアイヌ人虐殺と差別の末に植民地として成立したという加害者性を持っている。しかし、続縄文人がそのさらに先住民として住んでおり、その後にアイヌ人がやってきたという歴史もあり、複雑である。北海道という、「日本」から抑圧される貧困な「弱者」が、より弱いものを「抑圧」していることを忘却・もしくは否認せざるを得ない複雑な精神構造になる。作家の向井豊昭のように、アイヌ差別と敢然と戦う人々も存在したが、ほとんどの「和人」はアイヌ人のことを意識もせず暮らしている。これはアメリカのネイティヴ・アメリカン虐殺とほとんど同じ構造である。

*4　ハイエク『隷従への道』東京創元社、二〇〇八年、xix。

*5　高橋源一郎×佐藤友哉「モデルはすべて僕の脳内にいます」「広告批評」マドラ出版、二〇〇八年、九九頁。

*6　濱保久「サービスの行動と消費行動」『消費行動の社会心理学』北大路書房、二〇〇二年、一三二頁。

それはおそらく、三浦展がファスト風土と呼ぶ場所である。「直接的には地方農村部の郊外化を意味する。と同時に、中心市街地の没落をさす。都市部でも農村部でも、地域固有の歴史、伝統、価値観、生活様式を持ったコミュニティが崩壊し、代わって、ちょうどファストフードのように全国一律の均質な生活環境が拡大した。それこそがファスト風土である」[*8]

そして三浦はこう言う。

おそらくファスト風土化がもたらす地域社会の流動化と匿名化が、現実と非現実の境界を曖昧化させているからであろう。しかも、インターネットや携帯電話という、空間や時間に制約されずに匿名性を助長するメディアが加わった。テレビゲームのように、現実と非現実の境界の曖昧化を助長するメディアも拡大した。すると、古い地域社会の伝統的生活様式の中に押さえ込まれていた観念が、急激な生活の変化（脱魔術化）によって解放される。性や暴力についての欲望、妄想も、まさにパンドラの箱を開けたように飛び出してくる。[*9]

暴力や、性についての妄想に満ち満ちた佐藤友哉の生まれ育つ土地として非常にふさわしい場所であることと思われる。つまり、千歳という場所こそが、アニメ・マンガ・ゲーム的なメディアへと自分を向かわせる。どういうことか。

世界認識がメディアによって構成されるのだとすれば、リアリティ自体が非現実によって構成されることもあるだろう。柄谷行人は『日本近代文学の起源』で、近代小説こそが近代的内面を構成したと述べているが、であればゲームやアニメなどに接している人間は異なった内面、アニメ・ゲーム・

マンガ的内面が形成されてしまうだろう。つまり、異なった内面を持っているので、素直に小説を書くだけで、あるいは表出してしまうだけで、近代的内面である「自然主義的リアリズム」とは異なったものを描いてしまうという事態が起こってしまう。これはリアリズムではない。現に「鏡家サーガ」はリアリズムではなく、非常にアニメ・マンガ的なキャラクターや展開に溢れており、これを「いわゆる」私小説や自然主義文学と見ることは出来ない。しかし、これが「リアル」であるという一点は、「佐藤友哉」の登場という『クリスマス・テロル』から逆算して捉えなければならない。『クリスマス・テロル』での「佐藤友哉」という書く主体の出現は、すべてを私小説として読み返せという指令なのではないだろうか。実際に、「鏡家ものの物語というのは、わりと私小説的なところがあると書いているんだけど」という高橋源一郎の質問に「あります」と答えているし、さらには「とにかく全部私小説なんです[*10]」と、ミステリという虚構性の強いエンターテイメントを私小説的に

＊7　実際に北海道の名産品でもある「玉蜀黍」などの農作物はアメリカ的なものであり、それはクラーク博士が招かれてアメリカ型の植民地農政学を行ったことからも明らかである。「北海道は、日本の「新世界」として、何よりもアメリカがモデルにされたのである」「もし近代文学が国木田独歩の「風景の発見」に起源を持つとすれば、それはもともと植民地のなかで形成されたことになる」（柄谷行人「日本植民地主義の起源」『ヒューモアとしての唯物論』一九四―一九六頁）。北海道はアメリカニズムが強い土地でもある(それがマルクス・レーニン主義と合流するところに、この場所特有の問題を見なくてはいけないのだが)。アニメやマンガは、日本起源説もあるにはあるが、基本的にはアメリカからの輸入サブカルチャーであることを思い出してもいいかもしれない。

＊8　三浦展『ファスト風土化する日本』洋泉社、二〇〇四年、四頁。

＊9　三浦展「下流社会とファスト風土」『下流同盟』朝日新書、二〇〇六年、二八～二九頁。

読み返して欲しいという素振りを見せている。あの小説の「私小説」的「リアル」とは、「このようなものを書いてしまうようなリアリティにあるという書き手」自身に他ならない。「自然主義的リアリティではない小説が否応無く出てきてしまう自分」を経由することで、逆説的にこれは私小説になってしまい、自然主義と呼ばれることになる。初期鏡家サーガ三部作はそのように読み直すべきなのだろう。[*11]

自然主義的な、「作者」の「私」を透かし見る読解と、ライトノベル・キャラクター小説的な読解が、混交して通用してしまうようなテクスト。例えば『水没ピアノ』のバイトを続けている主人公に作者の投影を見ることは可能であるし、『ユリイカ』ニート特集などで実際そのように受容されている一方、財閥や研究所、無敵のキャラクターなどの、現実的には北海道で出現しそうにないアニメ・マンガ的演出も他方ではある。「佐藤友哉」という一点のみが、この二つを無理なく統合する綴じ目として機能しているのだ。だがその「作者の登場」は、登場した瞬間に「佐藤友哉」がキャラクターになってしまい、決して本人自身ではない、という、太宰治と似た罠にはまることをも意味している(担当編集の太田克史もまた二一世紀の太宰治になれるとインタビューで答えているのにも注意するべきであろう)。

小笠原克は『近代北海道の文学』で北海道文学を独歩・啄木系と有島系とに分けたが、前者の「自然美や人間哀歌」と、プロレタリア文学へと繋がっていく後者を便宜的に分類している。[*12]佐藤が自然主義的に世界を見られず、アニメ・マンガ的描写になってしまうということを先に述べたが、ここには奇妙な倒錯がある。独歩が自然主義の先駆者であることを考えるなら、ここでふたたび柄谷行人の指摘が重要となる。

国木田独歩の『武蔵野』を特徴づけているのは、風景が名所から切断されていることである。名所とは、歴史的・文学的な意味（概念）におおわれた場所にほかならない。独歩が見出した風景には、そのような歴史が一切捨象されている。そのことは、明治二八年北海道の開拓に出かけた経験を書いた『空知川の岸辺』（明治三五年）において顕著である。[*13]

＊10　高橋源一郎　佐藤友哉「モデルはすべて僕の脳内にいます」「広告批評」マドラ出版、二〇〇八年、一〇七頁。

＊11　実際、『リアルのゆくえ』に収録されている対談においてはこのような指摘がされている。

東　（引用者註、鏡家サーガが）彼が札幌の郊外で生きている独特の荒れ果てた現実を言葉にするときに、あいうかたちでしか取り得なかったということだと思うんです。これはある種の自然主義と言ってもよくて、自分と世界との関係をとりあえずは誠実に言葉にしようとしている。けれど、その感覚に自然主義的な言葉が追いつかないから、密室やら多重人格やら、変なアイテムが入ってくる。

大塚　つまりそれはサンプリング的な言語でもって、自然主義文学をやっているわけでしょ。じゃあ「固有性」はそこに存在するんじゃない。（大塚英志＋東浩紀『リアルのゆくえ』講談社現代新書　二〇〇八年　一七七頁）

　フラットさ、作家性のなさを擁護する傾向のある東浩紀に対し「固有性」を持ち出す大塚の対比は面白いものがある。佐藤友哉に対するこの二人の影響は大きく、後に述べる佐藤の「二重化」を示すように、この両者の意見が「両方とも妥当である」というのが佐藤作品ではないかと私は考える。

＊12　小笠原克『近代北海道の文学』日本放送出版協会、一九七三年、三一八頁。

＊13　柄谷行人『日本近代文学の起源』講談社文芸文庫、二〇〇五年、八二〜八三頁。

北海道の、歴史性・土着性から解放された人工的な「自然」が「風景」を発見させたのだと考えると、その中にファスト風土を作りアニメやゲームなどに接する機会の多い人工的な環境で生まれた佐藤友哉的リアリズムも、自然主義と対立するものとは考えられなくなる。

中村光夫『明治文学史』の「「自然」の観念の変遷」を読むと、「自然主義」の自然が最初から虚を孕んでいたことがよくわかる。透谷−国木田−自然主義、という系譜の中で、透谷はキリスト教の影響の下、「一般人の住む世界は「力」としての「実」としての自然界であり、詩人が表現することに努めるのは「美妙」であり、「虚」である自然界であり、人間の「肉」と「魂」とがそれぞれの世界に照応するというのです」と、「虚」である自然界という認識は本来的に孕まれていた。封建意識から解放され、「神」の観念から脱却し、「肉」としての自己の存在を中心とした合理的世界観が表裏一体となって自然主義を目指した、と中村は述べる。国木田においては自然は「神への信仰」が後退したために「虚」の性質を多少失っていたが、しかしそれでも「封建意識」から切り離されたある種人工性や合理性の上に再発見された自然であると言うことは確認しなければならない。[*14]

一方で小笠原の言う有島系の、作中に名前も登場する多喜二などの流れも経たプロレタリア文学的な流れも合流していると考えてもよいだろう。自然主義とプロレタリア文学を合流させたプロレタリア・リアリズムというものがあるが、佐藤の場合は、フリーターの労働、あるいは「書くこと」という労働を執拗に描こうとしていることから、プロレタリア・マンガ・アニメ・ゲーム的リアリズムであると考えていいだろう。しかしこれはバーチャルというわけではなく、自然主義的な「風景」やリアルすら、北海道の景色から逆算して歴史を捨象した、ある意味人工的な切断を経た「自然」から生まれていたことを想起すべきであり、リアル自体が本来的にバーチャル性によって成り立っていたのだと考えるべきである。

北海道左翼とマッチョイズム

そのように佐藤友哉を透かし見てみた場合、『フリッカー式』から一貫して、弱者と強者の強い階層意識が見出される。『世界の終わりの終わり』では、千歳から抜け出すパスポートとして「才能」という強さが求められていた。非現実的な頻度で登場する「財閥」や「金持ち」、そして彼女等を誘拐しながらも逡巡する『フリッカー式』の主人公のルサンチマン。弱者は虫けらのように扱われることを露悪的に描く。これには非常に、左翼的な図式を見ることは出来ないだろうか。

北海道はマルクス・レーニン主義の影響を受けた北教組がいるためか、あるいは雪による貧困などの問題のためか、あるいは設計段階からか分からないが、左翼的な思想が強い。保阪正康はそれを「北海道左翼」と名づけている。

北海道左翼という言葉は、今こちらがわ（東京）で言うところの左翼とはちょっと意味が違う。北海道というところには、後進国型の社会主義体制のような空間と意識が出来上がっているんです。もっと詳しく言いますと、戦後の空間のなかで、北海道は社会党政権でした。（中略）この田中敏文の社会党が道議会で過半数を占めているという状況が続いていたんです。（中略）社会党の社会

＊14　中村光夫『明治文学史』筑摩叢書、一九六三年、一八五〜一九一頁。

主義体制を堂々と是とする論理構造が蔓延り、それを支える勢力が一定の力をもっている。そしてその一定の力を支えているのは官公労で、民間企業は壊滅状態です。（中略）彼らの認識というのは植民地型の社会主義、満州国のそれと似ているんじゃないかと思うんですけどね。[*15]

実際に、この土地は連帯感が強い一方で生産や成長という意識が乏しく、政府から予算が降りてくる前提で生きているような地域であり、福祉への負担を増大させて生産性を落としてしまうという、ネオリベラリズムが否定するようなネガティブな福祉国家的な場所である（実際に、成長に乏しく極端に経済が悪化しており、生活保護率も高く、不正受給のニュースもよく耳にする）。『世界の終わりの終わり』には、そのような、左翼的な「平等」思想に対する非常に強い葛藤があちらこちらで散見される。それは「無視」ではなく、敢えて戦わなければ抜け出せないような執拗さで出てくる。

例えばそのことは「『世界』の終わり」（初出）でもこう自覚されている。「このままじゃあ、完全に搾取されてしまうんだぞ。搾取？　どう云う意味だろう。誰の発想だ？」[*16]あるいは『水没ピアノ』や『世界の終わりの終わり』『灰色のダイエットコカコーラ』で描かれるフリーターの鬱屈。

千歳は自衛隊と空港によってかろうじて生きているような土地でもある。よって、自衛隊的マッチョイズムも繁栄しやすい。「覇王」や「弱者は死ね」などという露悪的な吐き捨てにはこのような意識が垣間見える。北海道左翼的な思想と、自衛隊的なマッチョイズムが混交する「千歳」というファスト風土、その中でこそ、佐藤友哉という作家は理解しなくてはいけない。

唯一性を求めて

ファスト風土的な、匿名的で、固有性を失った世界観。札幌は都市を碁盤の目にし、地名を番号で呼ぶことからも顕著なように、固有名への配慮が少ない。東京の地名は「大手町」「秋葉原」「神田」などと細かく名前がついているが、札幌の中心部は「北三条西四丁目」などである。単位面積あたりの固有名詞率が著しく低い。さらに、アルバイトという、誰とも交換可能な労働に従事しているフリーターたちは、固有性を実感しにくい。地縁共同体、あるいは会社共同体、それらを失った佐藤的登場人物はどうなるのか。彼らは「唯一性」を求める。どうしようもなく求めてしまう。それが『世界の終わりの終わり』と『灰色のダイエットコカコーラ』のメインテーマだ。

少し迂回するが、『灰色のダイエットコカコーラ』は、中上健次の「灰色のコカコーラ」を下敷きにしている。明らかにこの作品が意識している前期中上の「秋幸サーガ」には「浜村龍造」という、強い、キャラの立った「父」が、登場する。自分の住んでいる場所ではそのようなキャラは登場しないというとでもいうかのような自虐を含んだ発言も佐藤はしている。[*17] その「龍造」のイメージが、暴力で「覇王」になった『灰色のダイエットコカコーラ』の祖父に重ねられている。

＊15　保阪正康　西部邁「「左翼」のおろかしさ、「反左翼」のおぞましさ」「発言者」二〇〇四年八月号三一～三二頁。
＊16　佐藤友哉「『世界』の終わり」「新現実」角川書店、vol.1、二〇〇二年、七一頁。
＊17　高橋源一郎　佐藤友哉「モデルはすべて僕の脳内にいます」「広告批評」二〇〇四年八月号九九頁。

中上の作品とは時系列に並べると「路地」という強い文学性を持った磁場で固有性の強い人物が登場する作品から、路地が解体されてフラットになっていく流れを追うようにして書かれており（「岬」↓『枯木灘』↓『地の果て　至上の時』）、「近代化」や「開発」がされている。佐藤は「開発」からスタートしている北海道という、フラットから始まっている場所を描くことで、中上を継ぐ意識もあるのだろう。他に中上作品との共通点として、「日本」の正史から外されてきた場所である意識があるだろう。

彼の世界観には、多数の搾取されるだけの「ゴミのような人間」と、力強く搾取し踏み潰す「覇王」しかいない。そして『灰色のダイエットコカコーラ』『世界の終わりの終わり』の主人公は、強い覇王になることを目指す。「この俺という存在は唯一だ！」「確かに俺は犬だ（中略）人混みに紛れてしまえば一瞬で見分けがつかなくなる無個性だ」「俺はこの現象世界に無数に存在する俺以外の人間と同質の存在だ。この俺と云う人間は、しこたま存在する俺の中の一人に過ぎない」そして自分が「唯一」であるという思いと、匿名の大勢でしかないという合間を揺れ動きながら、主人公たちは「唯一」になるための方法を求め続ける。「唯一存在としての俺との違いは、殺しを行ったか否かと云う点にある」[*18]と、殺人をすることが「唯一性」を獲得する方法であるかのように書かれている。

これには一九九七年に神戸で起きた酒鬼薔薇聖斗事件を思い出させるところがある。[*19]実際、その事件は『灰色のダイエットコカコーラ』において記述されている。「ミナミ君は先日逮捕された神戸の十四歳を、世間を騒がせている児童連続殺傷事件の犯人を、話題のA君を、最大級に嫉妬していたのだ」[*20]。さらに、同時期に書かれた中篇、二〇〇五年一月発表の「子供たち怒る怒る怒る」の舞台が、北海道ではなく例外的に「神戸」に設定されていたことを思い出すべきだろう。そこは「色がない」

「書き割り」と表現され、「パターン化された生活を忠実に守るように動くので、本当の部分がまったく見えない。それは何かを無理に隠しているようで、ぼくにはとても気持ち悪く感じた」[*21]と述べられている。この「本当の部分」とは何か。

酒鬼薔薇聖斗事件は当時中学二年生だった少年Aと呼ばれる犯人が「酒鬼薔薇聖斗」という「聖名」（本人の呼び方）を名乗り、男児を殺害し、頭部を学校の門に放置し、挑戦状まで神戸新聞社に送りつけ、人々を震撼させた恐るべき少年犯罪である。その挑戦状は以下のように書かれていた。「ボクがわざわざ世間の注目を集めたのは、今までも、そしてこれからも透明な存在であり続けるボクを、せめてあなた達の空想の中でだけでも実在の人間として頂きたいのである[*22]」

彼は、「バイオモドキ」（生命もどき）のアナグラムといわれる「バモイドオキ」神を信じていた。

＊18　佐藤友哉「『世界の終わり』の終わり」「新現実」角川書店、vol.3、二〇〇四年、一八一頁。

＊19　神戸はまた阪神・淡路大震災の被災地でもある。「社会」が崩壊して瓦礫が剝き出しになったと言う「リアル感」と、社会の構築性（虚構性）が剝き出しになったと言う事態は確かにセカイ系的想像力と関係があるかもしれない。だが、直接に関係があるのはむしろ直接的に震災の影響を語る清涼院流水であり、佐藤はその影響下にあるとは言え、あまり大震災の影響自体を作中に見出すことはできなかった。私の調べた限りでは佐藤友哉自身が阪神大震災の被災地に「直接触れた」ということはないのではないのだろうか。そうであるならば、大勢と同じように、「阪神大震災」の「リアルさ」を「メディアを通して」見たと言うことになるのだろうか。そこに「リアルさ」の厄介さが孕まれる。

＊20　『灰色のダイエットコカコーラ』講談社、二〇〇七年、一八頁。

＊21　「子供たち怒る怒る怒る」『子供たち怒る怒る怒る』新潮文庫、二〇〇五年、一四五頁。

そしてそれから「聖名」（生命を想起させる）を「頂く」ために事件を起こしていた。彼は事件を「実験」と言い、「壊れやすさを確かめる」と表現した。これに対し、大澤真幸はこう指摘する。

この語は、機械のような「物」の状態を表現するときに使われるのが通例である。この事実から推察できることは、Aには、人間が「人間」としてではなく、物に近接した何かとして現れていたのではないか、ということである。*23

これは、二〇〇二年発表の『クリスマス・テロル』において、密室トリックの解決法として、何かを書いているのに、透明とされている存在、見えなくなった存在、というトリックを用いた結末を想起させる。ここで書き手は透明になっており、それは「事実上のクビ宣告」を受けていた佐藤自身のことでもある。まさに副題の「invisible invater」の通り、「見えない（透明な）創作者」である作者本人のせり出しが起こっている。実際、作者は、あとがきではなく、終章として、物語の一部として登場する。

無視。
無関心。
僕が何よりも恐れているのはその二つだ。*24

かくして「透明」な「匿名的」存在だった書き手が固有名を持って自己主張し始める（柄谷行人が、

言文一致によって可能にした近代的内面を作り出す文体を、不純物を含まない「透明」と呼んでいたことも補足しておきたい)。このせり出してきた「佐藤友哉」が作者自身ではないというのは当たり前のことだ。我々が目にしているのは、厳密に言えばテクストであり、作者自身には到達できないだろう。テクストが「佐藤友哉」自身になることはできない。生身の佐藤友哉自身と、キャラクターとしての「佐藤友哉」に二重化しているように存在しているのであろう。「佐藤友哉」という固有名詞が作中に現れるときはそのように読まなければならないだろう。

単行本化において削除されたが「『世界の終わり』」の雑誌掲載時の結末部は以下のようであった。

これは何かの間違いだ！　僕にはもっと才能があったんだ！　本当なんです、嘘じゃないんです、信じてください、見捨てないで下さい、置いて行かないでください！　ここには誰もいない。誰も僕を見てくれない。誰か、お願いです、僕を見て。ねえ、ねえ、聞こえてますか？　僕の言葉が、僕の文字が、聞こえていますか？　見えていますか？

僕の存在が見えていますか？

僕の姿が見えていますか？

＊22　当時起こっていた「理由のない少年犯罪」が、従来型の少年犯罪（非行）のように都心部繁華街で起きていたのとは違い、郊外や地方都市で統計的に多く発生していたことも想起するべきかもしれない。「ファスト風土」論もこの事実を下敷きにしている。

＊23　大澤真幸『不可能性の時代』岩波新書、二〇〇八年、六五頁。

＊24　佐藤友哉『クリスマス・テロル』講談社、二〇〇四年、一五七頁。

見えていますか?
誰か![25]

「透明」で「匿名的」で「固有名」のない生(二〇〇八年の「ウィワクシアの読書感想文」は固有名詞が一つも出てこない、淡々とした労働の日々が描かれている)。「普通」の生。「普通」であることそれそのものが「唯一性」を失わせる社会。そこから「唯一性」を取り戻す方法が二つ描かれる。それは「暴力」と「書くこと」である。『世界の終わりの終わり』の主人公は初出ではハンティングナイフを所持しているが、単行本化によって削除されている。初出では存在した覇王と暴力というテーマも削除されて『灰色のダイエットコカコーラ』の中で展開している。「唯一性」を獲得するための二つの手段が、『世界の終わりの終わり』初出段階から、「書くこと」=『世界の終わりの終わり』単行本版と、「暴力」「覇王」=『灰色のダイエットコカコーラ』に明確に分離されている。

さて、「書くこと」の方のテーマ系を引き受けた『世界の終わりの終わり』だが「もし僕がこの世にいなかったら、僕の書いた小説はこの世に存在しないことになる」[26]と書かれている。『世界の終わりの終わり』の「小説を書く」の背景には、そのような唯一性への切実さを見なければいけない。

「社会」の過剰――セカイからの出られなさ

暴力や、殺人などの手段を用いて「唯一性」を求めてしまうまでに人を追い込む、あるいは絶望的に小説を書かなければいけないところにまで人を追い込む具体的な力とは一体何か。『水没ピアノ』

からこのような箇所を引用してみたい。

駅に着き、電車に乗りこむ。すべての乗客が、汚らしいものを見るような目つきを僕に向けている。誰も僕の半径一メートル以内に入ろうとしない。そんなに僕は……気持ち悪いのか？　いやそんなはずはない。これは自意識過剰がもたらす錯覚だ。*27

「自意識過剰」は佐藤友哉への決まり文句である。実際、『世界の終わりの終わり』初出は自註や言い訳や自己解釈などの連続で、文体レベルで「自意識過剰」で「痛い」。それは確かである。しかしながら、この自意識過剰を単に自意識過剰と考えていいのだろうか。「自意識過剰」という言葉には、自意識が、他の人の平均と比べて多いということを非難するニュアンスがある。つまりそこには、他人と同じであれ、という圧力が言外に含まれているのだ。筆者の生活と観察によるものだが、北海道は、服装のレベル、生き方のレベルで多様性が低く、同調圧力の強い土地である。ここで『水没ピアノ』の主人公が出会っているもの。それは「自意識過剰」ではなく、「社会の過剰」なのではないだろうか。これは、「共同体」のような、暖かく、縁によって結びつくような場所ではなく、冷徹で均質な「社会」である。

＊25　佐藤友哉「『世界の終わり』」「新現実」角川書店、vol.2、二〇〇三年、一八八～一八九頁。
＊26　佐藤友哉「『世界の終わり』」角川書店、二〇〇三年、一七三頁。
＊27　佐藤友哉『水没ピアノ』講談社文庫、二〇〇八年、二六頁。

「社会」とはここでは現代の社会学で使われているようなニュートラルな意味を持った言葉ではなく、市野川容孝が指摘しているように、「ドイツやフランスの「社会的な国家」にほぼ相当する日本語は、「福祉国家」である」[*28]との通り、福祉や社会主義の含意を持っていた。それは日本において通俗的にはほぼマルクス・レーニン主義と重ねられて理解されてきたようだ。

佐藤作品の主人公がなぜひきこもるのか。あるいはなぜひきこもらざるを得ないのか。閉じこもったセカイで、脳内妹と戯れなければいけないところにまで追い込まれるのか。これは斎藤環が佐藤と滝本を論じた「ひきこもり文学は可能か」の中で「社会と個人は対立しない。社会に個人が内在すると言いうるのと同程度に、個人の中に社会は内在する」[*29]と述べているように「個人と社会」という対比で考えるべきことですらないだろう。むしろ、主体の中、無意識の中、内面の中すら他者で覆い尽くされてしまっている、他者によって自分が構成されてしまったが故に、主体でも個人でもない、という状態なのではないだろうか。多様なサブカルチャーの引用だらけでしか自分が表現できないということ、自己否定、自己注釈などにその意識は非常に良く見えてしまう。

例えば『アンダーグラウンド』以降の村上春樹がたどっていったように、ひきこもっている主人公や佐藤作品に対し、セカイから出て、社会に出ろ、アンガージュマンしろ、などと、セカイから外に出て行くということを肯定する意見を述べることも簡単であるし、『世界の終わりの終わり』は一見それを志しているかのように見える。しかしことはそう簡単なことだろうか。

佐藤の村上春樹への意識、特に『世界の終りとハードボイルド・ワンダーランド』への意識は明らかである。『世界の終わりの終わり』と同じ時期に書かれていた、ひきこもり・世界の終わりじみた「埋まった学校」からの脱出サヴァイヴァルである『鏡姉妹の飛ぶ教室』は、ひきこもり世界の闇のメタファーを明らかに「ライトノベル的世界」に重ね合わせながら、いくつものひっくり返しを経て、「水の中に沈んでいく」ラストを迎える。明らかにこれは村上春樹の『世界の終りとハードボイルド・ワンダーランド』の、脳内世界から脱出しないことを選択する主人公が沈んでいくのと重ね合わせている。

同時期に「「世界」の終わり」という作品も発表されている。「「世界の終わり」の終わり」が、そのような引きこもり世界からの決別を謳っている、そして『灰色のダイエットコカコーラ』の結末もそのような前向きのように見える。そのような解釈はネット上では非常に多い。しかしながら、この解釈を承服しがたいのは、ほとんど同じ時期に書かれ、二〇〇五年に修正稿が発表された『鏡姉妹の飛ぶ教室』が水の底に沈む＝セカイに閉じこもる結末になっており、そしてこの三つは「時系列」順に成長しているというよりは、並列しているように思われるからだ。「『世界の終わり』」（初出）において「灰色の炭酸ヨーグルト（アロエ入り）」という章タイトルがついていることも、この三作が複雑に絡み合っていることを傍証する。発表順を確認してみよう。

二〇〇二年七月に「「世界」の終わり」発表。二〇〇二年十一月に同人誌『タンデムローターの方法論』で「灰色のダイエットコカコーラ」発表。二〇〇三年にWEB上で『飛ぶ教室』連載開始。二〇〇四年四月、「「世界の終わり」の終わり」発表。二〇〇四年七月に『灰色のダイエットコカコーラ』連作の最終作短縮版「虹色のダイエットコカコーラレモン」を発表。そしてその間、単行本化や

＊28　市野川容孝『社会』岩波書店、二〇〇八年、vii頁。
＊29　斎藤環『文学の徴候』文藝春秋、二〇〇四年、二十六頁。

文庫本化において手を入れ続ける佐藤は三つを並行して修正し続けていたと思われる。二〇〇五年『飛ぶ教室』単行本発表。二〇〇七年六月、『灰色のダイエットコカコーラ』単行本発売。二〇〇七年九月『世界の終わりの終わり』単行本発売。

よって、これは、単純に「セカイに閉じこもる」小説も書かれていて、それは時系列で捉えるべきではなく、三つに分裂したまま存在しているのだ。そのことからして、セカイに閉じこもることと、セカイから出て行くことの二つが、矛盾のまま存在し続けていると考えるべきではないだろうか。『エナメルを塗った魂の比重』『水没ピアノ』では、並行的に語られる複数の話が、AとBだと思われていた人物は実はAであり、無関係に並んでいた複数の物語は実は一つの時系列上の物語であるという鮮やかな種明かしによってミステリ的なカタルシスを与えていたが、そのように、並行している筋が、別個の作品という形で展開していると考えるべきではないだろうか。だからこれは単純に「社会」に出ることを選んだとも言いがたい。その社会が過剰であるがゆえに彼は助けを求めることもできずにひきこもり、「唯一性」の獲得のために殺人を構想したり、小説を書いたり、過剰な自意識で抵抗しなければいけなかったのではないだろうか。ひきこもることをやめるぐらいでは解決できない何かに対する感受性がその「セカイから出ることを肯定する」言説には足りていないと思われる。

北海道左翼的な通俗社会主義は、「『世界の終わり』」中の小説内小説で、単行本バージョンだと『優しくない世界で優しく生きる会』という名前になって「猛烈な悪意。弱者と強者の格差。裏切り。劣等感。憎悪に嫉妬に比較と差別!」と叫んでいる会の少女と主人公との論争として現れる。少女は、「東京の制覇」のメタファーとして主人公が東京タワーに登ろうとしたときに必ず現れ、主人公に目的を達成させない。

「あなたはこの世界が間違っていると思ったことはありませんか？」

明瞭なハスキーボイスだった。

「勝者が幸せで敗者が不幸せなのは当たり前だよ[*30]」

こうして世界を救おうとする少女と、自分のことだけを考えて強くなることを考えている主人公が論争をする。まず、主人公は、君も高校という蹴落としシステムを通過したではないかと偽善性を指摘する。そして「賛同したいし支持したい」と漏らすが、現実的ではないのではないかと半ば投げやりに言う。これは否定ではない。それが正しく、尊いこともわかっているのだ。だから主人公は少女を抱きしめる。しかし、その「善意」こそが自分を追い込む「社会」を形成したこともよくわかっている。だからこの主人公の言動は分裂的で、無限循環的になっていく。この点で、主人公は、東京に出ても、東京と向き合っていないのだ。結局のところ、東京に出てさえ、「北海道」そのものと向き合い続けているとすら言えるかもしれない。

北海道とセカイ系

＊30　佐藤友哉「『世界の終わり』」「新現実」角川書店、vol.2、二〇〇三年、一六八頁。

少し距離を置いて、セカイ系と呼ばれている作品の場所を検討してみたいと思う。あまりにも「北海道」が舞台になっているものが多すぎるのだ。定義も曖昧なまま流通しているこの言葉ではあるが、あるイメージはゆるく共有されているようであり、典型的な作品として、新海誠「ほしのこえ」、高橋しん「最終兵器彼女」、秋山瑞人『イリヤの空、UFOの夏』などが挙げられている。源流として「新世紀エヴァンゲリオン」があり、その他のセカイ系作家として佐藤友哉や滝本竜彦も挙げられる。その舞台となる場所として、なぜか多いのは、北海道、北関東であり、セカイ系の典型的なイメージと言える、平坦な地面に広い空という景色のある場所であることがわかる。新海誠の「雲のむこう、約束の場所」も舞台（塔のある場所）は北海道であり、「最終兵器彼女」もまたそうである。「反転したセカイ系」と呼ばれる『恋空』もまた喋り言葉などから北海道であることがわかる。これはあからさまに偏ってはいないだろうか。

簡単に思いつくその理由の一つとして、北海道は、観光産業の戦略で美しい表象とされがちであり、海の向こうであり異国感があるから、日常とは違うロマン主義的な心性を投影しやすいものであるから、という可能性はある。しかし、それなら沖縄が舞台でもいいはずであるのに、沖縄だと少し「セカイ系的感情」が生まれにくい。「北海道」と「セカイ系」のこの特殊な結びつきは一体何なのだろうか。

セカイ系のもっとも簡単な定義として、「社会」が脱落して、「きみとぼく」の恋愛が絶対化された何かに感じられる作品群、というのがある。我々がセカイ系的と感じる作品の多くはこの「男女」の恋愛の「絶対化」が起こった際の感動が高いものが多い。なぜ富山や大阪が舞台だとセカイ系のように感じないのか。それは、地縁共同体や家族共同体や中間共同体などの、「歴史」を背負った「共同体」が存在することを背景に感じるがゆえに、その恋愛の「絶対感」が薄まってしまうのではないだろうか。新海誠「秒速五センチメートル」一話が感動的なのは、二人以外に、周りの空間に、誰も居なく、何もなく、二人はそれぞれに孤独であるからだ。『恋空』もまた、共同体や家族は影が薄く、後半に行くに従って友達とも疎遠で孤独になっていき、「きみとぼく」だけが絶対化していく。

これは「社会」が脱落しているというよりは、「共同体」が脱落しているのだ。そこに「社会」はあるかもしれない。しかし、それは、固有性や唯一性を、生の意味を与えない冷たい「社会」でしかない。だからこそ人々は撤退し、永遠とも錯覚するような「生の意味」を恋愛の場においてしか獲得できないのではないだろうか。

このような「二者の結合と永遠」のようなものを典型的なセカイ系の特徴だと考えると、佐藤作品は随分違って見える。妹が脳内にいるというところはセカイ系的と言えるかもしれない。しかし大体恋愛は成就しないし、そもそも大したウェイトは置かれていないし、悲劇的な結末に至るし、新海作品などと比べて圧倒的に暴力に満ちている。新海作品のような「フラットさ」ではなく、フラットな何かを破壊するかのような過剰さに満ち溢れている。佐藤作品の荒んだ景色の描写や文体は、まるでロマン主義的心性の投影されている観光イメージとしての「北海道」への露悪的な現実の突きつけによる批評のようであるのだが、「言文一致」と「風景」が「透明」であり、それを破壊する際に突き付ける「現実」が佐藤の場合混乱していると言うのは先に述べたとおりである。過剰な無限循環やメタ意識や自意識や暴力や回転こそが推進力となり、混交して混ざり合った雑然とした小説。自然主義とアニメ・マンガ・ゲーム的なものが混ざり合い、キャラクター小説と私小説とが混ざり合い、ぐちゃぐちゃになっているが、決してそれは二項対立ではない。単一のメッセージには決して回収できない駆動し続ける運動性による生の躍動感が現れている。

二〇〇二―二〇〇六の期間に書かれていた、矛盾したメッセージを発する中篇がもう一つ存在する。それが「子供たち怒る怒る怒る」である。この作品では、「小さな共同体」ゆえに「差別」「迫害」されることへ、素朴な怒りを表明し、「覇王」や「才能」などと言い出す側と逆のことが述べられる。この主人公は「覇王」になろうとするのとは違う考えを持たされている。「助けたいんだよ。みんなを助けたいんだ。理由もないのにひどい目にあってる人たちを、何もしてないのに泣いている人たちを、ぼくは助けたいんだ[31]」などと語る。小さな日本的な共同体の陰湿さゆえに、部落差別を暗示しているような差別や迫害を受けてきた登場人物の告白の後に、「すべてが更地になり、すべてが平等になりますように[32]」との願いが込められる。これは、土着の陰湿な共同体から解放された、差別のない自由で平等な土地を作ろう、という北海道に託された夢自体を佐藤が理解していることを示す寓意ではないだろうか。しかし、その夢や理想の土地こそが自分を追い込んだという矛盾を抱えざるを得ない。彼はその「更地」に夢を託す心理を理解しつつも、破壊せざるを得ない、常に両義的な意識が見え隠れしている。陣野俊史が「更地と希望―佐藤友哉『子供たち怒る怒る怒る』を読む―[33]」で述べているようにはすんなりと「更地」に希望を見出すわけにはいかない。

互いに矛盾し、相互に反発する結論を同時に抱え込む、矛盾した運動性の作家。それが佐藤友哉だ。その矛盾の中心、それが、「『世界の終わり』」において、覇王=東京制覇の象徴として登ろうとしていた東京タワーである。主人公がそこに近づこうとすると、左派的意見を持った少女が現れて、結局彼は登ることができない。東京タワーを中心として、縦横の軸に、「セカイに閉じこもる・閉じこもらない」「力で覇王になる・弱き者を救わなければならない」が分裂していて、それを統合すべき中心の塔にはたどり着けない。この塔には、再び後の短編「３３３のテッペン」で向き合うことになる。

「フラットさ」の破壊――イロニーについて

さて、透明な存在であった「佐藤友哉」はその後『１０００の小説とバックベアード』において三島由紀夫賞を受賞し、透明な存在ではなく、固有名と承認も獲得した存在になった。その受賞後第一作として刊行された『世界の終わりの終わり』単行本版には最終章が付け加えられている。大きく書き換えられたこの単行本版では初出ではかすかな希望にすぎなかったものが、もっと希望あふれるものになっている。「世界の終わり」には「夢の達成」という意味も付け加えられる。そして「応援」という主題が現れる。小説は書け、褒められ、そしてファンレターが来て、「さあ、現実に戻ろう」「さあ、現実を進もう」[*34]という呼びかけとともに、初出にはなかった「世界のはじまり」が告げられる。これはセカイを出て前向きに現実を生きよう、夢は叶うよ、という話なのだろうか。ことはそう単純ではない。

第二章において、初出では「フィクション」として書かれていた女性とのギャルゲー的恋愛模様が、

＊31　佐藤友哉「子供たち怒る怒る怒る」『子供たち怒る怒る怒る』新潮文庫、二〇〇五年、二四五頁。
＊32　佐藤友哉「子供たち怒る怒る」『子供たち怒る怒る怒る』新潮文庫、二〇〇五年、二七五頁。
＊33　陣野俊史「更地と希望―佐藤友哉『子供たち怒る怒る怒る』を読む―」「群像」二〇〇五年十月号。
＊34　佐藤友哉『世界の終わりの終わり』角川書店、二〇〇七年、二九二頁。

作中作ではなく、作品内の現実であることになってしまっている。全く現実を歩いていない。「現実を歩こう」と言いつつ、その作品は一度は「フィクション」であると正直に言っていたものを、作品のベタ水準にしてしまうという欺瞞を犯している。ここで「現実を歩こう」と言ったところで、彼の現実は、既に現実か非現実かわからず混交しているものである。作品自体がそれをよく表してしまっている。そもそも、「自然」すら人工的に発見されたものであり、「見方」などが作られているものであり、都市は設計主義的に人工的に作られているなかで、「現実」と「非現実」の区別などはつくのか。現実とは一体何のことで、何を現実の底とするのか。札幌や筑波やファスト風土などはシミュラークルが増殖しているシミュレーション空間のようにも見えるぐらいだ。

佐藤友哉は、フラットな空間を、まるで石狩平野や千歳市や札幌市を嫌っているがごとく嫌い続けているようだ。そして「大人はあまりに平坦で、そいつ等は彼がどんなことをやっても無反応で、たとえば絵を描いても、詩や小説を書いても、何をしても無反応で、すごかったらすごいと、なっていないのであればなっていないと、一言だけでもいいからリアクションが欲しいのに、でも連中はぶよぶよした肉のカタマリだから何も考えられなくて……もう、本当に、駄目だ[*35]」『灰色のダイエットコカコーラ』の登場人物の一人に語らせている。

フラット性を徹底的に破壊しつくすこと。文体レベルや構造レベルでも徹底的に破壊しつくすこと。佐藤作品によく言われる「サンプリング」感覚であるが、『世界の終わりの終わり』初出では西尾維新や中上健次から、鏡家サーガでもアニメなどからのたくさんの引用、小ネタがあるが、これらは作品をフラットにさせず、絶えず色々なものと繋ぎ、作品を貫くラインを複数用意する。単線の物語が逸脱するフックが、文学的なものもアニメ・マンガ的なものも音楽も関係なくどんどん仕掛けられている。『世界の終わりの終わり』初出において存在していた、あまりに多すぎるこれらの仕掛けや、自註していることについても自註がつき無限にまで至りそうな気配を見せていた自註、自己批判やメタの仕掛けがほとんど削られて、単行本では物分りのよい物語になってしまった。これ以降佐藤作品にはこれだけノイジーな作品はない。作中の暴力や過激さが、文体レベルにまで遡り、内破的に自註地獄を続け、メタ地獄にまで至りそうなスレスレの、作品自体を滅ぼしかねないほどの過激さを持っていたのは『世界の終わりの終わり』初出だけである。例を挙げるなら「ファインダー式」「レントゲン液を吸った魂の悲痛」「死没ヒマワリ」「苦します・妹」「救われません?」「灰色の残念と被害オーラ」とセルフパロディで自分のこれまでの作品を焼き尽くすかのように結末に向かっていた勢いはかなり抑えられた。

フラットさを戦場と感じる感性。なぜかセカイ系の作品は、土地は平坦で空が広くそこで主人公と無関係な戦争が起こっているという表象が多いが、岡崎京子が『リバーズ・エッジ』で引用したウィリアム・ギブスンの「THE BELOVED（VOICES FOR THREE HEADS）愛する人（みっつの頭のための声）」（黒丸尚訳）という詩の「翻訳」にその感性の源流を見つけることもできそうだ。

HOW WE SURVIVE　　　　平坦な戦場で
IN THE FLAT FIELD　　　僕らが生き延びること＊36

＊35　佐藤友哉『灰色のダイエットコカコーラ』講談社、二〇〇七年、二〇頁。

と、「FLAT FIELD」が「平坦な戦場」と訳されている。黒丸尚の意図は不明だが、この詩の前後を見ても「戦場」と訳する必然性は詩自体からは見えてこなかった。「field」自体は、野原・田畑・競技場・戦場・地・面などの多義的な意味を持った言葉であり、「戦場」に限定してしまう必然性はないのだが、黒丸尚にとって、これを「戦場」と感じる感性があったということが重要である。「セカイ系小説の臨界点」で渡邉大輔はセカイ系とロマン主義を結びつけて考えているが、私もこれに賛成する。そして、日本浪漫派の代表格とされている保田與重郎のロマン主義には二種類の方向があったと考えられる。それは保田が「日本の橋」という言葉に象徴させた、「繋がること」自体のロマン化[*37]。これはフラットなセカイ系に対応する。もう一つ、自己の形式的な否定、ロマンティックイロニーによって、逆説的に超越的な「私」を浮かび上がらせるという手法。保田にはこの二つが混在している。明らかに佐藤はこの後者に属している。

橋川文三は『日本浪漫派批判序説』で日本浪漫派を批判してこう述べている。「「無限の自己否定」の志向としてのみ（即ちイロニイとしてのみ）自己を主張するという悲劇に終わった」と。そもそも日本浪漫派の発展自体が、橋川に言わせれば「プロレタリア・共産主義運動というもう一つのトータルな試みとその挫折ののちに、啄木の場合と同じ心理的実質に支えられながら、それと著しく異なった文明批評形式として日本ロマン派が生まれたものと考える[*38]」。社会主義的な教育が今でも続き、プロレタリア文学が盛んであった北海道において、佐藤のロマン主義が彼の文明批評として読めるのは確かなのである。

単一のところにとどまらず、矛盾し、分裂している、その運動性。それはイロニーというものの性質である。イロニーは「混沌を住家とするものの自己主張である、矛盾をパラドックスにまで表現するものの場である」[*39]と保田は述べる。それをファシズムに繋げて非難するのは簡単である。だが再び我々は「社会」の過剰に戻らなければいけない。そのような「生」を抑圧し、「透明化」する「社会」の限界の中で、悲鳴のように、絶望的に、彼は「作家」に「覇王」に「暴力を行使する側」にならなくてはいけなかったのではないか。その抑圧がゆえに、追い込まれたのではないか。内奥的な充実感は、それが危険であっても、なければ、耐え切れない。佐藤の小説は大声でそう叫び続けている。一方でそれが危険であることをわかっているということも示し、その矛盾に耐え切れず「撤退」する素振りも見せる。

形式化した「無限の自己否定」を明確に自覚しているが、それへの批判や否定も形式的たらざるを得ない。「しかしそうした自嘲も、今や形式的なものになっていた。それが解っているので、さらに嗤った。当然それも形式の一部だった」[*40]と「死体と、」の登場人物の一人が語っているところから推察するに、明瞭な自覚があるといっていいだろう。そして、突破口であるかに見えたに過ぎないにしても、そこからの突破口も描かれている。「しかし少女の死体を目にした瞬間、長年保持していたその感覚は吹き飛んだ」

＊36　ギブスン「愛する人(みっつの頭のための声)」黒丸尚訳「ARTRANDOM Robert Longo」京都書院、一九九一年
＊37　保田與重郎「日本の橋」『保田與重郎文芸論集』講談社文芸文庫、二〇〇八年。
＊38　橋川文三『日本浪曼派批判序説』講談社文芸文庫、一九九八年、六〇頁。
＊39　保田與重郎「日本浪曼派について」保田與重郎全集七巻　講談社、一九八六年、二四六頁。
＊40　佐藤友哉「死体と、」『子供たち怒る怒る怒る』新潮文庫、二〇〇五年、七二頁。

本物の死体は「死」を想起させることにより、「物自体」や、「外部」を意識させるものである。そこにこそ突破口を見出そうとする気持ちはわからないでもない。しかし、佐藤作品に登場する死体はどれも本物臭くない。どれも頭で作られたか、マンガやゲームの中のようだ。その「想像のなかの死体」に到達できるわけはない。そこは外部のようで完全に内部なのだ。*41

4、3、2、1——矛盾と自己否定の運動*42

以上に書いたように、佐藤は二〇〇二–二〇〇六の間の四作品で四つの対立するメッセージ（セカイから出る–出ない　覇王になる–弱者に優しくする）を発している。まるで自己否定と矛盾を繰返しながらそれが故に空虚な「自己」だけが絶対化するように、東京タワーが辿り着かない中心として全体を釣り支えているかのようだ。以降はこの「点」について考察していくことにする。先に述べてしまうが、それは「一つの点」が釣り支えるという図式には収まらないのである。

二〇〇八年、佐藤は「３３３のテッペン」という作品を発表する。これは東京タワーのてっぺんに死体が刺さっているという短編だ。この作品の検討に移る前に、時期的にその前に書かれていたであろう「青酸クリームソーダ」（二〇〇六年執筆、二〇〇八年発表）に触れておこう。これは「鏡家サーガ入門編」というサブタイトルなのだが、タイトルは明らかに、「赤色のモスコミュール」や「黒色のポカリスエット」という「〇色の飲み物」という形で『灰色のダイエットコカコーラ』シリーズの連作に連なっていることを示唆している。我々は、『エナメルを塗った魂の比重』や『水没ピアノ』のように、バラバラだった矛盾する四つが統合されたのか、否か、あるいは別のことが起こっているのか、この二作を検討することで導き出さなければいけない。

　この作品は、主人公の鏡公彦が「十字路」で殺人鬼のめじかと出会い、彼女の理由が不明な殺人の動機を推理させられるというものである。殺人の動機は幼い頃の愛情不足という、極めてヒューマニスティックなものだと判明する。「家庭環境なんていう、あまりに簡単な真相」により、この犯人めじかは「誰にも必要とされていないのでは」と述べているように、透明から逃れるために犯罪や血を求めるというモチーフを継いでいる。それと同時に、妹（めじか）と兄というセカイ的な閉じた関係を、自らも妹と関係を持っているくせに、「気持ちの悪い兄妹愛」と公彦は否定する。先に検討した四つのテーマから、「才能」によって「書く」ということのみが欠落している。この小説はやたらに十字が強調され、めじかは吸血鬼だとミスリードされ、「公彦君は十字路の中心で灰掛めじか嬢と出会った。その瞬間から、公彦君は道案内をしなければならなくなった。それをする責任が生じた」と

＊41　そこで例えば「死」や「外部」に出会おうとすると、イラクに行ってしまうというようなことが起きるが、二〇〇四年に起こったイラク日本人人質事件のうち二人は北海道出身であり、まさに「「左翼」のおろかしさ、「反左翼」のおぞましさ」」の中で北海道左翼の典型としてこの対談自体の契機になっていることに注意を促したい。ちなみに、保阪と西部の二人もまた北海道出身である。「外部」の果ては人質事件になってしまうというような感覚もまた同時代的なものとしてあるだろう。そしてさらに最果てとして「自らの死」にまで辿り着いたイラクでの香田証生殺害事件も存在する。しかしその「死」すら画質の荒いストリーミングとしてしか我々は手に入らない。
＊42　佐藤の数字へのこだわりは、「２３４５（体験版）」という作品が二〇〇八年に発表されたことからも明らかである（「パンドラ」講談社、vol.2 sideA 、二〇〇八年）。完結していないので内容にまでは踏み込まないのだが、１を回避して、２から３４５と進んでいくその「５」は新しい作家的一歩なのかもしれない。

鏡潤一郎は言う。[*43] 吸血鬼が「十字架を嫌う」存在であることも注意しておきたい。
最終的に彼女は死亡し、潤一郎によりロボットとして蘇らされ、それを公彦も知ってしまったために、「青春物語」として完結することが不可能にされている。まとまりのある物語となることを意図的に外されている。そしてミステリとしての物語内容とは全く関係のない終章が入る。三匹のアリがアイスクリームを登って、アイスに辿り着く。[*44]
その後、謎の終章において、姉に連れられた男の子がアリを踏み潰す寓話じみた物語が語られる。そこでは「三つ」が強調される（五行に四回も出てくる）。そこで姉と弟は会話を交わす。

「真理を教えてくれてありがとう」男の子の姉は微笑を浮かべた。「こまったな。役に立っちゃうよ」

「役に立ったらいけないの？」

「みんなが幸せになるからね」

「駄目なの？」

「そこなんだ。そこが難しいところなんだ。私はいつも矛盾している[*45]」


真理を目指し、みんなの幸せを願った「マルクスーレーニン主義」。それを想起しはしないだろうか。それに対し、矛盾することしか答えられない「声」。その後、アリの行列を弟が踏み潰すが、姉は「アリを潰すなら三匹だけにしなさい」「勇敢な者はいつだって三匹なのよ」と矛盾したことを言う。そして三匹のアリが新天地を目指していく。十字路の「四」からこの「三」への変化は何だろうか。

まず中上の影響を考えるなら、部落と結びついた「四」の力」と言った後に差異としての「三」を突きつけた中上の言葉も考えるべきであろう。これに関して斎藤環は、「四」は「主体とその鏡像」「対象とその鏡像」という図式と対称しており、精神病以外でこの「三」が成立するのは「主体」と「対象」との関係が虚構化される瞬間にほかならない」としている。*46 これは非常に面白い意見なのであるが、もう少し違う観点からこの作家の数字へのこだわりを考えてみたい。

数秘術や、それに基づいたイメージの水脈の中で、「四」という数字は、四角を意識させ、安定を意味する数字であるとされてきた。それに対し、「三」というのは、未完成であり、これからの発展があるように思われる数字である。理性的に設計された札幌や千歳の碁盤の目は「四角」である。佐藤作品においてスクエアな空間は破壊され、それが一つ欠如した「三」の状態の未完成状態、回転が

＊43　佐藤友哉「青酸クリームソーダ」「ファウスト」講談社、Vol.7、二〇〇八年、二七八頁。

＊44　このアリはあからさまに『ジョジョの奇妙な冒険第六部　ストーン・オーシャン』を連想させる。宇宙がまるまる終わりを迎えて再び始まり、前の世界から次の世界に一匹のアリが「希望」のように仲間と出会うこのラストは意識されているだろう。実際に「青酸クリームソーダ」のテクストには『ジョジョ』からの引用が大量に紛れ込んでいる。そして『ジョジョ』が「人間賛歌」をテーマにしていると言う作者の荒木の言葉をすら想起すべきなのかもしれない。しかしそれを想起させるためだとしても、このアリの「ミステリ」としての物語内容との無関係さは異様である（途中、申し訳程度に何度かちらほら出てくるが）。しかし「アリとキリギリス」との連想から「地道に働く労働者＝フリーター」や「列から外れる者」という解釈の誘惑に駆られるが、寓意の分析は本論では行わない。

＊45　佐藤友哉「青酸クリームソーダ」「ファウスト」講談社、Vol.7、二〇〇八年、三三九頁。

起こる状態こそが好まれるということではないだろうか。

まさしく「333」と3が三つ並んだ二〇〇八年の短編「333のテッペン」は全長333メートルで、「四つの塔脚」に支えられた東京タワーのテッペンに死体が刺さっているという短編だ。

この作品は楳図かずおのマンガ『わたしは真吾』を参照している。『わたしは真吾』において、主人公の少年と少女が引き裂かれそうになり、「子供を作る」ために、「333のテッペンカラトビウツレ」という指示を受けて、実際に東京タワーのてっぺんからヘリコプターへ飛び移る。その結果、生命のない「ロボット」に意識が宿り、生命が宿る。その生命を得たロボットは、与えられた名である「モンロー」を捨て、自らの名を自分自身で名乗る。「真吾」と。

「コンピューターはただの四角だ……!!」と真吾は自覚する。「縦と横だけの四角に意識などない!!」そしてネットのようなものに接続すると、「わたしは、三角に、なった!!」。その後、真吾は全地球の生命と一体になり、「マル」になる。四角は生命がなく、マルは生命があるということ、そしてそれを肯定していることを抑えておきたい。三角はその中間の移行状態にある。

岡崎京子『ヘルター・スケルター』において『わたしは真吾』のパロディが行われていることもちろん意識されているだろう。かつて「平坦な戦場」を引用し、「死体」によって外部を描こうとした『リバーズ・エッジ』を想起することも想定済みだろう。『ヘルター・スケルター』は、次々と崩れていく自らの身体を絶えず整形技術によって美しく人工的に直し続けながらも、崩壊が続き、直す、という話である。槙木野衣は『平坦な戦場でぼくらが生き延びること』において、「醜さが十二分に進行し、ついにはホテルの一室で血だまりに眼球だけ残して消え去る瞬間」に「人間」から解放されたのだと述べ、「しかし、この不安定きわまりない状態こそが、世界の基底なのだとしたらどうだろう」「ぼくらもそこまで行かなければならない」と述べている。[*47] 創造しては破壊し、と続けてきた無限の運動性によって「平坦さ」に抗う、その出口として「死体」や「血まみれ」の物質性に近づくことで外部へと脱出していくというストーリーを、「333のテッペン」というタイトルは連想によって示唆している。

「333のテッペン」においては東京タワーのテッペンに「死体」が「二つ」突き刺さっている。主人公自身は展望台までは登るものの、そこから降りてしまう。この物語の真の結論は与えられない。それは偽者の「物語」として与えられ、多重化して、何が本当のことか不確定になっている。探偵か

＊46　斎藤環「「三」へと続く「路地」」「ユリイカ」二〇〇八年十月号、青土社。
斎藤はまた、「虚構と現実の相互隠蔽」という文章で、佐藤について「「この現実はすみずみまで虚構で構築されているのかもしれない」という懐疑に向けて開かれている」と論じており、「懐疑と葛藤」によって「彼固有の素材感」（『文学の断層』朝日新聞社、二〇〇八年、一八頁）が出ると述べている。これは本論とは基本的に矛盾しない見解であるが、「現実が虚構かもしれない」という懐疑自体は六十年代アメリカメタフィクションや八十年代の日本のメタフィクションでありふれている。この二点だけにおいて佐藤を評価するわけにはいかない。むしろ、「固有の素材感」自体の「固有性」を突き止めていくこと、あるいは「固有性」を求めてしまう背景をこそ探るのが本論の狙いである。

＊47　椹木野衣『平坦な戦場でぼくらが生き延びること』筑摩書房、二〇〇〇年、一七九頁。
椹木は「平坦さ」を資本主義のポップさだと考えており、一般的に消費社会こそがフラットであることに異論はない。だが、佐藤を検討する限りにおいて、資本主義のフラットさだけではなく、アニメ的なフラットさ（おそらく村上隆のスーパーフラット概念と結びついている）や、近代・開発・理性志向の社会主義的なフラットさ、そしてファスト風土的なフラットさの問題が大きいのだと考えられる。この様々な「フラットさ」が佐藤の中で混交しているのだと考えられる。

ら与えられる嘘（ストーリー）の結末では、動機はストーリーのない世の中が退屈だったからだとされているが、それが嘘であるのは登場人物にも分かっている。核心や真実は虚構の覆いで隠されているのだ。主人公はこう独白もする。

曖昧。
それは境界の喪失。
それは領域の消失。
我が身の不透明。
自と他が半透明。
消極的な逆転。
積極的な反転。[*48]

主人公はこう考え、「血液が勢い良く循環する」のを感じる。ここには東浩紀が『ゲーム的リアリズムの誕生』の中でライトノベルを指して述べた「半透明」という言葉を想起するべきなのかもしれない。[*49]

『世界の終わりの終わり』において覇王になることと同義であった「東京タワーに登ること」は、今作ではそのタワー内部での退屈なアルバイト生活として描かれ、かつては血みどろの世界にいたらしき主人公は、今では「普通」を志向している。しかし、血みどろの生に戻りたいとも思っていて揺れている。頂点である「一つの点」には死体があるだけであるのだ。またしても主人公は「一点」の周辺を回り続けて辿り着くことはない。「1」は死であり、停止である究極の点だが、到達することなく、近づいては遠ざかる。自分自身の運動性を停止させる「死」に憧憬を抱きながらも、近づいたことによる葛藤自体がむしろ過剰に運動性を産み出してしまう。逆に、運動性により生の躍動感を得るためにこそ、死が必要とされていたかのようである。だが、そんな「死」や「血だまりに眼球だけ残して消え去る」ような物質性にまで辿り着き、解放される物語は描かれない。それはあくまで、「死」の観念や「死体」という小説上のイメージ＝虚構に過ぎないのであるから、外部性や物自体性には辿り着けない。創造と破壊は未だに続く——あるいは続けなくてはならない。

結論：自己創造―破壊的なセカイ系

『世界の終わりの終わり』と同時期に書かれていた数作を検討するに、一つの作品において主張されているメッセージをそのまま受けるべきではないようだ。ではどう考えるべきなのか。それは、矛盾と自己否定の運動性こそが佐藤友哉のこの時期の主張であると言うほかはない。そしてこれは「矛盾と自己否定の運動」の形式化も自覚しており、そこから逃れるために死体や死を目指したところで、偽者の死や死体によってより運動が加速するようなそんな出口のない運動である。「運動の停止」と

＊48　佐藤友哉「333のテッペン」「story seller」二〇〇八 spring、新潮社、三二六〜三二七頁。
＊49　東浩紀『ゲーム的リアリズムの誕生』講談社現代新書、二〇〇七年、九六頁。ちなみに、セカイ系の想像力を支えるのは「半透明」の言葉であると、本論とは多少ずれる形ではあるが、東は指摘している。

「運動」の対立自体がまた運動を生み出してしまうような自動装置である。

それは社会主義的なファスト風土である千歳という場所との葛藤ゆえに生じている部分が多い。社会主義的なものの、よさも悪さも、同時に抱え込み、普通であり特別でもあり、セカイに閉じこもり外に出て、弱者に優しく同時に厳しく、そのような矛盾ゆえに回転し続けなければならない。それこそが「佐藤友哉」の自意識であると考えるべきである。

そのような運動性について、最後に少しだけ『1000の小説とバックベアード』[*50]を参照してみよう。四つのテーマが統合されたかと言えば、それはされていないと言わざるをえない。統合や止揚をおそらくは拒んでいる。しかし、「運動性」のように「生命」を肯定するかのような思想はより明確になったのではないか。タイトルにもなっている「バックベアード」という妖怪のメッセージとして、この作品は作中人物にこう言わせている。「私もまたバックベアードの言葉、バックベアードの思想、バックベアードの意味を考えに考え、調べに調べ、やがて一つの解答に辿り着きました。それは循環です[*51]」。そして、太宰治が死んだ川の水がみんなに飲まれ、多くの作家の言葉が「循環」していると語られる。そしてそれは主人公を結論部で「小説によって世界を循環している幸せを噛み締めて笑[*52]」わせる。スクエアに、均等に並んでいるはずの「活字」が、ここではスクエアから逸脱し、水のように流れ、循環するイメージで捉えられ、「行進」「更新」と語られる。それは書き直された『世界の終わりの終わり』でも反復される。

最後という最後に勝利の聖火で世界を行進。
すばらしく最悪ながらも美しき世界の更新。[*53]

と、「循環」と「更新」という、「血液の循環」や「新陳代謝」という生命のメタファーのようなイメージが現れる。これは動的な運動性で、固定を嫌い、スクエアを嫌い、矛盾や分裂によって「活字」という固定的な静的世界を攪乱し続けようとしてきた佐藤が、「活字」というスクエアで均質な唯一性のない複製に生命を、運動性を付与しようとしているのだと見ることができるだろう。それは、均質で固有性のない生を送らざるをえないような土地や、思想に対し、佐藤が最も批評性を発揮した瞬間であると考えていい。

しかしその「生命」自体も、無限の渦巻きから逃れるために「自意識」なき「物自体」である「死

＊50　この小説内部の分析までは本論の射程ではないが、この作品を「感動的」と評する佐々木敦が、この作品に「3」という数字を見つけ出しているのも指摘しておきたい。この小説は、「小説家」と「片説家」と「やみ」の三つが現れ、それは「芥川賞」「直木賞」「ライトノベル」のアナロジー／パロディとして捉えられると佐々木は述べている(『鏡姉妹の飛ぶ教室』の闇の世界もまたライトノベルのアナロジーであった)。さらに小説には、大塚英志や東浩紀へのアンサーの次元、作家的サヴァイヴァルの私的寓話の次元、「小説を書くこと」をめぐる真摯な思考＝試行の次元という三つの次元があり、「もちろんこれら三つの次元は明確に腑分けできるものではなく、隙も矛盾もツッコミどころも相当に孕みつつ、互いに絡み合い入れ子になっている」(佐々木敦「ニッポンの小説（家）の誕生――プチ佐藤友哉論」「新潮」二〇〇七年六月号、一五三頁）と、今まで見てきた分析とフラクタルな構造を『1000の小説とバックベアード』内部に見出している。

＊51　佐藤友哉『1000の小説とバックベアード』新潮社、二〇〇七年、二四一頁。

＊52　佐藤友哉『1000の小説とバックベアード』新潮社、二〇〇七年、二五四頁。

＊53　佐藤友哉『世界の終わりの終わり』角川書店、二〇〇七年、一三頁。

体」を求めたかと思うと、「333のテッペン」のように死体と縁を切り「普通」を志向したりする。常に終わりなき対立と葛藤と、それ全体に対するアンチテーゼも含みこんで崩壊寸前である。特に、それは『世界の終わりの終わり』初出において、極点に到達するほどの過剰さで見出せるものである。このような意味で、佐藤友哉の二〇〇二年以降の作品は、動的なセカイ系としてのセカイ系でもあるのだが、それはセカイ系を食いつぶすセカイ系である。この自壊を予め含んでいた佐藤的セカイ系の、崩壊の崩壊、終わりの終わりこそが、これ以後の佐藤の作品を示している。単一のメッセージではなく、分裂し、矛盾する運動性そのものである。そしてそれを自覚しても、逃れられないものである。

主体もメッセージも一つではなく、リアルでもありバーチャルでもあり、フラットかつノイジー、私小説でもありながらキャラクター小説でもあり、佐藤友哉本人でもあり「佐藤友哉」というキャラクターでもあり、外部は内部であり、左でもあり右でもある。そして綴じ目は複数に分裂していて綴じられない。そしてその「矛盾の運動性」自体への相対化すら運動へと巻き込まれていく。かくして無限の循環は止まることができない。『世界の終わりの終わり』から決して成長やセカイから抜け出ると言うメッセージのみを読み取ってはならない。この「セカイから抜け出ろ」と「セカイに閉じこもれ」を同時に発言することこそ、佐藤的セカイ系であり、セカイ崩壊以後も、むしろ崩壊しているからこそ完成していると言ってよい、自己創造–破壊的なセカイ系であるのだ。

［追記］

最新作「デンデラ」（二〇〇八）は「更地への希望」系列の作品である。「社会」が自分を追い込んだことは分かっているが、その成立の必然性について同情と非情の混交した緊張感で語っているのがこの作品である。この作品は、深沢七郎の「楢山節考」を下敷きにし、「貧困」について直接向かい合っている。本文自体からはサンプリングは失われ、主に「楢山節考」に絞られている。「楢山節考」は貧困ゆえに「姥捨て」を行う村の話であるが、捨てられた老婆が生き延びて暮らす『デンデラ』と呼ばれる場所があるというひっくり返しが本作においては行われている。「吾妻しい」などの方言や玉蜀黍や馬鈴薯などの作物、生活体系などから開拓当初（一九〇〇年ごろ）の北海道をモデルにしていると思しいが、喋り方が現代語であるという佐藤特有の「作り物感」もまた健在である。「斎藤カユ」などの、五十人もの名前が一気に書かれる表からスタートするこの小説は、固有名がありすぎて逆に固有性を感じなくなっている。この五十人の老婆が、貧困と雪の寒さと熊との戦いのために次々と死んでいくのは「ゼロ年代のサバイバル感」（宇野常寛）のメタファーであると同時に、北海道の当時の貧困と寒さによる本物のサバイバルを意識しているのではないだろうか。貧困と疫病ゆえに、医学の発達を願う箇所があったかと思うと（これは科学的進歩主義の起源の感情であると考えられる）、平等を願ったりし、新しい土地を求めに行く精神も描かれ（これによりフロンティアは産み出される。しかし産み出されたフロンティアは佐藤を追い詰めた。この作中でフロンティアは「自殺」として現れている。もう行き場がないのだ）、ここから、社会主義的な精神が生じると言う必然性や、貧困の切実さ、飢えや寒さを理解しなおすことで、自分を追い込んだ「社会」がそれなりに同情できる必然性によって生じていることも捉え返している。自分を追い込んだのは「社会」であるが、その「社会」も、寒さや貧困によって生じてしまった、その悲しさとアイロニーと同情の分裂した緊張関係を全編にわたって見ることができる。しかしそれは「運動性」というより、張り詰めた硬度と化しているのが、この作家の新しい展開なのかもしれず、その「硬度」と「運動性」の相克が新たな回転と化すのか化さないのか、この作家の勝負はそこで行われている。

青木淳悟――ネオリベ時代の新しい小説（ヌーヴォー・ロマン）

岡和田晃

霊が彼に訊く、
「世界について教えてくれまいか」
「世界は、実は、中の中まで不毛なのだ」
うめきが出る、
「世界は盲いだ」

――ハリーム・バラカート『海に帰る鳥』

ニコライ先生のいう「新しい小説」とは、新たに書き出せという意味に過ぎないのか。不敵にも時代が見出していない作品を要求しているのか。後者を信じることは到底できない。それならば前者は？――以来なぜかわたしは日記をつけることしかできないでいる。

――青木淳悟「四十日と四十夜のメルヘン」（「新潮」版）

一、内側からだけでは見えないもの

本稿では、いわゆる「セカイ系」なるタームからは最もかけ離れたところにあると認識されているに違いない、あるいは少なくとも何ら連関性のあるものとして理解されてはいないであろう、青木淳悟という作家の特性を論じていく。[*1] しかしながらあらかじめ断りを入れておくが、いわゆる「純文学」の領域において活躍している青木を「セカイ系」の一員として登録することにより、アニメやライトノベル・美少女ゲームなどのいわゆるオタク系カルチャーを中心として理解されてきた「セカイ系」の領土拡大に手を貸そうというあさはかな試みではまったくない。かといって、いわゆる「純文学」の文芸誌を土壌に活躍している青木のテクストと、サブカルチャーを主体として浸透を見せてきた「セカイ系」の作品群との間に何らかの連関性を見出すことで、いまや包括的に時代精神の全体性を語ることが適わず、ジル・ドゥルーズとフェリックス・ガタリが描いたような、[*2] 政治的（あるいは社会的）マイノリティの言語を中心として二〇世紀的な中心の不在を描いた「マイナー」文学たらざるをえない「純文学」なるジャンル、そしてそうした「純文学」の自閉的特性を最もわかりやすく表象しているかに見える青木作品へ、新しい血を導きいれようとするつもりもない。

それでは、なぜ青木淳悟と「セカイ系」との関わりを論じなければならないのか。それは「セカイ系」なるタームが、サブカルチャーを基体として発生したがゆえか、過剰に記号的であり、本来の文脈を離れやすすと流通していくという特性を持っているためだ。そもそも「セカイ系」なるカテゴリータームは、社会的な要因よりも個人の関係性を重視した作品へ、好き勝手に被せられるテンプレートとして機能しているように見える。それゆえインターネット的なネタ消費や好きもの語りのコミュニケーションと相性がよいし、「感動」の衣をまとって広まりやすいのだが、その過程で私たちを共感させているのは、血肉を備えた人間によって語られた生の言葉ではなく、ジャン・ボードリヤールが指摘したような消費社会の模造たるシミュラークルが織り成す、「萌え」記号の順列組み合わせに限りなく近いだろう。[*3]私たちはそのことを半ば悟りつつも、シニカルに唇の端を歪めながら、半笑いでフィクションの消費に興じ、シミュラークルの運動を加速化させてしまっている。あたかも物語消費の流動性を向上させることこそが、私たちの内面を豊かにする唯一の手段であるかのように。そして、記号の組み合わせによって引き起こされる動物的な条件反射のなかで時折、否が応にも垣間見ざるをえない深淵こそが、「セカイ」と呼ばれる何かなのであろう。それゆえ、「セカイ系」が体現している問題系とは、過剰に記号化した社会において、いかに「主体」が実存を恢復することができるのかということにほかならない。そして、青木作品は、「セカイ系」が投げかける問いに対し、既存

＊1　あらかじめ断りをいれておけば、本稿では青木の作品を満遍なく概観していくという方法を取らない。論考の焦点をはっきりさせるために、青木の作品のうちの一部を優先して解読せざるをえないからだ。あっさりとした言及に留まり細かく論じ切れなかった作品については、また別の機会を待つことになるだろう。読者の寛容を請いたい。また、本稿を校正している際にも青木は精力的に作品を発表しているものの、純粋に締め切りの都合上、本稿にて取り上げる作品群は二〇〇八年一二月までに発表されたものに限定している。

＊2　ジル・ドゥルーズ＆フェリックス・ガタリ『カフカ――マイナー文学のために』宇波彰訳、法政大学出版局、一九七八年。

＊3　ジャン・ボードリヤール『シミュラークルとシミュレーション』竹原あき子訳、法政大学出版局、一九八四年。

の「セカイ系」がアプローチすることのできない地平において、思考の契機を提示している。青木淳悟の小説は、いわば「セカイ」への抵抗文学なのだ。

渡邉大輔は、「セカイ系」の実存主義的な性格を分析するにあたり、「セカイ系」というタームが「アニメ」や「ライトノベル」や「美少女ゲーム」から、「SF」や「純文学」へと進出していったという伝播の過程を説明しつつ、「退行性を揶揄的に表現する目的で使用され始めた」タームが、「著名な批評家やクリエイターたちによって積極的に参照され、批評的に洗練されていった」という倒錯的な形成の過程をまず指摘している。[*4]

しかしながら、渡邉の指摘を受けて思いを凝らさざるをえないのは、こうした倒錯的な形成の過程のなかで、従来は人間性の成熟とともに「卒業」するべきとされていた思春期の過剰な自意識——現代的なウェブ・ジャーゴンでは「中（「厨」）二病」とまま呼ばれるもの——が、むしろ文学的、あるいは詩的な故郷喪失にも通じる可能性を秘めたものとして評価の軸へ上らされることになっている点だ。その過程においては、「主体」の成長に伴い克服すべきであるはずの思春期の過剰な自意識は、時代精神そのものの未熟さにすり替えられ、時代精神の病理を端的に表象しているがゆえ、議論の価値があるとみなされるようになった。病理とは、言うまでもなく高度化した資本主義の謂いである。

しかしながら私たちは、安易に資本主義を否定して、それで済ませることはできない。私たちは、アレクサンドル・ソルジェニーツィンが執拗に描き出したような、畸形化された管理機構としての社会主義体制[*5]が、いかに陰惨であるかを心得ている。[*6]加えて言えば、仮にオルタナティヴを模索するにしても、資本主義のくびきから完全に逃れることは不可能だ。なぜならば、グローバリゼーションを否定して、無垢なる生を回復しようとすることはそのまま、私たちが普段享受しているテクノロジーに依拠した安寧なる飽食の生活を捨てることができるのかという問いかけに繋がるからだ。経済的に豊かとされる国が反グローバリズムを謳う際に産まれる欺瞞のひとつは、まさしくこの点にこそ宿る。

一方で、反グローバリズムという立場を、自らの土地や生の圏域を護るために選択せざるをえなかった者たちもまた存在する。[*7] 彼らは、「そうせざるをえなかった」がゆえに、時として極端から極端へと走らざるをえなくなる。笠井潔は、「セカイ系」の嚆矢とされる『イリヤの空、UFOの夏』の

＊4　渡邉大輔「セカイ系小説の臨界点——戦後〈セカイ系〉文学史批判序説」、前島賢・更科修一郎編「Natural Color Majestic-12」、同人誌、二〇〇五年、三八頁。

＊5　アレクサンドル・ソルジェニーツィン『収容所群島1〜6』木村浩訳、新潮文庫、一九七五〜七八年。

＊6　周知の通り、日本という国は、スターリン時代のソ連のような激烈な粛清と投獄の時代を経験してはいない（むろん、戦前の大逆事件や特高警察の犯したような事例も、重要であり、無視することはできないが）。しかしながら、旧ソ連と北朝鮮に挟まれた日本は、社会主義の病理を最も側で感じてきた国のひとつであろう。文学的にも、石原吉郎のようにシベリアのラーゲリ（収容所）経験を経た作家が日本文学に重要な一路を切り拓いてきたことは疑いようがないし、佐藤哲也のように、「東京にラーゲリが誕生したら」という思考実験を行なう作家もいる（佐藤哲也『妻の帝国』、早川書房、二〇〇二年）。彼らの仕事は、先鋭化したイデオロギーが、いかに個としての人間を蹂躙するのかを余すところなく示している。

＊7　カール・シュミットは『パルチザンの理論——政治的なものの概念に関する中間所見』（一九六三年）において、自身が組み立てた「友—敵」理論では割り切ることのできない領域を考えるにあたり、ナポレオン戦争からヴェトナム戦争に至るまでのパルチザンの系譜を描き出しつつ、彼らは単に「友—敵」という二分法ではなく、自らの生きる圏域（ラウム）を護るために戦っているという仮説を提示している。この「圏域」概念の提示は、「友—敵」理論の基礎として提示されていた一種のスポーツマンシップが、第二次世界大戦以降の国際情勢においてもはや成り立っていないことを明らかにした。

ヒロイン・イリヤと、「親や兄弟や友人や恋人のために、懐かしい故郷を回復するために、爆弾を抱いて出撃」する「エルサレムで、通行人を殺害するため自爆し続けるパレスチナ人の少年少女」との類似性を嗅ぎ取っているが[*8]、それは彼が、資本主義とグローバリズムに対する内在的な抵抗という意味での共通項を見出しているからにほかならないだろう。

現に笠井は、自身が一九九五年の『国家民営化論』でアウトラインを描いたような「ラディカルな自由主義」の社会批判や社会構想に、空隙や限界が目立ちはじめた」ことを認め、「九〇年代以降、この国でも急速に影響力を拡大」した「一九七〇年代のサッチャーリズム、八〇年代のレーガノミックスを起点とするネオリベ（引用者註：ネオリベラリズムの略称。グローバル資本主義を主軸とした市場原理主義のこと）的「改革」の理念は、冷戦の終結と経済のグローバル化に後押しされ」た結果、明確な形を取ることとなしに、高度資本主義が「主体」へ抑圧的に働くこととなった点に危機感を覚えている[*9]。

また一方、ネオリベ的な社会モデルを抜本的に批判した巨大な「おんたこ」三部作をものした作家、笙野頼子は、その第二作「だいにっほん、ろんちくおげれつ記」内で、「個人と市場原理」との関係について「一番不気味なのは個人と市場原理を対立させると個人が小さすぎて、手がかりが見つからないことだ」と書いている[*10]。笙野と笠井の文学観は必ずしも一致しないが、「個人」を蹂躙するこうした「市場原理」への違和感は、図らずしも共通したものがあると言ってよいだろう。

小泉政権のネオリベ的「改革」に、筆者は奇妙な苛立ちと不全感を覚えてきた。完全雇用と「豊かな社会」を達成した二〇世紀の体制イデオロギーは、労働権の主張など一九世紀社会主義の言葉と理念を裏側から密輸入していた。同じことが二一世紀の体制イデオロギーである新自由主義とアナキズムにもいえるのではないか。たとえばリバタリアンとは、歴史的にはバクーニン主義者を意味した。「自由」の理念をめぐるラディカルな自由主義と新自由主義の、簡単に言えば「自業自得の潔さ」を格率とするラディカルな自由主義と、ネオリベ的な「自己責任」論の原理的相違を明確にしなければならない。*11

ここでの「ラディカルな自由主義」と「新自由主義」の落差を考えていくために、笠井は「セカイ」の問題と対峙する。『探偵小説は「セカイ」と遭遇した』において笠井は、探偵小説ジャンルが純粋な論理パズルの領域に自閉して縮小再生産を繰り返さざるをえない状況を危惧し、アニメ・マンガ・ゲーム*12に代表されるオタク系カルチャーを「ジャンルX」と名づけ、佐藤友哉、西尾維新などの「ジャンルX」を創作の基盤とした作家たち――笠井言うところの脱格（脱本格）――が、いったいどのような問題意識を作品へ表象させようとしているのかを読み解こうとする。

脱格系の作家たちは高度化された資本主義社会に身を浸しつつも、その内側から静かに違和を表明する。しかしながら、市場経済に個人が完全に囲い込まれてしまっていることを前提とした内側の言

＊8「戦闘美少女とil y a」『探偵小説は「セカイ」と遭遇した』南雲堂、二〇〇八年、六三頁。
＊9「環境管理社会の小説的模型」前掲書、一五一頁。
＊10「だいにっほん、ろんちくおげれつ記」『群像』二〇〇六年八月号、講談社、七三頁。なお、本作は翌年に大幅な加筆修正のもとで単行本化されているが、ここでは笙野の先見性に敬意を表して、初出から引用する。
＊11「環境管理社会の小説的模型」前掲『探偵小説は「セカイ」と遭遇した』、一五六頁。

葉に過ぎないがゆえに、その言葉は個人の実存というよりも、市場経済というさらに大きな流れの性質そのものを体現しているように見えるのもまた確かであろう。彼らが表明する違和は、言うならば奴隷根性に近いものがある。そして「セカイ系」が醸しだす気持ち悪さは、まさにこの点にこそ宿る。すなわち彼らは「セカイ」と戦っているつもりでありながら、「セカイ」の構成要素である資本主義経済の構造そのものを、逆に強化してしまっているのである。彼らが直面している「セカイ」は、あくまでも彼ら自身の内面を模したシミュラークルでしかないからだ。そして、その模造を外部から規定しているのは、資本主義が形成する社会システムにほかならない。言うまでもなく、「ジャンルX」は資本主義に過剰適応したジャンルである。マックス・ヴェーバーが指摘したような、禁欲的であることが資本主義の発展を促がしたような逆説[*13]さえ、もはや介在していない。かような露悪的でありながらもどこかねじれた特性から鑑みるに、資本主義が産み出した「セカイ」とは確固とした時代精神ではなく、いわゆる「島国根性」が織り成す欲望の形象を半ば受け入れ、そのなかで居場所を模索するという閉鎖的な「空気」に近い。「セカイ系」を論じる多くの者らは、この点に対し圧倒的に無自覚である。[*14]

笙野頼子は「おんたこ」三部作において、オタクカルチャーとネオリベ社会との過剰なまでの親和性を浮き彫りにした。「おんたこ」とはオタクの謂いだが、笙野はこの三部作を通じ、日本文化の根

＊12　念のため付言しておくが、例えばゲームというジャンルに限っても、それは多様化の極みを見せており、また、ゲーム性の原理を考察した「ルドロジー」なる学問が成立するほどで、必ずしもオタク的な精神性と一括りに結ぶことができなくなっている。一方で、旧来の「自然主義的リアリズム」は、ヌーヴォー・ロマンや

「マジック・リアリズム」、さらには「アヴァン・ポップ」などといった各種の達成を経ることで豊穣かつ豊かなものとなってもいる。それゆえ「ルドロジー」への目配せが乏しく、「アニメ・まんが的リアリズム」を作家性を軸にするのではなく商業主義と添い寝したものとして理解し、その延長線上においてオタク的な精神性を中心に「自然主義的リアリズム」の変容を示唆する東浩紀の『ゲーム的リアリズムの誕生～動物化するポストモダン2』（講談社現代新書、二〇〇七年）の言説は、端的に貧しいと言ってよいだろう。なお筆者自身も、主に海外のテーブルトークRPGを研究することで、東が擁護するようなオタク的精神性へ過剰に拘泥するよりも、むしろ物語論や神話学、民俗学、歴史人類学、国際情勢、コミュニケーション理論などとの関わりから可能性を探るほうが、結果として得られるものが大きいのではないかという確信を得ている。物語論とテーブルトークRPGとの関わりについては、筆者はコラム「〈地図〉を携え、〈地図〉の彼方へ」（「R・P・G」四号、国際通信社、二〇〇七年）において、ささやかながら考察を行なっている。

＊13　マックス・ヴェーバー『プロテスタンティズムの倫理と資本主義の精神』大塚久雄訳、岩波文庫、一九八九年。

＊14　例えば宇野常寛は、「セカイ系」を織り成すフィクションを「レイプ・ファンタジー」と批判し、サブカルチャーが前提とする時代精神が「決断主義」へと変遷を告げたとの旨を高らかに宣言するが（『ゼロ年代の想像力』、早川書房、二〇〇八年）、ここでの宇野の言説には歴史性が完全に欠落している。カール・シュミットは一九二二年に発表した『政治神学』（田中浩・原田武雄訳、未来社、邦訳は一九七一年）において、史上最も民主的な政治体制とも呼ばれたヴァイマル共和制における政治的な規範主義を批判し、そこでの議論が空虚な神学論争に堕していると喝破した。シュミットの議論は犀利なものであったが、彼の「決断主義」がナチズム的な全体主義を擁護する結果になったことを見落としてはならないだろう。宇野の理論はシュミットの「決断主義」をめぐるディレンマに対し何ら批判的な視座を盛り込んでいないうえ、論そのものの質も低く、シュミットの反復の域にも及んでいない。彼は社会情勢を俯瞰する思想的なパラダイムシフトを論じているつもりでありながら、その実は「セカイ系」の内部へ完全に取り込まれてしまっている。宇野の言う「決断主義」なるタームは、「セカイ系」の批判どころかその変奏にすぎない。加えて言えば彼の作業は「セカイ系」が「レイプ」しようとしている「主体」の問題を、素朴なヒューマニズムへと還元しようとするものである。彼は「セカイ」の記号的な特性について絶望的に無知であり、その仕事は2ちゃんねる的な「釣り」の域を出ていない。

底にある中心を欠いた視座、すなわち自分は中心から関係ないようなそぶりを見せて実は逆説的に体制翼賛的な状況に荷担している姿勢そのものが「おんたこ」であって、被害者意識を装って本当の弱者を抑圧しており、そうした状況が顕在化したのがネオリベ社会であるとの糾弾を行なう。教科書的にまっとうなルートで作り上げられた共同幻想としての「近代」や「国民国家」そのもののひずみとして「おんたこ」が位置づけられているわけだ。仮に笙野の言うように「おんたこ」が「近代」や「国民国家」のひずみであるとしたならば、ネオリベ社会の構造そのものを批判する必要がある。そのためには、脱格系の作家らが発する内側の言葉だけでは不充分だろう。むしろ、内側からだけでは見えないものこそが、重要なのだ。

二、真空の性質とメタレベル

加えて、脱格系の言葉は消費社会における記号的なシミュラークルを前提としているがゆえに、既存の政治思想、あるいは宗教性を有した言説とは性質が異なる。先に笠井は、パレスチナの少年の例を示した。ならば実際に、シリア生まれのレバノン人ハリーム・バラカートが著した『海に帰る鳥』（一九六九）というパレスチナ抵抗文学の傑作を参照してみよう。[*15] そこでは、一見、平穏無事に見えた生活が、第三次中東戦争の勃発によって打ち砕かれるさまが描かれている。作品ではユダヤとパレスチナという二つの政治的な立場が、それぞれの奉じる宗教の最も原理的な、名状しがたき情念の闘争へ置き換えられ、その原理が人々の心性に投影される様子が描き出される。ここでは、一見「セカイ系」に似通った構造を見出すことができるが、その実体は「キミとボク」しか世のなかには存在せず、他は真空であるという「セカイ系」が描き出す空虚さとはほど遠く、情念と憎悪が渦巻く灼熱の地獄に近いものがある。私たちはバラカートの小説を介して、こうした宗教性の原理とも言うべきものに直面する。そこでは、もはや「人間」の姿は雲散霧消している。素朴なヒューマニズムが介入する場所はどこにもない。それゆえ、読み手は政治的な対立や利害関係の分析を超えた、イデオロギーの原理的な部分のせめぎ合いに目を凝らさざるをえなくなる。こうした地平において、工学的な分析などはさほど意味をなさず、読み手は否応なしに、自分の「いま、ここ」に安住するのではなく、イデオロギーの原理とその構造を——ユダヤであれイスラムであれ——併置して見ることが要求される。かようなバラカートの試みが問いかける問題を、私たちが直面している現状へ置換すれば、ネオリベ化した資本主義社会の像を描き出すためには、出口のない内面に対峙し言葉を失うことよりもむしろ、内面を規定している構造全体を俯瞰する視座そのものが必要となると言うことができるだろう。

小説の読解にさほど注意を払わない（あるいは堪え性のない）読者にとって、青木淳悟の小説は、まるで人畜無害な実験のための実験のように見える。[*16] 笠井の言う「ジャンルX」の影響などはほとん

＊15　ハリーム・バラカート『海に帰る鳥』高井清仁・関根謙司訳、河出書房新社「現代アラブ小説全集6」、一九八〇年。

＊16　こうした可読性の低さが青木作品の弱みだということは間違いない。しかしながら、逆に言えば妥協のない真摯さを読み取ることも可能であるし、そもそも文学がプロパガンダである時代はとうに終わった。これからは、あくまで読み手の内側にいかなる認識の変革をもたらすかが重要となるのではないかと主張したい。それゆえ、安易に読み飛ばすことができない仕様になっている青木作品は、むしろ作品の強度を保ちながら中身に対する信頼を上げることこそを志向していると言ってよいだろう。

ど窺えないし、佐藤友哉の小説のように高度資本主義社会の底辺を生きる者の憎悪の言葉は紡がれていない。あるいは笙野のような闘争的姿勢も見られない。それゆえネオリベ化する社会に対して、青木作品は何ら批判的な視座を孕まないとみなす向きもあるだろう。だがそうした批判はナンセンスだ。青木ほど「セカイ系」が浮き彫りにしたとされる高度資本主義の実体を、「セカイ系」には不可能な観点から照射している作家はいない。池田雄一は、近代文学が孕んだ内面という幻想を放棄したかに見える青木作品を、「主体」が社会システムに統御させられながらも、自身がそこに従属させられている様子を構造として浮き彫りにしていると指摘した。[*17] しかしながらここで注意すべきことは、池田の言う青木作品が提示する構造への視座を、資本主義に対し「メタレベル」へ立つことを読者へ要請しているところにあると読んではならない点だ。青木作品は、近代小説が有していた「内面」を完全に排し、「内面」に伴う「メタレベル」を小説へ取り込むことをも否定している。その特性を理解するための補助線として、青木の第三五回新潮新人賞受賞作「四十日と四十夜のメルヘン」(「新潮」二〇〇三年一一月号、新潮社)に対し「ピンチョンが現れた!」と選考委員のなかでただ一人異例の賛辞を送った保坂和志[*18]が青木の受賞第一作「クレーターのほとりで」に触れ、その特徴について「メタレベルのない小説」との分析を行なっている箇所を引いてみよう。

「あの人はどうなったのか」「この人はそのあいだ何をしていたのか」という具体的なことは、作者(引用者註:青木のこと)に直接問い合わせればきっとすべて明快に答えてくれるだろう。しかし、ここで起こったことの全体がどうなっていて、それを「全体として何と呼べばいいのか」という質問にはきっと答えられないだろう。つまり、この小説にはメタレベルがないのだ。

「悲しい恋愛の話」とか「人間の内面に潜む狂気が熟すプロセス」とか「救世主がこの世界でかぶった無理解」というように全体を言い表せる言葉が小説のメタレベルで、メタレベルを発見することを通常は「読解」「解釈」と呼んでいて、だからカフカの『城』の「城」が何であるかと考えたりする人が後を絶たないのだし、事前にメタレベルを知っていればその線に沿って読んでいけるから読書という行為が楽になるのだが、この小説はそれを許さない。[*19]

それでは、なぜメタレベルの欠落が重要となるのか。その点を検討していくのに最良のテクストは、アラン・ロブ＝グリエが一九六三年に書いた評論『新しい小説のために』[*20]である。ロブ＝グリエはこの評論を通して、小説概念が不断に進化することの必要性を説いたが、その背景には、二度の大戦と世界戦争、その後の大量死を経てその無力さを浮き彫りにした伝統的な価値観は、音もなく崩れ落ちてしまっていたという経緯があった。否応なく人々は、非情さを剝き出しにした社会に対し、核たるものを失った「主体」がどのように関わって行くべきなのかを、存在そのものに関わる深刻な問題として考えざるをえなかったのである。世界はもはや、無機質に、ただそこに在るのみとなってしまっている。世界を変革するに足りる思想は存在することができない。こうした世界と「主体」との乖離

＊17　池田雄一「メガ・クリティック（第2回）ゾンビのいないゾンビ小説（後編）」「文學界」二〇〇九年二月号、文藝春秋。
＊18「新潮」二〇〇三年一一月号、新潮社、一七二頁。
＊19　保坂和志『小説の自由』新潮社、二〇〇五年、二三八頁。
＊20　アラン・ロブ＝グリエ『新しい小説のために』平岡篤頼訳、新潮社、邦訳は一九六七年。

を、ギリシア神話的な意味での悲劇として提示し、その「差異を崇高化」することにこそ、ロブ＝グリエは意義を見出すのだ。ロブ＝グリエが小説において、俗に「カメラ・アイ」と呼ばれるイデオロギーを排した透徹たる「視線」をもって即物的な描写を行なう[*21]のはそのためである。

> 対象と私との距離、対象それ自身のもつ距離（その外面の距離、つまり寸法）対象同士の距離を記録し、さらにそれが、たんなる距離（断絶ではなくて）であることを強調することは、ものがそこにあること、ものがそれぞれ、自己だけに限定されたもの以外のなにものでもないことを明確にすることに帰着する。課題はもはや、幸福な和合と不幸な連帯とのいずれを選ぶかではなくなる。そのときを境に、あらゆる共犯関係の拒否が存在するのである。
>
> それ故にまず、類推的な語彙と伝統的ヒューマニズムとの拒否、悲劇の観念と同時にまた、人間とかものとかの（そして双方にともに通じる）深層の、高次の、本性の信仰にみちびくあらゆる他の観念の拒否、要するにあらゆる予定された秩序の拒否が存在する。[*22]

秩序を否定する「視線」によって「主体」は世界の微細な部分を感知し、そこから目を逸らさずにいることを要請される。徹底して表層を見据えることで、表層に現われる世界の病理を、病理のままに理解することを求められるのだ。資本主義の実体そのものに目を向けながら、見ている「主体」の位相を変化させ、世界の構造を多角的に把捉しようとすることで、やすやすとメタレベルを提示してしまう近代的なヒューマニズムを、その根底から変革させること。それこそがロブ＝グリエの方法が目指すところであり、言うまでもなく、それは「セカイ系」の方法と、出発点は似通ったものでありながらも、完全に位相を異にしている。

三、「世界視線」をジャックする

仮に青木の書く「メタレベルのない」小説が、ちょうどロブ＝グリエが企図していたようにヒューマニズムの根本的な変革を促がすためのものだったとしたら、それは「セカイ系」が指摘したようなロマン主義的心性[*23]がもたらす超越的な暴力を、徹底して忌避するためのものにほかならない。そのために青木が選択した方法は、非常にアクロバティックなものだった。彼は「世界視線」をジャックしたのである。ここで言う「世界視線」とは、吉本隆明の『ハイ・イメージ論Ⅰ』に登場する概念であ

＊21　ロブ＝グリエの「カメラ・アイ」を体感するためには、フランスでは一九五九年に発表された『迷路のなかで』（平岡篤頼訳、講談社文芸文庫、一九九八年）を読むのがよいだろう。

＊22　アラン・ロブ＝グリエ「自然・ヒューマニズム・悲劇」前掲『新しい小説のために』、初出は一九五八年、八二頁。

＊23　むろん「セカイ系」と一八世紀のドイツ・ロマン主義の文学・思想は、仮に構造が似通って見えてもその本質はまったく異なるものだ。ロマン主義文学の多くは、民俗学的な土壌や原始カトリック的な心性によって、アリストテレスからスコラ哲学を経てドイツ観念論に至る近代の体系的な哲学では、矛盾があるとして描き出すことのできない領域を開拓しようとするものだった。そこでは、思想の体系化と、体系化を経たうえでのさらなる超越性への希求が同居したが、ネオリベ化した資本主義社会がもたらす思想的な真空は、文学的あるいは哲学的な言葉によって直接的に開拓されることを徹底して拒む。資本主義社会を構成するシステムはあくまで数字から成り、それゆえに言葉によって変革可能な可塑性とは縁遠いからだ。

る。[*24]『ハイ・イメージ論I』の冒頭で、臨死体験をした人の視点から説明が始まることからも明らかなように、「世界視線」とは、個人が抱える限定された視座をメタレベルへと開放し、そこから世界の全体性を観測する視座へと変革させるものとして語られる。その意味で「世界視線」とは、ロブ＝グリエ的な「視線」の現代的な拡張であるとの理解が浮上してくる。ここで注目すべきことは、『ハイ・イメージ論I』における吉本が、「世界視線」を保有することができる「主体」のありかを、宗教や思想ではなくテクノロジーにこそ観ているということだ。吉本は「世界視線」のあり方を、コンピュータ・グラフィックスがその形式において顕著に示す線形のマトリックス的な格子の重ね合わせに見出している。「世界視線」が映し出す対象は、世界の全体性を、デジタルなシミュレーションによって再解釈したものへと変化させていくというわけだ。その過程で「世界視線」は、メタレベルから個人を監視する装置に成り代わってしまった。仲俣暁生は、「世界視線」を逆に「見上げる」ことで、アメリカを中心とした商業主義的な重圧のなかを生き延びていく方法を模索した。[*25]「セカイ系」の多くのフィクションはこうした「見上げる」姿勢を問題意識として引き継ぎ、より商業主義的な「ジャンルX」[*26]の内部から、その強みを生かした形で抽出しようとした試みであると理解することができるだろう。だが、「見上げる」というささやかな抵抗では、加速の度合いを増す資本主義に対し、もはや有効な対応策として機能しえないのではなかろうか。ジル・ドゥルーズは一九九〇年に発表した「管理社会について」[*27]において、監獄、工場、病院、学校、会社、家族など、監禁の論理によって秩序を維持してきた機構が、第二次世界大戦以降に解体し、「何ひとつ終えることができない」」、「企業も教育も奉仕活動も、すべて同じひとつの変動が示す準安定の共存状態であり、変動そのものは普遍的な歪曲装置としてはたらく」管理社会、数字と金銭とシステムで構成された、流動的でありながらもその内部は徹底して固定化された社会へと変貌していることを指摘した。管理社会においては、社会を「変動」させない限り、個人はまったく問題とならない。そして、ジョージ・オーウェルが描いたように、[*28]仮に反社会分子が、「(監視機構を象徴する) 偉大な兄弟を打倒せよ」と書きつけたとしても、そうした「変動」を、社会そのものの新陳代謝のひとつとして日常化させてしまうのが管理社会なのだ。『ハイ・イメージ論I』に収録された「映像都市論」内において、吉本は、「世界視線」からみられた都市像を引き合いに出して、こうした管理社会の新陳代謝を説明する。

＊24　吉本隆明『ハイ・イメージ論I』福武文庫、一九九四年。なお、単行本での初出は一九八九年。
＊25　仲俣暁生『極西文学論― West way to the world』晶文社、二〇〇五年。
＊26　仲俣の方法も、そして「セカイ系」のアプローチも、ひどくナイーヴであることは共通している。渡邉が前掲論文において「セカイ系」の系譜をまとめ、仲俣が『ポスト・ムラカミの日本文学』(朝日出版社、二〇〇四年) でWムラカミ以前と以降の橋渡しをしようとしたにも関わらず、こうしたナイーヴさと、例えば大江健三郎や大岡昇平、武田泰淳や野間宏などの戦後文学が有する圧倒的な強度には本質的に隔たりがあるように思われてならない。むしろ、戦後文学の強度をいかにして引き継ぐべきかを考えるほうが重要ではないか。現に笠井潔は、『探偵小説論〈3〉昭和の死』(東京創元社、二〇〇八年) において、日本の文脈ではほとんど語られてこなかった、観念としての「戦争」の問題を、カール・シュミットやクリスティアン・グラーフ・フォン・クロコウなどの公法学の文脈を挿入することで、ポストモダン思想にありがちなうわついた歴史認識に組みすることなく分析していたが、笠井が提示した両大戦と時代精神との関わりへの問いかけは、アクチュアリティを有するものとして、検証に値する問題だろう。
＊27　ジル・ドゥルーズ「管理社会について」『記号と事件―1972―1990年の対話』宮林寛訳、河出文庫、二〇〇七年。
＊28　ジョージ・オーウェル『1984年』新庄哲夫訳、早川文庫、一九七二年。

いうまでもなくはっきりしているが、世界視線から俯瞰された都市像は、その都市のビル、住宅、高架と高速路、街路、緑地と空地、河川などの表面の皮膜で、その都市のビルや住居や街路でうごめいている人々の生活行動を遮覆していることになる。ここでは都市の外装の俯瞰図が「実在」の像であり、そこで生活行動をしている人々の姿は、想像力によってしか像《イメージ》をつくれない虚像なのだ。ましてや都市のなかで生活行動している人々が、心のなかでどんな思いをもち、どんな絶望や希望をいだいて行動し、労働し、恋愛し、遊び、嘆き、喜んでいるかというようなことは、虚像のまた虚像で、じつはかんがえてみることもできない、またどう考えようとまったく自由で、まったく無意味なのだ。**世界視線から見られた都市像は、自身の死を代償として自身の瞬間ごとの死につつある姿を上方から俯瞰している像に相当している。**この俯瞰図にかかわりがあるのは、この都市像の細部を、その瞬間に壊しつつあるか、改修しつつあるか、それとも加えつつあるかぎりにおいてだ。恋愛し、喰べ、働き、遊んで、等々の都市人は、いわば「世界視線」からの都市像からは、遮覆され、あちら側の彼岸に生活しているものとみなされる。[*29]

吉本によれば、かような特性を有する「世界視線」と対比されるものは「普遍視線」である。「普遍視線」とは、「世界視線」では把捉することがかなわない都市の内部から見た都市像（具体的に言えば、「人間の座高視線地面から数十センチ、直立視線一メートル数十センチの地面に並行した視線」）を指す。「「世界視線」が加担した映像の次元は一次元だけ逓減し、「世界視線」を遮断した映像の次元は一次元だけ逓増する」というから、都市という巨大な総体をいわばグローバルな観点から平面として理解してしまう「世界視線」に対し、「普遍視線」がもたらす視座はミニマリスティックでありながらも三次元としての奥行きを有すると、吉本は説明する。それゆえ、「世界視線」と「普遍視線」は原理的にすれ違いの構造を見せる。逆に言えば、両者は本質的に異なるがゆえにこそ、その狭間から第三の位相が生まれる可能性はあるのだと言うことができる。

吉本は、「世界視線」と「普遍視線」の区分によって織り成されたマトリックスを介し、都市という空間のなかでも特徴的な場所[*30]を読み解いてゆくのだが、こうした「世界視線」と「普遍視線」の相克をそのまま小説の文法としたのが、「新潮」（新潮社）二〇〇八年九月号に発表された青木の中編「このあいだ東京でね」である。「ある程度人生に見通しを立てた複数の人間が東京都内に新たな住居を探し求めていた。都心部だとか、またそれに近接した地域に住まいを持ちたいと希望している」との書き出しでスタートするこの小説であるが、奇妙なことに「新たな住居」を捜し求める者たちの姿は、近代文学的な「人間」描写とはまったくかけ離れたやり方で、あくまでも輪郭をなぞるように描写される。彼らは都市の一部として平面的に描かれる。不動産屋に物件を相談する彼らの姿は、人間というよりもアイコンのような半ば紋切り型の情報の一部に過ぎず、決して三次元的な像を結ばない。彼らが駅のホームで電車を待つ姿が言及されてしまったかと思えば、すぐさま話題は「人口過密な沿線のまち」の事情、路線の構成、乗客の身なりの描写などへ移り変わってゆく。「平均的な勤労者世

＊29　吉本隆明「映像都市論」前掲『ハイ・イメージ論Ⅰ』所収、一一二頁。
＊30　例えば、「広場（もしくは原っぱ）・公園・緑地域」や「街路」は、「世界視線と人間の眼の高さの普遍視線が出会い、とどまり、交錯する場所」とされている。

帯」が確保可能な住宅地を探していったのも束の間、首都圏の地図、行政区画、建築上の高さ制限、土地の逸話、不動産をめぐる区分、江戸時代の城下町などへと話は移り変わってゆく。

こうして、小説内で描かれる「東京」という街の様子、そして「東京」をめぐる情報が、同一の地平において執拗に描写されるのが、この小説の特徴である。しかしながら、小説内の「世界視線」が移動するとともに、小説の記述もゆっくりと進行していき、情報は不動産についてのマニュアル的な書き割りから、「世界視線」によって都市を捉える様子へと変貌していく。こうした展開が起きる速度は極めてゆっくりとしたものであり、読み手は描写の変化を、さながらスライドショーを眺めるがごとくに享受していくことになる。そうして、冒頭の人間の姿はいつの間にか消失していることに、読み手は否応なく気がついてしまう。「世界視線」は人間を追跡できるが、この小説の描写はあくまでも「世界視線」をトレースしたものなので、人間の側からの説明を介在させることはできないのだ。このような経緯を通じ、小説内においては、流動的に動く都市という怪物そのものがクローズアップされる。「セカイ系」とされる作品では、どこまでも高く広がる無尽蔵の青空というモティーフが頻繁に登場する。それは作中人物（すなわち「キミとボク」）の荒涼とした内面を投影しているのだが、もはや人間の姿が描かれない青木の小説においては、都市の姿は無機質でありながらも、確たる存在感を有するに至る。

道路沿いに建物が連担する商業地のまち並みである。近代的な中高層の建築物。各棟のボリュームを頭上に仰ぐ。それら雑多なビルの合間に、挟まりや囲みのなかに空が見える。

一定の範囲に空が広がる。こんなとき、空が遮蔽物に隠されるにしろ、切り取られるにしろ、縁取られるにしろ、どちらを図と見るかによって残りはただちに地に退く。そして全体はただ一枚の絵柄模様に。ここで仰角を限りなく九〇度に近づければ、あたかも天地が逆転して、なにか地図でこの狭いエリアを眺めているかのようなのである。[*31]

ここで、近代文学の多くが、都市を舞台にしてきたことを思い出そう。近代文学の主題となるのは、言わば「世界視線」と「普遍視線」の相克が引き起こす暴力であった。補助線として、都市小説の嚆矢と言われるアルフレート・デーブリーンの『ベルリン・アレクサンダー広場』[*32]を参照してみる。この小説の主人公は、冴えない労働者フランツ・ビーバーコップ（「ビーバー頭」の意）であるが、底

＊31　青木淳悟「このあいだ東京でね」「新潮」二〇〇八年九月号、五二頁。なお、本稿の校正中に、青木の最新単行本『このあいだ東京でね』が、新潮社から出版された。同書には本稿で取り上げた青木作品のうち、「さようなら、またいつか」、「このあいだ東京でね」、「TOKYO SMART DRIVER」、「障壁」、「夜の目撃談」、「ワンス・アポン・ア・タイム」、「日付の数だけ言葉が」が収録されている。これらの作品群には、単行本に収められるにあたって、多かれ少なかれ加筆修正が加えられている。本稿の三一四頁でも取り上げたように、雑誌の初出と単行本に収録された版での異同は青木作品において大きな意味性を有しているのだが、紙幅と締め切りの都合により、本稿における考察はあくまでも雑誌媒体における初出を対象とする。読者各位には了解を願いたい。ただし、単行本版『このあいだ東京でね』に収録された作品群は、初出時よりもそれぞれの作品が有する独特の位相やコンセプトが強調され、「単行本」という括りの内にあることが、ことさら意識された構成へと書き換えられたものになっている。このことは、特筆に値するだろう。

＊32　アルフレート・デーブリーン『ベルリン・アレクサンダー広場〈上〉〈下〉』早崎守俊訳、河出書房新社、一九七一年。なお、原著は一九二九年に発表された。

辺労働で生計を立てている彼は、仕事に失敗するたびに心を入れ替えて真人間になろうとするものの絶えず翻弄され、見えない「ハンマー」で「打ちのめされ」てしまう。だが彼を「ハンマーで打ちのめす」ものは本人の弱さではなく、実はヴァイマル共和政期のベルリンという都市の有する暴力性なのだ。その意味でデーブリーンはフランツ・ビーバーコップを描いていながらも、実は彼を蹂躙する都市のシステムそのものを暴き出しているのである。

フランツ・ビーバーコップは肉体労働者であり、単純作業に従事することしかできないため、知識や技能によって現状を打開するすべを持たない。それゆえ当然ながら、自らが置かれている社会を俯瞰する眼差しをも持つことができないでいる。彼の内面は真空であり、真空に直面するほかないがゆえに、フランツ・ビーバーコップはベルリンを攻撃することができず、その代わりに最も身近で愛すべき恋人のミーツェ（「仔猫ちゃん」の意）を殺害せざるをえなくなってしまう。デーブリーンはこうした閉塞的な状況下から、ひょっとすると何か超越的な働きかけによって人間が解放されることもありうるのではないかという期待を隠さないが、一方で軽々しくそうした形而上学に逃げないだけの強靭さをも併せ持ち、虐げられた者たちが生きる都市の様子を狂騒とともに執拗に描写していくことで、「主体」の居場所を確保しようと努めるのである。

「このあいだ東京でね」の人間の不在は、こうしたデーブリーンの方法を、さらに押し進めたように見える。小説は続いて、タクシーで移動しながら、都市周辺の開発状況と、ゴルフ場や客の姿を描写していく。こうして、街の様子とその周辺の事情が一通り説明されると、ふたたび人間が前景化される。勤務地の事情と、不動産に関する金融機関の審査がどのようなものであるかという説明が行なわれた後に、クレジットカードが残高不足で引き落とされないというミスを犯した過去があることで、住居を買うだけの融資を受けられないのではないかという恐怖が巻き起こる。都市という総体において住居が確保できないということは、内面に代表される奥行き、ひいては逃避の場所を持たない「主体」にとって死活問題である。「主体」が能動的に生存の圏域が確保できないということは、「主体」が去勢されることを意味するからだ。それゆえ急遽、「個人信用情報いわゆる個信を調べて」みるべく「東京は千代田区丸の内の一角を訪れる」、「主体」としての「私」が小説内に登場する。それまで、都市の相貌を描く「世界視線」の内実に、「私」は覆い隠されていたのであるが、「世界視線」によってすべてが平面として描き尽くされ、平面化された情報の海に埋没されそうになってはじめて、「私」は登場する次第なのだ。こうして「このあいだ東京でね」は、「世界視線」のなかで、「普遍視線」が占める位置が、いかに小さなものであるかを浮き彫りにする。むろん「私」が現われてからは、小説の描写に「普遍視線」が占める度合いも増すのだが、それでも、「普遍視線」が「世界視線」を凌駕するのは、購入予定の住まいのグレードを下げていき、ついにはモデルルームの抽選に賭けるしかないのではないかという半ば諦めの入ったため息をついた瞬間くらいのものなのだ。

四、Google Earth Eye

さて、現実社会において、監視機構としての「世界視線」を代表するものは通信衛星である。管理社会の象徴としての通信衛星を、最も明快に可視化したものが、Google Earth の登場であろう。ヴァーチャル化された地球儀を回していくことで、世界各地の衛星写真を誰でもどこでも見物することができるこのサービスの登場は、衛星による通信網がいかに広範囲に行き渡っているのかを提示して見せた。そして、「世界視線」としての通信衛星が、すでに「普遍視線」の領域にまで浸透していることを明らかにしたのが、Google Map、そしてGoogle Street Viewの登場である。言うまでもなく、Google Mapとは、検索エンジンで知られるGoogle社が提供している、ズームを調整しつつ、地図、航空写真、地形の三つで全世界を見ることのできるサービスであり、Google Steet Viewとは、世界各地の大都市圏で撮影した道路沿いの風景が、Google MapおよびGoogle Earth上でほぼあらゆる角度から、等身大の高さのパノラマ写真の形で表示されるサービスを意味する。

Google EarthやGoogle Street Viewを見てまず驚くことは、それまで地図上の記号としてしか理解していなかった光景が、具体的な像としてパソコンに映し出されるということである。かつて「世界視線」はあくまでも、都市のような総体を「上方から」俯瞰するものだった。それゆえ「普遍視線」は「世界視線」に統御されず、いわばプライバシーを確保されていた。だが、Google Street Viewを見た者は、ミニマムな「普遍視線」が衛星の有する俯瞰的な通信網によって全世界に配信されているという事実に気がつき、慄然とする。ここでは、「世界視線」と「普遍視線」の差異は消滅し、「普遍視線」は「世界視線」の変奏にすぎなくなっている。もはや「このあいだ東京でね」で描かれたような、「普遍視線」が存在可能な（ごく僅かな）位相は成立しえないのだ。こうした脅威をそのまま小説という芸術へ形象化したのが、青木の小説「TOKYO　SMART　DRIVER」（「新潮」二〇〇八年一一月号、新潮社）である。この短編が面白いのは、通信衛星的な「世界視線」をジャックしながら、同時に、「普遍視線」そのものをも、記述の運動のなかへ取り込んでしまっているということだ。言うならばこの短編は、「普遍視線」が「世界視線」に統御されつつある状況を、Google Earth Eyeとでも名づけられる記述によって浮き彫りにしているのだと言えよう。

Google Steet View が提示する写真は、ＧＰＳを装塡した走行中の「車」で撮影されたものだ。それゆえ小説も、当然ながら「車」による移動を模した形で状況の描写がなされていく。「現住まいであり、現にいまもちゃんとそこに居るにもかかわらず、とにかく外部の視点から自宅を眺めてみたくなる」との書き出しで小説は始まる。「これまでのように衛星写真を拡大して探しものをすることにはそろそろ飽きがきていた」がゆえに、「人の目線の高さで実際の街並みを眺めることができる」Google Street View がピックアップされるわけだ。「当然ながら足もとにはアスファルトの路面が広がっている。地図でもページをまたいで道がつづいているように、それをたどればどこまでも進んでいけることだろう」といった具合の、「世界視線」が有する俯瞰性めいた楽観的な意識が、この小説に不思議なドライヴ感を与えている。

そこで段落が変わり、「(中野や杉並や世田谷、練馬にさえ)」というカッコが差し挟まれる。このカッコは、作品を支配している Google Earth Eye の位相を、微妙に逸脱させるための「声」として機能する。この小説の描写は、Google Steet View の仮想風景と、実際に「車」から見えるはずの妄想的情景が入り混じっているため、それらの区分けをする必要があるのだ。しかしながら、「声」と、Google Steet View の説明の多くは重複し、前者は後者を補完するために機能したり、反対に後者は前者を予告するために用いられたりもするから厄介だ。「声」が拾った「ドラマの撮影」という地元民の言葉に対し、Google Earth Eye は、そんなはずはないだろうと突っ込みを入れつつひた走る。こうして車は走りながら、「声」と Google Earth Eye は相補的にこの小説の描写を進めていく。

女子高生が近づいてきたということを「声」が感知すると、Google Earth Eye はそれを前景化する。女子高生を追いかけていって「ちかん注意」の看板を発見してしまった Google Earth Eye は、やがて道に迷ってしまったことに気がつく。交通事情は劣悪で、ガード下の高さ制限は二メートルしかなく、クランクや蛇行、一方通行路ばかりが現われる。カーナビに頼っても「細街路検索」でどうにか表示される程度のもの。やっと線路の向こう側へと踏み出して線路脇の通りを行くと「高架化絶対反対！」の看板が見え隠れする。反対派の自宅の周辺には、ポスターと機関紙の広告があるが、プライバシーを守るため、Google Street View の画像においては、表札にはボカシを入れなければならない。だが Google Earth Eye にとってはそれが誰の家かということよりも、走行中に見られない沿道の風景を、Google Street View によって確認することができることへの素朴な驚きのほうが大きいようだ。実際、Google Earth Eye は「車」の運転に自信があるようで、道路上では、通称「パンダ」と呼ばれるパトカーのツートンカラーを見分けることに長けていたり、「自動速度取締機設置路線」の警告看板を知っているので、路上の取締りに遭わずに済む。しかしながら用心深い Google Earth Eye は、警察車輌を見分ける「ネズミ捕りレーダー」の導入をも検討する。

だが、さすがに路肩に停めてある東京電力の白い緊急車両バンの陰に隠れていた追跡用のパトカーまでは発見できず、捕まってしまい、スピード違反の切符を切られるために「サイン会場」へと誘導された Google Earth Eye は少し懲りる。「(「一般道を安全に飛ばすということは可能なのか？」)」と自問自答した結果、渋滞のなかを時速二〇、三〇キロで渋滞を走っていても、いつまでも東京都内を出られないので、さりげなく高速道路にもぐりこむことに決めたのだった。「(法定最高速度一〇〇キロメートル毎時)」の世界では、指示や案内を表す青色と、警戒を呼びかける黄色とが並んでいる。それらの色が混ざりあって緑色に見えるなど、普段は気がつかない光景に色めき立ち、「車」は高速を悠々時速一二〇キロ前後で走る。高架の橋脚や橋桁や防音壁、また巨大な換気塔など、歩行者を圧倒するような建造物や「曲線と勾配つづきの道路線形」に感心しながら、加速レーン付近の路面の状態に目を落とし、その設計の合理性や凶悪さを観察する。「車」が首都高の本線入り口ランプを進んで都心部へと向かう途中、Google Earth Eye は、この画期的な都市高速の建設当時、すなわち東京オリンピックの前夜に思いを馳せてもみる。だが、首都高の構造は複雑で、「代々木入り口」から新宿線下り方面へは進めない」し、「オペラシティ前、初台交差点上に新設された「西新宿ＪＣＴ」に車を向かわせたい」と思いつつもうまくいかない。仕方なく、最近開通した中央環状線山手トンネルを走ってみることにする。トンネルを下っていきながら、「（湾岸線で東京港トンネルにもぐってみたい。台場線でレインボーブリッジの最上段も走ってみたい。「いつでもスイスイ」という神奈川線で行けるトコまで行ってみたい）」と、Google Earth Eye は欲望を新たにする。やがて、都心から環状道路へと「車」は抜ける。

　このあたりから、少しずつ小説は俯瞰の度合いを増していく。記述は、都市の道路の細かな描写から、「このあいだ東京でね」における「世界視線」のように射程の広がりを見せる。小説で記述される情景描写は、Google Map の切り替え機能とまったく同じように、Google Street View から、「二十万分の一の地図」へと切り替わってしまうのである。当初、画面を切り替えたのは、都内を脱出するための効率的な経路を探すことを意図したためだった。ところが、なぜか「声」は、佐渡が島を地図で検索してしまい、その勢いでどんどん縮尺は上がっていく。

　どこか見おぼえのある大きさの地図だ。縮尺をたしかめてみると「１：１０，０００，０００」とある。そこに見える日本列島と広々とした太平洋南海上。台湾とフィリピン・ルソン島の一部。

オリンピック開催中の中国本土と朝鮮半島。北はサハリンやオホーツク海沖合いまで。これらが一枚に収まっている。
気象衛星「ひまわり」の中継映像から、実際の雲の様子をこの目で見て、今日これからの天気を判断しているところだ。*33

こう書かれたとき、もはやGoogle Earth Eyeは、単なる「世界視線」ではない。「世界視線」と「普遍視線」とが交錯した地平から、「普遍視線」を切り離してしまっているのだ。引用箇所以降、この小説は、飛行機や電車を駆使した一種の仮想旅行の体裁を取る。Google Earth Eyeは、羽田発の航空機に憑依して東京湾上空を左右に旋回しつつ、京浜エリアを過ぎ、太平洋川の平坦地には静岡市から浜松あたりまでの中小都市を横切る。姫路城、安芸の宮島、瀬戸内海や山陽地方の山と海とを見下ろしながら、九州北端部へと渡るのだ。そこからは、飛行機ではなく新幹線を使って九州を回ることになる。しかしながら、「まったく忘れられていたのだが、マイカー組はいまどうしていることだろう」という思いがよぎったところで、仮想旅行は中断され、Google Earth Eyeの意識は、「普遍視線」へと引き戻される。

五、システムの外に飛び出す「利己的な遺伝子」

それでは、「TOKYO　SMART　DRIVER」の最終部において、Google Earth Eyeを「普遍視線」へと引き戻したものとは何だろうか。それは、何か実存の深みに抵触する危機が訪れたからではまったくなく、単にマイカーを使ったほうが経済的に得をするからという、拍子抜けするほど散文的な要因にほかならない。「TOKYO　SMART　DRIVER」で青木が提示したGoogle Earth Eyeは、「世界視線」と「普遍視線」を交錯させながら、弁証法的に止揚させようとする試みであると読むことができる。しかしながら、弁証法を完成させず、反対に弁証法を駆動させようとする要因をひどくつまらないものとしてしまうことで、ロマン主義的な心性がもたらす超越的な暴力に加えて、弁証法の暴力を揚棄しようと青木は企てているのではなかろうか。ある意味で、二度の大戦を始めとした二〇世紀的な悲劇の数々は、対立する二項を単一のイデオロギーへと回収しようとする通俗化された弁証法にその原因を認めることができる。青木は、過去の轍を踏まないために、自意識と「世界視線」の同一化をぎりぎりの一線で拒否するのだ。短編「さようなら、またいつか」(「文藝」二〇〇六年夏号、河出書房新社)では、主人公のけい子が「短くも幸福なOL時代」を回想するのだが、そうした追想に、「このあいだ東京でね」の描写にも通じる街並みの変化が重ね合わされる。しかしながらそれはあくまでも「過去の話」であり、「ホームを挟んだ反対側の銀座側では、駅前に丸井が建とうとしていた」[34]というけい子にとって不覚の事態が現在として差し挟まれることで、自意識と「世界視線」が統合され、一種の全能感へと昇華されないようにずらしが加えられている。言うならば青木は、Google Earth Eyeが(「キミ」もいないというのに!)「セカイ」の深淵へ近づこうとすることを、徹底して遠ざけようとしていると言ってよい。

＊33　青木淳悟「TOKYO　SMART　DRIVER」「新潮」二〇〇八年一一月号、一三八頁。
＊34　この小説が発表された翌年の二〇〇七年一〇月に、有楽町の丸井はオープンしている。

デビュー作「四十日と四十夜のメルヘン」において青木は、「世界視線」と「普遍視線」を構成する諸々の要素を記号として小説内のあちこちに散らばせるという方法を採用した。それらのある部分に照応関係が見出されたとしても、別な箇所は怪しく乱反射を繰り返し、結果として立ち現れる像はひどく茫漠したものと化すという仕組みになっている。山之口洋は、この「チラシ配りで生計を立てながら文学への憧れを抱いている主人公が、チラシの裏にその題も『チラシ』という小説を「書こうとしている」」奇妙な小説の特徴を、動物行動学者のR・ドーキンスの提唱した、「利己的な遺伝子」に準える。[*35] 山之口によれば、ドーキンスの説は「進化というゲームの主役はわれわれ生物個体ではなく『遺伝記号』そのものである」というものだが、遺伝記号のごとく断片化された「記号」は小説内で「複製されて増殖し、流通し、合成され、改変され、劣化コピーされ、時に「意味」を失いかけるほど断片化され、火中で滅びたりする」ことになる。実際、「四十日と四十夜のメルヘン」では、数字や記号に、過剰な意味性が付与されている。現実に存在した、日常と非日常との間の陥没地帯を示すような事件――例えば、二〇〇一年に一月に起きた、JR新大久保駅乗客転落事故――を暗示したり、錬金術的な地・水・火・風の四大要素など、マニエリスム絵画に散りばめられているような象徴性を汲み取ることはあまりにもたやすい。そこでは明らかに、読者の「読み」を介在させることでシンボリックな象徴性を浮かび上がらせ、分割された世界を再構成させようとする形にテクストは構築されている。[*36] それゆえかつて蓮實重彦が『大江健三郎論』(青土社、一九八〇年)で、戦後世代の「声」を代弁しているとの理解がなされがちであった大江作品を、「色」や「数字」という切り口で横断的に論じたように「四十日と四十夜のメルヘン」を読み解くことは充分可能だろう。

しかしながら、おそらく山之口は気がついていないが、新潮新人賞受賞作として雑誌「新潮」の二〇〇三年一一月号に掲載された「四十日と四十夜のメルヘン」と、単行本『四十日と四十夜のメルヘン』（新潮社、二〇〇五年）に収録された表題作とは、かなりの異同が存在する。青木は、処女作が新人賞を受賞した後の半年間、「「デビューはしたけれど次作が未発表」の段階で、何をどう思ったか、

＊35　山之口洋「利己的な「チラシの裏の日記」——青木淳悟『四十日と四十夜のメルヘン』」「波」二〇〇五年三月号、新潮社。この論考は、現在では新潮社のウェブサイトで読むことができる。http://www.shinchosha.co.jp/shinkan/nami/shoseki/474101.html　なお、ここでの山之口の仮説が突拍子もないものだと思われる向きのために補足しておく。実験的なテクストを根底の部分で成立させる要素として「遺伝記号」を持ち出しているのは、山之口だけではない。青木のテクストへミステリ的に接していくとしたら、若島正が『ロリータ、ロリータ、ロリータ』（作品社、二〇〇七年）で示したような徹底したクローズリーディングは避けられないのだが、**Peter Wright** は、ナボコフの『ロリータ』（若島正訳、新潮文庫、二〇〇六年）にも相通ずるものがある言語遊戯と象徴性、さらなる円環要素に満ちた作品を書く作家、ジーン・ウルフについて徹底的に研究した"Attending Daudelus"（LIVERPOOL UNIVERSITY PRESS、二〇〇三年）において、ジーン・ウルフ（Gene Wolfe）の小説に奥にはドーキンス的な「利己的な遺伝子」すなわち Selfish Gene が含まれているということを証し立てている。

＊36　こうした読者の参加によって断片化した物語を再構築させる方法論は、「四十日と四十夜のメルヘン」を、ひとつの仮構されたシステムとして理解しているという点においてゲーム的だ。とりわけゲームのなかでも、J・R・R・トールキンが『指輪物語』（瀬田貞二・田中明子訳、評論社、一九九二年。なお原著は一九五四－五五年）で示したような架空の世界を統御する物語システムとしての性格が強いジャンルであるテーブルトークRPGに親和性が高いだろう。**Gary Alan Fine** は、"Shared Fantasy"（The Univercity of Chicago Press、一九八四年）においてE・ゴフマンのフレーム分析を活用し、『ダンジョンズ&ドラゴンズ』などのテーブルトークRPGの特性を検証している。彼の方法論などは、小説のゲーム性を考えるにあたり極めて有効に違いない。

個人的にデビュー作を改稿し続ける、という毎日」を送ったと述べている。[*37] 実際「四十日と四十夜のメルヘン」が「新潮」の二〇〇三年一一月号に掲載された際、その分量は新潮新人賞の規定枚数である、四〇〇字詰め原稿用紙換算にして二五〇枚のほぼぎりぎりに近かった。しかしながら単行本版では、それがなんと原稿用紙五〇枚近くも削られている。

改稿によって浮かび上がってきたのは、「四十日と四十夜のメルヘン」のテクスト外部に隠された真相である。その真相とは、一種のラヴロマンスだ。語り手は女性で、文芸創作教室に通っており、そこで講師を務めていたニコライ先生こと「はいじま　みのる」という作家と恋仲になる。しかし、彼らの関係は無惨にも破綻する。彼女は前へ進むため、日記の記述を記そうとするが、破局から先へと記述を進めることができない。仕方がないので語り手は、自らの経緯を物語に書こう、それも「いま、ここ」とはかけ離れた舞台（一八～一九世紀のフランスを模した世界[*38]）を舞台としたメルヘンにしようと思い立つ。はいじまのデビュー作『裸足の僧侶たち』[*39]が、「京大式カード」に記された「護符」なる七つの束に記された出来事を圧縮することで書かれたものであると知っていた語り手は、チラシの束を盗んでその裏にメルヘンを記していく。だがメルヘンを書いていても、現実に経験した破局が尾を引いているため、仮構された話のなかに現実が形を変えて入り込み[*40]、幸福な展開を迎えるはずだったメルヘンも予想外の展開を見せていく。語り手はメルヘンで描かれた愛が、運命の手による必然であることを示そうと活版印刷の活字を組み替えながら、メルヘンに投影される自らが経験した物語をも正常な状態へ修正しようとする。[*41] やがて、同じアパートに住んでいた上井草[*42]という「老けた高校生」のような男性と恋仲に落ちることで、メルヘン内にも少しずつ光明が差し込めることになる。

こうした一連の、傍から見れば何でもないメロドラマこそが、「四十日と四十夜のメルヘン」という小説の記述を稼動させる要因である。[*43] しかしながら、改稿によってそうした「テクストを書かせた」要因にスポットが当たることで、（「ピンチョンが現れた！」と絶賛した保坂和志を除けば）冷や

＊37　第二七回野間文芸新人賞発表「受賞して」、「群像」二〇〇六年一月号、講談社、三四九頁。

＊38　とは言いつつも、メルヘンの時代考証はまるで正確ではない。一四世紀に実在したとされる異端審問官ベルナール・ギーが登場したりする。ただし、このベルナール・ギーの唐突とも思われる登場は、間テクスト性を示すため、巧みに仕掛けられた構成要素であるともみなすことが可能だ。ベルナール・ギーが重要な役割を果たすフィクションとしてまず筆頭に挙げられるのはウンベルト・エーコの『薔薇の名前』（河島英昭訳、東京創元社、一九九〇年。本国での出版は一九八〇年）であろうが、ベルナール・ギーという固有名の登場によって、『薔薇の名前』にも相通じる「四十日と四十夜のメルヘン」の記号論ミステリ的な特徴がより強調されることとなる。だが同時に、ベルナール・ギーという固有名のみを頼りに『薔薇の名前』と「四十日と四十夜のメルヘン」を結びつけるのは、牽強付会に過ぎるとの疑念が読み手に生じるのもまた事実だ。こうした「半ば途切れたアリアドネの糸」とも言うべき仕掛けが、「四十日と四十夜のメルヘン」には多数、組み込まれている。いや、そもそも、この小説はタイトルからして、フーゴー・フォン・ホフマンスタールの「六七二夜のメルヘン」（川村二郎訳、『チャンドス卿の手紙／アンドレアス』所収、講談社文芸文庫、一九九七年。原著は一九〇五年）が「断片化」されていると見ることもできるではないか……。

＊39　『裸足の僧侶たち』は、ジャンニ・ロダーリが『ファンタジーの文法』（窪田富男訳、ちくま文庫、一九九〇年）の一三〇頁でウラジミール・プロップを援用して紹介したような、カード式の機能分解で書かれたものだということから、小説の位相に極めて重要な影響を及ぼす作中作であるが、単行本版では『裸足の僧侶たち』を独立した作品として成立させるための周辺情報がほとんど削り取られており、結局のところ作中作としての「機能」を越える地位を示すものではなくなった。

＊40　一例を出せば、作中に登場する「ブーテンベルク」氏は、「わたし」の勤務先である「グーテンベルク事務所」が形を変えたものであろう。

やかな困惑をもって受け止められた「四十日と四十夜のメルヘン」の評価は飛躍的に上昇し、結果として第二七回野間文芸新人賞を受賞するに至ったのであった。*44 しかしながら、青木の選択によって、「四十日と四十夜のメルヘン」という小説が、完全に変容を遂げたのもまた事実である。改稿によって削られた部分は、先に述べたような記号の乱反射や象徴性を示すもの、加えて数字相互の照応関係を示した箇所がほとんどであった。それと同時に、地の文そのものに関しても大幅な情報の削減が行なわれた。「新潮」に発表された版では、「記号の乱反射や象徴性」、「照応関係」と、テクスト外部を稼動させる要因は等価なものとして描かれていた。その意味では、「四十日と四十夜のメルヘン」は、紛うことなきマニエリスム小説であったのだが、改稿を経て、そうしたマニエリスティックな要素は、

＊41　ここでの活字の組み替え作業は、ウィリアム・バロウズが『ノヴァ急報』（山形浩生訳、ペヨトル工房、一九九五年、原著は一九六四年）で示したような「カットアップ」技法を思わせる。青木作品は、こうしたモダニズム以降の二〇世紀文学の達成を巧妙に組み込んでいる部分が少なくないが、二〇世紀文学と二一世紀文学との間の連続性を考えるにあたり、改めて二〇世紀文学的な技巧について再考するのは有用だろう。日本においては、二〇世紀文学的な技巧はいわゆる「ニューアカ・ブーム」の終焉とともに過去のものとして語られるか、過度に矮小し既存のフレームへと押し込められる場合が多いようだ。例えば、ポストモダン社会の主体の位置と労働とディスコミュニケーションの問題について真摯に考察した「(世界記録)」にて二〇〇〇年の第四三回群像新人文学賞を受賞しデビューした作家、横田創は二〇世紀文学の技巧を極めて自覚的に取り入れた作風で知られるが、バロウズの『裸のランチ』を取り入れた『裸のカフェ』（講談社、二〇〇二年）が第一五回三島由紀夫賞に落選して以来、批評的な問題意識を少しずつテクストの裏面へと組み込む老獪さを持つようになってきた。「セカイ」への抵抗を考えるに、横田もまた重要な作家ではあるが、紙幅の都合もあってここでは踏み込まず、別な機会を待ちたい。しかしながら、横田などいわゆる「ポストモダン小説」の書き

手が、一つの制約として自らに課した「中上健次以降、小説を書くとはどういうことか」という問題すらが、二〇〇〇年代も終わりに近づいた現在では、過去の遺物として忘却されようとしていることは、この場でも警告されてよいだろう。その顕著な例としては、「ユリイカ」の中上健次特集（二〇〇八年一〇月号、青土社）における東浩紀と前田塁の対談「父殺しの喪失、母萌えの過剰　フラットな世界で中上健次を読み直す」が該当する。この対談では、後期の中上健次が体現したような、世界の真空に屈することなく、圧倒的な重力に耐えながら書くべき圏域を模索する姿勢が、「萌え」を基体とした記号の戯れからなる図式に後づけで嵌め込まれ、さながらフェティシズムや症例の一種がごとく矮小なものとされるのだ。ここでの東や前田の中上観が貧しく幼稚であるのは言うまでもないが、筆者が懸念するのは近代文学、ひいては「ポストモダン小説」を読み直す際に、今後も同様の事例が続きかねないのではないかということだ。幸い、当の対談で言及された中上の『異族』については、いとうせいこうが、三島由紀夫の突き当たったような「壁」の延長線上の問題系として考察している（「平面のサーガ」『中上健次全集　第一二巻』、集英社、一九九六年、月報解説）がゆえにまだ救いはあるが、私たちは中上に限らず、「ポストモダン小説」が何と戦っていたのかを、今一度、考え直す必要があるだろう。

＊42　恋人の名前が実在の地名と同じことは偶然ではなく、西武池袋線沿線をはじめ、トポス間の移動が激しいこの小説の記述と連関している。

＊43　こうした「小説の記述を稼動させる要因」に着目しながら青木淳悟の初期作品（単行本『四十日と四十夜のメルヘン』、『いい子は家で』の収録作）の詳細な分析を行なった論考としては、古谷利裕の「書かれたことと書かせたもの——青木淳悟論」（「新潮」二〇〇八年二月号、新潮社）が存在する。

＊44　この回の野間文芸新人賞選考委員のうち、川上弘美と町田康は、（青木が受賞した回の）新潮新人賞の選考委員でもあった。両者ともに、かつて「新潮」版の評価には難色を示していたが、打って変わって、単行本版は絶賛している。特に町田は、「新潮」版を「思わせぶりばかりが目立つ意味不明の悪戯書き」（「新潮」二〇〇三年一一月号、新潮社、一七五頁）と酷評していたが、野間文芸新人賞の選評では「ただの雑音がなぜか壮大なシンフォニーに変っていくさまを聴くような、感動的かつ快楽的な読書体験」（「群像」二〇〇六年一月号、講談社、三五三頁）と単行本版へ異例とも取れる賛辞を送っている。

「真相」としてのメロドラマへと奉仕する形になってしまった。言うならば、「情報小説」から「私小説」へ、あるいは「ピンチョン」から「メタ・ミステリ」へと小説の仕組みが変わってしまったのだ。[*45]

意地の悪い見方をすれば、これは青木が「空気を読んで」、現状の文壇において支配的なコードに作品を合わせたのだと取ることもできる。だがより正確なところとしては、青木は記号の総体を作品内に遍在させるという方法を断念したのだろう。ゆえにその後、彼はそれぞれの記号が結びうる像を主題にして個々に短編あるいは中編を書いていくという方法を取らざるをえなかったわけだ。むろん、それらの短編と中編を駆動させる要因が腰砕けなものとなっていることは共通しているし、そうした特性が、ロブ＝グリエの方法にも通じるヒューマニズムの抜本的な変革への意識を下敷きとしているのもまた確かである。先に笙野が指摘したように、資本主義社会とは捉えどころのないものであるが、青木は全体小説を志向しオルタナティヴなシステムそのものを構築して済ませるのではなく、いったん構築したシステムを解体させ、遍在させながら、「ミーム」のごとく多角的に、流転する高度資本主義社会と変革された人間性の位相を描き出そうとするわけだ。

六、切り捨てられた記号を、再度拾うこと

さらには、切り捨てられた記号に対しても、青木は再度注意を向ける。短編「ワンス・アポン・ア・タイム」(「群像」二〇〇八年一二月号、講談社)では、「さして意味はない」と断り書きを入れながらも、青木はGoogle Earth Eyeによく似た冷徹な眼差しで、都市の相貌だけではなく一九九九年九月の日付けがついた、(名指しはされないが、朝日と思われる)新聞の縮刷版を検討していく。

縮刷版に東京地方は快晴という情報を発見すれば、その後の暑さを連想の材料として、台風一六号と一八号の気象学的説明へと小説の記述はずれる。「見出しがどうにも気にかかり、電話帳ほどもある冊子のページをたぐり、記事を探す」小説の語りは、九月の二五日に行ったかと思うと九月一日に舞い戻り、そこで防災の日に発表された小渕首相の言葉を目にすると、連想ゲーム的に当時の政治的状況へと記述は移行する。「自自公連立政権」発足を目指した総裁選、野中公務官房長官の話、人事問題、十日の首相の動静、開票日の翌日二十二日の夜の動向、野中官房長官の後任人事、党役員や閣僚ポストをめぐる争奪戦へと日を追って政治の変化を記述していき、融和に乗り出した小渕首相や、小渕派の最高幹部竹下元首相が入院先から電話をかけるなどして「手打ち」になった顛末をも補足的に記していく。

ただし、「無党派層の市民にとって、党内人事はなんともわかりにくいものだ」と、政治の経緯にいささか呆れたのか、記述の手は「政争」にかまけているわりには「鼻クソの処理」を怠りがちな政治家から離れ、隣国台湾で起きた大規模な地震などの災害報道と、信じられないような分量の死者を示した「数字」へと関心を移す。月末三十日には国内初の「臨海事故」という聞き慣れない言葉が出

＊45　小説の仕組みが変わった証左は至るところに見られるが、一例を挙げれば単行本版の冒頭部では、チラシのなかに紛れていた「プライベート」「日本人専門」「メルヘンチック」といった、後のメルヘンとの照応関係を示す箇所や、「日付を記入」する際にメルヘン『チラシ』に「下井草」（後に「わたし」の恋人になる上井草のこと）が登場する箇所が削られて箇所などがわかりやすいだろう。青木は改稿を加えることで、小説の全体へ等価に記号をばらまくのではなく、記述の運動に合わせて少しずつ「真相」が浮かび上がってくるように、小説の構造自体を変化させたのだ。

る。天災としての災害と人災としての「臨界事故」を引き金として、記述は「まずなにが起きたのか、あるいは起こりつつあるのかがわからない。もしや大惨事に発展するのでは、と誰もが一度は予感した」と、社会不安を痛切に感じ取る。これを契機として、記述は社会不安を端的に噴出させた、犯罪の情報へと焦点を変える。殺人事件や凶悪な事件が羅列されていき、九月に集中的に報じられた代表的な六つの事件が紹介された後、地下鉄サリン事件の実行犯に下された死刑判決（三十日）と、過去の犯罪への「清算」によって犯罪の記述は一段落する。ここで記述は、およそ十年前の新聞を精読することの意味へと思いをめぐらせる。

ニュースはどんどん古くなる。紙面は「縮刷」され、あるいはCD−ROM化され、記録は日ごとに増え続けている。この膨大な文書の山。過去の新聞をそこまで丹念に読めるものではないし、かといって『イミダス』とか『知恵蔵』とか『現代用語の基礎知識』とかの情報年鑑も枕になるほど大型で分厚い——眠くなるのはしかたがない。一九九九年というとつい最近のことのように思われて、それがこの退屈さの原因なのだろうか。

しかしなにより問題なのは、毎日届けられるその日の新聞を読むことの意味だ。せっかく毎日ちゃんと新聞を読んでいても、衆院の解散時期さえなかなか見極めがつかないのだから。やっとここで政権交代かと思われたのに。また最近では少し経済の勉強をしたくなってきている。「『ツー・ビッグ・ツー・フェイル（大きすぎてつぶせない）』とは……」[*46]

こうして記述は、二〇〇八年九月の米国発の金融危機の問題と、一九九九年の九月の日本の金融政策との比較へと移っていき、過去の情報を再度記述していくことで、歴史と過去を再整理していくことになる。こうした十年の経済状況を概観するうえでのクリティカルポイントが、ITバブルと携帯電話についてのイノベーションであるのだが、何気なく始まった新聞の再読によって、細部を細かな記述と、経済の流れを決めた大きな要因と併置されるのは面白いところがある。ある意味において、青木は、加速化する資本主義社会のクリティカルポイントを、再度、イデオロギーではなく情報を記述するという行為を通じて提示しようとしているところがあるからだ。

青木自身、読みを攪乱させる記号を切り捨てていくことで作品の主題を先鋭化させたということは前章で述べた通りだが、省みられなくなった情報を、できるだけ総体としての形を残したまま提示したということで、この短編は異様な迫力を有しているとともに、青木がいかに巧妙な作家であるのかを明らかにしている。冒頭で「さして意味はない」と断りを入れて語られた記述は、換喩的に物語を駆動させながら、金融危機に代表される壮大なカタストロフを予兆していたはずの徴候を収集していく。こうした徴候の収集を考えるにあたって、再度ロブ＝グリエへ舞い戻ろう。

ロブ＝グリエは『新しい小説のために』で記した姿勢を教条的には実践せず、さながらドイツ・ロマン主義文学の書き手たちが自らの理論を実作によって綜合していったように、巧妙かつ技術的に実作で理論を超克していこうとしたのだが、そのロブ＝グリエは、晩年に著した、評論とインタビューの集大成である"Le voyageur, essais et entretiens"（Christian Bourgois、二〇〇一年）に収められた「生成装置の選択について」（「早稲田文学1」、太田出版、二〇〇八年）において自身の記述を進行させ

＊46　青木淳悟「ワンス・アポン・ア・タイム」「群像」二〇〇八年一二月号、講談社、二三六頁。

る要因を「生成装置」として語っている。

私にとって重要になるのは、私自身の生成装置を、自然や無垢に差し向けかねないすべてのものから救い出すことなのです。こうした理由から、私が生成装置として採用するのは、「赤」rougeという語ではなく赤い色であって、それはいくつかの現代の神話的なオブジェのなかから選んだものです。「流れた血」とか「火事のあかり」とか「革命旗」がそうで、これらはとりわけ（引用者註：ロブ＝グリエの小説の）『ニューヨーク革命計画』を形づくっています。

（……）

ご覧のとおり、こうしたテーマ（それらは私にとって生成装置としての役割を果たしてくれるのですが）を取り上げたからといって、私が現行の社会的コードに――価値のコードばかりか語りのコードにも――隷属しているわけではまったくありません。むしろ反対に、そうしたコードのなかにいくつかの要素を切り取り、それらが神話的で、日付と場所を持ち、非＝自然的なものだと名指し、それらを起源の血漿《プラスマ》、すなわち既成秩序のうちに曖昧なままどっぷりと浸してなどおかずに白日のもとに晒すことで、脱構築する作業にほかなりません。*47

既成秩序を果敢に脱構築するということ。そのためロブ＝グリエは自分が恣意的に選択したオブジェを「生成装置」として神話化することになる。その神話は個々のオブジェからなるため、当然ながら体系化を拒否せざるをえない。それゆえロブ＝グリエは自身の「身体」をもってオブジェを包含し、絶えず自作のうちにオブジェを組み込み、オブジェへの言及を続けていくことで、オブジェが構成するオルタナティヴな神話の強度を上げようと試みる。実際、後期のロブ＝グリエ作品では、旧作への言及が頻繁に行なわれるとともに、過去に取り扱ったモティーフが意図的に再演されることになる。こうしたロブ＝グリエの姿勢は、二〇〇一年にはその名も『反復』（平岡篤頼訳、白水社、二〇〇四年）という作品を完成させるほどに徹底したものであったし、二〇〇六年に公開された映画『グラディーヴァ　マラケシュの裸婦』（日本では未公開、DVDは二〇〇八年発売）においては、小説のみならず過去の映像作品のイメージをも貪欲に取り入れていくことで、「生成装置」を駆動させるフロイト式の精神分析の作法をさえも乗り越えてしまう離れ業を見せていた。[*48]

一方の青木はロブ＝グリエ的な愚直さを奥底に秘めつつも、「生成装置」を作家の「身体」にのみ従属させるのではなく、オブジェの自律的な運動のもとへ解放する。この自律性こそが、青木作品を理解するための鍵となる。つまり各々のオブジェには、オブジェを動かしていくための換喩的な「生成装置」が存在し、それら「生成装置」はオブジェごとに異なる性格を有しているのだ。

本稿では「セカイ系」の問題点を、その記号的な流通性にあると断じ、「セカイ系」が提示する問題をより巧妙に扱うために、「世界視線」と「普遍視線」が交錯する地平を記号として作品内に遍在させてきた作品として、青木作品を解読してきた。そうした記号の遍在が示すある種の傾向を研ぎ澄

＊47　アラン・ロブ＝グリエ「生成装置の選択について」『早稲田文学1』、芳川泰久訳、太田出版、二〇〇八年、二一三頁。
＊48　『グラディーヴァ　マラケシュの裸婦』の考察に関しては、筆者がニューウェーヴSF／スペキュレイティヴ・フィクション集団「Speculative Japan」のサイトに発表した「夢からさえも見放され――アラン・ロブ＝グリエ『グラディーヴァ　マラケシュの裸婦』」も併せて参照されたい。http://speculativejapan.net/?p=77

まし、単一のテクスト内から解放して多様な様相を有した種々の中・短編群へと散らばらせていくこと。すなわち、ジャック・デリダの言葉を借りれば、青木の作品は、ヒューマニズムを変革させるための要因を「散種」しているところにこそ、その特徴があると言うことができるだろう。[*49] この「散種」を介することで、私たちが見過ごしてきた過去の歴史、そして社会の変動そのものを、イデオロギーを経由することなく見つめなおす姿勢を青木のテクストは要求するわけだ。そしてさらに青木は、「散種」された記号同士が出くわした際にどうなるのかというところにまで考えを進めていく。

七、「モナド」の断絶

小森健太朗は、『探偵小説の論理学』（南雲堂、二〇〇七年）において、西尾維新の小説や竜騎士07のノベルゲームに代表される脱格系ミステリの世界観が、旧来の本格ミステリ（例えば、エラリイ・クイーンの作品）とは異なる現実的な認識基盤（「ロゴスコード」）を有しているとしたうえで、その特性をライプニッツの「モナド」（単子）理論を援用して解説する。個々人の世界はそれ自体が完結した「モナド」である。「モナド」は「孤独の島」として自閉し、対外的な橋渡しとなる窓はない。にもかかわらず、あらゆる「モナド」が同じ宇宙に存在でき、現実認識を共有することができるのは、神の奇蹟に依拠しているからである。しかしながら、神なき時代おいて、「モナド」と「モナド」を共有させる原理は既に瓦解してしまっている。かような現実認識を「ロゴスコード」としているところにこそ、小森は脱格系の特性を見ている。

そして小森は「モナド」をこうした心理学的なタームとして捉えるだけではなく、論理学的な観点をも導入することによって「モナド」同士が交錯する一種のパラレルワールドとしての可能世界論を提示しているが、青木淳悟の小説において、個々の「モナド」は徹底してすれ違いを見せる。それゆえ各々の「モナド」に、脱格系の作品にまま見られるような差異を孕んだ生の代替可能性は介在しない。[*50]青木の小説は「散種」される「モナド」を描きつつも、「モナド」同士は可能世界として並存することさえできず、同一の地平へ窮屈に押し留められ、互いに拭いがたい差異を抱きつつ、意味を完成させる手前で居心地悪く同居しているだけなのだ。小森は「モナド」理論と、一見矛盾する属性が同じ位相に存在することを許容すること、すなわち様相論理の共存を説明するが、[*51]青木の作風は、どちらかと言えば、スタニスワフ・レムがフィリップ・K・ディックの作品を評して言った「テキスト全体としての意味を小説中の色々な出来事自体の領域にではなく、それらの構成原理の領域に求めざるを得なくなる」事態が、かえって「焦点の欠如」をもたらすという断絶の構造に近いものがある。[*52]旧約聖書的な世界観とダーウィン主義的な進化論の世界が差異を捨象することなく共存する「クレーターのほとりで」（「新潮」二〇〇四年一〇月号、新潮社、後に単行本『四十日と四十夜のメルヘン』に所収）や、家族というそれ自体が「モナド」的な空間を描き出しつつも、「モナド」同士の桎梏によって突然思いもかけずにカタストロフの予兆とも言うべき事態が噴出する『いい子は家で』（二〇〇七、新潮社）の収録作に、かような姿勢は顕著であるが、こうした「モナド」と「モナド」の徹底

＊49　「散種」を中心に扱った著作は二〇〇九年一月時点では邦訳がなされていない。英訳版が名訳として知られるので、そちらを参照するのがよいだろう。Jacques Derrida" Dissemination"Barbara Johnson(Translator)、University Of Chicago Press、一九八一年。

した断絶への考えをさらに進めていくために、青木の近作「障壁」(「群像」二〇〇九年一月号、講談社)を参照してみよう。

「障壁」が主題としているのは徹底したディスコミュニケーションである。「それは短期留学なのか、それとも長めの海外旅行か、いってみれば「文化を学びに」、遠い国から女子学生が単身ふらりとやってくる」という書き出しで始まるこの短編は、「日本」と「フランス」という二つの文化圏が、「ホームステイ」というモティーフをもとに共存しようとするのだが、同一の記述に圧縮させる両者は絶えず内在的に切り分けられ、融合することなく不気味に軋み続ける。その特性を理解するため、またもやロブ=グリエにお出まし願おう。

ロブ=グリエの小説に『ジン——ずれた舗石のあいだの赤い穴』(平岡篤頼訳、『集英社ギャラリー 世界の文学(9)フランスⅣ』、集英社、一九九〇年、原著は一九八一年)というものがある。この小説は、フランス語を勉強するアメリカの学生向けの教科書の体裁を取っており、全八章の小説がアメリカの大学の三ヶ月学期の八週分に相当し、学生が文法事項に習熟していくうちに長い文章を読むことができるようになっていくように、章は進むにつれて長さを増し、構文は複雑なものとなっていく。しかしながら、そうした「フランス語学習」を通じて浮かび上がってくるものは、テクストに埋め込まれたポルノグラフィックな意味性なのだ。むろんロブ=グリエはそうした意味性を、冷徹な美を湛えた文体と文法構造によって際立たせているがゆえに、ある種の支配性を帯びた普遍的言語としての「フランス語」の懐胎しているイデオロギー[*53]を攪乱しようと試みているということは間違いないだろう。

『ジン』では、主人公シモン・ルクールと、その背後に存在しているとおぼしき「組織」が記述の中

＊50　小森は、本論文集に収録された論考「モナドロギーからみた舞城王太郎」において、ウスペンスキーを援用して「ピタゴラス派」に代表される「回帰的な人間が死んだときには誕生の瞬間にまた戻ってくることになる」世界観と、近年流行しているノベルゲーム的な世界観との間に連関性を見取っている。小森の提示する可能世界は、個人の実存の深奥をある種の代替可能性として提示しているのものだが、一方でノベルゲームが産業として大成する遥か以前、一九七二年に書かれたトマス・ディッシュ『３３４』（増田まもる訳、サンリオSF文庫、邦訳は一九七九年）を参照してみると、原理的には「モナド」としての個が入り乱れる可能世界的な論理モデルを推し進めることで、「モナド」同士が入り混じらず相互の反発作用によってより巨大な構造体（拙稿の流れで言えば、「主体」を抑圧する高度資本主義的な社会システム）の相貌を示すこともできるということが明らかになる。『３３４』の詳しい分析については筆者がニューウェーヴSF／スペキュレイティヴ・フィクション集団「Speculative Japan」のサイトに発表した「『蟹工船』の次は、トマス・ディッシュの『３３４』を読もう」を参照されたい。http://speculativejapan.net/?p=61　以上の流れで付言すべきことがあるとしたら、『３３４』の試みをさらに発展・拡張させた"Amnesia"（一九八六年）というノベルゲーム（コンピュータ・アドベンチャーゲーム）が存在することだろう。そこでは、「モナド」的な個の総体が、隠喩ではなく実際に情報の集積体としての「街」を形成している。安田均は『神話製作機械論』（ビー・エヌ・エヌ、一九八七年）において、"Amnesia"を含め、初期のコンピュータ・アドベンチャーゲームがいかに物語論的に先鋭的な試みをしていたのかということを、SF文学やテーブルトークRPGとの関わりにおいて紹介している。筆者は「モナド」としての個の棲み分けは、それらの「モナド」を抱え込む「主体」としての作品がいかに巨大化しようとも、やがてシミュラークルの底へ沈潜していかざるをえないのではないかと危惧しているが、そうした事態を避けるためのひとつの処方箋として、ディッシュらの試みを再度検討し直すことは有用だろう。

＊51　小森健太朗「モナドロギーからみた〈涼宮ハルヒの消失〉」『探偵小説のクリティカル・ターン』、南雲堂、二〇〇八年。

＊52　スタニスワフ・レム「フィリップ・K・ディック——にせ者たちに取り巻かれた幻視者」『高い城・文学エッセイ』、沼野充義訳、国書刊行会、二〇〇四年、原著は一九七五年、四〇五頁。

心として描かれるが、青木の「障壁」においては、『ジン』のような「主体」と「超越」の二項対立は端から放棄される。家族の自己紹介、カフェでのサンドウィッチの注文、時間の四時と間食としての「おやつ」の違いなど、日本とフランスの文化の違といった語学教科書で扱われるような紋切り型の会話が交わされながら、何の前触れもなく「日本」と「フランス」の差異は解体されている。特にフランスの描写は紋切り型の度合いが激しく、『ジン』があくまでも語学の習得の過程という形式面に着目していたとすれば、「障壁」においては、教科書的なコミュニケーションのいかがわしさの次元にまで考察を進めているように見える。そして小説にじっと向き合えば、日本人の女の子ナオミがパリに留学しているのか、フランス人の女の子ナンシーが東京に留学しているのかという問題でさえ定かとは言えないことがわかるのだ。語学教科書においては、日本とフランスの家庭が、互いの子供を交換留学させることで交流を促進させるというシチュエーションがまま見られるが、「障壁」においては、交換留学させられているはずの二つの家庭、二つのトポスがそのまま合体させられてしまっている。そこでは時間の差異と空間の差異は捨象されているが、そうすることで小説は畸形の度合いをいや増している。ディスコミュニケーションはますます進展していき、ナオミはナンシーの会話を「趣味」で盗聴し（むろんこれは正面切ってはコミュニーションが成立しない人間という役割を、それぞれの登場人物があてがわれているからにほかならない）、整理しないコミュニケーションの残滓が「絵葉書」として残されることになる。

南仏に遊ぶ――地中海の沿岸をあちらこちら。彼女はその居所と今後の旅程を彼に知らせるため、何枚もの絵葉書を現地から送るのだったが、肝心の宛先がパリの下宿先の住所なのである。――主人一家もバカンスに出かけた、無人のアパルトマンのポスト。彼宛の郵便がそこに溜まっていくとともに、彼女のフランス語は確実に上達していくのだった。

送り手本人か、受取人か、主人一家か、アパルトマンの管理人か、郵便配達か――、早く誰かがこれに気づくべきだったし、事情を心得た者なら転送手続きさえとってくれたかもしれなかった。[*54]

柄谷行人は「主体」が自然を対象化し「風景」という形で「発見」したところに近代の特性を見出しているが、[*55]「障壁」を読むことで読者が「発見」する「主体」はもはや誰なのかもわからず、見出したパリの「風景」は、あくまで東京に仮託されたものとなってしまっている。それゆえ「障壁」で描かれる光景は既に近代ではなく、近代の先にある何かだと見なしてよいだろう。青木がここで示した「モナド」同士のコミュニケーションを阻む「障壁」は、ジャン・ポール・サルトルが示したような実存の疎外要因としての「壁[*56]」を経たうえでの、より大きな構造そのものであると考えてよいだろう。

＊53　水村美苗が『日本語が滅びるとき――英語の世紀の中で』（新潮社、二〇〇八年）で示したような、「普遍語－国語－現地語」という区分が大きな議論を巻き起こしたのは記憶に新しいが、ロブ＝グリエは水村の言う「普遍語」や「国語」を攻撃しながらも、「普遍語」や「国語」に潜む「美」（「萌え」ではない）をなんとか生き延びさせようとしているようにも見える。
＊54　青木淳悟「障壁」「群像」二〇〇九年一月号、講談社、一一四頁。
＊55　柄谷行人『日本近代文学の起源』講談社文芸文庫、一九八八年。
＊56　ジャン＝ポール・サルトル「壁」『サルトル全集5巻　壁』伊吹武彦訳、人文書院、一九六〇年。

そして青木は「日付の数だけ言葉が」(「早稲田文学〇」、太田出版、二〇〇七年)においては「日付」という客観性を有した記録を示すことが、そして「夜の目撃談」(「早稲田文学2」、太田出版、二〇〇八年)では「妊娠」という生の根幹に根付く身体論的な事例までもが巨大なシステムに統御されているという事実を、作品内に何ら政治的なイデオロギーを籠めることなくして明るみに出す。それにより、例えばパミラ・ゾリーンが、「宇宙の熱死」で示したような、可能世界論と(特に、ジェンダー的な)身体性が、形を変えて問われることになる。[*57] ここで足を停めて私たちが考え直すべきことがあるとしたらそれは、「障壁」として私たちを断絶する社会構造のシステムを理解しながらも、「障壁」を単なる島宇宙の連関として理解し棲み分けを徹底させることではなく、ましてや宇野常寛のように人生論的な矯正を高らかに叫ぶのではなく、ひいては中原昌也のように自閉した空間に自涜するのでもなく、作品の内実そのものへまずは目を向けながら、広義の文学を進展させるための肯定的な契機としてシステムを活用する必要があるということだろう。

作品そのものに目を向けるにあたり、マーケティングに終始した文芸ジャーナリズムの制度や文壇政治的な棲み分けにのみ縛られていては何ら得るものがないのは言うまでもないが[*58]、さりとて芥川賞を始めとしたいわゆる「文学賞」的あるいは同人雑誌的な保守性に安眠していても、新しいものが出てこないのもまた確かだろう。[*59] むろん青木作品としても、こうした文壇政治や芥川賞的な保守性に擁護されている点があるのは否めないが、そうした状況を逆手にとって「散種」の契機としている巧妙さをも有しているのは、今まで見てきた通りである。

総じて「セカイ系」は、いわば近代文学的な実存を記号化して、流通の速度を増そうとしたと言ってよいが、それには限界がある。いくら「萌え」記号を伝播させていっても、それはシミュラークル

＊57　パミラ・ゾリーン「宇宙の熱死」「ＳＦマガジン」一九六九年一〇月号、浅倉久志訳、早川書房。本国での初出は一九六七年。現在では、http://www.scifi.com/scifiction/classics/classics_archive/zoline/zoline1.html で原文が読める。

＊58　二〇〇八年一〇月に早稲田大学で開催された十時間連続シンポジウム「小説・批評・メディアの現在と未来をめぐって」（「早稲田文学2」、太田出版、二〇〇八年）は、批評のあり方をこうした制度と文壇政治という側面に特化した形で考察した試みだった。しかしながら、「業界」の事情や批評家の態度表明を理解するためには有用であったかもしれないものの、そこで実際に語られた「作品」についての意見は、総じてお粗末であったと言わざるをえない。同シンポジウムで言及された大江健三郎『臈たしアナベル・リィ総毛立ちつ身まかりつ』（新潮社　二〇〇七年）にしろ、新城カズマ『サマー／タイム／トラベラー〈上〉〈下〉』（早川文庫　二〇〇六年）にせよ、とても内実を捉えた批評になっていたとは思えない。

＊59　芥川賞を始めとした各種文学賞の保守性の問題に関しては、もはやこの場で指摘を行なうまでもないだろう。文学賞の保守化と年功序列的な性格は、多少の例外こそあれ、主流文学のみならず、近年では日本ＳＦ大賞のような既存の文壇とは性質を異にする賞にすら波及しているように見える。同人雑誌の保守性については、「文學界」の同人雑誌評の終了に伴って開催された対談「同人雑誌よ永遠に」（「文學界」二〇〇八年一二月号、文藝春秋）において、松本道介が発した「ただ、一般論としていえば、特にぼく自身は文学観の古い人間ですから、新人賞的なものを見いだす力はまったくない。そのせいか同人雑誌評には古いタイプのものをひろうことはできても、新しいものを発見する力はないと思っています」という言葉に集約されてしまうのではなかろうか。もちろん、その前後の文脈で言われているように、ごく稀に同人誌ならではの個性も出ることは否めないし、文学フリマなど新しい場も設けられているのは確かである。筆者もそうした運動には共鳴し、積極的に特異な個性を応援したいと考えている。だが筆者が実際に文学フリマに参加してきた経験から言えば、同人雑誌という場で限りなくフラットな地平にすべてが置かれた場合、価値判断の基準が散逸してしまうため、結果的にある種の保守性に回帰してしまうか、過剰にいわゆる「コミケ的」なスタイルへとすり寄ってしまう場合が少なくないと感じてしまう。

の連鎖の果てに自閉していくだけで、資本主義のシステムに飼い馴らされた「おんたこ」あるいは奴隷を量産していくに過ぎない。その過程で実存のありかは確実に失われる。そして資本主義システムに対し、面従腹背の姿勢をとり続けていたつもりの「主体」は、いつの間にか資本主義システムの（イデオロギーなき）拡大を手助けしてしまっているというわけだ。[*60]

「セカイ系」が端的に表象するこうした事態に対し、いかにして生存の領域を確保していくことができるのか。「世界視線」のジャックに代表される青木の方法論は、私たちを「セカイ」の安寧から揺り起こし、限りなく散文的なざらざらした地平へ直面させながら、見落としてきた歴史の重みへ直面させ、「空気を読まずに」生きるすべを伝えてくれる。「セカイ系」の深淵を経験した後の時代を生きのびるにあたり、形而上的な逃げ道を用意しない青木の作品群は、ネオリベ時代に流されないためのこのうえない示唆を与えてくれることだろう。まさしく「新しい小説」としてポスト・ヒューマニズムの端緒を示した青木の小説は、今後も連綿と書かれ続けていくことだろうが、私たちは鵺のごとく変貌する彼の作品を追いかけながら、「普遍視線」はいかなる場所に宿るのか、絶えず考えを新たにしていかなければならないだろう。

むろんその過程においては、青木の作品がコンスタティヴに示すような「モナド」相互の絶対的な断絶を念頭に置かなければならないだろう。しかしながらそこにもまた希望が宿りうるということは、ほかならぬ青木の作品が示している。それゆえ私たちは青木の作品に最後の希望を託して救済を求めるのではなく、青木の作品が示すような、旧来の既得権益の谷間と過去の伝統が交錯する地点こそを探り、閉塞した現状を打破するための手がかりを掘り起こさなければならない。そしてそれは、アジテートとシミュラークル、人生論の世界を超えて一九九〇年代——さらに言えば二〇〇〇年代——を問い直すために、必要不可欠な作業だろう。

＊60　筆者がニューウェーヴSF／スペキュレイティヴ・フィクション集団「Speculative Japan」のサイトに発表した「イデオロギーなき欲望への対峙——笙野頼子『だいにっほん、ろんちくおげれつ記』」も併せて参照されたい。http://speculativejapan.net/?p=67

Ⅳ　表象と身体——映画・演劇

セカイへの信頼を取り戻すこと——ゼロ年代映画史試論

渡邉大輔

0

本論の目的は、現代の日本映画における「セカイ系的」な想像力について分析し、その射程から二十一世紀の映画（映像）表現の可能性を考えてみることにある。とはいえ、セカイ系をめぐる本論の問いは、二つの異なる位相に分割されている。その一つはある意味できわめてオーソドックスな問い、すなわち、いわゆる普通にいわれている意味でのセカイ系的想像力が同時代の映画作品においてどのように展開されていたのかということを跡づける作業だ。したがって、本論においてはひとまず、映画というジャンル／メディアと（サブカルチャーにおける）セカイ系という主題の関係性について、同時代の比較ジャンル論的な視点を踏まえつつ問うことになる（第一章）。すなわち本論では、二〇〇〇年代の日本のサブカルチャーを席巻したセカイ系的想像力が、同様に同時期の映画の表象空間においても共有されていたと主張することによって、ここ数年のサブカルチャー評論ではほとんど語られることのなかった映画の興味深い「同時代的リアリティ」を擁護することができるはずだ。

だが、ここではさらに、そうした比較ジャンル論や社会反映論的な視点や、あるいは間テクスト的な主題（リアリティ）の共通性といった問題を超えて、セカイ系という一つの特異な主題や記号を媒介に、現代映画の表象空間の構造的な特性について考えてみたい（第二章）。つまり、ここでは第一章の分析において同時代のサブカルチャー的想像力との比較から抽出された「セカイ系的」だと看做しうる表象（記号）的特性が、一方で同時に、より映画にとって内在的な問い――「映画的なるもの」を成立させるさまざまな諸要素の包括的な変容の内実にも通じていることを示そうと思う。[*1]

1　ゼロ年代日本映画の想像力

まず、二〇〇〇年代における「セカイ系的」な日本映画の実状について俯瞰しておこう。とはいえ、オタク系文化の内部でセカイ系的想像力が大きな注目と支持を集めていたのと同時期に、それと構造的に近い映画作品（映像作品）がより広範な消費者によって受容されていたことは確認しておかなければならない。それは、当時においてもすでに複数の論者によって指摘されていた、いわゆる「純愛ブーム」とセカイ系的スキームとの類似性に関係している。[*2] すなわち、主人公と美少女ヒロインとの想像的同一化（「きみとぼく」の緊密な二者関係）が、経験／表象不可能な「セカイ」（リアルなもの）との直結によって相互補完的に強化されるというオタク系文化におけるセカイ系は、同様に、ヒロインに訪れる「死」という絶対的な（主人公にとっての）経験／表象不可能性によってナイーヴな「純愛」（想像的同一化）が無限に肯定されていくという『世界の中心で、愛をさけぶ』的な一連の「純愛ドラマ（映画）」のより洗練されたサブジャンルとも看做せるだろう。

とはいえ、いうまでもなく、ここまではオタク系文化やゼロ年代的なサブカルチャー評論の文脈から確認できる最低限の整理にすぎない。ここからは、より現代日本の映画史的文脈やジャンル的なトピックにも即す形で、より深くセカイ系ブームとほぼ同時期にその想像力を共有していた一群の映画作家たちやフィルムを紹介していきたい。ちなみに、彼らのうちの数人は、すでに七〇年代後半から八〇年代以降の生まれであり、これは周知のように、佐藤友哉、西尾維新、滝本竜彦、乙一といったセカイ系とも近い「ファウスト系」と呼ばれる若手の小説家たちやその消費者層とも世代的に重なっているのだ。いずれにせよ、その場合に、テクストのどのような部分にセカイ系的な想像力が顕在化しているかということについて、暫定的に二つの問題系（フェーズ）に区分けして検討していこう。すなわち、（a）主題論的側面、（b）制度＝ジャンル的側面である。

＊1　蛇足ながら、本論の視点とは異なるが、最近、筆者は『例外社会』や本論集所収の「セカイ系と例外状態」などで笠井潔が展開しているセカイ系＝例外状態論のスキームを、クリント・イーストウッドの諸作品に見出して短く解説している。なお、映画におけるセカイ系＝例外状態論の表象や物語のありようについては、万田邦敏『接吻』やクリストファー・ノーラン『ダークナイト』（いずれも二〇〇八年）などを参照しつつ、いずれ詳しく論じてみたい。渡邉大輔他「クリント・イーストウッド監督作品ガイド」「ユリイカ」〇九年五月号、青土社、二〇〇九年、一九二頁以下を参照。

＊2　例えば、笠井潔「障壁と情熱」「ミステリーズ！」七号、東京創元社、二〇〇四年、二六二～二六七頁、同「社会領域の喪失と『セカイ』の構造」『探偵小説は「セカイ」と遭遇した』南雲堂、二〇〇八年、五二～五三頁、渡邉大輔「〈セカイ〉認識の方法へ――セカイ系あるいはリアルと（しての）倫理」メールマガジン「波状言論」二二号、波状言論、二〇〇五年。

1―a　主題的側面

まず、セカイ系的な想像力とゆるやかに主題的な要素（モティーフ）を共有していると思われる諸作品をいくつか見ていきたい。この場合、重要なポイントとなるのは、やはり（1）セカイ系がしばしば「ポスト・エヴァンゲリオン症候群」という言葉で形容されたように、阪神大震災／オウム真理教事件以降のいわゆる「失われた十年」（ロスト・ジェネレーション）のリアリティを規定づけたメルクマール的事象を大きな背景としていること、[*3]そして、（2）ライトノベルや美少女ゲームなどのオタク系文化が構築した文化的感性（萌えやいわゆる「ゲーム的」なリアリティ）に近い要素を導入しているように思えることなどが挙げられるだろう。

1―a―1　《セカイ系化》した日本映画

この点において現在最も手っ取り早く指標となりうるだろう作家は、おそらく行定勲である。そのフィルモグラフィを一瞥すれば、比較的よくイメージできると思われるが、初の劇場公開作である『ひまわり』（二〇〇〇年）以降、『閉じる日』（二〇〇〇年）、『世界の中心で、愛をさけぶ』（二〇〇四年）、『春の雪』（二〇〇五年）、『ユビサキから世界を』（二〇〇六年）、『遠くの空に消えた』（二〇〇七年）まで、このゼロ年代日本映画を代表する映画監督の諸作品は初期から一貫してセカイ系的な感性やガジェットによって彩られている。行定の諸作品に通底するいくつかのモティーフのうち、最も重要なものの一つは、極私的な日常を生きる主人公をできる限り客観的なポジションから捉えつつも、すでに目の前からいなくなってしまった他者（恋人）に対する彼／彼女らの淡々としつつも濃密な感情的投射と、そうした投射を主人公に不可避的／反復的に強いる物語世界の構造、いってみればトラウマ的な「喪の作業」のイメージである。例えばその不在の他者とは、『ひまわり』では海で水死したと思しい麻生久美子演じるかつての同級生（朋美）、『春の雪』では出家してしまう竹内結子演じる恋人（綾倉聡子）――あるいは、自らも病に冒され早世する妻夫木聡演じる主人公（松枝清顕）そして、いうまでもなく『世界の中心』では白血病で死んでしまう長澤まさみ演じる恋人（広瀬亜紀）がそれに当たる。

こうした、一方でミニマルな日常性を生きつつ、他方で「不在」（＝経験／表象不可能な）の他者への想像的同一化を志向するというこの諸々の行定的身振りに、セカイ系的構造の残響を聴き取らずにいることは困難である。しかも、かつて映画プロデューサーの越川道夫によるインタヴューにおいて、「〔自分の映画は〕結局〔ひとが死んで〕自分は何をそこですべきなのかとか、何をしたのか、何もしていない、何もやってあげられないというふうに思っている映画なんです、全部」と語り、「僕は友だちだって言える人が八人死んでるんですよ。（中略）その人たちの分だけ映画を作っているんだろうなってずっと思ってたんで、僕はそれしかつくり方がわからなかった」[*4]と吐露する行定自身を見ると、あたかも「ほしのこえ」のノボルや「ＡＩＲ」の国崎往人といった、いわゆる「零落したマッチョイズム」（更科修一郎）を体現するセカイ系的なオタク青年のようにも思える。何にせよ、こ

＊3　この点の議論について、以前筆者は主題的に論じた。前掲の拙論「〈セカイ〉認識の方法へ」を参照のこと。
＊4　「僕は映画を撮る、死んだ八人の友のぶんだけ」「文藝」二〇〇四年春号、河出書房新社、二〇〇四年、一七頁。

うした日常と非日常（不在の他者＝死の世界）を短絡的＝極私的に結びつける世界観をミニマルな日常（仲間や恋人といる学園生活）と、それとはいったん隔絶したマキシマムな歴史性（在日）という対立項に変奏するならば、一見セカイ系的文脈とは相容れない大ヒット作『ＧＯ』（二〇〇一年）もまた似たような主題圏に収まることが分かる。そのほかにも、簡潔にまとめてしまえば、「日常性と死＝戦争との通底性」（『ユビサキから世界を』）をはじめ、「姉弟間での近親相姦的な関係性」（『閉じる日』）、「北海道」（「北」）という地理的イメージの召還（『北の零年』『遠くの空に消えた』）、セカイ系的心性とも親和性の高い作家・三島由紀夫の原作（『春の雪』）……など数多くの点で、「セカイ系作家」としての行定勲の創造的特性はほとんど明白だと思われる（そもそも行定作品には「世界（セカイ）」というタイトルや台詞が頻出する）。

以上のように、比較的年長世代に属する行定が二〇〇〇年代における映画の「セカイ系性」を主導してきたとすれば、より細分化された個々の主題においてそれをより具体化していたのが、いわゆる「ファウスト系作家」たちと同世代の若手映画作家――箕昌也や石井裕也、そして真利子哲也などである。

1―a―2　ゼロ年代コンテンツと共鳴する若手映画作家たち

例えば、箕昌也（七七年生まれ）の初期の代表作となった『美女缶』（二〇〇三年）。この中編自主映画作品は、冴えない主人公青年がふとしたきっかけから、開けると利用者の恋人になってくれる美女が入った不思議な缶詰＝「美女缶」の存在を知り、そこから生まれたオーダーメイドの「彼女」

（美知川ユキ）との不思議な同居生活を描いたファンタジックなラブコメディだ。筆者の考えでは、おそらくここにはセカイ系、より具体的にいえば「ＡＩＲ」のようなある種の美少女ゲーム（ギャルゲー）的な感受性が垣間見られる。一見して分かるようにこの映画は、主人公の青年が自分好みの美女を恋人にし、甘い共同生活を送れるツール（美女缶）を手に入れるという粗筋から全編にわたってほのかなエロティシズムを感じさせるが、一方でそれは、過剰さに向かうことなく終始一定の抑制が保たれることになる。それは主人公の性格や、恋人役の美女にはある程度の自律的なパーソナリティがあらかじめ設定されていて、それを踏み越える行動は禁止されているという美女缶の特性など、この物語にはかつて「ＡＩＲ」の物語構造に関して東浩紀が分析したような去勢された「不能性」が介在しているためだ。[*5] 何より美女缶によって作られた恋人＝ユキという存在自体が、いわば斎藤環が詳細に分析したような（『戦闘美少女の精神分析』）、人間本来の生活やコミュニケーションからは永遠

＊5　東浩紀「萌えの手前、不能性に止まること――『ＡＩＲ』について」『ゲーム的リアリズムの誕生　動物化するポストモダン2』講談社現代新書、二〇〇七年、三〇四頁以下。付言しておけば、表象メディアとしての構造において映画に比較してはるかに複雑なうえに、幾重にもメタフィクション的な回路をストーリーに含ませたノベルゲーム作品の「ＡＩＲ」をここで『美女缶』と対比することは、安直にすぎると思われるかもしれない。しかし、その理解は普通に考えれば、逆転している。例えば、しばしば論じられているように、「ＡＩＲ」の徹底した批評性（超家父長制的な「不能性」）が見出される根拠は、物語の第三部で主人公（プレイヤー視点）がヒロインの悲劇の物語から徹底した外部に置かれ、ゲームプレイという機能に特有の、物語世界へのプレイヤーの高い参入可能性を脱臼させている点に存在する。これはいい換えるならば、「美少女ゲームの『映画化』」、「プレイヤーの『観客化』」にほかならない。『美女缶』の高度のセカイ系性（美少女ゲームとの構造的類似）の一端は、こうしたむしろ美少女ゲームの側からの、批評的なメディア的退行性にあったとすべきだ。

に隔絶されている「亜人間」（ファリック・ガール）――「最終兵器彼女」のちせや、秋山瑞人のライトノベル『イリヤの空、UFOの夏』（二〇〇一〜〇三年）の伊里谷加奈（イリヤ）のような一種の「サイボーグ」（戦闘美少女）として設定されているため、そのコミュニケーションに対する不全感はいや増すことになる。これは、筧が主人公に（積極的な気持ちはないが）生身の彼女の存在をあらかじめ持たせてその（「亜人間」に対する）不全感をより強化しようとしているところからも自覚的なように思われる。そして、皮肉なことにラストまで続く主人公と美女缶のユキとの「純愛劇」は、こうした諸々の不能性や不全感によってこそ、円滑に駆動することになるのである。ここには、麻枝准が描き、東浩紀が批評的に強調したような、一部の美少女ゲームがそのポルノメディアとしての特性をアイロニカルに脱臼させたセカイ系的なストイシズムや「反・家父長制」（退行的な純愛）の主題が重なっている。忘れずにつけ加えておけば、筧はこの映画の主人公に、ラストでいかにもセカイ系的な「選択可能性」（セカイかきみか）を付与している。

『美女缶』の筧が一種の「泣きゲー系」の美少女ゲームと似た物語的センスを共有していたとすれば、しいていえばライトノベルや「ファウスト系」とのそれに通底していると思われるのが、石井裕也や真利子哲也である。例えば、石井の場合は二〇〇七年に発表された長編『ガール・スパークス』が挙げられる。[*6] そもそもこの作品は、その冒頭シーンからいかにもセカイ系的だ。周囲を広々とした田畑に囲まれた田舎の郊外に通る国道沿いに独り佇む主人公の女子高生を捉えるシークエンスから始まるこの映画では、続いて彼女が見上げる広大な青空をバックにいかにも非現実的な二機のミサイルが空中で衝突し大爆発する。後述するように、いわゆる典型的な「ファスト風土」（三浦展）である荒々しい田舎の風景やそこに果てしなく広がる青空といったイメージはまさしく新海誠が描くセカイ系的世界観に通じるものだ。物語のヒロインは、井川あゆこ演じる、工場経営の父親と二人暮らしをする女子高生の拝島冴子。この長編の全編を貫くのは、彼女の、自分の周囲を取り巻き繰り返す、いわば淡々とした「終わりなき日常」に対する底知れぬ呪詛と怒り、そして、そこからの脱出の願望だ。冴子は変わり映えのしない家族や友人に囲まれながら、時に「ロケット、親父、学校、工場……全部意味分かんない。全部。ちょーむかつく。ちょーむかつく。ちょーむかつく」と呟く。

おそらく、イメージや主題の抽象性（批評的な意味での「貧しさ」）において、これほど先鋭かつ批評的にゼロ年代的リアルを映画的な表象として結晶化させた例は、管見の及ぶ限りほとんど存在しない。そして、「終わりなき日常」＝「無限ループ」からの脱出という主題において、「うる星やつら2　ビューティフル・ドリーマー」（一九八四年）から「CROSS†CHANNEL」（二〇〇三年）までオタク系作品特有の想像力ともきっちりと符合する。もはやいうまでもないだろうが、以上のようなヒロインのいい知れぬ焦慮や怒りを、例えば「どいつもこいつもアホらしいほどまともな奴だったわ。日曜日に駅前に待ち合わせ、行く場所は判で押したみたいに映画館か遊園地かスポーツ観戦、ファストフードで昼ご飯食べて、うろうろしてお茶飲んで、じゃあまた明日ね、ってそれしかないの？」[*7]という女子高生の（いわゆる「オタク系論壇」界隈には）よく知られた「憂鬱」と並べ

＊6　蛇足ながら、二〇〇八年にアジアン・フィルム・アワードにおいて第一回エドワード・ヤン記念アジア新人監督大賞を受賞したこの注目すべき若手作家については、残念ながらまだほとんど批評的に論じられていない。彼についての本格的な論評としてはおそらく最初期の部類に入るだろう、筆者の『ばけもの模様』(二〇〇八年）をめぐる試論的なレヴューを参照されたい。渡邉大輔「『語り』の時間が呼び覚ますもの」 http://www.flowerwild.net/2008/12/2008-12-11_135416.php

てもさして遜色がないことに驚かされるだろう。『ガール・スパークス』は、破天荒な「世界の変革」を希求する少女に同級生の男子が振り回されるという構図も含めて、明確に映画版『涼宮ハルヒ』とも定義できる。

『ガール・スパークス』の石井がヒロインに一瞬だけ素朴な閉鎖空間の「外部」（東京）を垣間見させたあと、ラストで「社会」というもう一つの「外部」への参入を仄めかして終わったのに対し、凶暴なまでに不可能な「外部」への脱出を目指そうとするのが、現在、東京芸術大学大学院映像研究科に在籍している真利子だ。彼の作品はこれまで一部の国際映画祭や上映イベントなどで公開されただけで、まだ一般に認知されている映画作家とは到底いえない。それでも筆者がここであえて彼の仕事に言及するのは、彼が十九歳から二〇歳にかけて撮った処女作『ほぞ』（二〇〇一年）の与える衝撃について語りたいためだ。一九八一年生まれの真利子は、「ファウスト系」でいえば佐藤友哉や西尾維新とちょうど同世代であり、思えば彼らが『フリッカー式』（二〇〇一年）や『クビシメロマンチスト』（二〇〇二年）を書いた頃にこの一五分あまりの短編映画を製作したことになる。だが、そこから受ける印象は、佐藤や西尾のそれと近いばかりか、ある意味それらを凌駕しさえもするのだ。

『ほぞ』は当時大学生であった真利子自身が映像に出演するドキュメンタリー的な小品である。内容は、セピア色の映像で撮影された山羊や、横断歩道に転がるダッチワイフ人形、二〇歳の誕生日を迎えた夜に真利子が歩きながら撮った商店街などの断片的なイメージが挿入される一種の映像詩である。しかし、その中で突出して観る者を釘付けにし、また戸惑わせるのが、大学構内の（おそらく）部室かロッカー室のような密閉空間の中に手足を縛られ椅子に括りつけられた真利子が数人の男に凄まじいリンチを受ける様子を第三者がキャメラで黙々と撮影し続ける一連のシークエンスである。そこでの真利子は殴られて大きく腫れ上がった顔面から大量の血をポタポタと流し、男たちによってそこにかけられたビールが助長させる激痛に身をよじらせ、激しく絶叫する。真利子がこの映像の中で受けているリンチ行為がほぼ確実に演技やメーキャップ効果などではないことは、男たちに促される形で自らの腕を業務用カッターで何度も切りつける様子をクローズアップで捉える異様な映像からも明らかだ。

この『ほぞ』が与える生々しいリアリティ（痛みや不快感）において重要なのは、ここで真利子がなぜこのような凄惨なリンチを受けているのか、そして、その映像を誰がどうして撮影しているのかが、一切分からないという点だ。つまり、この作品でもまた、彼らの言動についての一切の象徴的意味づけや社会的文脈はぽっかりと剝ぎ取られ、時に瑞々しくすらある戦慄の「日常」（リアリティ）が圧倒的な強度をもって露呈している。しかし、それはいうまでもなくこのグロテスクで極私的なフィルムの成立過程や理由を明らかにするという瑣末で世俗的な興味関心とはひとまず一切無縁であろう。それよりも、むしろここで観る者に感じられる無気味なリアリティが真利子と同世代の佐藤や西尾が当時、小説の形で表現していたあのゼロ年代的なグロテスクさと明瞭に関係していると感じられることこそを強調しておかなければならない。とりわけ佐藤友哉がデビュー以来一貫して書き続けている、あの幾重にも屈折した自意識の表出や、対人、対世界的なコミュニケーションの内実が『ほぞ』にはこれ以上ないほどの鮮烈さで見事に形象化されているといってよい。

＊7　谷川流『涼宮ハルヒの憂鬱』角川スニーカー文庫、二〇〇三年、三四頁。

半ば駆け足気味に確認してきたように、二〇〇〇年代に製作された注目すべき映画作品には、明らかにオタク系コンテンツと直接の繋がりを持たないにも拘らず、いわゆるセカイ系的な構成要素や主題系を共有したフィルムが存在している。前節では主にその物語内容のレヴェルで認められるセカイ系的な主題群を形式的に抽出したが、それはより形式的な側面、すなわち、映像メディアの多様なジャンル的区分の違いという側面によっても拡張しうるだろう。むろん、それは九〇年代以降の現代映画をめぐる状況が、ウェブに代表される先端的なアーキテクチャの登場を挙げるまでもなく、もはや劇場用長編映画という形態を特権的な中心軸として考えることから大きく乖離し始めていることとも無関係ではない。

1―b　制度＝ジャンル的側面

1―b―1　擬似ドキュメンタリー

何にせよ、その時筆者が問題にしたいのは、「擬似ドキュメンタリー性」（フェイク・ドキュメンタリー、フィクショナル・ドキュメンタリーとも呼ばれる）という、主に九〇年代後半以降に世界規模で台頭してきた現代映画の新たなフェーズである。擬似ドキュメンタリー問題については、すでにアメリカ映画論の文脈で触れたことがあるので、[*8]簡潔にまとめておこう。擬似ドキュメンタリー的な映画とは、ハンディカムキャメラの使用による手ブレ映像やあたかもリアルタイムで即興的に撮られたようなカッティングなど、既存のドキュメンタリー映画（映像）の範例的な技法や映像表現を駆使して擬制的に「リアルさ」の印象を誇張したフィクション映画一般を指す。具体的なテクストとしては、『ブレア・ウィッチ・プロジェクト』（一九九九年）や『クローバーフィールド／HAKAISHA』（二〇〇八年）などを思い出してもらえればよいだろう。現在まで続くこうした擬似ドキュメンタリー作品の流行には、現在の映画批評や映画研究の分野でしばしば指摘される、七〇年代以降に始まる映像の「スペクタクル化」の過剰、いわゆる「ポスト古典的ハリウッド映画」の出現があるだろう。

ポスト古典的ハリウッド映画とは、時に「ニュー・ハリウッド」とも呼ばれる七〇年代以降のポストモダン世界のハリウッドで精力的に活動を開始し始めた、ジョージ・ルーカスやスティーヴン・スピルバーグ、ロバート・ゼメキスといった監督たちの映画に顕著に見られる、視覚的な特殊効果（SFX）の圧倒的奔流に裏打ちされた映画を指す。すなわち、蓮實重彥による簡潔な映画史的整理を援用するなら、その新たな視覚的表現は、戦前から綿密に体系化されてきたオーソドックスな物語話法を備えた映画（これをアメリカの映画研究の領域では「古典的ハリウッド映画」という）の持つ「説話論的な経済性」——諸々の制度的かつ技術的条件の制約によりダイレクトには映像化不可能なシークエンスをいかに脚本と編集によって効率的かつ間接的に観客に提示するかというミッションをなし崩しにしてしまう。ここにおいて、映画はいわば「語るものから見られるものへ」、いい換えれば「見せることの至上権争い」へと自堕落に拡散していくのである。[*9] こうした現代のポスト古典的ハリウッド映画の示す「イメージの優位」は、単に映画表現のみならず、ユーザがアクセスしたいと思う

＊8　渡邉大輔「ポスト・ハリウッドは規約で遊ぶ。——スピルバーグの〈言語〉論」「ユリイカ」〇八年七月号、青土社、二〇〇八年、一六六頁以下参照。

視覚的情報を極限まで提供可能なものとしたインターネットという新しい情報環境の整備によって、もはや現代人にとっての主要なハビトゥスを形成しているといってよいだろう。[*10]

いずれにせよ、筆者の考えでは、先の擬似ドキュメンタリー的な感性の内実とは、こうした同時期に進捗しつつある「過視的」なポスト古典的ハリウッド映画の身も蓋もない視覚的冗長さに対する一種のシニカルなカウンターとして理解できる。すなわち、後者が徹頭徹尾現実世界の視覚的リアリティから遊離したありもしないイメージや光景を観客に提示し、いわば映画的リアリティを縦横無尽に複層化してみせるのに対し、[*11]前者はそうした趨勢を受ける形で、映像が示す「いまここ性」(リアリティの固有性)を擬似的に仮構しようとするシニシズムに裏打ちされていると考えてよいだろう。そして、おそらく九〇年代以降の日本の大衆的な映像文化の領域では、以上のような擬似ドキュメンタリー的感性は、主に二つの領域で若い世代を中心にきわめて広範に普及していったと考えられる。すなわち、一つは『進め！　電波少年』シリーズ(一九九二〜二〇〇三年)や『恋愛観察バラエティー　あいのり』(一九九九〜二〇〇九年)などに代表される、いわゆる「ドキュメントバラエティ」(ドキュバラ)と呼ばれる日本テレビ系のバラエティ番組が確立したリアリティテレビ、そして、もう一つは、いわば擬似ドキュメンタリー的なポルノメディアともいえる「アダルトヴィデオ」(ＡＶ)である。[*12]ここで話をいったんセカイ系に戻すならば、こうして現代映画においてある種制度化されたスタイルである擬似ドキュメンタリー的手法が、従来のセカイ系的想像力ときわめて親和性が高いのは、ほぼ明らかだと思われる。いってみれば、固有のリアルさを擬似的に強調してみせるこの手の作品群は、「きみとぼく」の極私的な「セカイ」を想像的に拡張させるセカイ系的な主題や物語を、その映画形式の面において効率よく視覚化しうる例証なのだ。とはいうものの確認しておけば、筆者は何も

＊9　蓮實重彦『ハリウッド映画史講義　翳りの映画史のために』筑摩書房、一九九三年、一七四〜一七七頁。また、いうまでもなく、こうした現代映画のポストモダン的変容は、プレモダン＝初期映画の表象空間（制度）の反転形でもある。例えば、ノエル・バーチ「ポーター、あるいは曖昧さ」宮本高晴訳、岩本憲児他編『「新」映画理論集成1　歴史／人種／ジェンダー』フィルムアート社、一九九八年、八六〜一〇〇頁、André Gaudreault, "Showing and Telling. Image and World in Early Cinema", in Thomas Elsaesser with Adam Barker, ed., *Early cinema : space, frame, narrative* (London : British film institute, 1992) などを参照。

＊10　例えば、東浩紀はこの特性をグラフィカル・ユーザ・インターフェイスの構造との類比から「過視的」と呼んでいた。東浩紀『動物化するポストモダン　オタクから見た日本社会』講談社現代新書、二〇〇一年、一五八頁。

＊11　ここでいう「複層化」とは、通常のわれわれの現実世界から受けるリアリティとは異なる多様な視覚的リアリティ（宇宙空間の隅々まで自在に駆け巡る主観ショットが示すリアリティ……など）が映画に自由に混在していることを意味する。つまり、それは映像表現がこの現実的かつ物理的空間のリファレンスとしては機能していないことを意味しているが、この点についてパースの記号論やスーザン・ソンタグの写真論などを援用し、いわゆる現代映画における「指標性の危機」として論じたものに、藤井仁子「デジタル時代の柔らかい肌――『スパイダーマン』シリーズに見るCGと身体」藤井仁子編『入門・現代ハリウッド映画講義』人文書院、二〇〇八年、六七頁以下参照がある。また、これを言語哲学（様相論理）の側面から論じたものとしては、前掲の拙論「ポスト・ハリウッドは規約で遊ぶ。」も参照されたい。

＊12　九〇年代後半から現在まで、一定の人気を集めている「未来日記」（『ウッチャンナンチャンのウリナリ！！』内の企画）や『あいのり』など、私的な恋愛模様をターゲットにした一連の番組は、いわば「セカイ系的想像力のドキュバラ化」とも呼べる。また、松本人志の『大日本人』（二〇〇七年）は『ダウンタウンのガキの使いやあらへんで！！』（一九八九年〜）などで扱われる擬似ドキュメンタリー的企画の形式を商業映画のフォーマット（さらにいえば東宝特撮もの的な枠組み）に半ば強引に移し変えた実験的試みとしてきわめて興味深い。これについては、三野友弘によるレヴューで鋭く論じられている。「大巨人のはにかみ」http://www.flowerwild.net/2008/02/2008-02-12_213553.php

擬似ドキュメンタリーとして製作された映画作品の内容が明確にセカイ系を連想させるものだといっているのではない。その具体的な内容については以下に敷衍していくが、おそらくここにはセカイ系的な――もっといえばゼロ年代的な映画表現の実体を形式的に思考するための重要な端緒が含まれているように思われる。ここでは、まず松江哲明と山下敦弘という、ここ数年の若手映画作家の中で最も注目を集めたドキュメンタリー作家とフィクション映画作家について見ていきたい。*13

1―b―2　ドキュメンタリー的、AV的

二〇〇七年のインディーズ映画界において最も話題を集めた作品が、気鋭の若手ドキュメンタリー映画作家・松江哲明の『童貞。をプロデュース』であることに異論の余地はないだろう。一九七七年生まれの松江は、そもそも自身の在日韓国人という出自を主題にアイデンティティ・ポリティクスと私的な生活実感を軽やかに一体化させた処女作『あんにょんキムチ』（一九九九年）で、いわゆるセルフドキュメンタリーに新しい風を吹き込んだ俊英として評価されていた。ところが、この作品で彼は、そうしたある種の主題的な重々しさを完全に払底し、二〇代前半になってもいまだ童貞を温めている二人の青年を被写体として彼らの一風変わった生態を、松江の無邪気な主観を交えつつ、コミカルに記録していく。もちろん、ここには「在日」と同様、ある種の社会的スティグマを刻印された「童貞」というマイノリティに対する松江の一貫した批評的眼差しがあるわけだが、それ以上に主題の奇抜さと登場する童貞青年たちのキャラクターの面白さが口コミで話題となり、映画ファンのみならず、広くサブカル方面で大きな注目を集めたのである。

さて、この『童貞。をプロデュース』は主にサブカル方面で支持をえたと述べたが、文芸誌「ファウスト」とも縁が深い講談社BOX刊行の文芸誌「パンドラ」が松江に対するインタヴューを行っていることからも分かるように、[*14] いわゆる「ゼロ年代的」、あるいは「セカイ系的」な文化圏とも意外に近いものがある。もちろん、監督の松江がことさらオタク系サブカルチャーに言及しているというわけではないし、そもそも先の石井同様、彼がセカイ系という言葉自体を知っているのかすら疑わしい。しかし、一方で例えば、この作品の第二部のサブタイトルが「ビューティフル・ドリーマー」であったり、その冒頭で「目の前のセックスより脳内の純愛」という本田透『電波男』の一節がエピグラフとして挿入されるなど、作中にオタク系文化的な細部を見つけることは比較的容易である。さらにいうならば、この映画はセカイ系的想像力を主題にしているというよりも、いわば「セカイ系的想像力に没入する現代の主体」を記録したドキュメンタリーといったほうが正確だろう。というのも、この映画に登場する二人の童貞青年は、おしなべていわゆるオタク的主体であるだけでなく、女性に対する「純愛」と、その純愛を貫こうとする自らの「純潔さ」をナルシスティックに肯定し続けているからである。彼らの一人（童貞1号）は、反ひきこもり状態を経て日雇い派遣のバイトをしているが、友人の女の子（通称「まさみ」）を密かに思い続けている。もう一人（童貞2号）は、同じく東

＊13　山下と松江、さらに後述する二村ヒトシについて、筆者は別のところでも触れている。渡邉大輔「アダルトヴィデオ的想像力をめぐる覚書——ゼロ年代映画史講義・体験版」『筑波批評2008秋ゼロアカ道場破り号』筑波批評社（同人誌）、二〇〇八年、二六頁以下参照。

＊14　「『童貞。をプロデュース』をインタビュー」「パンドラ」vol.1SIDE-B、講談社、二〇〇八年、九五〇〜九六一頁。

らがセカイ系的な心性を明確に共有していることを窺わせるのに充分だろう。
「僕は、君のためにこそ死ににいく」（第一部のサブタイトル）という滑稽なまでのヒロイズムは、彼応しい存在だと訴え続けるのだ。一見して明らかであるように、この過剰な異性への没入ぶりや、い自分の「潔癖さ」を松江や周囲に誇示し、自分こそが片思いの女性や熱愛する過去のアイドルに相ナーアイドルを盲目的に偏愛している。そのような彼らは、女性とのリアルな接触を持ったことがな京郊外のゴミ処理会社でバイトをしつつ、現実の女性には一切目をくれず、八〇年代に活躍したマイ

　さらに指摘しておきたいのは、先にも触れたように、この作品でフィーチャーされる童貞青年がいずれも『ガール・スパークス』の舞台となったようなファスト風土で暮らし、格差社会の過酷さをダイレクトに受けるワーキング・プアであることだろう。例えば、童貞2号の唯一の楽しみは休日に東京郊外のブック・オフを車でめぐり、マニアックな漫画本やアイドル写真集を購入したりゴミ置き場から雑誌や古本を拾うことであり、童貞1号はバッティングセンターで暇を潰し、作中で勤めていたバイト先を解雇されてしまう。このような物語を彩る挿話は、何よりもセカイ系的な想像力や主題が同時にいわゆる「ロスジェネ的」なリアリティとも直結するものであることを明瞭に物語っている。

　ところで、念のために確認しておけば、松江が「パンドラ」のインタヴューでも強調していたように、「ドキュメンタリー」として成立している『童貞。をプロデュース』も、物語のいくつかの点で作り手の作為的な介入が施されている。当然の話だが、それが人為的な操作（撮影や編集）によって構築されている以上、あらゆるドキュメンタリーもまた、「生の現実」の忠実な再現などではいささかもなく、何らかの意味で「擬似ドキュメンタリー」であることを免れてはいない。同様なスタンスを、時に松江よりも軽妙に作品としてパッケージ化してみせるのが、ほかならぬ山下敦弘である。

とはいえ、ここで扱うのは、一般によく知られている、『リンダ リンダ リンダ』（二〇〇五年）や『天然コケッコー』（二〇〇七年）で数多くの映画賞を獲得し、一躍メジャー化した気鋭の若手映画監督としての山下でもなければ、八〇年代オタク系文化を代表する「妹萌え」アダルトアニメ『くりいむレモン』の実写版（二〇〇四年）を監督した山下でもない。松江とも親しく交流している山下は、一般にはあまり知られていないが、松江をはじめとする同世代の一群の若手映画作家たちとともに参加している自主ドキュメンタリー映画祭〈ガンダーラ映画祭〉などのインディーズ・イベントにおいて、その活動初期からコンスタントに低予算の個性的な擬似ドキュメンタリー作品を多数発表してきている（その一部はＤＶＤとしてパッケージ化されている）。結論をいえば、おそらくゼロ年代日本映画における山下の映画的想像力の核心を語るには、この彼のキャリアの中ではいたってマイナーな、インディーズの諸短編こそが最も重要なのだ。

それを見るに例えば、二〇〇三年に撮られた傑作短編『その男、狂棒に突き♥』が好適だろう。物語は、山下とその撮影クルーが、アルバイトで「汁男優」（ＡＶの演出で、汁＝精液を提供する専門の脇役男優）をやっている、尾崎充という刑事（汁刑事）を男優にＡＶを製作しようとするところから起こるスラップスティックな顛末を記録した（という設定の）擬似ドキュメンタリーである。数多くの同種のフィルムと同様、登場人物へのインタヴュー撮影などを含む全編がすべてカジュアルなＤＶキャメラで撮影されており、いかにもドキュメンタリー（事実の記録映像）のような手法を使っている。しかし、その一方で主人公である「汁刑事」＝尾崎充が、『ばかのハコ船』（二〇〇二年）で登場した、山下作品の常連俳優・山本剛史演じる「キャラクター」（童貞！）であることを知っている観客は、これらの点に山下がかなり意図的にドキュメンタリー的表現とフィクション要素を混在させようとしていることを察知するはずだ。とはいえ、実は問題はさらにその先にある。このフィルムにおいて最も興味深いのは、こうした擬似ドキュメンタリー的なスキームが具体的な作品の主題・形式両面において、八〇年代後半から九〇年代のいわゆる「企画ものAV」の定型を踏襲しているということだ。

ごく簡潔にまとめれば、現代の成人男性向けの主要な映像ポルノであるAVは、繰り返すように、そもそもそれ自体が一種の「擬似ドキュメンタリー」として成立しているといってよい。とりわけ八〇年代後半には、AVメーカー「V&Rプランニング」を筆頭とする各社が本来のポルノ目的とは別に、ドキュメンタリー的コンセプトに特化した異様な作品を続々と製作していた。かつて映画産業斜陽期の七〇年代、日活ロマンポルノを代表とするピンク映画界が現在の日本映画を支える数多くの優れた映画作家を輩出したのと同様、当時の企画ものAVの世界からも平野勝之や井口昇らの才気溢れるAV監督が登場している。そして、以上のような文脈を背景として、右の松江や山下などの作家もまた、こうしたAVという新たな映像コンテンツの表象空間に大きな影響を受けているのである。例えば、『その男』をはじめとする山下の一連の擬似ドキュメンタリー作品の手法が企画ものAVのそれを踏襲していることは明らかだし、実際、批評家の宇野常寛とくろばくによるインタヴューで現在まで有形無形の影響を受けていることを認めている。[*15] また、AVとの関係ということでは、松江の場合はさらに顕著だ。例えば、「AVの企画モノや『電波少年』、あとは『元気が出るテレビ』[*16]」に影響を受けたと語る松江はその活動初期から、実験的な企画もの作品でカルト的な支持を集め、一般には撮影機材を携えつつ主観（POV）ショットでセックスシーンを記録する「ハメ撮り」の確立者として知られるAV監督・カンパニー松尾の現場で働き、自身もAV作品を多数撮影してもいる。そもそも先の『童貞。をプロデュース』に童貞1号の童貞喪失の指南役として（颯爽と！）登場するこの松尾にしても、かつて自分が監督するヴィデオの主演女優（ちなみに、浩瀚な専門書が刊行されるなど、ピンク映画史の文脈からも貴重なキャリアを持つ夭逝のAV女優・林由美香である）を好きになり、作品撮影中に彼女に告白し、失恋するまでのプロセスをまるまる「作品化」してしまった異様なセルフドキュメンタリーAV『硬式ペナス』（一九八九年）を作った人物でもあった。[*17] つけ加えておけば、最近の傑作『YOGA』（二〇〇八年）にいたるまで、松尾の監督する作家性の強いAVにセカイ系的な手触りをも感じ取ることは、比較的容易だと思われる。その松尾がプロデューサーを務めた松江

＊15　「何もない時代・どこでもない町の物語——ヤマシタ・リアリズムの背景」「PLANETS」Vol.3、第二次惑星開発委員会（同人誌）、二〇〇七年、二八～三七頁。

＊16　松江哲明編著『童貞。をプロファイル』二見書房、二〇〇八年、八頁。

＊17　例えば、北田暁大は『嗤う日本の「ナショナリズム」』の中で、松江哲明が影響を受けたと公言していた『天才・たけしの元気が出るテレビ!!』（一九八五～一九九六年）をはじめとする八〇年代バラエティ番組の変容の内実を、通常のドキュメンタリー番組の「お約束」（コード）をアイロニカルに肥大化させ、「作り手／受け手」（ギョーカイ／シロウト）という固定した情報論的ヒエラルキーを脱構築した点に求め、こうしたフォーマットを「純粋テレビ」と名づけている（第三章2）。だとすれば、『硬式ペナス』などの同時期の松尾の試みは、いわば「純粋AV」とも呼べるものではなかっただろうか。すなわち、通常、AVにおいて出演俳優のセックスシーンに視聴者の感情移入をスムースに促すためには、キャメラアイ＝視聴者（受け手）と、撮影者（作り手）という区別を作中においてきっちりと保たなければならない。にも拘らず、作中にそれを撮影している松尾自身の女優に対する感情移入（恋愛感情）という、いわば視聴者の感情移入にとっては「ノイズ」となる要素をあえて挿入することによって、『硬式ペナス』は、いわば「AVの外部」を雲散霧消させている。ここには、明らかに映像への感性をめぐる時代的通底性がある。

の『アイデンティティ』(〇三年、再編集され『セキ☆ララ』〔〇六年〕として再公開)は、在日韓国人のAV女優や男優に密着取材したフィルムであり、いわゆる松尾的な企画ものAVのコンセプトと従来のセルフドキュメンタリーのディシプリンが一体化したメルクマール的な作品となっていた。

1―b―3　ゼロ年代AVの表象空間

いずれにせよ、山下や松江、あるいは古澤健、村上賢司、いまおかしんじ、前田弘二といった現在の注目すべき若手男性映画作家が揃って九〇年代のV&R系のAV監督――平野や松尾、バクシーシ山下らのフィルムに大きな影響を受け、それを自身のフィルモグラフィに反映させていることは、現代の日本映画の想像力を考えるにあたって決して無視できないものがある。[*18] いずれにせよ、オタク系サブカルチャーにおいてセカイ系的な想像力は、それが少なからずナルシシズムを介した非モテ男性の素朴な性的欲求とも関係するものであった以上、美少女ゲームを筆頭とするポルノメディアと強固な結びつきを終始伴っていた。だとすれば、右に確認してきたように、現代日本映画におけるセカイ系的想像力にしても同様に、それが同時代の映画的リアリティの一端を反映する「擬似ドキュメンタリー的」な手法を媒介として、AVという強力なポルノメディアと親和性を持つことは何ら不思議ではないだろう。事実、ヴィデオからDVDへの移行によって蓮實のいう「説話論的な経済性」をベタに消失してしまった――冒頭に登場するチャプター選択機能によって(それまでは他愛のない物語的なエピソード部分と一緒に構成されていた)セックスシーンだけをスムースに消費できるようになったため――ゼロ年代のAVは、まさに文字通り「動物的」な受容形態(まさにデータベース消費!)

を洗練化させている。

例えば、より具体的なテクストとして、ここでは二〇〇〇年代を代表するＡＶ監督・二村ヒトシの一連の仕事が考えられるだろう。二村はすでに宇野常寛によるインタヴューも存在するように、[*19] ゼロ年代的文脈からも注目されている。とはいえ、彼の二〇〇〇年代前半に手掛けた諸作品においてむしろ注目すべきなのは、「セカイ系」や「喪男」といった、当時の「ゼロ年代の想像力」の内実を正確

*18　本論では、成人男性向けのポルノメディアを中心に論じている。しかし、映画における「リアリティ（が喚起する欲望）とセクシュアリティ」の問題を考えるうえでは、当然ながら女性のセクシュアリティ、さらにセクシャルマイノリティのそれも考慮する必要があるだろう。オタク系文化では、いわゆる「ボーイズ・ラブ（ＢＬ）」の問題系があるが、現代日本映画の表象にも同様の傾向が認められるのか、管見ゆえに今回は確言することができない。とはいえ、若手女性作家だけの短編上映イベント〈桃まつり〉が各地で注目を集めているように、近年でも女性映画やそのセクシュアリティに焦点を当てる動きは目立つ。とりわけ、現在の傾向として一部のシネフィルからも「生理映画」などと揶揄されるような、河瀬直美（『垂乳女』）やタナダユキ（『モル』）などの女性の自意識や身体性を意識的／無意識的に浮き彫りにしようとする（そして、それは河瀬のように明確にドキュメンタリー的感性とも一体化する）作家の作品が散見されることは指摘しておきたい。また、そうした河瀬のスタンスを露悪的にキャラクター化しつつ、さらにそれを「疑似ドキュメンタリー的」なタッチで作品化してみせた山下敦弘の『道～子宮で映画を撮る女』（二〇〇五年）に示されるように、それは本論で男性作家を中心に展開した問題系とも繋がるものかもしれない。いずれにしろ、最近の女性作家による本論の文脈とも通じるきわめて批評的な傑作として、瀬田なつきの短編『あとのまつり』（二〇〇九年）の存在を紹介して、別稿に譲りたいと思う。

*19　「それでもやっぱり、『すべてはモテるため』である！」「PLANETS」Vol.3、第二次惑星開発委員会（同人誌）、二〇〇七年、七八頁以下。

にAV的な表象空間においてイメージ化していたという事実だろう。具体的に言い直せば、二村がゼロ年代のAV市場にもたらした想像力とは、いわばある種の去勢された男性主観（AVユーザ）の世界＝セカイが圧倒的な女性性（女優の能動的なコントロール）にナルシスティックに統御される不全感にマゾヒスティックに耽溺するという構図である。二村はそれを堤さやかや長瀬愛、森下くるみらロリータ系（妹系）女優を積極的に起用しつつ、「集団痴女」や「ふたなり」という特異な表象によって的確に描出してみせた。[*20] もはや明らかなように、これはかつて美少女ゲームの領域で「零落したマッチョイズム」のような独特のタームで定式化されたセカイ系の一典型にほかならない。事実、二村自身、裕福なエリート家庭で育ち、『ガンダム』などのアニメにハマり、有名私大在学中からアマチュア劇団を主宰していたことからも分かるように、そもそも文化的に鋭敏で内向的なオタクであったことを自認している。そのような二村のフィルム群は、宇野の喩えるように[*21]、おそらく「オタク的データベースAV」としてゼロ年代の男性ユーザに圧倒的な支持をえたわけだ。いずれにせよ、オタク系サブカルチャーの分野での美少女ゲームのように、また、かつての日本映画におけるピンク映画のように、現代の映像文化におけるAVの持つ意味はきわめて重要である。[*22]

こうしてざっと整理してみたことからも明らかなように、二〇〇〇年代前半から半ばまでの日本映画には、同時期のオタク系サブカルチャーと同様に、セカイ系的な感受性や符牒を共有する作品が少なからず存在し、作品としても映画史的に重要な意味を含み持っている。それは、いうまでもなくセカイ系作品の実写映画化や、またいわゆる「純愛映画」という単純な整理には収まらない、ラディカル――字義通り、「急進的」で「根源的」――な共通性を内容・形式の両面において備えているのだ。

それでは一方で、ここまでの議論で検討してきたような「セカイ系的」な数々のイメージの集合は、それ以前の日本映画史のイメージの生態系と比較されるとき、一体どのような相貌を示すのだろうか。

＊20　二村作品の特色については、とりあえずウィキペディアの該当項目が詳しい。http://ja.wikipedia.org/wiki/%E4%BA%8C%E6%9D%91%E3%83%92%E3%83%88%E3%82%B7

＊21　前掲「それでもやっぱり、『すべてはモテるため』である！」、八五頁。

＊22　筆者が本論をはじめとする現代映画論で半ば露悪的にＡＶに関心を示し、言及してみせるのは、近年の欧米の映画研究の新しい動向に対する目配せも前提にある。そこでは、従来の古典的物語映画と映画研究／批評が映画を単純なテクスト読解へと還元してきたのに対し、観客論（受容論）的な観点から映画的経験における観客身体の複雑な反応に注目しつつある（cf. Steven Shaviro, *The Cinematic Body*, University of Minnesota Press, 1993.）。さらに私見によれば、おそらくそこには『観察者の系譜』のジョナサン・クレーリーが明らかにしたような、生理学的な「触知性」を重視したヨーロッパの古典主義的な視覚論との共通性も指摘できるかもしれない。いずれにしろ、現代のＡＶ的表象空間は、以上のような文脈とも無関係ではないだろう。機会があれば、論じてみたい。

2　セカイ系の日本映画史

2-1　シノダ・イズ・デッド

ゼロ年代日本映画の表象空間を現代日本映画史の中にいかに位置づけるべきか。それについて考える時、おそらく一人の映画人を重要な補助線として取り上げることはきわめて有益であるだろう。とはいえ、それは監督でもなければプロデューサーでもなく、むろん俳優でもない、撮影スタッフの一人であるキャメラマン（撮影監督）である。彼はまさに九〇年代以降の日本映画、あるいはさらに視覚的なサブカルチャー全体の文化的感性（表象のモード）に決定的な影響を及ぼしてしまったといってよい。そして、彼の遺した決して多くはない仕事はまた、ほかならぬセカイ系的想像力とも深いところで響きあっているのだ。

遺作となった行定勲監督の『世界の中心で、愛をさけぶ』が社会現象とも呼べるほどの記録的大ヒットを飛ばしている最中の二〇〇四年の六月末、数年前からの宿痾のために、関係者のあいだで「映画番長」と慕われていた親分肌のベテランキャメラマンが、撮影監督生活二十年の節目を迎えることなく、五二歳の若さで静かに世を去った。名前は、篠田昇。奇しくも純愛ブーム、ひいてはセカイ系ブームのピークに早世した彼こそ、ゼロ年代日本映画界最大のシネアストの一人といって間違いではない（彼は没後、この遺作によって日本アカデミー賞最優秀撮影賞を受賞した）。そもそも、ここまでの議論との関連からいえば、篠田はまず、行定との関連で語られうるだろう。『世界の中心』をはじめ、行定の「実質的な」監督デビュー作である『OPEN HOUSE』(一九九八年)、そして短編作品『月に沈む』(二〇〇二年)と、篠田は定期的に行定作品につき、その映像世界の一端を決定してきた(ちなみに、ほかの多くの行定作品の撮影を手掛ける福本淳も、篠田の撮影助手を長く務めてきたキャメラマンである)。とはいうものの、篠田とセカイ系的想像力の問題について考えるとき、行定を媒介として、行定以上に注目すべき映画作家が二人存在することに気づくだろう。そして、セカイ系的想像力に関する問題圏に限らず、篠田とその二人の映画作家をめぐる考察を通じて、おそらく私たちは現代日本映画の文化的基底について、一つの系譜学的な見取り図をさえ描くことができるように思う。その一人とは、数々の話題作によって、九〇年代以降の日本映画を代表する映画作家となった岩井俊二、そしてもう一人は、八〇年代以後の日本映画界ばかりか、二十世紀後半の世界映画において最も貴重な映画作家の一人だと断言してもよい相米慎二である。

2-2　篠田昇の映画史

最初にいささか事実関係の整理をしておいたほうがよいだろう。まず、かつて行定がその助監督を務めていた岩井俊二。長編映画であれ、ウェブ・ムーヴィーであれ、MTVであれ、岩井の多岐にわたる分野の仕事を観る者は、しばしば「岩井美学」と呼ばれる彼独特の映像世界が、実は篠田のキャメラの存在によってこそ、クリアに成立しているものであることをただちに理解するに相違ない。彼が篠田と最初にコンビを組んだ一九九四年製作のテレビドラマ『ルナティック・ラブ』、そして、翌九五年の岩井の長編映画デビュー作『Love Letter』と九六年の大ヒット作『スワロウテイル』――いうまでもなく、バブル崩壊から阪神大震災、オウム真理教事件、そして、アニメ「新世紀エヴァンゲリオン」の放映スタートという「動物の時代」（東浩紀）の始まりの時期だ――において、岩井は新世代の映像作家として若い世代を中心に圧倒的な支持をえた。そのとき、少女マンガやテレビドラマなどに影響を受けたストーリーやJポップ（小林武史やCHARA）を効果的に取り入れた音楽とともに、あたかも夢の中の世界のような独特の繊細な情感と憂愁に満ちた幻想的な映像が、圧倒的な存在感を持って若い女性を中心とする観客に受け止められたことは疑いを容れない。極端な逆光と即興的なキャメラワークを効果的に取り入れた、眩く作品世界を浮遊するようなこの岩井映画の映像世界を構築したのが、ほかならぬ篠田であった。自身も撮影技術自体に対する関心が強く、一作ごとに日本映画界を刷新するような映像テクニックや製作／流通回路（映画原作のためのインターネットBBSによるユーザ参加型小説やウェブ配信シネマの実施、Apple Power Bookによる映像編集など）を開拓してきた岩井は、二〇〇〇年代以降はデジタル撮影（HD24P）に切り替えつつ、最後のコンビ作である『花とアリス』（二〇〇四年）にいたるまで、篠田は岩井の作品世界を実現する「目」であり続けてきた。

ところで、そのような篠田のキャリアを丹念に追っていると、おそらくこれまでまったく語られることのなかった、日本映画史の一つの興味深い繋がりが見えてくる。例えばここで真っ先に指摘しておかなければならないのは、篠田が岩井と初めてコンビを組んだ『ルナティック・ラブ』を撮る前年、奇しくも相米慎二の新作『夏の庭 The Friends』（一九九四年）にキャメラマンとして関わっていたという映画史的事実である。当時、相米は、八〇年代を通じて最も個性的な新鋭作家として活動し、その年に公開されたちょうど十本目の長編が北野武の『ソナチネ』（一九九三年）とともにカンヌ国際映画祭に出品され、当時、その一度観たら忘れられない特異な映画的感性がヨーロッパの映画人に新鮮な衝撃を与え始めていた。とはいえ、一作ごとにキャメラマンを変更することで知られたこの天才肌の監督とも、篠田の関係はひとかたならぬものがあったといえるだろう。というのも、そもそもキャメラマン・篠田昇の撮影監督としてのデビュー作こそ、この相米のロマンポルノ『ラブホテル』（一九八五年）だったからだ。篠田昇、相米慎二、そして、岩井俊二。繰り返すように、これまで書かれたいかなる日本映画史が、この三つの名を並行して語りえただろうか。しかし、このそれぞれ八〇年代と九〇年代を代表する二人の映画作家は、ほぼ確実に二〇〇〇年代の日本映画を代表することになるだろう行定勲にも敬愛され、「光のマエストロ」と呼ばれていた稀代のキャメラマンを介して、急速に接近することになる。そしてまた、相米へのリスペクトを隠そうとしない行定が、自らの『ユビサキから世界を』であからさまに『台風クラブ』（一九八五年）へのオマージュを捧げたように、そこには疑いようもなく「セカイ系的」なヴィジョンが横たわっているのだ。

例えば、ＭＴＶやテレビドラマの演出家から映画界入りしたあと、サブカルチャーや先端的な情報メディアにも親しみが深い岩井と比較し、崩壊しつつあった古きよき撮影所システムの伝統をかろうじて引き継ぎ、あまりにも有名なワンシーンワンショットの長回し撮影をはじめ、一見して無骨なほど独特の「職人根性」と「作家主義」を終生貫き続けたようにも思える相米慎二もまた、本論がこれまで提示してきたオタク系サブカルチャーとの繋がりを少なからず指摘できてしまう。それをエピソード的な証左として示すには、彼にとって一般に最もよく知られているだろう初期の大ヒット作『セーラー服と機関銃』（一九八一年）や柳沢きみおの傑作ラブコメ漫画を原作にした監督デビュー作

『翔んだカップル』（一九八〇年）よりも、むしろ一九八三年の『ションベン・ライダー』を持ち出すべきかもしれない。というのも、当時この映画と同時上映という形で公開されたのが、押井守の映画監督デビュー作「うる星やつら　オンリー・ユー」だったからである。そればかりか、のちに押井自身が金子修介との対談などで振り返っているように、[*23]公開後、この作品における相米の常軌を逸した奔放な作家性に深い衝撃を受けた彼は、続く「うる星やつら2　ビューティフル・ドリーマー」以降、現在までその独特の作家性を存分に発揮していくことになったとされるからだ。押井の「ビューティフル・ドリーマー」が仮に「愛する対象＝諸星あたるとの終わりなき日常の無限ループ（とそこからの脱出）」という主題においてセカイ系的想像力の一つの起源を画すものであるならば、そこには何らかの形で相米作品が影を落としているともいってもおかしくはないだろう。

2-3　二〇〇一年セカイ系の旅

いずれにせよ、そうした少なからぬ繋がりを現実の映画製作の現場で持っていたこの三人の映画人（二人の映画監督と一人のキャメラマン）が生み出し、現在の日本映画——ひいては前章で検討してきたような「セカイ系映画」の表象空間の主たる一端を輪郭づける具体的な内実を見ていかなければならない。おそらく、それに最も相応しい歴史的な結節点を一つだけ選び出すとするならば、ほかならぬ二十一世紀の幕開けを告げた二〇〇一年になるだろう。ここでまず、真っ先に記しておかなければならないこと——それは、この年の九月九日、数日後に発生したあのニューヨークでの世界史的事件を知らないまま、その数年後に他界する篠田の年齢とほぼ同じ、五三歳の相米慎二の身に起こった

©2001 LILY CHOU-CHOU PARTNERS

図A−1

早すぎる死である。本論の文脈にとって重要なのは、この相米の死によって幕を開けたともいえる二十一世紀の日本映画を考えるときに、結果的に彼の遺作となった『風花』（二〇〇一年）を、同じ年に岩井と篠田が手掛けた長編『リリイ・シュシュのすべて』（二〇〇一年）と対応させてみることで、ゼロ年代日本映画の一端を規定するセカイ系的想像力の一つの起点を見定めたいということだ。八〇年代以降の現代日本映画とゼロ年代のセカイ系的想像力の関わりを考えるとき、『風花』と『リリイ・シュシュ』は、そこから無数の文脈に接続しうる、きわめて特権的な位置を占めていると思われる。

それでは、この二本のフィルムの具体的な細部を追っていこう。まずこの年に岩井俊二が監督・脚本を手掛け、篠田昇が撮影監督を担当した『リリイ・シュシュのすべ

＊23　「僕の長編一作目が「うる星やつら　オンリー・ユー」（83）で、その併映が相米慎二の「ションベン・ライダー」、僕は映画見に行って逆上したんですよ」「それで完全に映画観が変わっちゃったの。勝手なことやったやつの勝ちだってね」、「ぼくたちの過去・現在・未来」「キネマ旬報臨時増刊　押井守全仕事「うる星やつら」から「攻殻機動隊」まで」、キネマ旬報社、一九九六年、二二四〜二二五頁。

て』について。この映画については公開当初から、おそらく、その内容よりも、いかにも岩井らしい新世代の情報メディアを駆使した新しい映画製作やプロモーション戦略の試み——インターネットのBBSを使用したユーザ参加型の小説を原作に用いたり、アーティストのCHARAや松たか子を起用したそれ以前の『スワロウテイル』や『四月物語』（一九九八年）に続き、新人歌手のSalyuと彼女の楽曲を物語の重要なキーパーソンとして組み込むなど——が特筆して語られることが多かったように思われる。こうした岩井の手法は当時の大方の映画批評家には商業主義の一語のもとにことごとく無視されたと思われるが、現在の時点から振り返れば、前者は東浩紀の主張する、ウェブやゲームといった新しい「コミュニケーション志向メディア」と、小説や映画のような既存の「コンテンツ志向メディア」が並存する現在のいわゆる「メディアの二環境化」を活用した、『電車男』からケータイ小説まで連なる物語製作の先駆的事例として、また後者は実在の人気アーティストの魅力＝「キャラクターの自律化と共有財化」を媒介とした物語構築の映画への応用例として、*24それ自体興味深い考察が可能となるだろう。

しかし、ここではそうした形式的な側面よりも、このフィルムの物語（主題）やイメージといったコンテンツの側面に注目してみたい。というのも、一見して分かるように、本作にもまたセカイ系的なガジェットが容易に見出せるからだ。本作は、中学生の少年少女の鬱屈した日常を綴った岩井らしいジュブナイル・ストーリーだが、物語の主人公である市原隼人演じる蓮見雄一は、カリスマ的人気を誇る女性アーティスト・Lily Chou-Chou（リリイシュシュ）の熱狂的ファンであり、自ら「フィリア」というハンドルネームでリリイのファンサイト「リリフィリア」を主宰している。まず、本作のイメージを決定づける、蓮見が鮮烈な緑が眩しい田んぼの真ん中でCDウォークマンを手に、リリイ

図A－2

図A－3

のアルバムに一人で一心に聴き入る姿（**図A－1**）は、あたかもはるか彼方にいる恋人のミカコと携帯電話で懸命に繋がろうとする「ほしのこえ」（二〇〇二年）のノボルそのものだ。そもそも、本作の冒頭のシークエンスをはじめ、全編を通じて物語の舞台となる北関東の地方都市（ロケ地は栃木県足利市と群馬県太田市）の田園風景からして、先述した石井裕也の『ガール・スパークス』と同様、決定的にセカイ系作品のイメージをなぞっている。さらに例えば、田んぼに囲まれた長い田舎道を蓮見と、同級生に脅迫されて援助交際を続けるクラスメートの津田詩織（蒼井優）が歩くシークエンスや、ウォークマンでリリイを聴きながら津田が、飛行機雲が走る青空をバックに背の高い鉄塔を見上げ、続いて畑の真ん中で同様にウォークマンに聴き入る同級生の星野修介（忍成修吾）を写したショット（**図A－2、3**）などは、「きみとぼく」（愛する対象＝リリイ・シュシュとの強い一体化を求める主人公）というこの映画のセカイ系的主題を際立たせている。また、一方でこの作品は先の真利子哲也や映像制作ユニット〈群青いろ〉（高橋泉、廣末哲万）が描くような九〇年代的トラウマ性が明確に刻印されてもいる。同級生から過酷ないじめを受ける主人公の蓮見をはじめ、援助交際、レイプ、殺人、自殺といった衝撃的な要素がちりばめられ、テレビでは少年によるバスジャック事件（いうまでもなく二〇〇〇年に起こった「西鉄バスジャック事件」がモデルである）が報道されるなど、いわゆる「キレる一〇代」と称されるような少年少女の荒廃したメンタリティが全編にわたって描かれていく（蓮見はそれを「灰色の時代」と呼んでいる）。そして、物語の後半、蓮見が密かに片思いをしている同級生・久野陽子（伊藤歩）が星野の率いる不良グループによってレイプされ、頭を丸刈りにされてしまうのだが、それを助けられなかったばかりか、彼らの計画に一役買ってしまったことを悔やみ、泣きながら佇むしかない彼の姿は、まさに愛する女性を前に無力さを噛み締めるほかないセカイ系的な主体以外ではない。

以上のような整理からも分かるように、『リリイ・シュシュ』は、宇野常寛が定式化したような、「新世紀エヴァンゲリオン」以来の九〇年代＝セカイ系的リアリティを引き継ぎつつ、そこにゼロ年代的な物語設計やガジェットを巧みに組み合わせた、きわめて批評的なテクストだと理解することができる。そして、それは実は相米の遺作『風花』でもある程度は反復されている。とはいえ、この映画は『リリイ・シュシュ』のようにはあからさまにセカイ系的主題を引き継いではいない。物語は、自分の子供を放って東京でピンサロ嬢をやっているという、小泉今日子演じる冨田ゆり子と、浅野忠信が演じる、彼女の客で不祥事によって謹慎中となっているエリート官僚・澤城廉司が日常から逃避するように車で北海道をあてもなく巡るロードムーヴィーである。こう書けば自ずと明らかなように、冴えない中年男女の逃避行を冷めた視点で描いた七〇年代ニュー・シネマ風のこの映画が、セカイ系的想像力と通底するものがあるとは、到底思えない。例えば、いうまでもなく、この作品の主な舞台がゆり子の実家のある北海道といういかにもセカイ系的な眺望を伴った土地であること、しかも、作中で「あの山の向こうはどうなっている」と問う澤城に対し、冷淡に「北海道よ」と応えるゆり子の台詞に、「セカイ」の無限のフラットさを強調するかのようなニュアンスを辛うじて聞き取れるくらいだろう。

確かに、相米の『風花』は、普通に見て、『リリイ・シュシュ』のようには、表層的なイメージや主題や物語類型のレヴェルでセカイ系的な表徴を認めることは難しい。しかし、私たちはそれでも相

＊24　東前掲『ゲーム的リアリズムの誕生』、一四三～一五二、三五～四九頁。

米が、自身の生命が終わりを迎え、また岩井が「セカイ系映画」としか形容しようのない『リリイ・シュシュ』を撮ったこの年に、半ば強引に一回り以上も年少の岩井と謀じ合わそうとしたかのように、彼のキャリアから比較すれば到底文句なしの傑作とは称し難い長編を製作したという事実に改めて特別な注意を促したいと思う。あえて強調するとすれば、このゼロ年代――「セカイ系の時代」が始まりを告げる二〇〇一年に、岩井俊二と相米慎二が以下で論じるさまざまな文脈のもとに辛うじて交錯しえたかもしれないという、瑣末だが、それゆえに特権的な仮説をここでは肯定したいと思うのだ。そして、そのためには、そのデビュー以来、相米がほぼ一貫して拘った、あの独特の映画世界を構築するフッテージの特性に具体的に目を向けることにしよう。さらにそこから翻って、彼の現場からキャメラマンとしての活動をスタートさせた篠田昇の作り上げる、これまた独創的な映像の内実を腑分けし、彼の手になり、また岩井俊二から『世界の中心』の行定まで、日本映画における文字通り「ゼロ年代の想像力《イメージ》」＝「セカイ系的映画」のイメージがどのように形成されてきたのかをおおまかに探ってみることにしたい。いってみれば、本論のここまでの議論が主題や制度、映画史的事実の符合といった、イデアルなレヴェルの分析であったとすれば、ここからはきわめて具体的かつマテリアルな「セカイ系的」とされる表象（イメージ）が生み出される機制（システム）を考えていきたい。

2-4「圏 a sphere」としてのワンシーンワンショット――相米慎二

現代日本映画に少し詳しい人間ならば誰でも、相米慎二の映画が小津安二郎のように、俗に「相米節」とも呼ばれるような特異な作風を初期から備えていたことを知っている。特徴的な要素を挙げていけばきりがないその唯一無二の映画世界にあって、とりわけ指摘されることが多い特性といえば、やはりワンシーンワンショット（長回し）撮影のスタイルだろう。処女作以降、『東京上空いらっしゃいませ』（一九九〇年）までの八〇年代の諸作品においてはとりわけ、そのファーストシーンから続く想像を絶するような長さで観る者を圧倒するキャメラワークと演出にこそ、相米のフィルムの映画的感性の核心が込められているということは比較的早くから論じられてきた。とはいえ、そもそも映画史において、通常ならば、複数のショットの連鎖で示すような一連のシークエンスを延々と単一のショットとキャメラワークのみで描くというワンシーンワンショットの技法は、相米に限らず、多くのシネアストが自らの特徴的な作風として取り込んでいる。あるいは、よく知られるように、戦後ヨーロッパの映画批評の言説も、こうしたワンシーンワンショットの重要性を積極的に支持していたこともつけ加えておくべきだろう。例えば、アンドレ・バザンを筆頭とするフランスの映画批評家たち（カイエ派）は、映画草創期の大監督たちがひとしなみに、古典的な物語映画の基礎的な説話技法として断片的なショットを編集（モンタージュ）によって人工的に繋ぎ合わせる方向に傾注していったことを問題化し、その「モンタージュ至上主義」に対するカウンターとして現実世界のリアルな時間的持続・連続性を写し取るワンシーンワンショット撮影の重要性を提起した。[*25]だが結論からいうと、相米の作り上げるワンシーンワンショットは、彼以前の巨匠たちが撮る同様のそれと比較すると、はるかにその美学的かつ存在論的位相を異にするもののように見える。いってみれば、それは相米が助

＊25　例えば、アンドレ・バザン「映画言語の進化」『映画とは何かⅡ』小梅英二訳、美術出版社、一九七三年、一七六〜二〇二頁を参照。

監督時代にその残滓を辛うじて享受することのできた、黄金期の撮影所システムの経済的かつ技術的バックアップのもとで実現しえたワンシーンワンショット映像と、それ以後、現在まで続く撮影所システム崩壊後の新しい映像製作環境とリアリティのもとで生み出されるそれとの隔たりに等しいだろう。

では、こうした相米的ワンシーンワンショットの内実とはどのようなものなのだろうか。だいたいこれまでの相米をめぐる言説では、それは（1）映画史的記憶をめぐる形式的解釈と、（2）映画空間の演出設計に連動する内容的解釈の二つのパターンで語られることが多いように思われる。そして後述するように、この二つは同時に通底してもいる。具体的に説明しよう。例えば前者の解釈は、相米の助監督を長く務めた榎戸耕史のいうように[*26]、相米のワンシーンワンショットとは、テレビに象徴される、映画に替わる現代の新しい映像メディアとの関係において映画という「技術」自体のアイデンティティを改めて問い直し、さらにヌーヴェル・ヴァーグの作家たちがやったように、古典的な映画史的記憶（オーソドキシー）に対する意識的な目配せから要請された表現であったとするものである。いずれにせよここで相米的ワンシーンワンショットとは、かつてゴダールやスコセッシがヒッチコックや五〇年代B級映画の記憶を自作の中で巧妙にパスティーシュしてみせたのと同様、映画史的記憶のシニカルな形式化＝相対化の試みの一つとして位置づけられることになる。また、それは四方田犬彦が周到に指摘しているように[*27]、八〇年代に影響力を持った蓮實重彥のシネフィル主義的な映画批評のスキームとも相性がよいものだった。

それに対して、後者の解釈とは、相米が演出において一貫して重視したと目されている、複数で画面の中を動き回る俳優の身体（肉体）の現前性を映画世界全体でフォローしようとする企図に基づいているとするものだ。確かに、先にも触れたように、初期から独特の映像空間を創出しておきながら、相米は作品ごとに撮影監督を次々に変更しており、その活動ぶりから彼がキャメラに対してことさら特別な思いを持っていたとは思えない。逆に、現在残されている彼のたどたどしい言葉の中で目につくのは、その役者の佇まいに対する真摯な思い入れだ。実際、相米自身が「あれはガキどもの踊り見てるようなものだ」[*28]と振り返る『ションベン・ライダー』は全編を通じて主人公の少年少女たちの物語とはほとんど関係がない身体の躍動性を異常なまでにフィルムに刻印することに特化した映画だったといってよいだろう。例えば、『ションベン・ライダー』のキャメラマンを務めた田村正毅は相米とのコラボレーションを映画評論家の山根貞男によるインタヴューの中で次のように懐古していた。

相米は、おもしろいことに、他の監督たちとはちょっと違ってます。キャメラワークには何もいいません。俳優たちの動きをずんずん進めていくんです、それでこれを自由に撮れというんです。(中略)そしてね、撮り続けられなくなったときにカットというわけです。キャメラ内のフィルムがなくなったときとか、ワーキングの物理的限界だとか、あと俳優の条件ですね、たとえば、高いビルの上から下まで本当に飛び降りるなどはできないことですから……。ショット内の時間が充実しているならばカットしたくないのでしょう、相米は……。[*29]

＊26　「映画の人、相米慎二…」「映画芸術」no.401、編集プロダクション映芸、二〇〇二年、一三頁以下。
＊27　四方田犬彦「映画史的記憶から解放されて」『アジアのなかの日本映画』岩波書店、二〇〇一年、一四三頁。
＊28　古東久人編『相米慎二　映画の断章』芳賀書店、一九八九年、一一六頁。

こうした田村の発言を肯定するかのように、先の榎戸もまた、相米追悼特集でのインタヴューで、相米のワンシーンワンショットと彼の俳優の身体性への注目との関連を強調している。山根貞男は相米の撮影現場での密着取材から、彼の演出が（意外にも）俳優への心理主義的指示に向いていたことをレポートしているが、[*30]何にせよ、こうした点において、演出家としての相米は映画の物語空間を具体的に駆動させている複数の俳優たちのアトランダムな身体の流れと同期させ、できる限りその不可測な動きを全体的に捕捉するための撮影技法としてワンシーンワンショットを採用していたということになるだろう。しかし、これは少し考えると、前に挙げた映画特有の技法を誇張的に用いることで、その歴史性を脱構築させるという一種のシニシズムとは根本から背反する。いわばこの場合、後者が映画に対する徹頭徹尾批判的＝メタ的な意識に基づいた理由だとするなら、前者は映画（の製作現場）に対するある意味で身も蓋もないベタな眼差しに依拠しているといえるだろう。とはいえ、こうした相米的ワンシーンワンショットが依拠しているとされる二つのベクトルは、おそらく一つの映画的な表象空間の構造的特性を介して密接に通底していると考えられる。それはどういうことか。次の相米を論じた蓮實の文章は、有益な補助線として参照に値するだろう。

彼〔相米慎二〕は、なぜ、撮影監督よりも照明技師に深い執着を示しているのか。それは、北野武の場合がそうであるように、たった一つのショットに自分の美学的な趣味を凝縮し、それを鋭利なリズムで編集するという作業を相米慎二が好まないからである。彼は、その多くが思春期の少年少女である登場人物が、あたりの風景といかに調和し、その中でどのように戸惑いつつも変化するかを時間をかけて見つめることを選択する。そのため、短いクロースアップや切り返しショットは避けられ、長いワンシーンの移動撮影が彼の基本的なスタイルとなる。だが、そのキャメラの動きには、溝口健二やマックス・オフュルスの場合のように、完璧な技法が完璧な劇的効果につながる液状の流麗さは認められない。相米にあってのキャメラは、不器用さの印象をもいとわずに、逡巡するかとみればいきなり思い切りの良さを発揮する少年少女の予測できない振る舞いに根気よく寄り添うように動く。*31

ここには、相米の映画的感性の内実が最も簡潔かつ的確な言葉で要約されている。蓮實もまたここで、「その多くが思春期の少年少女である登場人物が、あたりの風景といかに調和し、その中でどのように戸惑いつつも変化するかを時間をかけて見つめる」という、相米的な「長いワンシーンの移動撮影」の機能的特性を、「不器用さの印象をもいとわずに、逡巡するかとみればいきなり思い切りの良さを発揮する少年少女の予測できない振る舞いに根気よく寄り添うように動く」点に認める。すなわち、相米的な眼差し＝キャメラ・アイは、やはりレンズの前で徹底して不規則に躍動する俳優たち

＊29　「キャメラマンは自分のほしい風景の貌を見のがさないことですね」「季刊リュミエール」一二号、筑摩書房、一九八八年、四一頁。

＊30　山根貞男「転変を生きることのダイナミズム　相米慎二の現場へ」『日本映画の現場へ』筑摩書房、一九八九年、二八八頁以下。

＊31　蓮實重彦「台風の夜の通過儀礼——追悼　相米慎二」『映画崩壊前夜』青土社、二〇〇八年、三九二頁、傍点及び〔〕内引用者。

の身体が描き出すカオティックな動線の軌跡を、刻一刻とフレームが縁取っていく映画世界の中における一種の特権的な「結節点」として、その流れをまるごと包み込み、可能な限り同期させようとするように一連のキャメラワークを構成していくのだ。ここでつけ加えておく必要があるのが、そうした相米的な身振りが一方で、ほかならぬ先に示したある種の映画史的記憶の負荷に対する応答にもなっていること――つまり、溝口健二やマックス・オフュルスが活躍していた撮影所システム時代の古典的なワンシーンワンショットの「正統性」との鮮やかな対比によってこそ形象化されている点である。つまり、俳優の身体の動きに寄り添う八〇年代の相米的なワンシーンワンショットは、五〇年代の溝口やオフュルス的なそれとはその美学的かつ存在論的な構造を決定的に逸脱した場所で成立しているのだ。

　では、その二つの――お望みならば、ポストモダンとモダンの、といってもよいが――ワンシーンワンショットの違いとは何か。端的にまとめていえば、溝口やオフュルスに代表されるような、モダン的なワンシーンワンショットとは、そのシークエンスを形象化するキャメラ＝監督の眼差しが徹底して超越的な美学的意味の派生地点を担っている。つまり、彼らのワンシーンワンショットを見る観客は、いま画面の中に広がっている世界は実はそれがスクリーンに投影される以前には一切存在しておらず、厳密に構成され緻密に展開する（「完璧な技法が完璧な劇的効果につながる」ような）彼らのキャメラワークの固有性と同時に、初めてその映画世界が生み出されていったように思わせるものだといえる。いい換えれば、彼らのワンシーンワンショットとは、きわめて厳密にそうでしかありえなかったような映像（動き）なのであり、そこで視覚化されている、俳優の身体も含めた一連の映画的時空（連続して映されるシークエンス）は徹頭徹尾それが撮影されているキャメラのためにのみ存在するような世界なのだ。したがって、彼らのような古典的ワンシーンワンショットが作り出すプレザンスの特性を、ここで**「演劇的 theatrical」**と呼んでおいてもよい。[*32] すなわち、ここではキャメラ＝観者と、それが撮影するシークエンス＝オブジェの関係は前者の超越的な位置づけのもとにきわめて固定的（平衡的）に保持されている。だからこそ、主客の一方向的な統制のもとに構成される一続きのシークエンスの空間に効果的に複層的な動きを導入するために、『上海から来た女』（一九四七

＊32　あらかじめ断っておけば、この「演劇的」という表現は現代美術批評でマイケル・フリードが用いる有名なタームをどうしても想起させてしまう。もちろん、「芸術と客体性」や『没入と演劇性』などにおけるフリードの実際の議論に当たれば、この表現はあまりにも粗雑な形容ではある。フリードの「演劇性」なる用語は、あくまでも一部のモダンアート（ミニマリズム）のオブジェが観者（＝客体）の視点とそこから派生する継起的時間性を定立してしまうことで、近代芸術の遵守するべき作品の純粋な「自律性」（瞬時性）を損なっているありようを批判的に指したもので、本論の文脈とはほとんど関わりを持たない。しかも映画論という観点からも、フリードによれば、映画はその本性によって、そうした「演劇性の克服」という課題を完全に「免れている」芸術ジャンルであり、その「演劇性からの逃避」ゆえに、映画はモダニズムの芸術たりえない、ともされている（マイケル・フリード「芸術と客体性」川田都樹子・藤枝晃雄訳、浅田彰他編『批評空間臨時増刊モダニズムのハード・コア――現代美術批評の地平』太田出版、一九九五年、八一～八二頁参照）。したがって、ここで「演劇的」という言葉を使うのは不用意で決して適当でないだろうが、語本来が持っているイメージやニュアンスも踏まえて、あえて用いることとする。また、適当な表現があれば、適宜差し替えたい。とはいえ、当のフリードの「演劇性」という用語にせよ、もともとの参照先であるディドロの『演劇論』における定義とは明確に背反したものであることには注意を促しておきたい（詩人の佐藤雄一の指摘による）。また蛇足ながら、関心のある読者は、フリードの議論も参照しつつ現代の写真表現について考察した以下の拙稿も参照されたい。渡邉大輔「写真と指標的ハビトゥス――志賀理江子の余白に」『kader0d』vol.3、kader0d（同人誌）、二〇〇九年。

© キティ・フィルム「ションベン・ライダー」
図B－1

© キティ・フィルム「ションベン・ライダー」
図B－2

© キティ・フィルム「ションベン・ライダー」
図B－3

© キティ・フィルム「ションベン・ライダー」
図B－4

© キティ・フィルム「ションベン・ライダー」
図B－5

© キティ・フィルム「ションベン・ライダー」
図B－6

年）のオーソン・ウェルズから『新宿乱れ街　いくまで待って』（一九七七年）の曾根中生まで、おそらくこの時期の才気ある作家は一様に「鏡」というガジェットをワンシーンワンショット撮影に好んで使用したのだ。

　ところが、一方の相米的なワンシーンワンショットにおいては、キャメラからはそうした「超越性」はどこまでも剝奪されている。相米にあってのキャメラは、あたかもすでに確固として存在している何らかの所与の環境にジャック・インし、その広大な内部空間をあたかもハッカーのように無作為に蠢いて適当にその風景を順次切り取っていくようなカジュアルさによって性格づけられている。いってみれば、そのキャメラワークはつねにすでに、いくらでもほかのシークエンス＝「物語」でもありえたという一種の確率性とそれゆえの「不器用さ」を思わせる自由の感覚に満ちみちているのである。その意味で、相米のキャメラ・アイはそれが映し出す映画世界とあくまでも等価なのであり、そこには一切のメタレヴェルは存在しないのだ。このようなヴィジョンについて、現代社会学に明るい読者ならば、いわゆる「オートポイエティック・ターン」を遂げた後期ニクラス・ルーマンの社会システム理論とある程度並行的に語りうることにも気づくだろう。つまり、この場合、相米的キャメラワークのもたらす「他のシークエンス＝物語でもありえた」という「確率的」なリアリティは、ルーマンが定義する社会システムの「偶有性（ほかでもありうること）Kontingenz」という特性を正確に反映している。あるいは、「メタレヴェルの存在しないキャメラ・アイ」というのも、いわば自己準拠的（閉鎖的）に作動するシステムのコミュニケーションの機能とひとまず重ねて考えることができるはずだ。

　いずれにしろ、以下にこれを具体的に示すことにしたい。例えば、『ションベン・ライダー』におけるよく知られた、冒頭からほぼ七分近くにわたって切れ目なく続くワンシーンワンショットを見てみよう。このシークエンスはまず、(図B―1)学校の傍の路上に佇む二人のヤクザをキャメラが俯瞰ショットで写し、そのうちの一人がプール際の塀に向かって歩き出すのをフォローしつつ次第に高度を増すとともにそのまま学校のプールの塀を飛び越え、(図B―2)監視用の椅子のうえからプールで泳ぐ同級生たちに野次を飛ばすガキ大将の少年・デブナガ(鈴木吉和)を写す。(図B―3)監視椅子から降りたデブナガとともにプール脇のコンクリート地面に降り立ったキャメラは、そのままプール脇に沿って対岸に走り行くデブナガと仲間たちを対角線上のプール脇から遠くに捉えつつ、反対側に回り込む。(図B―4)反対側のプールの隅で泳いでいた主人公の少年たち、ジョジョ(永瀬正敏)と辞書(坂上忍)を捉え、そこにもう一人の主人公、ブルース(河合美智子)がフレームインしてくる。その後、(図B―5)キャメラがゆっくり彼らの背後、プールの柵のほうに移動していくと、オフボイス(フレームの外からの声)で女性教師の叱る声が聞こえてきて、(図B―6)そのままプールの柵と植え込みの茂みを潜り抜ける格好でキャメラが横にティルトしていくと、広い校庭でバイクを周遊させている少年たちと先ほどの声の主である女性教師が現われる……(ここまででおよそ三分半だ)。さて、この一連のフッテージが観客にもたらす異様さは、その圧倒的なまでの長さだけではない。まず、一見して分かるように、田村正毅のキャメラはここで終始一貫していかにも落ち着きなく画面を揺らしながら冗長に少年少女たちの動きを傍観するように捉えていく。それはまさにある種の擬似ドキュメンタリーのように、緩慢にどこまでも広がっている空間をとりあえず「映画」に仕立て上げておこうとでもいうかのような奔放さを備えている。とはいえ、ここで注意すべきなのは、こうした田村の特徴的な長回しと相俟って、相米が持ち込む特異な演出である。まず、観客の眼(耳)をひくのは、(図B-5)の部分でかなりの音量で聞こえる女性教師のオフボイスである。ここで聞こえる彼女の台詞は、実は続くシーン(図B-6)で示される校庭での少年たちのバイクの走行を諌めるものであり、この時点では(少年たちの様子がまだ示されていないため)その内容の意味はよく分からない。いわば相米はここで、続くシーンの状況をオフボイスの挿入によって暗示しようとしているわけだ。しかし、ここで彼が行っている(ように理解しうる)映画の「説話論的な経済効果」(＝一つの画面上にその前後に連続する物語内容を多層的に示す視聴覚的な圧縮作用)も、先の散漫なキャメラワークと並置されるとき、きわめて歪で必然性を欠いた演出と映るほかない。なぜならば、一方でこのシークエンスにおける異常なまでのワンシーンワンショットの長さやキャメラワークには、ほとんど何の「必然性」も感じられない(端的にもっと短くショットを割れて、また違うコースのキャメラの動き方も容易に想定しうる)からであり、そうである以上、他方でそのオフボイスの挿入されるタイミングや音量などが持つ意味もまた必然性(スムースな物語的調和)を伴って存在するとは到底思えないからだ。それは同様に、続く(図B-6)において画面に登場していないジョジョやブルースのオフボイスが挿入される演出にも強烈に感じられる。つまり、ここで現われる女性教師やブルースの声は、いわばたまたま現実のテクストではそのタイミングで挿入されているだけで、むしろこのシークエンスの不確定的な一定のスパンのどこで入れられてもよく、その範囲の中では可能的なレヴェル(いわば「構造的」に)においてそれらの声はシークエンスのそこここに「遍在」しているかのようなのである。

いわば『ションベン・ライダー』のこのワンシーンワンショットにあって、キャメラが動き回る時空やキャラクターたちの「声」は一種の自生的な「環境」としてあらかじめ設定されているのであり、相米的なキャメラ・アイはその「メタ物語的」な環境＝構造を、いかに固有のリニアな映画的空間としてフィルムのうえに秩序づけていくかという新たな問いに向き合っているように思える。[*33]だとすれば、彼の演出の特徴として挙げられていた俳優の身体への注目も、そうした自生的に瀰漫する新しい映画的時空の存在を前提することで、改めて理解可能なものとなるはずだ。つまり、ここでの俳優の身体とはそうした時空内部のカオス性やキャメラワークの高度の恣意性を抑止し、一定の美学的秩序を構築可能にする規則性に繋ぎとめておくための文字通り「結節点」（ノード）の役割を果たしていると考えることができるだろう（いい換えれば、相米演出における俳優は、東浩紀の考えたオタク系文化における自律化した「キャラクター」のポジションになぞらえられる）。とはいえ、こうした相米をめぐる議論は、読者によっては最近のサブカルチャー評論の一部の趨勢を意識した牽強付会なものという印象を与えるかもしれない。だが実際、こうした見解はある程度、相米の現場に則して具体的に確認することができる。例えば、先の引用箇所で蓮實が短く触れていたように、相米はキャメラマンよりも、映画黄金期の大映や日活を支えたベテラン照明技師・熊谷秀夫との共同作業に晩年までこだわった。「映像」よりも「光」への執着——おそらく、ここにも「たった一つのショットに自分の美学的な趣味を凝縮」するというよりも、そうしたフレームをあくまで任意なものだと考え（あるいは考えざるをえないために）、その「外部」に茫漠と広がるオープン・カオティックな空間（リアリティ）それ自体を想定し、それと現実のフレームとのあいだの絶え間ないフィードバック——ここで想定される作用を、例えば複雑系科学の用語になぞらえて、「自己組織化《オートポイエーシス》」や「創発」と表現しておいてもよい——によって映画世界を構築しようという暗黙の意志が作用しているように思えてならない。事実、その相米との照明をめぐる対談の中で熊谷は次のように語っている。「相米組の場合は、セットに入ったって、簡単にいえばメインポジがないんですよ。たいがいの監督なら、セットに入ったら一番ロングはここだとかここだとか決まっているけど、相米組はこということがないでしょう、メインポジションが」[*34]。ここで旧知のスタッフによって指摘されている、相米のキャメラにおける「メインポジションの排除」という特性こそ、以上に述べたキャメラワークのラディカルな恣意性（確率性）が端的に証立てられているといって間違いない。さらに熊谷は、相米没後の座談会の席で、相米演出について溝口のそれと比較しつつ明快に要約していた。

（前略）相米さんの映画の特徴は芝居に裏表関係ないこと。溝口健二監督も長いワンシーン・ワンショットだったけど、芝居が動いても裏には入らない。だけど、相米さんは裏表関係なく俳優さんが動く。『ションベン』の川の所（名古屋の木場のシーン）なんて、三方向から台詞を言いなが

＊33　こうした本論における相米的ワンシーンワンショット（後述するように「セカイ系的」な映画の表象空間の構造）は、もはや明らかであるように、東浩紀が『ゲーム的リアリズムの誕生』において敷衍していた、現在のキャラクター小説(ライトノベル)などオタク系コンテンツに顕著に示される、「構造のメタ物語性」(ゲーム的リアリズム）の特徴を――東のように、間テクスト的な「環境」ではなく、一つひとつのテクストの中のリアリティであるという決定的な差異はあれど――ある程度の範囲で共有するものである。とはいえ、筆者の批評家としての関心は、相米的な表象空間をオタク系文化やウェブとの関係で考えるというよりは、いわゆる擬似ドキュメンタリー問題や、視線＝リアリティの遍在がリアルに感じられるような、いわば「監視キャメラ的リアリズム」とでも呼べるような要素との関係で考察することにある。現代映画と監視キャメラ的リアリズムの問題については改めて考えたい。

＊34　「照明談義・映画は嘘をつける」前掲「季刊リュミエール」一二号、五八頁。

ら出てくるんだよ。あの時、どこからキャメラ引くのか橋の上から見てたけど、他人事ながら考えちゃった（笑）。*35

もはや明らかなように、相米的なワンシーンワンショットが作り上げる映画的時空にあって、その位置づけられたキャメラ・アイは、映画世界のキャラクターたちにとっては、単純に偶有的な要素でしかない。したがって、相米もまた、自らの映画世界をさまざまな存在や視聴覚的コンポーネントが自生的に遍在する特異な地平として構想する。このようにテクストが視覚化する特定の映画世界を（そのテクストの「外部」にまで広がる）一つの「環境＝インフラ的なもの」として設定しようとすること。または、フィルムが現実に形象化したデクパージュ（画面構成）の連なりによってのみ作られるものとしてそのフィルムの映画世界を看做すのではなく、そこから理念的には無限の可能的なデクパージュ＝物語が、確率的／仮想的に派生（シミュレート）しうる、一定のサステイナビリティを備えたプラットフォームとして映画世界を設定／設計すること。八〇年代に相米慎二が密かに達成していたのは、このような認識のパラダイムシフトだったのではないだろうか。本論では、こうした相米的ワンシーンワンショットの持つ構造的内実を、それ以前の溝口＝オフュルス的なワンシーンワンショットの「演劇性」と対比し、区別するものとして、ここで**「圏 a sphere」**という表現を用いておきたいと思う。先にも言及していたように、相米的な表象空間を支えるものは確かに東浩紀の提唱するメタ物語的な「環境」（データベース）、あるいは情報社会学者の濱野智史の考える「生態系」（『アーキテクチャの生態系』）というイメージに近い部分があるが、しかし、ゲームやある種のアーキテクチャを念頭に置いている東や濱野とは異なり、相米のそれは工学的で間テクスト的なニュアンスよりも、個々の具体的なフィルムや映像をめぐる多様な日常的経験から感じられる視聴覚的なリアリティといった意味合いが強い。そのためここでは、「圏」というよりアモルフで柔軟性・開放性のある言葉を使うことにした。そして、相米に象徴されるような現代映画における新しい表象のリアリティを担保する仮想的な審級を、ここで仮に述語化して**「映像圏《イマゴスフィア》 imagosphere」**と呼ぶことにしよう。おそらく私たちはこの映像圏をめぐる概念系から先の擬似ドキュメンタリー問題をはじめ、映画に留まらず、二十一世紀の映像文化にまつわるさまざまな問題を理論的に整理するきっかけをえることができる。いずれにせよ、八〇年代の日本映画において相米慎二の映画が見出したもの、それをここでは「映像圏というリアリティの発見」だったと理解しておく。そして、以下に続く議論を先取りしておけば、その相米的なパラダイムをセカイ系的なリアリティを強力な媒介にして高度に洗練した存在こそ、篠田昇と岩井俊二だったと考えることができるだろう。

［補記］「画面外」をめぐる理論的／批評的言説との関係について

本論ではもはや詳しく展開することができないが、こうした見解を映画理論／批評的な見地から少し補足しておこう。例えば、本論が相米慎二に仮託して定義するようなフレームの「外部」の仮想的な「環境」を取り込むような映像的リアリティという点で、従来の映画批評の言説を振り返るとき容易に思いつくのが、フランスの映画作家・脚本家であり、セルジュ・ダネーと並ぶ優れた映画批評家

＊35　「座談会　相米作品における映画技法の諸相」前掲「映画芸術」no.401、一二八頁、内原文、傍点引用者。

でもあるパスカル・ボニゼールによって提起された「カドラージュ／デカドラージュ」というフレーミングにおける区別だろう（『歪形するフレーム』）。ボニゼールによる定義によれば、カドラージュとは古典的な映画に見られる均衡を備えた遠近法的／求心的フレームであり、一方のデカドラージュとはそうしたカドラージュの安定性を逸脱し、フレームの輪郭や外部への意識によって特徴づけられるより現代的なフレーミングを意味する。だとすれば、こうしたデカドラージュの持つ一種の遠心性やフレームの恣意性への自覚は、本論が提起する「映像圏」とどこまで通底するものなのだろうか。簡潔に敷衍しておけば、デカドラージュとはそれがそもそも絵画との類比から考えられているように、基本的に「フレームの枠取り」「切断としてのフレーム」の特性に焦点が当てられている。ボニゼールがデカドラージュの持つ性格を、あくまでも「アイロニックでありサディスト的だ[*36]」と表現しているように、そこではあくまでも「外部」をずらし、切り取ることが問題なのだ。したがって、別の箇所でフレームの「外部」への意識を例示する際に、フーコー的な文脈を踏まえてベラスケスの有名な『侍女たち』の構図を持ち出すように、ボニゼールのデカドラージュ論は、結局は絵画的＝「求心的」なフレーミングの位置で思考されているといってよい。

　一方で、筆者の考える「映像圏」の示す「外部」には、当該のフレーミング（映像）の「外部」である以上に、そこには潜在的に現代社会において監視キャメラや携帯のキャメラ機能などの日常的な氾濫が現代の主体に強いている、世界のすべてが映像化され、ある意味で私たちは「映像の外」に出ることはできないという再帰的循環を伴ったリアリティそれ自体が織り込まれている。したがって、そこにはむしろ切り取られる「フレーム」の意識までもが基本的には消滅してしまう。

　とはいえ、ここではやはり、先の『歪形するフレーム』をボニゼールにまとめるように提言したとされるジル・ドゥルーズなる厄介な「映画批評家」の映画論に触れないわけにはいかない。ドゥルーズは『シネマ1＊運動イメージ』の中でボニゼールの議論も参照しながら、映画の「画面外」（オフ・スクリーン・スペース）の存在論的身分について論じている。短く敷衍するならば、ドゥルーズは画面外について二つのアスペクトがあると指摘している。第一に、一つの個々のフレーミング（ドゥルーズのいう「閉じられたシステム」としての「総体」）とその画面外（より大きな「総体」）とが作り上げる、普通に理解できる関係性であり、それらは一方で一つの均質な連続性（物質平面）を構成しながらも、他方でフレーミングの変化によって次々に個々の総体の関係が変わってしまうという点で、つねに「全体」をなさず、相対的なものでしかない。しかし第二のものはもはやそうした経験的（可視的）な領域には属さないタイプの画面外で、それは絶対的な、「宇宙の全体に内在する持続にみずからを開く」ようなものである。「画面外は、或る場合には、他所《よそ》に、つまり脇にあるいは周囲に存在するものを示す［第一のアスペクト］。また或る場合には、画面外は、もっと不気味な現前を示す。それは、もはや存在する《エグジステ》〔外に立つ〕とさえ言えず、むしろ、『執拗に在る《アンシステ》〔内に立つ〕』、『存続する《スユブジステ》〔下に立つ〕』と言えるような現前であって、等質な空間と時間との外にあるもっとラディカルな〈他所《よそ》〉である［第二のアスペクト］」。[＊37] 結論からいってしまえば、この場合、筆者の考える

＊36　パスカル・ボニゼール『歪形するフレーム――絵画と映画の比較考察』梅本洋一訳、勁草書房、一九九九年、一二五頁。

＊37　ジル・ドゥルーズ『シネマ1＊運動イメージ』財津理・齋藤範訳、法政大学出版局、二〇〇八年、三三頁、〔〕内訳文、［］内引用者。

「映像圏」とはドゥルーズがここでいう画面外の「絶対的アスペクト」にほぼ該当するようにも思われる（ドゥルーズが映画のショットを情報科学的な「データ」のようなものだと述べていることにも注意しよう）。とはいえ、ドゥルーズ自身はこうしたアスペクトを先のデカドラージュに対応させているので、話はいささか厄介だ。いずれにしろ、それについて論じるには、すでに本論の射程を外れている。

2—5「エーテル」としての音（楽）——岩井俊二／篠田昇

映画監督・相米慎二の映像世界を、キャメラマン・篠田昇や映像作家・岩井俊二のそれと系譜学的に接続させること。とはいうものの、一見すると、この二組のシネアストがそれぞれ持つ超個性的な映画的感性を共通の枠組みのもとに位置づけることは、なかなか困難なことのようにも思える。あの周囲の風景に人物たちを溶け込ませるようなロングショットの長回しを多用し、それゆえに撮影所譲りの高度な照明技術をも必要とした相米映画のスタイルは、ハンディカムの手持ち映像と広角サイズを基本にした極端なワイドアップ（接写）と、これまた画面全体が光り輝くほどの極端な逆光と自然光撮影を自らのスタイルとして確立させた篠田＝岩井のキャメラとは、まったく正反対の特徴を持っているように見えるからだ。しかも、とりわけ岩井の撮影演出では、まるで相米的なワンシーンワンショットの逆を行くように、もともとドキュメンタリー調に長回しで撮った一つの長めのショットを、ゴダールのジャンプ・カットよろしくわざわざぶつ切りにして断片化させたものを繋いでみせたりもする。だとすれば、こうした相米のいかにも重々しいディープフォーカスのワンシーンワンショットと、篠田＝岩井の軽やかなワイドアップの断片的羅列とをどのように関連づければよいだろうか。例えば、篠田の次の証言は、相米と篠田＝岩井とのあいだの隔たりと近さの微妙な関わりを印象深く、象徴的に表わしているようにも読める。

『リリイ・シュシュのすべて』（01）の岩井俊二とは35ミリで『Love Letter』（95）とか、その前の作品では16ミリでやったりしてるけど、基本的に彼の場合には、全カットを寄りでも引きでも、ほとんどシーンの頭から最後まで芝居させて撮ってるので、『ラブホテル』でのワンシーン・ワンカットの撮影がいい経験になっています。『リリイ』は〔デジタルハンディカムの〕24Pでやったけど、五十分くらい回せるんです。（中略）亡くなる前の七月に相米さんと代々木でばったり会った。（中略）その時、「お前何やってるんだ」と訊かれ、ちょうど『リリイ』の仕上げやってる時で、「デジタルで撮ってるんだけど、相当長回しできるし、安いし、いいんだよね」と言ったら、「そうだよな、そういう時代にどんどんなるんだよな」と言ってた。それが最後の会話だったから印象に残ってますね。[*38]

ここで端的に示されているように、死ぬ直前の相米が、篠田と岩井の『リリイ・シュシュ』をめぐって言葉を交わしたという事実は、現代日本映画史にとっていかにも暗示的であるように思える。また、ここでの会話によれば、相米は明らかに岩井の作品をはじめとする、新世代の映画製作のスタイ

＊38　前掲「座談会　相米作品における映画技法の諸相」、一三八頁、〔〕内引用者。

ルに対しても少なからぬ関心を抱いていた。また、一方で篠田のほうも、岩井との映像面での共同作業で生み出した方法論が、相米の現場における撮影経験を重要な下地にしていることを表明してもいる。だとすれば、やはり二〇〇一年に公開された二つのフィルム――そこに示される、『風花』のオープニングのワンシーンワンショットと、『リリイ・シュシュ』のあの眩い光に満ちた空間を浮遊するようなフッテージは、理論的にも実践的（技術的）にも、どこかで共通の基盤のうえに立っていると考えられるだろう。そして、その共通の基盤こそ、ほかならぬ先に示した「映像圏＝イマゴスフィア」という位相なのではないか。

確かに、「映像圏」というイメージについていえば、印象としてはむしろ相米よりも篠田の撮る映像のほうがしっくりくる部分が多い。そもそも彼の撮る映像を特徴づける、あの独特の浮遊感やそれに伴う対象とのあいだで自在に切り替わる距離感、あるいは風景や登場人物たちの動きのプロセスを意図的にジャンプカットのように断片的なショットに割って繋げるモンタージュ（それは、イメージの語り口に詩的で軽やかなニュアンスを与える一方、そのシークエンスのショットの連なり方は、決して綿密な意図のもとに配列されたものではなく、ある絶対的な「全体性」の内部を恣意的に切り取っただけのものだという感覚を強烈に与えるだろう）は、いまだワンシーンワンショットという手法、すなわち映画という表象の世界に、いまだ現実社会のようなある種の「全体性」（公共性）のイメージを仮構的に付与しようという神経症的なシニシズムに拘束されているように見える相米よりも、はるかにラディカルな形態であることは疑いない。いわば篠田のキャメラは、フィルムに視覚化されているイメージの連なりは、それを囲繞しているより開放的な時空＝「映像圏」の内部に入り込んだ個々のモナドの一つに過ぎず、その映像はそこから「分子的」（ドゥルーズ＆ガタリ）に微分したイメージを確率的にシミュレートした結果であるようなリアリティを的確に形象化したものなのだ。また、彼の作るイメージに氾濫するあの逆光で撮られた眩しい「光」の洪水も、そうした映像圏の拡がりを見事に感じさせるものだろう。

さらにいえば、こうした篠田の撮影方法は、いうまでもなく前章においていささか詳細に検討しておいた松江や山下、そしてカンパニー松尾らのいわゆるゼロ年代における擬似ドキュメンタリー的な想像力とも明確に関連していることは間違いない。篠田の（そして、彼と組んだ岩井の）手持ちキャメラによるカジュアルな撮影スタイルは、まさに「ドキュメンタリー的」な印象を強く与えるからだ。それを最も効果的に具体化しているフィルムが、やはり『リリイ・シュシュ』である。この作品では、物語の中盤に、主人公の蓮見や星野ら同級生の数人の少年が中学の卒業旅行にと、他人からくすねた金で沖縄（西表島）旅行に出掛ける比較的長めのエピソードが挿入されるのだが、興味深いことにこの部分のシークエンスは、すべて蓮見が持参してきた小型のデジタルキャメラで撮影されている（という体裁を取っている）。すなわち、『リリイ・シュシュ』という映画は、まさにその一部が具体的に「擬似ドキュメンタリー」として撮影されたフィルムなのだ。このことは、岩井の映像世界が彼以後に台頭しつつあるゼロ年代の擬似ドキュメンタリー的な映画とその内実を深いところで共有しているばかりか、それらの擬似ドキュメンタリー作品のいくつかが、形式的＝制度的なレヴェルにおいてセカイ系的な想像力に裏打ちされているように思われるという事実を、違った方向から追認し、さらに強固に跡づけるものとなるに相違ない。私たちはおそらく、表層的な差異を越えて、これらの構造的なプラットフォームの共有に、より鋭敏であらねばならない。

とはいえ、篠田の映像世界は、さらに岩井独特の演出が加味されることによって、いっそう高度な映像圏のリアリティを獲得しているように思える。それを具体的に確認するために、参照すべきなのは、ここでもまた『リリイ・シュシュ』だ。この映画では先に示したように、主題やイメージの側面で、数多くのセカイ系的な構成要素が散見される。しかし、これにつけ加えてとりわけ注目すべきなのは、このフィルムが、現実にデビュー仕立てだった新人女性歌手（現在のSalyu）を、カリスマ的アーティスト「Lily Chou-Chou（リリイシュシュ）」として物語の重要なキーパーソンに据えていることからも明らかなように、「音楽」をその作品世界の演出に効果的に導入している点だ。先にも記していたように、主人公をはじめ、この作品に登場する数多くの少年少女たちはみなリリイ・シュシュのファンであり、冒頭からラストのライヴ会場のシークエンスまで、物語のいたるところで彼女の歌う楽曲が流れ、また登場人物の少年少女たちがCDウォークマンで彼女のアルバムに耳を澄ます（同時に、画面には彼らが聴いているリリイ・シュシュの楽曲が流れている）。

ＭＴＶの演出家としてキャリアを出発させ、自らも作曲を活発に手掛けることで知られている岩井は、それ以前にも『スワロウテイル』などの作品ですでに音楽を全面に押し出した映画作りをしてきていたが、『リリイ・シュシュ』ではそうした彼の音楽に対する志向性が、現代映画の表象空間と見事に相俟って興味深い結果を引き出している。つまり、かつて相米がそのワンシーンワンショットをはじめとする演出で試みてきたと思われる、テクスト内の視覚化されている映画世界の「外部」を観客にリアリティを持って意識させる映像圏という審級をより効果的に表象するにあたって、「音」という原理的に無限の広がり（波長）を伴って遍在する不可視の要素は、それを最もうまく補塡するものだといってよい。注意しておけば、ここで、岩井が音楽をあくまでも何らかの「空間を満たす存在」（＝圏）という素材として扱っていることは、作中でリリイ・シュシュの音楽の質がそのファンたちによって比喩的に「エーテル」という表現で形容されていることからも明白である。エーテルとはもちろん、かつて光の伝播を媒介するものとして仮説的に考えられた媒質だが、同時に、コンピュータネットワークにおけるＬＡＮの最も一般的な技術規格である「イーサネットEthernet」の語源として、情報社会論／ウェブ的な文脈にも接続されていることをつけ加えておこう。つまり、むしろ媒質としての差異からいえば、そのほとんどが視覚化できてしまう「光」よりも、「音」のほうがはるかに（逆説的な形ではあるが）映像圏の本質を的確に掬い取っているのだ。また、リリイ・シュシュの楽曲と同時に、劇中の音楽としてこれもまた効果的に挿入されるクロード・ドビュッシーのピアノ曲も、のちのアンビエント（環境音楽）へと通じる「家具の音楽」を提唱したエリック・サティとの関係なども考え合わせると、非常に示唆的に響くだろう（サティはリリイ・シュシュが敬愛する作曲家という設定であり、また「サティ」というハンドルネームのリリイファンも登場する）。その意味で、『リリイ・シュシュ』は篠田のキャメラが創出する映像圏の「視覚的」な表現とともに、鋭敏な音楽的感性を備えた映画監督・岩井の演出が加味されることによって、「聴覚的」な側面でも映像圏的なリアリティを限りなく鮮明に構成しえているのである。端的にいってしまえば、相米がその誇張的な映像表現によって提示した現代映画の新しいリアリティ＝「映像圏」の地平は、彼が急逝した二〇〇一年、まさにゼロ年代の幕開けの年に九〇年代を最も先鋭な映画的感性で彩ってきた岩井と篠田という二人の人物が手掛けた『リリイ・シュシュ』というフィルムによって、このうえなく洗練された形式を備えることになったのである。

そして、それはいまや明らかなようにそのイメージを主題的に変換すれば、まさに『リリイ・シュシュ』の物語がそうであったように、優れてセカイ系的な想像力とも密接に重なり合う（そして、本論の文脈でいえば、こうした形式的な手続きを経由して相米と岩井の映画世界は通底し合う）。[*39] そして、その二つのセカイ系的な表象空間のあいだには、篠田昇というキャメラマンの作り出す独特の映像が緊密な結節点として存在していた。[*40]

■

さて、ここで改めて冒頭で述べた本論の指針を確認しておこう。ここではまず筆者は従来の比較ジャンル論的な手続きに基づき、コミックやアニメ、美少女ゲームなどのジャンルで派生した一般的な理解での「セカイ系的」な想像力の類型が、同時代（ゼロ年代）の日本映画の中にどのように認められるかを確認しておいた。それはすなわち、「表象の内容的かつ形式的類似性」という側面からの現代日本映画における「セカイ系性」の摘出という作業だといってよい。こうした、ゼロ年代日本映画の持つ内実を、「セカイ系」というタームで特徴づけ語ることは一面では確かに有益な整理だ。しかし、他方でそれは外発的な枠組みを援用した主題的なアナロジー（文字通り、「類似性」）の指摘に留まるほかないだろう。本論の真の問題意識はその先にある。つまり上記の整理を受けて、ここではさらにそうした「セカイ系的」と看做しえた数々の主題＝イメージや制度（擬似ドキュメンタリーなど）を、「現代映画」という特定のメディア的特性を持った表象空間の中でその言葉に現在、不可避的に付随している濃密な社会性（オタク系文化的文脈）や歴史性（ゼロ年代的文脈）を括弧でくくり、いわば映画にまつわる諸々の記号（イメージや文字や音声や音楽……）をできるだけ脱文脈的、つまり内在的なモチベーションに則してできうる限り構造化＝形式化を施しつつ、その内実を既存の映画空間と差異づけることを試みた。いい換えれば、この時点で本論は実は通常の意味でのセカイ系論の枠組みを半ば以上超えている。

その結果、八〇年代以降の映画史において、相米慎二、岩井俊二、そして篠田昇という特権的な三つの固有名が浮上してきた。そして、私たちはその三人の仕事を特殊な視点で重ね合わせてみることで、「映像圏＝イマゴスフィア」という現代映画をめぐる新たな映像のリアリティの審級を提起しておいた。しかし、ここで重要なのは、このセカイ系と映像圏＝イマゴスフィアとは異なる概念だが、同時にそれが同じイメージや記号から抽出されたものである以上、まったく無関係でもないということだ。筆者の考える現代映画の「セカイ系性」を語る内実とは、結局、この局面にあるといってよい。したがって、最後にこの映画における「セカイ系」と「映像圏」という二つの概念が、再び繋がって一つのものとなるイメージを端的に示そうと思う。先に短く触れておいたように、現代日本映画の

＊39　例えば、フランス文学者の中田健太郎は、二〇〇七年から〇八年の日本のネット文化を象徴するブームとなった「初音ミク」（DTM〔デスクトップ・ミュージック〕制作用のソフトウェアに萌え系美少女キャラクターのイメージをアレンジした『ヴォーカロイド』）の特異な表象的特性についてラカン派精神分析の概念系に依拠しつつ、いわゆる「セカイ系的主体」と「歌」（音楽）＝声との密接な関係性を鋭く指摘している。もはやここでは詳述できないが、この指摘は本論の枠組みとも近いところで共鳴するように思われる。中田健太郎「主体の喪失と再生　セカイ系の詩学のために」「ユリイカ12月臨時増刊号　総特集♪初音ミク――ネットに舞い降りた天使」、青土社、二〇〇八年、一九三〜二〇四頁を参照。

＊40　本論の議論としては、こうした『リリイ・シュシュ』の分析を前提として、このあと、いわゆる「ゲーム的リアリズム」とセカイ系的想像力の最も理想的な形象化を担っている岩井の『花とアリス』の検討に移る必要があるのだが、これも紙幅の関係でかなわなかった。

構造を規定すると思われる映像圏というリアリティの特性は、ドゥルーズが「画面外の絶対的アスペクト」と定義したような、彼らしい一元論的な生成空間と呼べるものとどこかで通じている。そのドゥルーズは、かつて思考と映画を論じたある記述の中で次のように書いていた。「耐えがたいものとは、ある重大な不正などではなく、日常の凡庸さという恒久的な状態なのである。（中略）〔重要なのは〕別の世界を信じることではなく、人間と世界の絆、愛あるいは生を信じること、不可能なことを信じ、それでも思考されることしかできない思考不可能なものを信じるようにして、それらを信じることだ」。[41] おそらくこれを読む者の多くは、あの『意味の論理学』や『スピノザと表現の問題』の著者らしからぬそのあまりのナイーヴな筆致とともに、もし著者名が伏せられているとするなら、思わず「セカイ系的」と口走ってもしまいそうな論旨に慄然とするのではないだろうか。しかし、これは間違いなくあのドゥルーズが書き綴った文章なのだ。もちろん、ここで彼は、いわば重要なのは、（キェルケゴール的な文脈において）観念的な別の世界への信仰（超越的な神の世界への信仰）ではなく、ほかならぬこの世界それ自体が持つポテンシャル（内在的な生）が生成変化を起こすように「この世界」を信じることだと述べているのだ。しかし、あるいはそれゆえに、浩瀚な『シネマ』の中でもよく知られている次の一節は実に示唆的に響くだろう。

> 映画は世界を撮影するのではなく、この世界への信頼を、われわれの唯一の絆を撮影しなくてはならない。（中略）世界への信頼を取り戻すこと、それこそが現代映画の力である。[42]

「セカイへの信頼を取り戻すこと」。本論のヴィジョンによってはこう書き綴ることも可能かもしれないこのドゥルーズの言葉は、現代映画の、そして、セカイ系的想像力の今後の展開にとって決定的に貴重である。

＊41　ジル・ドゥルーズ『シネマ2＊時間イメージ』宇野邦一他訳、法政大学出版局、二〇〇六年、二三七頁、〔　〕内及び傍点引用者。

＊42　同前、二四〇頁。

「セカイ」の全体性のうちで踊る方法――快快(faifai)論

小林宏彰

「さァいえ　世界を手に入れるとは　どーゆーことなんだっ」
「世界じゃないのよ　あれはマイコンの文字の組みちがいだったの
世田ノ介という字の田と介がタテにならんだんで
世界という字になってしまったんだわ」

――手塚治虫「ふたりでリンゲル・ロックを」

1　舞台芸術と、「セカイ系」

本稿は、ゼロ年代に活躍したいくつかの劇団、特に快快(faifai)というグループを取り上げ、「セカイ系」的想像力の観点から諸々の作品を分析した、舞台芸術論の試みである。

では、まずはじめに、「セカイ系」的想像力と舞台芸術というジャンルとの間の、独特の「相性」について考えておきたい。舞台芸術は、時間と空間が限定された芸術である。例えば、映画と比較してみると、そのことがよく理解できる。映画は、複数の「カット」(＝途切れのないひとつながりの映像)を、つなぎ合わせていくことで作品が成り立つ。それゆえ登場人物は、作品内で、ある時間からある時間、ある空間からある空間へと移動することが可能である。だが、舞台芸術では、登場人物(役者)は観客の目の前(舞台)に現前しており、こうした時間と空間の移動を行うことができない。

こうした制約ゆえに、演出家たちは、時間と空間の移動を表現する場面転換の方法におけるさまざまな工夫を行ってきた。もっともオーソドックスなものは、舞台を暗転させ、その間に場面を転換させることだろう。また、大掛かりなものとしては、舞台上を回転させるというものもある。一場面の演技が終わると、舞台上をクルリと横に回転させれば、時間と空間が移り変わった他の一場面が登場するわけだ。それから簡単な方法として、役者のセリフで伝える方法がある。例えば平田オリザは、唐十郎のテント芝居を見た際、登場した役者が「噂の職安です！」と叫ぶと、瞬時のうちに舞台空間が「噂の職安」に見えるようになった体験について記している。[*1] 役者の力量いかんによっては、こうした魔術的とも言える場面の転換が可能だ。さらには、演劇特有の表現である「見立て」を用いる方法がある。例えば落語家たちは、手持ちの扇子をさまざまな物、例えば駕籠の担ぎ棒に見立てることで場面を飛躍させる。以上挙げたような諸々の工夫は、映画表現において見られることはまずないであろうし、あったところで違和感を覚えるだけだろう。

こうした工夫がなされるのは、演出家に時間と空間が限定されている性質を持った舞台空間をできるだけ豊かに、劇的に演出したいという狙いがあるからである。舞台空間とは、私たちの周りに広がる日常的な世界に対して、独自の法則に支配されたひとつのミニチュアとしての世界という意味で、「セカイ」と表現することも可能ではないだろうか。そして、以下で取り上げるゼロ年代の作者たちは、舞台芸術というジャンルに認められる「セカイ系」性について、多かれ少なかれ自覚的である。

2　「セカイ系」的想像力とは

それでは、いま「セカイ系」性と述べたが、ゼロ年代の舞台芸術における「セカイ系」性について具体的に見ていく前に、そもそも「セカイ系」とは何なのか、本書に収められた他の論文と重複するかもしれないが、ごく簡単に振り返っておきたい。二〇〇三年一月頃よりインターネット上で流行し始めたとされる「セカイ系」という言葉は、「主人公（ぼく）とヒロイン（きみ）を中心とした小さな関係性（「きみとぼく」）の問題が、具体的な中間項を挟むことなく、「世界の危機」「この世の終わり」などといった抽象的な大問題に直結する作品群のこと」を指すとされる。[*2] こうした特徴を備えた代表的な作品に、アニメ「ほしのこえ」（新海誠、二〇〇二年）、マンガ「最終兵器彼女」（高橋しん、二〇〇〇〜二〇〇一年）、ライトノベル『イリヤの空、UFOの夏』（秋山瑞人、二〇〇一〜二〇〇三年）などが挙げられる。

「最終兵器彼女」を例にとってみよう。ヒロインのちせは、高校生にしては「チビだし、気が弱」く、「口癖は「ごめんなさい」」、そして「座右の銘は「強くなりたい」」[*3] という、かわいいけれどもちょっ

＊1　平田オリザ『演劇入門』講談社現代新書、一九九八年、二四頁。
＊2　「ササキバラ・ゴウインタビュー　美少女ゲームの起源」「波状言論臨時増刊号 HajouHakagix 美少女ゲームの臨界点」波状言論、二〇〇四年、六四頁、註釈部分。

と情けない女の子だ。彼女にはシュウジという恋人がおり、二人は少々ぎこちないが微笑ましい恋愛をしている。だがある時、シュウジは、ちせの身体が恐ろしく強大な兵器へと変化し、戦争に参加している場面を目撃してしまう。ちせはつぶやく。「…ごめんね、シュウちゃん……　あたし…こんな体になっちゃった……」[*4]。そして、この時以降、戦争という大状況と、恋愛という小状況の間で引き裂かれる二人の葛藤を軸に、物語が展開していく。なぜちせが戦争に参加しなければならないか、という理由も明らかにされなければ、そもそも戦争の相手が誰なのかも定かではない（具体的な中間項の欠落）。こうした事情に翻弄されながらも、二人は最終的に強い愛で結ばれる（「ぼくたちは、恋していく。」）。「セカイ系」的な作品は、このような独特の世界観を描き出す。

さて、それではここで、こうした「セカイ系」的な特徴を持つ「最終兵器彼女」を舞台作品化したと仮定してみよう。物語の軸となる、ちせとシュウジの恋愛のシーンは、間違いなく舞台上で展開されるだろう（小さな関係性＝小状況）。それに対し戦争は、例えば遠くから響いてくる轟音であったり、突然舞台に飛来してくる物体というような形で表現されるのではなかろうか（抽象的な大問題＝大状況）。このように、舞台空間とは、「セカイ系」的な作品の構造を分かりやすく表現するのに、非常に向いている。ここでいう大状況、「いまここ」ではない場所というニュアンスには、「否定神学」的な思考——神という概念は理性や言葉で表すことができないため「これこれ〜ではない」と否定的にしか提示しえないとする思考——に近いものを認めることができる。舞台空間とは、このような「否定神学的なセカイ系」性を帯びた空間だとも言えるかもしれない。

3「コドモ身体」という変化

先ほど筆者は、ゼロ年代における舞台芸術の作者たちは、こうした舞台空間の「セカイ系」性に自覚的だと述べた。では、彼らとゼロ年代以前の作者たちとの間には、どのような変化が横たわっているのだろうか。演劇評論家の西堂行人は、現代日本演劇史を大きく四つの時期に分け、それぞれ「運動の勃興期」一九六八〜七三、「小劇場演劇の熟成期」七四〜八六、「エンゲキの迷走期」八七〜九四、「現代演劇の再構築期」九五〜九九とした。[*5] だが、私見では、はっきりと開始年を規定できないものの、ここに新たな第五の時期、「現代演劇の再生成期」とでもいうべき時期を付け加えるべきではないかと考える。「生成」としたのは、これまでの舞台芸術とは異なる、新たなリアリティに基づき作品を創り上げているグループが、のちに見るニブロールをはじめとして、次々と生まれてきている印象があるからだ。

こうした変化について考える上で非常に示唆的なのが、ダンス批評家の桜井圭介の提示した「コドモ身体」という概念である。「コドモ身体」とは、「おのれの身体に対して過不足なく力を働かせることが出来ない、重心移動をはじめとして、身体コントロール全般が「ユルい」子供」のような身体の

＊3　高橋しん「最終兵器彼女」一巻、小学館、二〇〇〇年、一二頁。
＊4　高橋前掲「最終兵器彼女」六三頁。
＊5　西堂行人『劇的クロニクル――1979 ～ 2004 劇評集』論創社、二〇〇六年、二～一二頁。

ことを指す。こうした身体を持った役者がダンスをすると、「ギクシャクしていて、ブレたり軋んだり、つっぱらかったり」するが、役者は「ただ意味もなく動きまわること自体が面白くて仕方がない」という感覚を持つのだという。*6

この「コドモ身体」を表現に取り入れ、独自の表現へ昇華させたのが、矢内原美邦によって一九九七年に結成されたニブロールである。桜井は、「決定的な転換はニブロール（矢内原美邦）の登場」だったと語り、*7初ニブロール体験として、『東京第一市営プール』（二〇〇〇年）を挙げる。桜井の言う転換とは、ニブロールが「コドモ身体」の表現により、「いわゆるダンスのテクニック、ボキャブラリーをあっさりと棄却」し、「テクニックや理論やお約束を無視した「デタラメ」なダンス」を開拓したことである。これまでの舞台芸術において重視されてきたのは、選ばれしエリートダンサーの厳しく鍛錬された「高性能ボディ」であり、そうした身体の行使によって成し遂げられる洗練されたモダニズム的な表現だった。ニブロールにおけるダンサーの身体は、厳しく鍛錬された特権的な身体ではなく、むしろ彼らの「素」の身体、すなわち現代に生きるわれわれのふつうの身体である。ニブロールは、ゼロ年代に生きるわれわれの身体的なリアリティを掬い取った、巧みな表現方法を開拓しようとしたのだ。*8

快快は、このような「コドモ身体」を積極的に取り入れたうえで先鋭的な表現を行う、舞台芸術界におけるトップランナーの一人である。本稿では、「コドモ身体」的だというだけにとどまらず、さらに広範な視点から、快快の表現について論じてみたい。そのことで、舞台芸術界のみならず、ゼロ年代以降を生きる私たちのすべてに訴えかける射程の広さが明らかになるだろう。では、それはどのようなものか。以下で具体的に見ていきたい。

4　快快について

快快は、ホームページにて自らを「ENGEKI group」と称しているが、演劇のみならず、ダンス、映像、パーティー、イベント等の企画・制作も行う、ジャンルを横断して活躍しているグループだ。メンバーの全員が二〇代という若手集団で、トップを作らない集団制作スタイルが特徴である。二〇〇八年四月一日に結成、前身である小指値（こゆびち・命名は現代詩人の鈴木志郎康）は二〇〇四年一二月〜二〇〇八年三月末日まで活動した。小指値の旗揚げ公演は、多摩美術大学の卒業公演である『顔よ！　勃ったら1M』で、その後、活動の軸として上演時間六〇分程度の本公演を定期的に上演

＊6　桜井圭介「「ダンス」という「コドモ身体」　ニブロール論のための準備として」http://www.t3.rim.or.jp/~sakurah/shabi.html

＊7　「特別鼎談　マイクロポップ時代の表現」『マイクロポップの時代：夏への扉』PARCO出版、二〇〇七年、七四頁。

＊8「コドモ身体」の表現を行うグループについて、以下の指摘が参考になる。「Nibrollやボクデスに特徴的な、不器用で挙動不審な日本的身体をさす（日本的であって「マイケルムーアの腕の振り回し方」など日本人以外の身体もコドモ身体でありうる）。エリート主義、マチズモ、グローバリゼーションに抗う批評的・政治的な身体でもある。「コドモ身体」に準ずるものとして、KATHYなど、高度な技術を身につけた立派な身体がその技術を「善用」する（＝無意味・無目的に用いる）「ダメ身体」があるが、広義においては「ダメ身体」も含めて「コドモ身体」と見なされる」。桜井圭介×木村覚×小沢康夫「ダンスの批評と流通」「Review House 02」、Review House編集室、二〇〇八年、三二頁。

する傍ら、数々のイベントに出演している。例えば、株式会社CINRAが運営するexPOP!!!!!（旧CINRA SALON、二〇〇八年）、ダンスカンパニーの冨士山アネットがプロデュースした「EKKYO～！」（二〇〇八年）、桜井圭介がオーガナイズする「吾妻橋ダンスクロッシング」（二〇〇八年）、横浜トリエンナーレ（二〇〇八年）、法政大学のイベントグループによる「アクロス・ザ・ユニバース」（二〇〇八年）などにて作品を上演している。*9

彼らの作品に共通する特徴として、まずは「ポップ」さが挙げられる。これには、カラフルな衣装やメイク、独特の美意識が感じられる舞台装置や音響効果などによるところが大きい。が、「ポップ」と印象づける最大の要因であり、快快の表現において最も重要なファクターでもあるのが、その独特の身体表現である。

ひとつ、その例を見てみたい。『an adult boy atom』という作品は、手塚治虫のマンガ「鉄腕アトム」を下敷きにしているが、アトム役の役者が右腕を上に突き出し、アトムおなじみのポーズを取ると、他の役者たちが力を合わせ、よろめきつつも横向きに抱き上げて飛行をさせてやる場面がある。（図－1『an adult boy atom』より）この際、アトムを支える役者たちは、その重さによろめく姿（演技上の「綻び」）をあえて観客に見せることで、舞台上で行われていることのバカバカしい「遊戯性」を浮かび上がらせる。こうした行為は、終始「ポップ」な調子で執り行われるため、彼らの「無理をして頑張っている身体」が、容易に観客の笑いを誘うことになる。

ここで注目したいのは、彼らのそうしたノリに見られる強烈な「盛り上がり」の様子についてである。それは鈴木謙介が『カーニヴァル化する社会』で論じた「カーニヴァル」的な特徴を持つ。鈴木は、二〇〇二年のサッカー・ワールドカップにおける、日本の若者たちの異常なまでの盛り上がりや、

図－1

2007 小指値『an adult boy atom』
撮影：加藤和也
劇団提供

2ちゃんねるのスレッドから生まれた「折り鶴オフ」などの出来事を取り上げ、ジグムント・バウマンの著作に登場する用語「カーニヴァル型近代」を援用して分析した。いわく、そうした「祭り」とは、「大きな物語が志向された近代にかわって、流動的で個別的な事態に人々が直面する「リキッド・モダニティ」とでも呼ぶべき近代の新たな位相に」突入した、われわれが生きる現代に特有の、「共同性――〈繋がりうること〉の証左を見いだすこと――をフックにした、瞬発的な盛り上がり」としてある。そうした盛り上がりを「カーニヴァル」と呼ぶのである。[*10] その裏側に隠されていた「暗い気分」が、間歇的に噴出することもある、快快におけるる「瞬発的な盛り上がり」の表現には、われわ

＊9　快快のオフィシャルホームページ http://faifai.tv/faifai-web/ を参考にした。
＊10　鈴木謙介『カーニヴァル化する社会』講談社現代新書、二〇〇五年、一三六頁以下。

れの生きる「カーニヴァル」的なリアリティに対する目配せがあることが看取できる。[*11]

それではさらに、以下で快快の個別の作品に寄り添い、彼らの演劇表現における類まれな冒険について具体的に解き明かしていきたい。

5 「セカイ」との結婚、というディストピア ——『顔よ！ 勃ったら1M』

まずは旗揚げ公演となった『顔よ！ 勃ったら1M』（二〇〇四年一二月、西荻窪WENZスタジオ）を取り上げたい。はじめにストーリーを確認しておこう。

日本とアメリカ合衆国との間に生まれた巨大な男根を持つ奇形児「ジョージ」を、アメリカのテレビ番組で見せ物にしようとする女「アメリカ時計のケイト」。ケイトはジョージの解放の条件として、「世界で一番不幸な動物」を見つけることを提示する。すると、蟻が変身した全身が鼻の白人女メアリー、アフリカ象が変身した黒人のおかま、淋病でエイズを病んでいる女ターザン、人間だが女の前では猿になる男ちょびなどが集まるが、解放には至らない。最後に、日本人である母親がジョージを取り戻しに来るが、ジョージは「アメリカ人最高！」と言い放ち、彼女を銃で撃ち殺す。彼がアメリカ時計のケイトと結婚して（「あなたは世界と結婚するのよ！」）、大統領に就任すると、異形の者ども（それぞれ「ゲイ」「黒人」「幼児虐待」と体に張り紙をしている）が次々と自殺し、ジョージが「一番不幸な動物とは、この僕のことかもしれない」と自問する。ケイトはこう答える。「そうでもないのよ。この世に不幸の底はないの。一番不幸な動物なんて、本当はいないのよ」。

大量破壊兵器（Weapons of mass destruction）の保有を理由にイラク戦争を断行したジョージ・W・ブッシュがモデルと思しき主人公を軸に、ブリトニー・スピアーズやマイケル・ジャクソンといった、アメリカにおけるポップスターを模した登場人物を配しているこの作品は、「9・11以降」のリアリティを明確に意識している。「一番不幸な動物なんて、本当はいないのよ」というケイトの表明は、誰しも納得できるような確たる「不幸」など存在しないのだから、おのおのが「自分は不幸だ」と感じることがあったとしても、それは相対化されたものでしかなく底が抜けている、という認識を指し示す。われわれはもはや、「不幸」の底に行き着くことはできない――こうした認識は、現代に生きるわれわれのリアリティをきわめて鮮烈な形で切り取っているといえよう。

この作品で注目したいのは、おもに二点である。ひとつは、「アメリカ時計のケイト」がジョージと結ばれた際に、「あなたは世界と結婚するのよ！」と言い放つ、この「世界」のニュアンスについ

＊11　こうした快快のカーニヴァル性が、しばしば「ただ楽しそうに芝居をしている人たち」という印象を与えてしまうことがあるようだ。例えば岡田利規はこう述べる。「演劇だと、僕が最近思うのが、素朴さへの――こういう言葉を使っちゃっていいのかわからないですけど――退行、っていうふうに僕には感じられてしまうものとかが、出てきてるわけですよ。快快っていうグループとかがね、そんな感じなんですけど、演劇で遊んでみせる、で、盛り上がる！　みたいな感じってあるんですけどね、そういうのがアクチュアルに届くオーディエンスがいるんだから、それでいいわけですけど。まあ、これは僕の問題ですね。自分の生理、感覚からの反応とは別のところで、つまり頭で観たい、聴きたい、というのがあります」。岡田利規「チェルフィッチュ岡田利規の超口語批評　第5回」「エクス・ポ」vol.6、HEADZ、二〇〇八年。こうした「素朴さへの退行」に見えてしまうような振る舞いが、カーニヴァル的なリアリティを具現しようとする、批評的な意識に裏打ちされた戦略であることは、十分意識されなければならないだろう。

てだ。ここでの「世界」には、明らかに「セカイ系」における「セカイ」的なニュアンスがある。なぜなら、ここでケイトの言う「世界」とは、豊かな細部がすっぽりと抜け落ちた、「大状況」としての「セカイ」だからだ。アメリカ大統領になるものは、この世界を手に入れることができるが、それはあくまで薄っぺらな「セカイ」でしかない。あるいは、手に入れたという実感も彼の妄想でしかないと、暗に皮肉るかのようでもある。この作品で描かれるのは、われわれの生きているこの世界とは、アメリカ大統領にとっては細部の捨象された「セカイ」でしかなく、結婚することで「セカイ」全体はジョージの統制下に置かれてしまうのだというディストピア的な認識だ。それが作品全体に流れる絶望的な雰囲気の理由でもあろう。

もう一点注目しておきたいのが、作品の登場人物の名づけ方である。この作品において溢れる「ジョージ・ブッシュ」「アメリカ時計のケイト」「蟻が変身した全身が鼻の白人女メアリー」などといった「固有名」は、以降の作品において影を潜めることになり、その代わり、以下で見るように、登場人物は「タイプ」としての名前を与えられるようになる。

こうしたことには、どのような意味があるのだろうか？　引き続き、快快の歩みを見ていこう。

6　「いまここ」に意味を見出す「アレゴリー」性
――『MY NAME IS I LOVE YOU』①

第二回本公演『MY NAME IS I LOVE YOU』（二〇〇五年五月、中野スタジオサイ）は、前作の作風から大きな変化を遂げた重要な作品である。まずは、ストーリーを確認してみよう。

ひとりの男が舞台に立ち、観客にむかって語りかける。――最近、僕の中で9・11が起きました。それは、鳩の頭が生きたままパックリ割れて、ピンク色の脳味噌が出ているのを見てしまったことで、そのとき僕は世界から陵辱されていると感じたんです…。モノローグが終わり、照明が明るくなると、舞台奥、正面の壁に、二頭のハチ公のイラストが横に並んで描かれているのが見える。その前に、「ソフト」と呼ばれる娼婦が立つ。そこへやってくるストリート・ファッションに身を包んだ若者。彼の夢は、貯金してシブヤ大学を創ることだ。二〇八〇年にはセックスという行為はなくなると信じている彼は、セックスを売るなら今しかないと「ソフト」の女衒業に精を出す。と、冒頭にモノローグをした男、「テクノ」がやってくる。彼は人間でありながら機械になることを夢見ており、『マトリックス』をアダルト・ビデオとして見る（「機械に支配されて夢を現実だと思わされているなんて、たまりません！」）男だ。「ソフト」は「テクノ」に、自分の肉体を買ってくれるように迫るが、まるで相手にされない。続いて二〇八〇年からタイムスリップしてやってきた、シブヤ大学の女子大生がやってくる。彼女は裸で、服を着ている彼らを見て「ダサいわ」と言い放つ…。

前作からの大きな変化について、見てみたい。それはまず、固有名詞の使用が控えられ、寓話性とでもいうべき性質が強調されていることである。ただ、注意すべきなのは、例外的に現れる固有名詞である、作品の舞台「渋谷」だ。以降の快快の作品においても、渋谷は特権的な場所として表象されていくだろう。「今いるのはトキオじゃん、渋谷じゃん。それは、はずせないわけ」（『俺は人間』）というように、快快にとって渋谷という場所は、「セカイ」（＝大状況）に対する「いまここ」（＝小状況）としてあり、舞台空間は渋谷に設定されることが多い。

次に、「ソフト」、「ハード」、「テクノ」、「ストリート」（実際の役名は「はかせ君」）、「未来人の女」といった登場人物のネーミングである。前節の末尾でも触れたが、彼らは「固有名」ではなく、それぞれが持つ「タイプ」によって名づけられている。このような変化は、なにを意味するのだろうか。

柄谷行人は、大江健三郎の小説『万延元年のフットボール』に登場する蜜三郎や鷹四という「タイプ名」に注目し、そこにアレゴリー性を見出している。柄谷は、大江健三郎が小説から固有名を排除した「アレゴリー的作家」であると指摘する。アレゴリー性とは、それ自身に固有の意味ではなく、むしろ他の意味を示唆するような記号として機能する性質のことを指している。例えば「蜜三郎」という「タイプ名」は、「内向的で非行動的である」性格を示唆し、「鷹四」という「タイプ名」は、「暴力的で行動的」な性格を示唆する。より卑近な例を出せば、マンガ「ドラえもん」の登場人物「のび太」、「スネ夫」、「しずかちゃん」といった名前が挙げられるだろう。柄谷によれば、「彼らの「性格」(キャラクター)は不変であって、作品の展開を通して発展したり逆転したりすることがない」[*12]。日本で最初の近代小説だといわれる、二葉亭四迷の『浮雲』の主人公の名前は「内海文三」という、何の変哲もない名前だが、こうした固有名は、アレゴリーではなくシンボルと呼ばれる。前者が、普遍に特殊を見るのに対し、後者は特殊に普遍を見る。

大江が、普遍に特殊を見る、アレゴリー性にこだわるのはなぜか。それは、出来事の一回性に、普遍的な「意味」を見出そうとするからだという。素直に考えれば、特殊に普遍を見るほうが、出来事の「意味」にこだわっているように捉えられそうだが、柄谷によれば、それは逆である。

「「一九六〇年」という特定の時点は、「万延元年」(一八六〇年)と重ねられ、また「一九四五年」と重ねられることで、その特定性（固有性）を奪われる。いいかえれば、大江は、特定の時点（個体）を指示する記号としての固有名を排除する。この結果、政治闘争は、フットボールのごときゲームとして、あるいは祭りやカーニバルとして見えてくる。しかし、このアレゴリー的転移のなかに、けっして解消されてしまうことのない固有の地点がある。一回的な、特異的な「歴史」がある。」*13

大江は、「固有名を排除」することで、「けっして解消されてしまうことのない」固有性を見ようとする。それは、単にシンボル的に固有名を登場させることでは捉え切れない「一回的な、特異的な「歴史」」を照射しようという、逆説的な戦略である。一見固有性にこだわらないように見える大江の試みは、そのじつ、ある「出来事」が、他のどんな出来事でもなく、まさにその出来事であったということの「意味」を見出そうとする姿勢に基づいたものなのだ。こうした手続きを踏むことで、小説の舞台である「谷間の村」は、谷間の村という固有性（特殊）を保持しつつも、同時にアレゴリー的な「一つの宇宙《コスモス》」（普遍）としてあるという「両義性」を持つことになる、という。

この観点を踏まえて、快快の『MY NAME IS I LOVE YOU』における前作からの変化を考察してみたい。「渋谷」という土地の名称以外は、徹底して固有名の排された空間の中で、「タイプ名」である登場人物たちが活躍する。そして、「渋谷」という、唯一登場する固有名にも、大江の小説でいう

＊12　柄谷行人「大江健三郎のアレゴリー」『終焉をめぐって』福武書店、一九九〇年、四五頁。
＊13　柄谷前掲「大江健三郎のアレゴリー」、五七頁。

「一九六〇年」のように、「現在」であると同時に、「未来」（二〇八〇年）の「渋谷」、そしてあるいは、「過去」のある時点での「渋谷」をも含意するかもしれない、アレゴリー的な性質が見られる。舞台後方に描かれた、二頭のハチ公像は、作品で描かれる「渋谷」が「現在」の時点のみではなく、「未来」や「過去」の「渋谷」をも含意していることを象徴する装置だ。そしてさらに言えば、こうした「過去」「現在」「未来」をアレゴリカルに併置する試みとは、現前する舞台空間という、「現在」に繋ぎ止められた空間の強固な存在感ゆえに効果的なのである。

快快は「けっして解消されてしまうことのない固有の地点」としての「現在」（いまここ）を見出す。そこには、前作『顔よ！ 勃ったら1M』でジョージが手に入れたような、薄っぺらな「セカイ」というディストピアのうちに生きているわれわれが、確かにいまここに生きていて、これまでも生きてきたという「歴史」の感触を取り戻そうとする姿勢——この「セカイ」に意味を見出そうとする姿勢がある。こうした前作からの明確な変化は、決して宇野常寛が『ゼロ年代の想像力』で述べたような、「セカイ系」から「決断主義」への移行を表すのではない。むしろ、快快にとって、この世界は依然として「セカイ」でしかない。その変化とは、「セカイ」のうちに生き続けていかざるを得ないわれわれの生に、どうにかして意味を付与したいという必死な祈りが始められたことだ。この作品に満ちる、何とも形容しがたい浮わついた多幸感は、この祈りに宿っている（不）可能性ゆえのものなのである。

7　チェルフィッチュの「翻訳」、快快の「翻訳」

ところで、ここで一度、快快における「渋谷」の表象と、チェルフィッチュの『三月の5日間』という作品における「渋谷」の表象を比較してみたい。

宮田文久によるチェルフィッチュの『三月の5日間』論[*14]は、チェルフィッチュ独特の口語的表現や、俳優の役柄がコロコロと入れ替わるような特徴を、まとめて「日常を常に〈翻訳〉」する営みだと捉えている。『三月の5日間』は、イラク空爆が行われている間、出会ったばかりの男女が渋谷のラブホテルでひたすらセックスをしながら四泊五日を過ごす、というだけの物語だ。宮田は、チェルフィッチュが「翻訳」という手法を重視する理由を、イラク空爆という「《アレゴリカル》な事件」が起きても、そこに過剰に「意味」を見出さずにすむように、「「ココではないココ」への読み替え可能性を増幅させ、場所を複数化させ、世界を複層化していく」ことで、「わたし（たち）の《自由》」を確保するためだと見る。この読みを踏まえて考えるならば、チェルフィッチュにとって、数日間を過ごすラブホテルで、「渋谷なのに旅行に来たみたいでなんか楽しいんだけど[*15]」という気持ちを味わうのは、絶対に「渋谷」でなければいけないわけではないのではなかろうか。逆に、快快にとっては、作品の舞台は、絶対に「渋谷」でなくてはならないのだという必然性が感じられる。チェルフィッチュは、意味を「翻訳」し、「分散」させる。快快は、意味を「読み込み」、「固着」させるのだ。

*14 宮田文久「ココではないココ／日常の〈常−翻訳〉化と、わたし（たち）の場所の複数——岡田利規（チェルフィッチュ）+リービ英雄論——」「delay」No.0、NPO法人学生団体新人会広報部《BIG RED ONE》、二〇〇八年、七二頁。

*15 DVDチェルフィッチュ『三月の5日間』、precog、二〇〇七年。

こうしたチェルフィッチュの「翻訳」に対し、異なる形で、快快にも「翻訳」の意識をもって創られた独特の作品群が存在する。『an adult boy atom』は、手塚治虫のマンガ「鉄腕アトム」のアトム、『[get]an apple on westside』は、狼に育てられた犬、『ファイファイマーチとpeter-pan』は、ピーターパンをそれぞれ主人公としたこれらの作品は、「物語」を快快独自の仕方で語りなおす＝「翻訳」することをテーマにしている。*16

では、「翻訳」をすることで、快快は何を成し遂げようとするのか。そのことを考えるために、コンテンポラリーダンサーのジョーン・ジョナスの作品を参照したい。*17 彼女は、グリム童話「ネズの木」や、ダンテの『神曲』、アイスランドのサーガなどの物語を語りなおす作品を上演している。その動機とはなにか。「多くは女性によって繰り返し語られ、後にグリム兄弟により書き残された童話『ネズの木』は、いわば人々によって受け継がれてきた声の箱（ヴォイス・ボックス）である」。ジョナスは、「声の箱」（物語）に参入しそれを「翻訳」することで、「女性とその役割がどのように表象されてきたかに目を向け」る。「それは自己探究でもあり、物語はわたしの投射するものを映し出す鏡となった。物語がタブーを露にするいっぽうで人間の基本的心理や行動をどのように反映するのか。それを探」ろうとする。*18

快快にとっての「翻訳」は、こうしたジョナスの態度に通じるものがあると言える。『an adult boy atom』では、手塚治虫の原作では「ロボット」のはずのアトムが、「ロボット」なのか「人間」なのか悩みながら（のちに見るように、これは快快の作品に頻出するテーマである）、成長して「二十歳」を迎え、大人になる。また『[get]an apple on westside』では、主人公の犬（「ぼく」）は、自分を救ってくれた人間のオルガについてこう言う。*19「オルガは一〇〇歳まで幸福に生きて幸福に死ぬだろう。僕が愛したみんなが幸福に死んでいく。その約束があれば、僕は寂しくない。僕は一人で死んだ」。オルガが一〇〇歳まで生きるという、妙に具体的な空想がもたらす違和感や、幸福そうな「ぼく」が静かに「一人で死ぬ」決意を固める悲しさが、その根拠が明確に示されないまま提示される。『ファイファイマーチと peter-pan』では、ネヴァーランドに住む「年を取らない」少年ピーターパンが、自力ではなく周りの役者に持ち上げられることで飛行し、彼の存在のわざとらしさ、バカバカし

＊16　快快の語りなおしの手法を、ダンス批評家の木村覚は「カラオケ」と表現している。木村覚×佐々木敦「対談3　身体・原理・政治」『VECTORS』創刊号、HEADZ、二〇〇七年、二六頁。また木村は、快快の作品の特徴を「あて振り」と指摘した、すぐれた論考も発表している。「「あて振り」としてのアート――小指値の最新公演から見えたパフォーマンスの一地平」『Review House』創刊号、Review House 編集室、二〇〇八年、五八～五九頁。

＊17　一九三六年ニューヨーク生まれ。ニューヨーク在住。美術史と彫刻を学んだ後、六〇年代末から七〇年代にかけて鏡、小道具、ドローイング、映像を組み合わせたパフォーマンスを屋内外で試み、女性パフォーマーの先駆者となる。グリム童話に基づいた《ネズの木》（一九七六）以降、様々な文学や神話を源泉とし、劇場的なセットのもと物語的なパフォーマンスやインスタレーションを展開、身体、ジェンダー、記憶、アイデンティティについて問いかける。二〇〇八年の横浜トリエンナーレでパフォーマンスを行った。

http://yokohamatriennale.jp/2008/ja/artist/jonas/ を参照した。

＊18　『JOAN JONAS Lines and Shadows』WAKO WORKS OF ART、二〇〇八年、二四頁。

＊19　オルガは、手塚プロダクション制作のアニメ「火の鳥 2772 愛のコスモゾーン」（一九八〇）に登場する、女性型ロボットの名前でもある。人間の男性であるゴドーと、ロボットのオルガとの関係性を軸に展開するストーリーは、後述する快快の問題意識と密接に関わっており興味深い。ちなみにこのオルガは、ラストシーンで人間の女性に生まれ変わる。

さが強調される。また、船上でのフック船長との決闘シーンも、独特の口語表現を用いてバカバカしく語り直される。

快快はこのような「翻訳」行為を通して、既存の物語（『[get]an apple on westside』はオリジナルだと思われるが）を解釈し直そうとする。ジョナスが女性の表象に目を向けたように、快快が注目するのはひとことで言うならば「成熟（拒否）」の問題である。それは後述するように、快快にとって非常に重要なテーマのひとつである。ここではひとまず、そうしたテーマを過去の物語から抽出して、彼らの身体で演じ直す作業こそが快快の「翻訳」であることを押さえておきたい。その底流に流れているのは、「いまここ」に生きている、生きざるを得ないわれわれのリアリティに根ざし、過去の物語から現代的な意味を積極的に見出していこうとする問題意識である。

8「セカイ」から陵辱される、「セカイ」から手を伸ばす
――『MY NAME IS I LOVE YOU』②

ここで話を戻して、さらに詳しく『MY NAME IS I LOVE YOU』を見ていこう。注目すべきなのは、この芝居に登場する「ソフト」が、「半分ロボット半分人間」という設定であることだ。このことは、何を意味するのか。

東浩紀は、『ゲーム的リアリズムの誕生』にて「キャラクター小説の登場人物」の身体について言及している。東は柄谷行人の『日本近代文学の起源』における、近代文学の「不透明」（＝前近代）な言語、「透明」（＝近代）な言語という区別を援用し、キャラクター小説の言語が、「不透明」でも

「透明」でもなく、「半透明」であることを指摘する。なぜなら、キャラクター小説の登場人物が、そのモデルを「マンガのキャラクター」に持つため、「(現実の) 身体をもちながら記号的であり、人間でありながら人間ではない曖昧な存在」だからである。[*20]

快快における役者たちの身体のありようは、このようなキャラクター小説の「半透明」の身体と類似している。このことから、『MY NAME IS I LOVE YOU』は、「半分ロボット半分人間」の登場人物が、自らの記号的身体と、未だ残る「心」との間で引き裂かれる様子を描いた作品だということが分かってくる。ここには、大塚英志が戦後マンガにおける記号的身体について論じた一連の著作や、伊藤剛の『テヅカ・イズ・デッド――ひらかれたマンガ表現論へ』、そして先述した「最終兵器彼女」での、ちせの葛藤に通ずるものが明瞭に見て取れる。快快は、こうした論者たちの問題意識とも接続できる表現を、現代の舞台芸術界において最も先鋭的に行っている。

では、このような「曖昧な存在」を描くことで、快快はなにを見ようとしているのか。さらに詳しく筋を見ていこう。人間でありながら機械になることを夢見ている「テクノ」は、作品の結末部近くで、宝くじで当てた「五〇億円」(非現実的な数字であるのに注意) で、「ソフト」の姉であり、完全

＊20　東浩紀『ゲーム的リアリズムの誕生』講談社現代新書、二〇〇七年、九七～九八頁。ちなみに、柄谷の「不透明」な言語と「透明」な言語とを区別する発想は、演劇界における新劇の誕生という出来事に由来していた。「それまでの観客は、役者の「人形」(＝前近代) 的な身ぶりのなかに、「仮面」的な顔に、いいかえれば形象としての顔に、活きた意味を感じとっていた。ところが、いまやありふれた身ぶりや顔の〝背後〟(＝近代) に意味されるものを探らなければならなくなる」。柄谷行人『定本　日本近代文学の起源』岩波現代文庫、二〇〇八年、五四頁、カッコ内引用者。

図–2

2005 小指値『MY NAME IS I LOVE YOU』
撮影：加藤和也
劇団提供

に機械化した身体を持つ「ハード」を買う。「テクノ」は、両思いになっていた「未来人の女」と、セックスという人間的な行為を「タダで」することができない。「ストリート」が予言する、セックスが消滅するという二〇八〇年の世界とは、ついに機械の身体を獲得した「テクノ」のような存在が増え、人間的な身体性が限りなく薄まった世界であることが予見される。

そうした登場人物たちにあって、ただ「ソフト」だけは、自らの「半分人間」のほうの感覚にこだわり、金銭を介在させない「愛のあるセックス」の可能性を求める。「ソフト」は、自らの記号的身体を引き受けつつ、人間的＝内面的幸福という「自然主義の夢」を見つづける。

その結果、思いを寄せていた「ストリート」には、「自分のことがわかっていない奴は、シブヤ大学にはいらないよ」と宣告されてしまう。彼は、手に入れた五〇億円を携えて「二頭のハチ公の間を通」ることで、二〇八〇年へとタイムスリップする。目的は、シブヤ大学の設立のためであった。彼は未来の教祖となるのである。そして「ソフト」は、すべての登場人物から完全に見放される。

ここで、重要な要素を補足しておきたい。それは、登場人物たちの台詞のほとんどは、舞台の下手（観客席から見て左手）奥に、台本を持ってパイプ椅子に座る一人の男性によって発せられることだ。

彼は、声色を変えてすべての役を演じ分ける。この「朗読者」の台詞に合わせ、役者たちは動いている。ただちに連想されるのは、登場人物（人形）の台詞をすべて、物語の語り手である「太夫」がひとりで語り分ける日本の伝統芸能、「文楽」の手法だろう。快快の狙いとは、役者たちを、自らの「声」を奪われ、朗読者のいわば独我論的な世界の内側――言い換えれば朗読者の手の内――で、必死にあがく人形のように見せることなのではないか。「声」＝パロールといえば、プラトン、アリストテレス以来の哲学史の流れの中で、エクリチュールよりも高次の（第一義的な）ものとされてきたことは周知の通りだが（こうした思想がジャック・デリダにより「音声中心主義」とされ脱構築の対象となった）、「声」という現前を奪われた役者たちは、身体は現前しているものの、非－現前の存在、繰り返すが人形のような存在へと堕する。その結果、記号的身体性の説得力がいや増してくるのである。ただ興味深いのは、ほんの時折、役者自身が台詞を発する場面があることで、その瞬間、にわかに舞台が有機的な（現前の）空気で漲ることだ。役者の身体は、ふっと肩の力が抜け、ふだんの（人間の）身体を取り戻したかのように、奇妙な生々しさを帯びる。彼らはふとしたきっかけで、ロボットと人間のいずれかへと振り子のようにその身体性を揺らす、徹頭徹尾、両義的な存在としてある。

こうしたことを踏まえ、ラストシーンを見てみたい。渋谷のハチ公前に一人取り残された「ソフト」は、がらんとした空間の中で、「いまここ」にいない相手に向かって、舞台の中心から呼びかける。

「セックスってなんだろう。性器なんてなければいいのに。
わたしは半分ロボット、半分人間で、愛されたいと願ってしまう（中略）

未来にピンク色が無いのなら、鳩を殺して遊ぼう！（中略）
あたしを試そうとせずに、そのまま愛してるって言えばいいのに。
面倒くさいなあ…。これ以上勝手に、私を複雑にしようとしないで。
私はただのバカだよ。ただ愛してるって言ってよ。私の名前は、愛してる」
（図－２『MY NAME IS I LOVE YOU』より）

「ソフト」は、「私の名前は、愛してる」（=MY NAME IS I LOVE YOU）と叫んでいる。ここで注意したいのは、「愛してる」（I LOVE YOU）という名前じたいに、他者（YOU）が含まれていることだ。彼女の存在に刻印されているのは、誰かを愛するという行為そのものなのであり、その意味でいわば「歩くセカイ系」とでも称すべき存在である。「ただのバカだよ」という台詞は、「思考」ではなく、ただただお互いの名前を呼び合う愛の「関係」へと参入することこそが幸せなのだという高らかな宣言だと受け取れる。

しかし、それはまだ宣言にすぎない。おそらく「ストリート」（恋人）に向けられたこの印象的な台詞でさえも、「声」は奪われてしまっている。だが、それでも「ソフト」は、自らの哀切な思いを表現するために、必死に身体を動かし、自らの存在に有機性を込めようとする。こうして、舞台上は有機性と無機性が交錯する場となり、その「ズレ」が鋭く現出する。この「ズレ」が埋めがたく横たわっていることが、観客にまざまざと実感せられるが、それでも希望に溢れた笑顔を振り撒く「ソフト」の姿が感動を呼ぶ。

名前に「関係」が含まれているのは、「ソフト」だけではない。劇中の前半部分、「未来人の女」が

「テクノ」のことを好きになり、自分の存在に振り向いてほしいとラブコールを送る場面がある。

「私を抱きなさいよ！　私は二万円であなたに抱かれるから。もしあなたが望むなら、二万円っていう、名前でもいいから！」

「二万円という名前」が持つニュアンスの違和感に、客席からは笑いが起こる。が、「未来人の女」はあくまで真剣だ。「未来人の女」は、二〇八〇年の未来から来たため、セックスを知らない。しかし、それでも「テクノ」のことを好きになってしまった以上、自分が愛されているという証明を手にしたい。こうした思いから、自らの名前を「二万円」という、恋愛関係を成り立たせるためのツール（金銭＝他者との関係性）へと変換させ、その結果、二人の恋愛は成就する。だが、急いで付け加えておくと、その後「テクノ」は、金銭の名前を持った相手との「純愛」に挫折し、ほんものの金銭を介在させた「恋愛ごっこ」へと向かってしまうのだが…。このことと、「ソフト」が「ストリート」にフラれた孤独な存在であることを考え合わせるならば、この作品で描かれているのは、機械化していく「テクノ」や「ストリート」との間に、有機性と無機性との間で引き裂かれながら、機械化することに抵抗している「ソフト」や「未来人の女」が成り立たせようとする恋愛の（不）可能性であることがわかる。

さらに、こうした観点から、快快がこだわる「ピンク色」の表象についても分析できる。『MY NAME IS I LOVE YOU』で、「ピンク色」に言及するのは三箇所である。まず、冒頭の「テクノ」によるモノローグ。「先日、僕の中で、9・11が起きました。ハトの脳ミソが飛び出ていて、その生きているのか死んでいるのかわからない鳩の脳味噌がピンク色で、気持ちが悪くなり、世界に陵辱されていると感じた」。彼は生きた鳩の、ピンク色の脳味噌を見てしまったことが、彼の中で9・11が起こり、世界から陵辱されたと感じる原因となったという。つづいて二箇所目、「未来人の女」が、はじめて洋服というものを着て（未来に洋服はない設定なので）、服のセンスが悪いと笑われる場面。そこで「ソフト」がこうアドバイスをする。「ピンクを入れるといいんじゃないかしら。オシャレはバランスよ、気をつけて！」。そして最後に、ラストの「ソフト」の台詞、「未来にピンク色が無いのなら、鳩を殺して遊ぼう！」である。

明らかに読み取れるのは、「ピンク色」が「生命感の充溢」を表していることである。「テクノ」は、自らの身体に「ピンク色」が侵入してくることが耐えられないし、「未来人の女」は「ピンク色」を服に取り入れることが想像できない。その一方で、「ソフト」は身体に有機性を取り戻すための有効なツールとして「ピンク色」を重要視している。さてここで、「テクノ」の台詞で「ピンク色」が「9・11」と重ねあわされていることに再度注目したい。彼にとって「ピンク色」がなぜ気持ちが悪いかというと、「生」（有機性）と「死」（無機性）の「あいだ」にいる鳩の、生きようとして必死にもがく姿が、機械になりたいと望む彼の目には如何ともしがたく許しがたいものに映るからである。「テクノ」にとって9・11的なものとは、「機械に支配されて夢を現実だと思わされている」（『マトリックス』）状態に憧れを抱き、未来の「死」せる世界へと自らの身体を静かに同化させていきたいと願う「終わりなき日常」に、不定形な居心地の悪い「生」を差し挟まれるという出来事なのである。それは自らが標的にされたものではない（無差別）し、誰の意志も介在していない（無根拠）が、むしろその偶然性・突発性にこそショックを受ける。「9・11」を、「死」ではなく、むしろ「（中途半端な）生」の形容だとし、それにおののくという転倒した構図がそこにはある。

　こうした「テクノ」の態度は、「セカイ系」作品に興ずる若者たちとも通底する。笠井潔は、「セカイ系」に熱中する若者についてこう述べている。「（彼らは）大量死＝大量生の「終わりなき日常」の彼方に、「輝かしき日常」があるという理想主義的観念をすでに信じていない。同時に、かつてのブルセラ少女に宮台真司が見たように、スキルさえあれば『意味』にとりつかれた世界を相対化することができるとも。少年たちは空虚や無意味を消費の対象とすることで、かろうじて「虚構の時代の果て」を生き抜いているのかもしれない[*21]。彼らは、「終わりなき日常」がいつかは終わり、冷たい「死」が訪れることを知りつつ、「ハルマゲドン」に赴き「敵」と戦う戦闘美少女の姿という「夢」を楽しむ。そこには「素朴なロマン主義」的な主体の拡張はなく、従容として、「そこでゆっくりと死んでいきたい気持をそそる場所」（松浦寿輝）に身を沈めて「夢」を楽しみたいという欲望だけがある。こうした若者たちと「テクノ」の態度における共通点を言い表すならば、前節でも触れた「成熟拒否」という言葉がぴったりくるのではなかろうか。そこへ「９・11」が侵入することによって無理やり促される覚醒。こうした「（中途半端な）生」へのしがみつきを見せ付けられるのに嫌悪を覚える点に、「テクノ」と「セカイ系」作品に興ずる若者との相同性が感じられるのではないか。そして、「純愛」や「ピンク色」を信じようとする「ソフト」の姿勢は、「空虚」で「無意味」なこの「セカイ」に埋没しようとする「テクノ」に対する、アレゴリカルな抵抗として捉えることができるだろ

＊21　笠井潔「大量死＝大量生と「終わりなき日常」の終わり」『探偵小説は「セカイ」と遭遇した』南雲堂、二〇〇八年、八九頁。

う。「ソフト」とは、「テクノ」が生きる自閉した「セカイ系」的リアリティを食い破ろうとする存在なのである。

快快は、「ソフト」と「テクノ」のどちらに肯定的なのか、明確な立場を示してはいない。ただ、「ソフト」が感じている「純愛」への志向にも、「テクノ」が望む死の世界における「夢」にも、この時点では可能性を見出しているように思われる。ただし注意しておくべきなのは、「ソフト」の「純愛」が、何の障害もなく実現され得るような時代は、とうに終わったということである。そこには、現代において愛を実行するためには、周囲からの孤立や、実現不可能性が常につきまとうのだという、諦念にも似た酷薄な認識が込められている。[*22]

9 可能「セカイ」のそれぞれの私 ——『霊感少女ヒドミ』

では引き続き、快快の近作『霊感少女ヒドミ』（二〇〇八年二月、こまばアゴラ劇場）を見ていきたい。この作品は、劇団ハイバイが二〇〇五年に上演した原作を、「小指値REMIX」として作り変えた作品である。まずはストーリーを確認したい。

渋谷のドン・キホーテで、ヒドミというかわいい女の子をナンパするヨシヒロ。聞くところによればこの名は、親が好きな映画の登場人物から取ったのだという。二人は、次は大晦日に会うことにして別れる。浮き浮きした気分で帰路につき、国道一六号線沿いの自宅近くのコンビニで、雑誌を立ち読みするヒドミ。と、そこへ、コンビニに住み着く幽霊の三郎があらわれ、ヒドミに愛を語り始める。が、そっけなく受け流すヒドミ。三郎の姿はヒドミにしか見えないようだ。どうやらそれはいつもの光景らしい。やがて付き合い始めるヒドミとヨシヒロ。楽しい日々の記録をブログにつづるヒドミ。だが、しだいにヨシヒロは暴力を振るったり、愛情の薄い態度が目立ち始める。しかし、彼に夢中のヒドミは、三郎の忠告にも関わらず別れることができない。三郎という幽霊が見えることを話したり、

＊22　二〇〇八年九月に下北沢ザ・スズナリで行われた公演「EKKKYO〜!」にて披露したパフォーマンス『いそうろう』は、二人の女性を擬似的な恋愛関係に置き、『MY NAME IS I LOVE YOU』における「ソフト」と「ストリート」の恋愛関係を変奏したと言える作品だ。

ストーリーはいたって単純。二人の女の子が暮らす、とある部屋が舞台だ。プーのイチコを居候に迎えた働き者のモモカ。しかし蜜月期はたちまち過ぎ、怠惰なイチコへの不満が飽和点に達したモモカは、部屋から出て行けと言い渡す。そのまま買い物に出たモモカが帰宅すると、イチコの姿は無かった。激しく後悔するモモカは、イチコが帰ってくることを望んで泣き叫ぶ。と、テーブルの下からひょっこり顔を出すイチコ。彼女は最後の思い出として、日課の昼寝を楽しんでいたところ、ついつい寝過ごしてしまったのだ。うれしさのあまり、涙を流すモモカだった。

この作品は、一連の出来事を、すべてが終わったあとのモモカの回想として語る。面白いのは、芝居にイチコ役の女優が登場しないことだ。モモカ役の女優は、回想をしながら時折イチコになりかわり、イチコの口調を真似して台詞を語る。そして、傍らにいる男優が、その時々のモモカやイチコの感情じたいを、つまり目には見えない心の動きじたいを、ジタバタと転げまわったり、飛び跳ねてみたりという大げさな動作で可視化する。モモカ（あるいはイチコ）は、回想を通して「いまここ」に不在の相手に呼びかける。その隣で、男性の役者が一生懸命に動き、息を切らせているという構図。相手を求めずにはいられない、しかし「いまここ」にその相手はいない、という「コミュニケーションの地獄」を、「無理をして頑張っている身体」を使い、笑いを交えて表現した見事な演出だった。結末でモモカが流す嬉し涙は、自分のことばかりを考えていたモモカがついに「他者」のために流した涙なのである。

図−3

2008 小指値 REMIX『霊感少女ヒドミ』(原作 岩井秀人)
撮影：加藤和也
劇団提供

ブログにヨシヒロの名前を実名で記したことが露見したりするうち、ついに愛想を尽かされフラれてしまうヒドミだが…。

この作品における大きなポイントは、主人公のヒドミが五人いることである。例えば、冒頭のドン・キホーテの場面で、ヨシヒロは入れかわり立ちかわり現れる複数のヒドミに話しかけていることに一向に気づかない。また、ラブホテルの場面では、ヨシヒロがセックスに持ち込もうと手を尽くすのに対し、五人のヒドミは同じような仕方ではぐらかす。それはまるで、ヨシヒロ、ひいては世の中の男たちは、こうしたくだらない駆け引きを何度も繰り返し行ってきたのだ、と揶揄するかのようである。(図−3『霊感少女ヒドミ』より)

では、この五人のヒドミ、という設定が指し示すこととは、なんだろうか。ついにヒドミとヨシヒロが破局を迎えた後で、ヒドミが今夜のブログにどのような書き込みをするか、ヨシヒロが推測する。

「もしかして、私が思っていたヨシヒロ君の世界、world というのは、私が勝手に妄想していただけなんじゃないかしら、ということは、私がいろいろな人についていろいろ思っていることも、私だけの世界、world なんじゃないかしら。ということは、私はこの世にただ一人でいて、私が感じている見て聞いて触って匂いを嗅いで、腹が立ったり泣きそうになったり美しく感じているこの世界、world も私の中だけのことで、もしやもしやこの世界、world には私がどうするということしか存在していないんじゃないかしら、と強く深く感じた[*23]」

ヒドミは、目の前の「現実」が、すべて頭の中の妄想なのではないか、という不安に取り憑かれた、非常に弱い存在である。こうした述懐を踏まえ、ヒドミが複数の役者によって演じられている理由について考えてみたい。結論から言えば、彼女たちは、ヒドミの内面が「分裂」した、つまり五重人格としてのヒドミを形象化したわけでは、決してない。五人のヒドミたちは、いまこうして不安にかられ、目の前の世界が崩壊しているヒドミの分裂した人格が実体化したわけではなく、「こうであったかもしれない」ヒドミ、いまどこかで他の生を生きているかもしれないヒドミたちを表しているのだ。そしてさらに言うならば、ヒドミと似たような、弱く孤独なすべての女性たちをも示している。いま、

＊23　このような認識は、第三回本公演『俺は人間』においても示されていた。「世界って、二種類あると思うのね。ひとつは、いま目の前に広がっている世界。そしてもうひとつは、自分の頭の中の世界。そこには私ひとりしかいない。私はここで思いっきり楽しんで、さびしくなったら、誰かに抱きしめてもらいに、現実の世界に帰ってくるの」。この女性を演じるのは、『MY NAME IS I LOVE YOU』の「ソフト」役である大道寺梨乃である。快快の作品にあって大道寺は、「人間」的な部分に固執する役柄を繰り返し担っていることも興味深い。

五人のうちの一人のヒドミは、「私がどうするということしか存在していない」世界＝他者とのコミュニケーションの回路を奪われた世界に行き着いてしまった。しかし、そうではなく、ヨシヒロ君とうまくやり、幸せな生活を送ったのだという結末も、あり得たのではないか。快快は、そうした可能性をヒドミ（のようなすべての女性たち）に残しておきたいがために、五人のヒドミを登場させたのである。[*24]

　このような「こうであったかもしれない」ヒドミ――『自由を考える』で東浩紀と大澤真幸が述べたような「偶有性」を身にまとった存在――について考える上で参考になるのが、可能世界論と呼ばれる学問分野だ。可能世界論とは、ごく簡単に言えば、いまこうしてある現実の世界以外にも、「こうであったかもしれない」世界、つまり可能世界を想定することで得られるさまざまな認識について研究する学問である。この思想を援用すれば、「「あるモナド（可能世界のうちのひとつ）にとって真」であり、「別のモナド（可能世界のうちのひとつ）にとって真」である事柄がそれぞれに別々でも併存できるとし、一見矛盾する事態の生起」が説明できるという。[*25]

　ここで注目したいのは、こうした可能世界間にあって、固有名は、ある同一の主体を指し示し続けるという知見である。三浦俊彦は『可能世界の哲学』で、固有名と確定記述の違いについて述べている。いわく、「確定記述「『明暗』の著者」が、現実がたまたまどのような成り行きを辿ったかによって、現に『明暗』を書いた人物を柔軟に指し示すのに対し、固有名「夏目漱石」の方は、現実がいかなる有様であったとしても、あの人物と同じ人を頑固に指し示し続けるかのようなのです」。こうした固有名のような指示句は、「指示対象が固定されているということで「固定指示子」と呼ばれ」る。[*26]『霊感少女ヒドミ』において、ヒドミという「固定指示子」は、いくつもの可能世界に存在し、それぞれの幸せを探すが、他のモナドに属するヒドミたちとは交わることができない。ただ唯一、可能世界を行き来できる存在がいる。幽霊の三郎である。彼は東浩紀が『ゲーム的リアリズムの誕生』で提示した「プレイヤー視点」――目の前の「ゲーム」を操作する第三者的視点――になぞらえることもできるかもしれない。しかしライプニッツによれば、異なるモナドを見通すことのできるメタ的なモナドは存在しないという。ここで注意したいのは、三郎は、そうしたメタレベルに立てるような、神の視点を持った、強固な存在ではないことだ。むしろヒドミの気分しだいで、「本当は、三郎なんていないの！」とその存在を否定されれば、泣こうが叫ぼうが他の誰にも気づかれることがないような儚い存在である。三郎は常に、「ヒドミちゃんに嫌われるのが一番怖いんだよ！」と叫びながら、ヒドミに手を差し伸べ続けるほかない。幽霊は、フランス語で **revenant** と表記されるが、それは **revenir**

＊24　第五回本公演『Mrs Mr Japanese』（二〇〇七年七月、王子小劇場）という作品では、「東京じゅうの若者が、〇〇しようとしています」という台詞が語られる中、数人の役者が、それぞれの部屋で〇〇（メールする、眠る、など）の動作を行う場面がある。それは「東京じゅうの若者」が、似たような行動様式を持つ均質化した存在としてにわかに匿名性を帯びたように思えてくる、すぐれた演出だった。また『霊感少女ヒドミ』のテーマ曲である、capsule の「Sugarless GiRL」では、こう歌われている。「きっと今どこかで最悪なことがってため息ついてる君（中略）きっと世の中のせいにしても変わんない それよりも聞いてたいのはこんな music（中略）何もかもうまく行きそうな気がするほどじゃない」

＊25　小森健太朗「モナドロギーからみた〈涼宮ハルヒの消失〉――谷川流論」『探偵小説のクリティカル・ターン』南雲堂、二〇〇八年、一八七頁、カッコ内引用者。

＊26　三浦俊彦『可能世界の哲学』ＮＨＫブックス、一九九七年、九五～九七頁、傍点引用者、傍点部分の原文太ゴチック。

（回帰する）という動詞の現在分詞形でもあり、本質的に「回帰するもの」である。また柳田國男は、妖怪と区別して幽霊とは「属人的」、つまりある特定の人物に対して出現する、と定義する。[*27] こうしたことから、三郎は、あるひとつのモナドにおけるヒドミという固定指示子から、また他のモナドにおけるヒドミへと、絶えず往還しつづける存在なのだ、と指摘できるだろう。神のようにすべての可能世界を俯瞰するメタ的視点に立つのではなく、これまでに取り憑いたヒドミについての記憶を保持しているのかどうかも曖昧なまま、フラれては回帰し、ひたすら可能世界のヒドミを追い回すような存在。だが、こうした頼りなげな彼に「気づく」ことが、ヒドミの幸せへの道なのかもしれないと、快快は暗示する。『霊感少女ヒドミ』の結末にてヒドミは、東京郊外の「福生と昭島の間にある場所」である自宅を出て、「東京の中心」へ向かう列車に乗る。そして、その窓から「飛び降りた自分を見た、気が」する。注意したいのは、このヒドミの最後の行動が、『MY NAME IS I LOVE YOU』での朗読者のように、ヒドミ自身ではなく三郎の口から観客に伝えられることである。ここにおいて、ヒドミの存在は、「ソフト」とも共鳴している。そして、ヒドミの生と死のすべてを見届けた三郎は、他のヒドミこそは救わなければ、と強く思う。「今日も誰かを待っている、待ち続けている、ような気がする」。彼は何度でも回帰するのだ。

こうした「偶有性」や「可能世界」の問題について、自覚的に表現に取り込んでいる代表的なグループとして、再びチェルフィッチュを取り上げておきたい。その試みについては、古谷利裕が精緻な分析を行っている。そのうち、『フリータイム』における「偶有性」の特徴に言及した部分を見てみたい。

「だから舞台上で起こっていることは、ある俳優が何かを語ったり演じたり動作したりしているというよりも、語りの流れが、ある時はこの俳優に宿り、また別の時は別の俳優に宿るのであり、そして舞台の別の場所では、ある行為（身振り）の流れが、ある俳優に宿り、そして別の俳優へとズレを含みつつ移ってゆく、ということなのだ。流れを、俳優（の同一性）の単位で観てはいけないのは、ただ語り（役柄）の次元でだけではなく、あらゆる次元で、様々な要素が（それぞれ孤立して、内発的に動いているはずの）俳優の枠組みを越えて、まるでいろいろな種類の霊が取り憑いたり離れたり、生まれたり消えたりするように、各俳優間を漂い、舞台の上を漂い、移ろっている感じなのだ。*28」

ひとつの役柄をひとりの役者が演じることの、強固な必然性など存在しない。そうした演じ方は、むしろわれわれの感覚にとってリアルではない。チェルフィッチュには、こうした現状認識が存在するように思える。そしてこうした手法は、チェルフィッチュの演出家である岡田利規の小説『わたしの場所の複数』において、さらに推し進められることになる。アパートの部屋でごろごろしている女

＊27「誰にも気のつくようなかなり明瞭な差別が、オバケと幽霊との間にはあったのである。第一に前者は、出現する場処がたいていは定まっていた。（中略）これに反して幽霊の方は、足がないという説もあるにかかわらず、てくてくと向うからやって来た。かれに狙われたら、百里も遠くへ逃げていても追い掛けられる」。柳田國男『妖怪談義』講談社学術文庫、一九七七年、一五頁。

＊28　古谷利裕「誰かについて考えている誰か、のことを誰かが考えている　――岡田利規論」「新潮」二〇〇八年九月号、新潮社、二〇〇八年、二三九～二四〇頁。

性の視点は、部屋を飛び出し、ファーストフード店で寝ている夜勤明けの夫の姿をありありと見る。またその視点はファーストフードの若い女性客や、夫自身のそれにも成り代わる。詳細は古谷の論文を参照していただきたいが、こうした視点の遍在が、岡田流の「可能世界」を表現する手法に密接に関わっていくことになる。

また、『霊感少女ヒドミ』の原作を提供したハイバイも、こうした「偶有性」の問題に敏感に対応し、注目すべき作品を制作している。『オムニ出す』（二〇〇八年一〇〜一一月）の「落語」公演では、同じバイト先に勤める三人の男性が、連れ立って風俗店に行く場面がある。その際、驚くべきことに、客である男性が、風俗嬢の役をも演じるのである。他に誰もいない舞台上で、一人の男性が二役を演じ続ける姿は異様だが、また笑いを誘うものでもある。想像してみてほしいが、同じようなことを映画表現で行ったとすれば、おそらく笑いは起きないのではないか。役柄の入れ替わり劇とは、あっけらかんと、観客の目の前で演じられるからこそ、その奇妙な説得力を獲得することができるのだ。（図―4　ハイバイ『オムニ出す』より）こうした表現は、客と風俗嬢の存在は交換可能だという認識に裏打ちされている。現代に生きるわれわれにとって、近代的な個人としての孤独などは存在せず、「リアリティを共有する」隣人といつでも入れ替わりが可能であること。ハイバイは、われわれの内に潜む「匿名化」への志向ともいうべきものを、舞台表現独自の方法を用いて見事に形象化した。[*29]

10　終わりなき恋愛「ゲーム」――『俺は人間』

この章では、快快作品におけるいま一つの重要な要素である「ゲーム性」について見ていきたい。

図–4

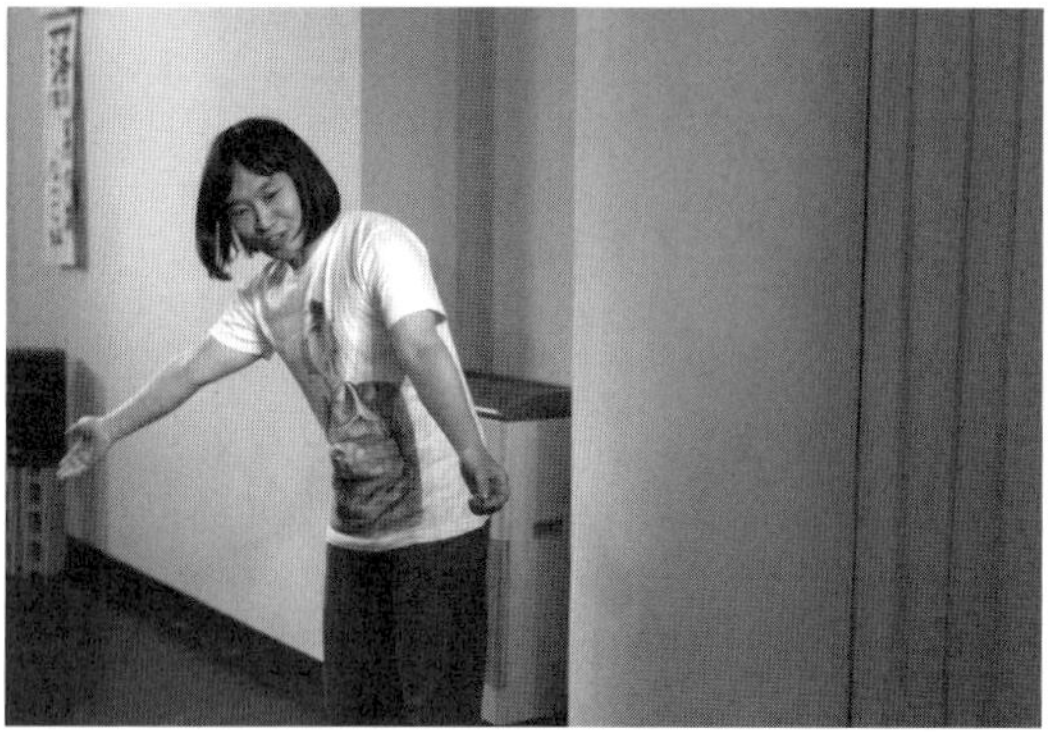

ハイバイ『ハイバイ　オムニ出す』
リトルモア地下
撮影：青木司
劇団提供

第三回本公演『俺は人間』（二〇〇五年一一月、新宿タイニイアリス）は、『MY NAME IS I LOVE YOU』のその後の世界を描いた作品である。快快によるストーリー紹介はこのようなものだ。「西暦二〇八〇年。若者は渋谷に集まり、恋心を演じる完璧な遊びに興じた。なぜその遊びをしなければならないのか、誰にもわからない。ひたすらに、続ける手段がある限り、彼らはその遊びを続けている。」二〇八〇年の「ストリート」は、三人のクローン人間（ロボット）に、それぞれ「花子」、「幸子（花子の友達）」、「花子の母」という役割をあてがい、擬似家族を形成する。そして、人間の（部分が残っている）女「りの」に、「花子の姉」という役割をあてがい、自分や「テクノ」のことを好きになるように命じる。「りの」はこのようにして、一方的に与えられた「ゲームの規則」に強制的に組み入れられる。

＊29　この芝居で主演した夏目慎也が所属する劇団東京デスロックの『その人を知らず』（二〇〇八年一二月～二〇〇九年一月、こまばアゴラ劇場）や、柴幸男演出『四色の色鉛筆があれば』（二〇〇九年一月、シアタートラム）も、「役柄の入れ替わり」を用いた非常に印象的な演出を見せた。

「セックスが消滅した」はずの二〇八〇年でも、まだ「恋愛ごっこ」は残っているという設定に注目したい。『MY NAME IS I LOVE YOU』の「テクノ」が夢見た「死」の世界が到来しても、かつての「生」（愛）の残骸である「恋愛ごっこ」は、誰も理由を知らないまま、演じられ続けているのだ。しかも、そこでロボット女たちが与えられるのは、「家族」的役割なのである。だが、擬似的なものでしかない「家族」は、すぐに崩壊する。「花子の母」役のクローン人間が、「あたしはあなたたちの家政婦じゃないんだから！」と怒り出して、役割を放棄するのである。家族的関係とは、渡邉大輔によれば、「社会的なコミュニケーションを必要としない（以心伝心といったような）生物学的で生理的な要因（遺伝）で繋がっており、しかし、同時に微細な言語的コミュニケーションなしでは互いに何を考えているのかも分からないような、まったくの他者でもありうるという関係性の大幅なグラデーションのうちに生き」[*30]ている存在である。こうした、いわば他に類を見ない特殊な関係性が、簡単に構築でき、かつ簡単に崩壊するという異常な世界が、二〇八〇年の「セカイ」である。なぜなら、すべては「ゲーム」に過ぎないからだ。

高橋志行は、遊びやゲームを専門に取り扱う学問の「ルドロジー」を取り上げた論文で、ゲーム・デザイナーのラフ・コスターによる「チャンク」をめぐる議論を紹介している。[*31]詳しくは高橋の論文を参照していただきたいが、コスターは、「日常の行為や遊び、そして形式の整ったゲーム」を区別せず、脳のパターンが認識する作業のうち、「楽しい学習経験」を誘うものがゲームとして認識されるとした。このようなパターンは「チャンク」と呼ばれ、パターンを覚え込む作業（＝チャンク化）の快楽こそゲームの面白さだと主張する。そして彼の議論の優れたところは、「おもしろさ」の基礎になる「チャンク」を挟み込むように、二通りの「つまらなさ」の段階が存在することを取り上げた点にある。それは「ノイズ」（プレーヤーが「学習可能なパターン」として対象を認識できない段階）、そして「グロック」（プレーヤーが「学習可能なパターン」をすべて学習し終え、退屈になってしまった段階）である。

このコスターによる議論を踏まえて、『俺は人間』における登場人物たちの遊びについて考えてみたい。彼らの「恋愛ごっこ」においては、命令する「ストリート」と、命令される「クローン人間」、「りの」という、立場上の偏差がある。ただ共通するのは、前者も後者も、とっくにこの「ゲーム」をプレイしつくして飽き果てている、つまり「グロック」の状態であることだ。彼らの覚える退屈とは、いわばすべての攻略法を知悉したゲームを、無理やりプレイさせられている感覚に近いのかもしれない。だが「ストリート」は、まだ「ゲーム」が「チャンク」の状態にあると信じようとする。その理由は、「誰にもわからない」。

別役実は『ベケットと「いじめ」』で、いじめを苦にして中学生が自殺した事件を例にとり、われわれの存在が、近代的な確固とした「個」としての存在ではなく、関係性のうちにしか生きられない不安定な「孤」と化していることを指摘している。[*32] そして、この中学生の自殺の意味を、「孤」であ

＊30　渡邉大輔「「語り」の時間が呼び覚ますもの――石井裕也『ばけもの模様』」http://www.flowerwild.net/2008/12/2008-12-11_135416.php

＊31　高橋志行「文芸批評家のための Ludology 入門――〈ゲーム〉定義のパースペクティヴ」『筑波批評 2008秋』ゼロアカ道場破り号、筑波批評社、二〇〇八年、三九頁以下。http://www.scoopsrpg.com/contents/Ludology/Ludology_20090130.html

＊32　別役実『ベケットと「いじめ」』白水社、二〇〇五年、三八頁以下。

る自分を消滅させることで、いじめを行っていた人間に対する「面当て自殺」、つまり「自分自身が被害を率先して引き受けてみせることによって、逆に関係全体に加害を引き受けさせようとしている」行為なのだと解釈してみせる。それは「自己否定」ではなく、むしろ「自己主張」としての自殺である。

かつて『MY NAME IS I LOVE YOU』において、「人間」としてあることを否定して未来へ向かったはずの「ストリート」は、なぜか上記のような「人間的な」関係性を欲してしまう。そうした関係性に囚われた「孤」としての存在へと堕することを「りの」は拒否する。ラストシーンでは、「うるせえ、考えたってしかたねえ。ねえ、ゲームしよう」と持ちかける「ストリート」に対して、「りの」は、「えー! しないよ! マジ男って最低! 全然信じらんないよ!」と叫ぶ。それは「ストリート」の強制する不毛な「ゲーム」から逃れ出るための積極的な「自殺」なのであり、地獄のような「ゲーム」の連鎖を断ち切るための勇気ある行為なのだ。彼女は、複数人で行う「ゲーム」に本来的に付与されている「双方向性」(コミュニケーション)を遮断する。だが、その後に広がる空虚な生を暗示するかのように、「りの」の台詞が発せられると、突如として幕は下ろされる。

『俺は人間』は、廃墟のような未来の「セカイ」においても、われわれが恋愛という関係の「ゲーム」を演じ続けることからは逃れられないことを、不気味に暗示している。こうした地獄から逃れる手段が、「りの」のような積極的な「自殺」にしかあり得ないのであれば、それは悲劇としか言いようがないだろう。*33

11「セカイ」の全体性のうちで踊る方法　――二〇一〇年代の舞台芸術のために

それでは、このあたりで、これまでの議論をまとめたい。快快は、ゼロ年代舞台芸術シーンに特徴的である「コドモ身体」を駆使しながら、舞台空間の持つ「セカイ系」的な性質を意識し、独自の作品世界を創造するグループだった。その発想の基底には、「セカイ系」的想像力からの影響が如実に認められることが明らかになったことと思う。快快の作品においては、人間なのか（有機性）機械なのか（無機性）、というせめぎ合いの中に登場人物の身体があり（＝両義性）、彼らどうしの恋愛の（不）可能性が描かれている。

いずれ、二〇八〇年という「死」の匂いがたちこめる「セカイ」が到来する。それを従容として受け入れる者、全力で抵抗しようと躍起になる者、そうしたさまざまな存在を、現代におけるカーニヴァル的なリアリティを踏まえて「ポップ」に描いていくこと。そこに現出するのは、「ポップ」であるがゆえに残酷な地獄である。例え「遠いところに」行ったとしても、そこにはなにもない。どこまで行っても、いま自分が立っている「現実がずっと無限」なのだ。[*34]

＊33　「ゲーム」性を大胆に取り入れ、独自の作品を創り上げるグループとして、シベリア少女鉄道を挙げておきたい。彼らの芝居における前半部分は、後半のオチに向けた壮大な前フリであることが多い。観客は前半の真剣な演技が、いかにも誇張されたもの、つまり「演劇的」に演じられていたことに、後半で気がつく。彼らが行っているのは、今見ているのは「演劇」なのだという暗黙の前提を観客の意識に浮かび上がらせ、笑いとともに異化する「ゲーム」だと言える。

それゆえに、われわれが生きる「いまここ」の「セカイ」で生起する出来事には、アレゴリカルに「意味」を見出していくことが必要となる。快快は、つねに「死」の予感がまとわりつくポップな「セカイ」の全体性のうちで、アレゴリカルなダンスを踊り続けるのだ。

では最後に、快快を含むゼロ年代の表現者たちの成果を踏まえ、今後の舞台芸術界の可能性について、ごく簡単に考えておきたい。二〇〇〇年前後の舞台表現界における変化が「コドモ身体」の登場だとすれば、二〇一〇年代に活躍するグループが重視すべきなのは、どんなことなのだろうか。

ここでは、その可能性を、以下の二点に見ておきたい。一点目は、「偶有性」の問題である。すでに見てきたように、舞台だからこそ可能な、あっけらかんとした「偶有性」の表現を行っているグループが出てきている。彼らの作品における、役柄の入れ替わりの特徴とは、例えば王様と乞食というように身分差のある役柄の間ではなく、むしろそうした差異がないような役柄の間、入れ替わっても入れ替わらなくてもどちらでも構わないような役柄の間で行われることだ。それは、同じようなリアリティを共有している者どうしが、ひょんなきっかけで入れ替わってしまったかのような、まるで授業の代返でもするかのような気軽さで行われる。そしてまた、大林宣彦監督の映画『転校生』（一九八二）のように、幼馴染みの男女の中身が入れ替わってしまったことからはじまる顛末といったドラマチックな筋書きはなく、役柄の入れ替わりによって引き起こされる劇的展開に乏しいという特徴もある。とは言え、こうした入れ替わりは観客に衝撃を与えるし、むろん演出家もそうした効果を狙っている。そこから分かるのは、観客と作り手の双方にとり、こうした「偶有性」が、意識的、あるいは無意識的にかなりのリアリティを持っていることである。作り手は、どうにかしてこの「偶有性」の感触を形象化しようとし、観客はそうした表現に触れたとき、「ああ、やっぱりそうか」と心のどこかで納得するのだ。今後も、こうした「偶有性」についての思索に裏打ちされた、まったく新しい表現が登場してくることだろう。

二点目は、快快が『俺は人間』で不気味な恋愛「ゲーム」として描き出したような、「関係性」の問題である。われわれは例え廃墟と化した「セカイ」においても、他者を求め、愛を求めようとするのだろう。それは快快の指し示したような、不毛なゲームでしかないのだろうか。筆者は、そのことについて考えるひとつの道標として、現代カリブ海文学の第一人者である、エドゥアール・グリッサンの言葉に耳を傾けてみたい。彼の『〈関係〉の詩学』における思想は、一言でまとめるならば「関係主義」である。カリブ海の島で生まれ育った彼にとって、世界の中のそこここで起こっていることは、すべてひとつの「関係」のうちにある。それは全体主義――ただし、開かれた全体主義である。

「自己という思想、他者という思想は、そこではその二元論的性格によって、失効する。あらゆる〈他者〉は、もはや野蛮人ではなく、一人の市民だ。ここにあるものは、あそこにあるものとおなじく、開かれている。私は一方から他方へと投射することはできない。ここ＝あそこが一つの網状組織をなし、それは境界を編み上げることをしない。（中略）それ（＝網状組織）は実際に〈関係〉を、さまざまな自由に立って創設する。」[*35]

＊34　CINRA PRESENTS「exPOP!!!!! Vol.13」（二〇〇八年四月）における、快快のパフォーマンスで流れる歌の歌詞より。

＊35　エドゥアール・グリッサン『〈関係〉の詩学』管啓次郎訳、インスクリプト、二〇〇〇年、二三五頁、カッコ内引用者。

これまで考察してきたことを踏まえて触れるグリッサンの言葉は、すぐれて舞台芸術の未来を指し示しているように聞こえてはこないだろうか。「根としてのアイデンティティ」ではなく、「関係としてのアイデンティティ」。それは関係性のうちにある不安定な「孤」ではなく、なにかもっと豊かで優しく絡み合う関係性のありようである。快快の幻視した二〇八〇年の「セカイ」が到来したとき、われわれはこのような「全体性」を築き上げることで、不毛な関係性、「孤」の地獄にはまり込むことを避けられるかもしれない。いや、そうした「セカイ」は、すでに到来しているのだ。「偶有性」や「関係性」に対する鋭敏な意識を織り込んだ舞台作品が創られることは、われわれひとりひとりの存在を救うために、たった今要請されている急務だ。快快による、「セカイ」で生きていく方法を模索したこれまでの格闘の軌跡が、それを成し遂げるための決定的に重要な達成であったことは、とくに記憶されるべきである。

著者略歴

笠井潔―かさい・きよし

一九四八年東京生まれ。一九七九年に『バイバイ、エンジェル』で第五回角川小説賞受賞。

主な小説に『ヴァンパイヤー戦争』、『哲学者の密室』、『群衆の悪魔』、『天啓の器』、など。評論は『テロルの現象学』、『国家民営化論』、『例外社会』など。

飯田一史―いいだ・いちし

一九八二年生まれ。ビジネスパースン、批評家。「SFマガジン」にて新譜レビュー、「Quick Japan」にて『ビジネス書なんか読まない』文化系のためのビジネス書入門」、第2期「エクス・ポ」にて「ライトノベル人類学」をそれぞれ連載中。

佐藤心―さとう・しん

一九七九年生まれ。ライター、批評家。美少女ゲーム評論を中心に活動。おもな評論に「オートマティズムが機能する」(『新現実』角川書店)。「ネオインディヴィジュアルチェキシステム」(『ゲームラボ』三才ブックス)など、オタク文化に関するコラムも多数。

小森健太朗―こもり・けんたろう

一九六五年大阪生まれ。東京大学文学部哲学科卒。

一九八二年『ローウェル城の密室』江戸川乱歩賞候補、一九九四年『コミケ殺人事件』でデビュー。

主な著書に『ネメシスの哄笑』『マヤ終末予言「夢見」の密室』『大相撲殺人事件』『グルジェフの

残影』『魔夢十夜』など。
翻訳書コリン・ウィルソン『スパイダー・ワールド』など。
『探偵小説の論理学』で第八回本格ミステリ大賞評論・研究部門受賞。

長谷川壌―はせがわ・ゆたか
一九八四年生まれ。近畿大学文芸学部卒。創作コースで小森健太朗ゼミで学ぶ。

蔓葉信博―つるば・のぶひろ
一九七五年生まれ。二〇〇三年から評論活動を開始。『ユリイカ』『GIALLO』などに寄稿。

藤田直哉―ふじた・なおや
一九八三年生まれ。SF・文芸評論家。二〇〇八年に日本SF評論賞選考委員特別賞を受賞して評論活動を開始。現在、東京工業大学社会理工学研究科博士課程に在籍中。『SFマガジン』『パンドラ』などに寄稿。

岡和田晃―おかわだ・あきら
一九八一年北海道生まれ。第五一回、第五二回群像新人文学賞評論部門最終候補。第四回日本SF評論賞最終候補。SF集団「Speculative Japan」のメンバーとして、SFと純文学の境界線上にある作品を多数論じている。
また、専門誌を中心に、主として西洋社会史に関係したRPG作品についての記事執筆・翻訳多数。著書に『アゲインスト・ジェノサイド』、翻訳書にグレアム・ディヴィス『ミドンヘイムの灰燼』などがある。

小林宏彰―こばやし・ひろあき
一九八三年生まれ。ウェブサイト「CINRA.NET」「マイコミジャーナル」「HogaHolic」、雑誌『ユリイカ』などの媒体にて、主に映画・舞台芸術に関する原稿執筆やインタビューを行う。

渡邉大輔―わたなべ・だいすけ

一九八二年生まれ。映画研究者・文芸批評家。二〇〇五年、東浩紀責任編集のメールマガジン『波状言論』に掲載されたセカイ系論で評論家デビュー。以後、『群像』『ユリイカ』『メフィスト』などに寄稿し、純文学、ライトノベル、本格ミステリ、ハリウッド映画などを横断的に批評。主な評論に「自生する知と自壊する謎――森 博嗣論」(『本格ミステリ08』所収)などがある。また現在、日本大学大学院博士課程で日本映画史を専攻。

人 名 索 引

【英字】

【あ】

【い】

【う】

社会は存在しない
──セカイ系文化論

二〇〇九年七月十七日　第一刷発行

［編　者］限界小説研究会
［発行者］南雲一範
［装　丁］奥定泰之
［ＤＴＰ］笠井翔
［ロゴデザイン］西島大介
［発行所］株式会社南雲堂
東京都新宿区山吹町三六一　郵便番号一六二—〇八〇一
電話番号　（〇三）三二六八—二三八四
ファクシミリ　（〇三）三二六〇—五四二五
振替口座　東京　〇〇一六〇—〇—四六八六三
［製本所］図書印刷株式会社

検印廃止〈1-484〉
Printed in Japan
ISBN　978-4-523-26484-2 C0095